民主主義の発明

全体主義の限界

クロード・ルフォール
渡名喜庸哲・太田悠介・平田　周・赤羽　悠［訳］

勁草書房

まえがき〔第二版〕

一九八一年に公刊された『民主主義の発明』は、――ハンガリーとポーランドを動転させた一九五六年の出来事と同時代に書かれた三つのものを除けば――同じ時期、一九七〇年代の終わりに書かれたテクストを集めたものだ。これらのテクストは情勢の痕跡をとどめている。そのうちのいくつかは、はっきりと見てとれるように、アクチュアルな出来事に関わっている（フランス社会党の台頭、左派連合の波乱、ソビエト連邦のポーランドに対する脅威に直面したフランスの外交政策、アフガニスタン侵攻）。そのほかのテクストは、率直に言っていっそう理論的なものだが、当時の政治的および知的な議論の枠組みのなかに位置づけられる。このことを示すには次の二つの例で十分だろう。

本書の冒頭に置かれた論考「人権と政治」において、私は民主主義の堅固な核をなしている部分をとり出すために、その起源にある象徴的な変異――身体〔*corps*〕としての社会という表象からの決別――がどのようなものであったか、民主主義の進展そのものがどのような発明〔invention〕を語ってきたのか、そして民主主義が自分自身を保つためにいまでも必要としているこの発明とはどのようなものかを明らかにしようとした。こうした試みは、実を言うと、六〇年代の初頭からすでに私が素描してきたものだった。しかし、人権概念を検討するに当たってこのような試みがなされたのは、この人権という概念が少し前から新たな意義を獲得するようになり、イデオロギー的な負荷を担うようになってきたためだ。

七〇年代を通じて、東欧の共産主義はイメージをかなり損ねることになった。ソビエト内の反体制派は、ヘルシンキ合意[*1]を利用して、人権の尊重を自分たちの戦いの推進力としようとした。また、かつて共産主義の樹立の栄光とみなされていた時期にどれほどの規模の強制収容所システムがあったのか、対立派を排除するためにどのような新たな方法が用いられたのかについての情報も増大した（はじめは精神病院への収監であった）。とりわけ、一九七五年の〔アレクサンドル・ソルジェニーツィンの〕『収容所群島』の刊行は、一部の世論を動転させることとなった。こうした一連の変化を受けて、人権の意味をめぐる論争が展開されることになったのだった。これは、国家に対する個人の永続的な闘争というものを前面に押し出すために利用されることもあった。ヌーヴォー・フィロゾフ[*2]たちによれば、共産主義とは全体主義的だと告発すべきものであって、国家が権力のもっとも高次な段階に到達しその使命を実現する体制だということになる。こうして、国家の特徴として〈支配〉が見出され、反体制派の特徴としては〈抵抗《レジスタンス》〉が見出されるわけだ。

第一章の主題は、部分的には、こうした図式への反駁を指針としている。というのも、この図式は、ここでもまた、民主主義と全体主義との区別をうやむやにしてしまう効果をもっているからだ。私が示そうとしたのは、人権の創設によって一八世紀末のフランス社会にどれほどの変容がもたらされたのか、そして、個人的自由、市民的自由、政治的自由がどのようにして関わりあっているかだ。とりわけ、私の解釈から浮かび上がってくるのは、全体主義の際立った特徴は、国家の全能性ということよりも、国家と市民社会との分離を撤廃しようとする試みにあるということだ。とはいえ、人権を標的としつつも、私の省察は、マルクスに倣って、人権がもたらすのはせいぜいブルジョワ的利益の変装、つまり私有財産の変装だけだとみなす人々にも負うところがないわけではない。第二章「全体主義の論理」で私がたどった道筋の部分的な動機となっているのは、私の目には共産主義の進展の理解の妨げになるように思われた議論に対し反論することだ。なぜここで「論理」という概念を提示したか。私がまず退けようとしたのは、さまざまな情勢の連鎖でもって共産主義を説明しようとする試みである。一連の出来事の流れをさかのぼって、もし……ならば何が起きていただろうか（もしレーニンが夭逝しなかったならば、もし共有化が野蛮ではないかたちで推進されたならば、もしスターリンが一九三四年に失脚したならば、等々）、などと問うても何の役にも立たないだろう。こうした仮説を立てることは発見的な価値を有するとはいえ、われわれは偶然と必然の二者択一に直面しているわけではないからだ。

われわれに課せられた要請は次のことである。すなわち、ある種の普遍的な魅力を発揮するような政治社会というまったく新たな現象が何なのかを解読すること——要するに、共産主義のイデオロギーと制度でもって何が形成されたのか、近代社会の奥底から何が生じたのか、そして、この体制がいったん創設された後、その帰結として、自分自身でも統御できない社会的分割の兆候となったのは何かを見分けることである。

第二に、私は、同じような考えにもとづいて、全体主義という概念を活用する人々の大部分が拠りどころにしているイメージに対する批判も行なっている。実際、ソビエト社会は、共産主義的権力にまったく従った、画一的な社会として提示されることがままある。その結果、この社会のさまざまな地平が閉ざされ、世界が決定的に二つの陣営に分かれているように見えてくる。私としては、こうした見方が虚構であることを認めてもらいたいと思っている。全体主義という概念をもつことによって見えてくるもの、それは、自らの把握が及ばないところにはいかなる社会的生も残しておかず、個々人を判断能力がなくなるほどにまで従属させるような支配を目指す、まったく新たな企てなのだ。これに対し、そういう企てがもう成し遂げられているとか、あるいは成し遂げられうるとかという思い込みは、私から見れば、その源にある幻想にもとづいている。このような思い込みは、単に事実を観察すれば退けられるというものではない。社会を全体的に組織化し、個々人を〈一なる人民〔peuple-un〕〉へと組み込もうとするような観念は障壁に突き当たる。その障壁をうち破ろうとする意志が現実のうちに刻み込まれるとしても、それは脱組織化と細分化を引き起こさずにはおかないのだ。

共産主義の凋落という甚大な出来事によって世界の相貌や人々の精神状態が刷新された今となっては、私が言及している情勢は、すでに古びたもののようにも見えることもあるだろう。ソビエトの軍事権力の崩壊はその帰結だったのであり、なんらかの戦争の結果ではなかった。もう一つの帰結はソビエト帝国の解体である。これも、諸国民の激高によってもたらされたのではなかった。世界を引き裂いてきたあらゆる抗争が直接的にせよ間接的にせよ関わってきた二つの超大国の対立の消滅、これは、共産主義によって形態を与えられてきた政治的、イデオロギー的な二者択一の消滅に続くものだったのだ。この二者択一は、はるかに遠い地平線上にあったこともあれば、諸大陸の政治的な光景のまさに中心にあることもあった。とするならば、なぜ全体主義の性質がこれほど広範に、これほど持続的に誤認されてきたのかを問いただすことがなければ、現在についての認識へと向かうための好機はどうすれば得られるだろうか。

われわれがここで述べたいのは、この新たな時代はポスト共産主義の時代だということである。この言い回しは、いかに曖昧なものであろうとも、少なくともこういう利点は有している。すなわち、世界は東側で生じた出来事の影響を受けているということをわれわれに思い起こさせるという利点である。もしその効果がこれほど広く伝播し、しかも、言ってみれば局所化できなくなっているということが明らかならば、もう一度共産主義の問いを提起しなおすべきではないだろうか。もう一つわれわれが述べたいのは、世界にはもはや、民主主義のほかに人を引きつける極がなくなっているということである。実際、旧共産主義諸国の例だけをとってみても、民主主義的な移行がそこでどれほど進展しているかを評価する基準は何だろうか。民主主義は、自由選挙、複数政党制、議会による政府の統制といった法的・政治的な制度システムの問題へと還元されるのか。もしそうでないとしたら、民主主義は社会のどのような層に根づいているのか。それは市場制度から派生するものだとみなしてよいのか。自由主義——これは今日では自由貿易の理論と混同されているが――は、進行中の変化の意味をわれわれに教えてくれるのか。あるいはまた、自由主義とそれが鼓舞するもの、すなわち市場の支配の暴力が、全体主義体制によって荒廃した国々に恰好の土壌を見出すということを見てとるやいなや――そうした国々とは、権利意識が消え失せ、人々が、労働の搾取に抵抗できるよう連帯する手段をも奪われてしまっているような国々だ――、共産主義と民主主義によってすでに提起されていた問いがもう一度交差してくるのではないか。最後に、民主主義のダイナミズムは市場経済の発展と切り離しえないということを認めるとしても、民主主義がどの点で市場経済には還元することができないかを見てとるべきではないだろうか。

共産主義の終焉は、途方もない驚きを引き起こした。それを体感しなかった者などいるだろうか。ゴルバチョフが政府の権限を党から引き離すためにとった諸々の行動の一連の帰結、ソビエト連邦における政治的危機の突然の加速、さらには東ヨーロッパにおけるありとあらゆる共産主義の砦の崩壊――こうしたシナリオを前もって想定していた者は私の知るかぎり皆無だ。けれども、あえて言っておくと、予見不可能なものにも程度の差がある。私が驚いたのはこの出来事のことだけではない。それに加え、共産主義システムの破壊を予期させるものなどなにもなかったという主張が何度も繰り返されたことにも私は驚かされた。このシステムの強固さに対する信仰はきわめて根強かったため、ベルリンで群衆がデモをしていたホーネッカー辞任の前日にいたってもなお、観察者たちの多くはゴルバチョフがホーネッカーを見捨てることなどありえず、東欧ブロック解体のプロセスをうち消す自由を彼はあいかわらずもっているとみなしていたのだった。

本書〔第一版〕の序文で私はこう書いた。「それでは、この並外れた権力が、それに劣らず並外れた矛盾に悩まされていることをどう説明するのか。官僚制国家は汚職に犯され〔…〕ているではないか！〔…〕さらにまた、この共産主義が東欧においてどれほどの憎悪を引き起こしているか示すこともできるだろう。東欧諸国の体制の脆弱性たるや、もしロシアという恐怖によって人々を怯えたままにしておかなかったならば、三カ月ともたないほどなのだ！」〔三六四頁〕　本書第九章「もう一つの革命」においてはこう記した。「全体主義はきわめて効率的な支配システムを構築するが、しかし同様にきわめて脆弱だということである。こうした出来事の後に、次のように考えることはできるだろう。すなわち、もしなんらかの危機が全体主義の建造物の中核に、すなわちソビエト連邦に達するならば、全般化した制御不可能な反乱が勃発し、よそではどこにも見られないようなむき出しの権力を生じさせるだろうと」〔二三八〜二三九頁〕。それより十数年前、私は『官僚制批判の諸要素』の「あとがき」でこう述べておいた。「われわれは、たしかにその期日がいつになるかは予見できないが、ソ連において、東ヨーロッパや西洋世界全体に対しこれまでにないほどの規模の帰結をもたらすようななんらかの体制危機が生じることを期待してみてもよい」。これらの引用でもって、私は自分になんらかの予知の才能があったとしたいわけではない。これらが示しているのはただ、全体主義についての政治観をもつことで——分析はまだ図式的であれ——、その解体を告げるようないくつかの亀裂を見分けることは可能だった、ということである。

ソビエト連邦についての専門家や優れた社会学者などは、ここ二〇年にロシアでどのような変化が生じてきたのか、経済管理についてどのような問題があったのかについて、私よりもよく知っていた。しかし、彼らの目には、そこで起きている進展はどの巨大な産業社会にも不可欠であるような必然性に従ったものと映っていた。彼らは、現代化に伴う新たな社会階層の成長ゆえに、大学教育を受け、社会の機能についての現実的なアプローチを身に着けた技術官僚や事務官の役割がますます重要になったと考えていた。こうした観察から、彼らは進んで、経営者の視点と官僚の視点とが対立し、体制の相貌を変えてしまうことのできるような改良主義的な潮流が形成され、そして最終的には、イデオロギーの違いを超えて、東側の社会と西側の社会とが合流することがありうると結論づけたのだった。このような仮説は事実によって否認された。共産主義は進展したのではない。破壊されたのだ。

しかも、大きな改良主義的な潮流の痕跡も、任せられた責任を引き受けられるほどの新たな階級が生まれはじめていたという痕跡も見出されはしなかった。本書第一一章「可能性の限界を押し広げる」において、私はこう書いた。「われわれが受け入れないのは、社会的抗争と対立が同時に制度化されるような民主主義的共産主義が確立されるという考えである。逆に、われわれが受け入れるのは、全体主義システムの亀裂である」〔三一九頁〕。体制は存続できないと同時に改革もできないということ――[*3]、私はすでに一九五六年の拙論「スターリンなき全体主義」（『官僚制批判の諸要素』所収）のなかで、第二〇回党大会での党の指導者らの報告、とりわけフルシチョフとスースロフの報告にもとづいて、このような確信を述べておいた。組織幹部の悪徳（怠慢、無気力、買収）に対する彼らの告発は、党の寄生的な性格を垣間見せていたが、意味深いことに、これは党による新たな監視を求める訴えにしか行きつかなかったのだ……。

西洋の観察者の多くは、新たな社会階層の台頭を予測していたが、党の官僚たちの堕落を確認するところでとどまっていた。彼らが見ていなかったのは、党があいかわらず唯一の参照のための枠組みを供していたということだ。つまり、この社会においては、個々人が連帯したり、自由に意見を表明したり、情報手段を所有したりすることができず、体制に対する敵対心がどれほどあったとしても、権利および認識の指標となるものが欠けていたのだが、そこにあって党は、こうした言い方をすることができるのならば、唯一の正当性の極となっていたのだ。全体主義システムという概念を練り上げることができたのは、自らを反体制派であると自認することができた少数の者、あるいは宗教的な信条によって守られた少数の者のみだ。諸々の集団は官僚機構や生産装置のなかでそれが占める地位に応じて台頭することができるという「社会学的」な仮説は、体制についての誤った評価にもとづいている。新たな精神性《メンタリティ》があるとみなされる新たな団体が、自分たちの陣営で、つまり党の外部において、自らを組織化し、互いを認知できるような可能性などはなかったのだ（ちなみに彼らの多くは党へとふたたび合流していった）。このような誤りは、西洋民主主義に特有の圧力団体のイメージを――こうした団体は市民社会が存在しているところでしか形成されないし連帯もしないのにもかかわらず――ソビエト的世界へと投影したがゆえのことではないか。

社会がふたたび運動をはじめることができるようになるには、社会から党が根こぎにされる必要があった。今ではもう周知のように、ゴルバチョフは党を破壊しようとは思っていたのではなかった。だが彼には、フルシチョフにはできないとはっきりしていたこと、つまり党の特権に手をつけるという大胆さがあった。このことだけで、エリツィンが情勢に乗じて宣言した一種の王殺しを可能にするには十分だったわけだ。ゴルバチョフは躊躇なく世論に拠り所を求め、自らの権威――それと同時に、国家の権威――を確立しようとし、党を限界にまでいたらしめた。彼が党へ与えた打撃は、一分派がほかの分派に対して勝利を収めること以上のものであったのだ。おそらく、彼の成功が示しているのは、彼に抵抗する手段を党がもはや有していなかったということだろう。実際のところ、中央委員会も彼に従うことになったわけだ。だがそれでも、党の全能性および不可触性というイメージは拭い去られねばならなかったのだ。

人々は、しばらく前から、政治的には党はもう何でもない存在になっていると言えると思っていた。だが、この何でもないという想定ができるのは、全体であったからだ。力を持っているのはただ軍、KGB、警察のみだとか、あるいは実際の権力は党の指導から軍と産業の複合体へと移転したなどと述べられることもあった。ところが、軍の首脳や実際の権力を陰で握る者が舞台の上に現れなくても、政治的な危機は展開していったのだった。こうした観察は、党の支配の存続が軍の力にどれほど負っていたのかを過小評価するよう迫るものではまったくない。そうではなく、単にこれらの力関係そのものが一つの象徴的な布置のなかに組み込まれているということを認めていただきたいだけだ。中心にあったのは党である。党はただ、領土の全域を覆い、社会のあらゆる分野に入り込み、その成員が各々しかるべき任務を遂行できるかどうかでその実効性が評価されるような一つの巨大な組織体であるだけではない。もちろん、党は機械のイメージに適しているし、そのかじ取りは装置のイメージに適している。しかし、他方で、党はつねに神話的存在のままであったし、つねにそうであった。つまり、党とは、一つの機能——たとえもっとも重要な機能であれ——を割り当てられて、社会のなかに一つの制度として存在するものではなかった。党とは社会に身体を与えるものだったのだ。これが、党の権限を限定するというゴルバチョフの決断がかくも甚大な影響力をおよぼすことになった理由である。

共産党は、一党支配のモデルとして特徴づけられてきた。だがこのような考えはつねづね一貫性を欠くものだと私は思ってきた。一党支配というのは、市民社会の存続を可能にするような独裁の手法となることもありうるのであって、必ずしも、自らの支配下で複数の勢力が現れることを禁じるものではない。こうした体制が、諸々の形態の結社、とりわけ労働組合などを正当なものと認め、それらと共存することも可能である。これに対して、共産党がもとづいているのは次のような幻想だ。すなわち、社会的なものと政治的なものの融合という幻想だ。

ここにふたたび公刊されるテクストはどれも単なる試論であって、その限界は私の目にも明らかである。民主主義は単にその発明のいくつかの兆しだけでもって評価されるものではない。私はそういった兆しを強調しようとしすぎたあまり、民主主義の変質を露わにするような兆しのほうは影においてしまった。今となっては、いくつかの誤りも指摘できる。とりわけ私はフランスにおける共産党の弱体化を見定めることができなかった。さらに、共産党が左派連合に資するかたちで国家装置のなかに組み込まれることの危険を過剰に見積もっていた。とはいえ、社会党に関して私が素描した分析は効力を失っていないように思われる。社会党は、一九八一年、つまり大統領選挙の少し前に私が述べた批判が正しいことを証明しつづけている……。逆に、ソビエト体制の評価から私が着想を得た予測については注意を向けておきたい。私が大きく誤っていたのは、ソビエトの失敗は社会革命に行きつくほかはないと想定したことだ。私はハンガリーにおける共産主義の爆発の思い出に導かれていたのだ。時代の差異についても社会の差異についても看過してしまった。そのことを知らなかったわけではないが、私は、全体主義世界において浮かび上がってきていた社会組織の解体が及ぼす帰結についての評価を誤っていた。最後に、私は、党の頂点において、共産主義的な利害にも優越するような政治的な命法——統治〔gouvernement〕の命法——の考えが生まれうるということに気づいていなかった。

一九九四年九月　クロード・ルフォール

民主主義の発明——全体主義の限界

目次

まえがき

第Ⅰ部　全体主義を理解するために

第Ⅱ部　新たな兆しを読み解く

第Ⅰ部　全体主義を理解するために

【要約】

従来のマルクス主義は人権概念には批判的であった。人権は、中世の封建社会から近代のブルジョワ社会への転換に現れたもので、人々の具体的な社会条件を無視した、個人主義的で抽象的な概念だというのである。しかし、東欧の社会主義諸国の反体制派や、各国の労働運動、消費者運動、環境保護運動等から提起される新たな権利要求や異議申し立ては、一九七〇年代以降、こうした批判とは別のしかたで、人権に新たな政治的な意味を見出す機運となった。ルフォールは、マルクスが『ユダヤ人問題によせて』で展開した有名な人権解釈を批判的に読解することを通じて、中世以降の〈権力の脱身体化〉という観点から近代の「政治革命」の意義を明らかにしようとする。すなわち、これまで政治的権力に対して外在的な秩序をなしてきた「神の法」が、「人の法＝人権」に移行することになったのである。こうして人権は、「権力」に対抗するための足がかりとして理解されるようになるのだが、とはいえそれはいわゆる人民主権の主張につながるものではない。ルフォールは、人権のはらむさまざまな逆説と意義を分析しつつ、それを「象徴的次元」において考えることを提案する。そこにこそ、改良主義や革命主義に陥らずに、全体主義に抵抗するさまざまな具体的な実践の政治的な意味を解読し、「人権の政治」と「民主主義的政治」の新たな関係を考える糸口があるのである。

第一章　人権と政治(1)

〔人権は政治的か〕

最近、『エスプリ』誌が「人権は政治的か」という主題をめぐる討論会を開催した。これは提起するにふさわしい問いである。しかし、われわれの見るところ、この問いはもう一つの問いを要請する。すなわち、人権は政治的なものの領域に属するのか否かという問いだ。あるいは、これらの二つの問いを、三つ目の、ただし論理的に言えば第一の問いに結びつけるべきだろうか。われわれは、人権について語る十分な根拠をもっているのか。そのことで何を理解しているのか。さらに、もし人間の本性に内属する権利があるとわれわれがみなしているのならば、人間に固有なものとは何かを定義せずにすますことはできるのか、という問いである。この最後の、ないし最初の問いに正面から取り組もうとすれば単に無謀というだけではすまないだろう。それというのも単に当初の問題が視界から失われてゆくような省察にはまり込むおそれがあるからだけでなく、問いに対する返答もおそらく遠ざかってゆくからである。

たしかに、現代でもっとも洞察力のある思想家の一人であるレオ・シュトラウスは、こうした省察のためのいくつかの道しるべを立てたが、あえて結論まで踏み入ろうとはしなかった。彼の著作『自然権と歴史』から教えを引き出すことができるとすれば、それは以下のものである。まず、人間の本性についての問いは古典的な思考の諸前提を捨て去ることではまったく決着がつかないということ。また、この問いは近代的な思考にもつねについてまわっているということ。そしてこの問いは実証主義科学と歴史主義が生み出した諸々の矛盾のためにいっそう深まっているということである。このシュトラウスの教えは、もちろんどうでもよいものではないとはいえ、曖昧なままになるおそれがあるのだが……。

とはいえ、あまりに要求の高い問いは断念しなければならないとしても、そこから完全に身を引いてしまうのも危険だろう。われわれが取り組もうとする問いの質がいっそう落ちてしまいかねないからだ。そうなると、問題は、せいぜいのところ、われわれが人権という観念やそれに感化されたさまざまな権利要求を持ち出して、集団の活力を集めあわせ、それをいわゆる政治的なアリーナにおいてほかの力と張り合うことのできるような力へと転換させることができるのかということくらいになってしまうだろう。抑圧への抵抗という高貴なモチーフを持ち出すときですら、われわれは効用という観点で論証しかねないのだ。

とすると、哲学的懐疑の眩暈に身をゆだねることなしに、容易なプラグマティズムを退けるにはどのようにしたらよいだろうか。道を拓いてゆくためにふさわしい方法は、上に挙げたもののうち第二の問いから出発することだろう。実際、この問いはそれ以外の二つの問いの蝶番となっている。われわれは、人権が純粋に政治的な意味をもっているのかを検討してみなければ、人権の政治について厳密なことは何も言えないし、政治的なものはその本質上人間の存在、あるいは同じことだが、人間の共存という観念を巻き込まないのかどうかについても何も主張することはできないだろう。

加えて、この第二の問い〔人権は政治的なものの領域に属するのか〕は、われわれがいま置かれている歴史的状況から生じており、政治的なものおよび権利についてのまったく新たな感性を物語るものであるということはここで指摘しておいてよいだろう。この問いは、もはや生産諸関係とか所有といった観点からの分析では飽き足らない人々にとっては必須のものである。そうした人々にとって、共産主義的な観点を捨てることは、宗教的ないし道徳的な世界観へと逃避することではない。彼らは、そうすることで、新たな思考と行動の手段を探るよう促されているのである。

〔社会主義における人権批判と再評価〕

マルクス主義がフランス左翼全体へと拡大してゆくなかで、長いあいだ、権利全般は過小評価され、人権というブルジョワ概念に対しては、皮肉な、あるいは「科学的な」激しい告発がなされてきた。ちなみに、問題に入るに先立ってここで指摘しておくならば、マルクス主義はその創設者の着想に忠実でなかったことは一度もない。若書きの試論であったとはいえ、マルクスの『ユダヤ人問題によせて』における有名な人権批判は、彼自身の後の著作によっても、その後継者たちの書きものによっても反駁されたことはなかった。

最近では、マルクス主義は口調を変えてきている。マルクス主義がリベラルな美辞麗句で身を飾る一方で、かつてはその教義の一徹な守護者として名を馳せていた〔ヌーヴォー・フィロゾフなど〕少数のイデオローグがこれに敵対するようになってきている。この衝撃がどこから来たものかはご存じだろう。ソルジェニーツィンを筆頭とする収容所《グラーグ》の犠牲者たちが広めた多くの情報によって、ソビエト連邦の強制収容所体制の規模がどれほどのものであったかが明らかにされた。さらに社会主義諸国の全体にわたって、人権の尊重を求めヘルシンキ合意を援用しようとする反体制派の人々がイニシアチブをとることで、多くの者たちの心にきわめて大きな動揺が植えつけられることになった。人権はもはや、支配システムを隠ぺいするための形式的なものとはみなされない。人々は、抑圧に対する現実的な戦いがそこにみなぎっているのを目にしたのである。それゆえ、東欧諸国での弾圧を非難したり告発したりする者は、まさにここ、ブルジョワ民主主義と言われるものの枠内においてこの権利の価値を認めることになった。そして、社会主義の創設は人権の保護を確たるものにするものでなければならないと主張する覚悟を決めたのである。

とはいえ、こうした人権を求める新たな言説から何を聞きとったらよいだろうか。一方で、人権は、良き政体の補完物、つまりまだ社会主義には欠けているが明日にはもたらされるはずの補完物と定義される。他方でそれは、政治の陰鬱な拘束に対する精神の独立や良心の独立の証をもたらすものとされる。ある者は、社会主義が「人間の顔」をもつためにそれをどう改良したらよいかということしか考えないし、またある者は国家の——どんな性質であれ邪悪とされる国家の——攻撃から身を守るために人間の人間性を引き合いに出すことしかしない。あたかも、マルクス主義の側では、人権は「かすかな希望」という美徳を再発見させてくれるものとされ、その一方で、社会主義の偶像を破壊しようとする者たちにとっては、人権は、個人と社会との対立、あるいはまた内的な人間と都市に繋がれた人間との対立を復活させるものであるかのようだ。

反体制派の行動によって人権の再評価が引き起こされたのは確かだが、とはいえその射程の広さはなかなか評価されなかった。実際、彼らの多くは「政治に携わる」つもりはないと宣言していたのだった。そのため彼らの言うことを好ましく思わない人々にとっては仕事も楽だったわけだ。だが、彼らのこの宣言は何を意味していたのか。彼らが政治的な野心をもたず、現行の権力の転覆も、新たな政策綱領の提言も、対立党派の形成も、マルクス主義に対して新たな教義を打ち立てることも目論んではいないということか。なるほどそうかもしれない。彼らが要求しているのは、民主主義国家において市民にとっての自由や安全のために欠かせない保障を実現させることくらいだからだ。

とはいえ、彼らの行動に政治的意味を見出すためには、そこに隠された意図があると考える必要はない。というのも、彼らが求める人権が全体主義システムと相容れないものであるならば、政治的な目標や綱領や教義がなくとも、彼らが政治に携わっていることはあまりにも明らかだからだ。さらに同様に明らかなことは、彼らの行動によって、この人権が、全体主義がまさに否定するような社会——つまり、かつては都市国家と呼ばれていたもの——についての全般的な考えに結びついていることがはっきりしてきたことだ。

ソビエト連邦や東ヨーロッパ、さらには中国における近年の情勢においていっそう新しい事態は、個々人が、警察の横暴に抗議したり裁判所が国に従属していると告発したり、特定の自由を求めたりといったことよりもむしろ、彼らが人権の擁護という旗印のもとで行動しているということだ。いっそう新しい事態、それは、もちろん彼らがその意見のために迫害されたり、反論することができずに有罪を宣告されたりということではなく、彼らを通じ、権力の標的が人権となったことだ。こうして、個々人や諸集団に対して行使される強制というこれまで長いあいだ圧倒的であった事態を超えて、全体主義社会というモデル（スターリン的であれ新スターリン的であれ、毛沢東主義的であれ新毛沢東主義であれ、その多様な変種はともかく）と権利の承認を含むモデルとのあいだに根本的な対立があることが露わになってきたのである。

〔フランス左派の人権に対する無理解〕

フランスで左翼と呼ばれる人々はこの対立を考慮してはいない。フランス共産党は、いくつもの機会において、とりわけジョルジュ・マルシェ[*1]を介して、反体制派の逮捕や有罪宣告に抗議してきた。とりわけ活発だったのが、プラハでの裁判に関して共産党が最近行なった宣言である。だが、意見を表明した罪では人間を訴追しえないということを共産党が認めるとしても、人権の擁護が意見の表明となるかどうか彼らに尋ねる者はあろうか。また彼らが人権への愛着を叫ぶとしても、その政治的含意は何かと尋ねる者はあろうか。左派連合が砕ける前には、社会党は、共産党の抗議を自分たちの選挙戦略のために喜んで利用し、この同盟相手のことを民主主義の大義のために勝利した党だと浮かれて紹介していた。だがここにあったのは日和見主義だけだろうか。この問いは問われるに値する。

ところで、私には、社会党の態度は、人権を個人の権利として考える以外のことはできないという彼らの無力を告げているように思われる。社会党はこのような考え方をフランス左翼の大部分——マルクス主義的であれ、マルクス主義の影響を受けた者であれ——と共有している。実際、非共産党系の左派は自ら進んで自分たちをリベラルかつ社会主義者だとしている。彼らはリベラルとして、一七八九年の原理を進んで援用し（場合によってはロベスピエールを賞賛もし）、社会主義と自由との幸福な混交を思い描いては悦に入っているのだ。

全体主義に対する彼らの盲目はここから説明がつく。ますます増える証言を読んでいけば新たな支配システムのあらゆる兆しを読み解くことくらいは彼らにもできそうなものだが、彼らがそこから結論としてもってくるのは官僚主義的権力の嘆かわしい横暴くらいのものである。しかも彼らがこのシステムの悪徳を批判したとしても、ソビエト連邦、東ヨーロッパ、中国ないしベトナムなどの体制はあいかわらず社会主義として映っているのである（唯一彼らを当惑させるのはカンボジアの例くらいだ）。こうした判断の根底にあるのは、現実は所有関係と力関係の水準で規定されるという頑強な観念である。他方で、権利に関しては、彼らがそこにこうした関係の合理化以上のものを見ようとすると、権利は道徳という聖堂、各個人が自分自身のうちに保つ聖堂に位置づけられることになる。

そのようなわけで、共産党が、ソビエトの反体制派に対してなされた訴訟の批判と、「総体的には肯定的」と評された体制の擁護とを容易に組み合わせるのを見ても驚くことはなかろう。彼らが自由気ままに振る舞っているのは、自分のものではない論理を借用しつつ、それを自分たちのために巧みに役立てているからだ。だが、そうした論理が左派の思考を統べていることを見てとるだけでは十分ではない。むしろ、この論理がその外側でどのように行使されているかを見ないことなどどうしてできよう。近代の保守思想もまた、かくも熱心に民主主義の価値を高めようとしてはいるが、所有関係や力関係が政治の本質をなすことには疑いを抱いてはいない。もちろん、保守思想は、個人の自由と市民の安全に対する保障とを聖なるものとみなしている。しかし、そこでは道徳の領域に属するものと政治の領域に属するもの——すなわち権力を求める競争ゲーム、既成秩序ないし国家理性を保守する必要性——とが綿密に区別されているのである。

政治家が権利を侵害しても概して関心が払われないのはそのためである。国家間の関係が利害ないし力にもとづいた命令によって規定されるのが当然に見えるのと同じように、政治家が自分の立場を守るためならばどのような手段を用いてもよいと認められるのだ。たとえば、数年前のニクソン事件によってアメリカで起きたスキャンダルが皮肉をもって迎え入れられたという例がそうである。

こうして共産党は、いっそう深いところで自分たちに打撃を与えるはずだった批判から逃れることができるようになるわけだ。共産党がスターリン的な抑圧手法やその残存をとがめるとき、ある者は党の言っていることに感嘆し、またある者は、党の声明があまりに遅く、及び腰で、またごくわずかだと非難する。この声明が偽善的だとする敵対者は、これがリベラルな有権者にとって良い印象を与えてしまわないかと懸念を抱く。とはいえ、共産党に対し、ソビエト権力による権利への攻撃は社会体への攻撃なのかどうか答えるよう決意を促す者は誰もいない。こうした問いはこれまで提起されることとすらなかった。というのも、この問いは権利が政治の構成要素であるという考えを含むことになるからだ。

ところで、ここでついでに述べておけば、こうした考えがなければ、個人の自由を原則的に擁護することが、スターリン主義を正当化することと両立不可能かどうかを述べることとすらできなくなる。実際、人権を個人の権利へと縮減してしまえば、こうした個人の権利から離れたところで独自の現実的秩序を作り出すことは十分できる。とすると唯一妥当な問題は、特定の歴史的条件において、国家の維持は、こうした権利の行使と適合することができたのか、また今日は適合することができるのか、そしてその場合にはどの程度まで適合することができるのか、ということになろう。そうなってしまえば、事実が権利を規定することになる。言いかえれば、政府による強制のいくつかの手法は社会主義という政治システムを維持する必要性から導出されてきたのか、あるいは現在も導出されているのか、それとも、そうした手法はこの必要性に照らして過剰であったのか、あるいは現在もなお過剰であるのかが検討されるべきこととなるのである。

こうした議論の枠内では、共産党はリベラルな対話相手と難なく妥協し、意見を表明した罪での不当逮捕は非難すべきことだと言うだろうし、強制収容所はなおさらそうだと認めるだろうが、とはいえこうした非難は、人権とは個人の権利である、つまり非政治的な権利であるという慣例を互いに認めあったうえで、リアリズムの基準に慎重に合わせてなされているのである。

だから彼らは、政府のあやまちによって何人もの（何百万なのだが！）人々が犠牲となっても、だからといってそれは国家の性質を問いに付すことにはならないと論証できるわけだ。というのも、この性質たるや個々人の性質とはまったく別ものであり、この国家は法に従属する、つまり国家に特有の拘束に従っているとされるからだ。

さらに彼らは、スターリン主義の何が過剰だと呼ばれているかを検討してみても、歴史的に規定された社会主義の形象というスターリン主義の定義がまちがいになるわけではないと主張することができる。というのも彼らは、スターリン主義の過剰を政治的権威の最初の過剰の副産物に、つまり、社会の統一という至上命令によって要求された、反駁不可能な過剰の副産物にすぎないものとみなしているからだ。

だが、共産党の論証がどのようになされるかは重要でない。彼らは非共産主義の相棒、でなければ自らの敵と同じ言語を話しているため、その論証方法自体はつねに有効となるからだ。

ところで、政治的リアリズムときっぱり手を切って、人権の擁護に無条件に与することになった者たちも、こうした言語から解放されているわけではない。というのも、こうした断絶は、政治的なものを考えることの単なる拒絶を伴っているからである。彼らは、あらゆる権力に対する抵抗《レジスタンス》という宗教をこしらえ、反体制派を現代の殉教者にしてしまうのだ。

だが、人権を個人に根ざすものとしてしまうと、全体主義と民主主義との差異は抑圧の程度の差としてしか考察されなくなり、それと同時に、当初は「抽象的な人間」の虚構をまさしく告発しブルジョワ社会の枠内でのその機能を暴いていたマルクス主義的な考え方がふたたび信頼されてしまうのだ。

〔マルクスの人権解釈〕

人権という観念に十全な意味を与えようとするならば、マルクスの問題系から解放されることはもちろん必要である。だが、それが彼の思想の手前に戻ることになってはならない。逆に、マルクスが人権について行なった、けっして無意味ではない批判をもう一度思い起こすことは、彼の議論の根底に残るあやまちないし錯覚を取り除くためにも必要である。そうしたあやまちないし錯覚ゆえに、マルクスがなした批判は彼に敵対する者たちが今日なお行なっている批判と似通ったものになってしまっているからだ。

これまでも述べられてきたように、マルクスが人権についての解釈の核心を与えたのは『ユダヤ人問題によせて』においてなのだから、これを検討してみよう(2)。

マルクスによる批判は、人権という表象が一八世紀の末に、まずはアメリカで、次いでフランスで生じたのは、社会のただなかにおける個々人の分裂、アトム化された社会と政治的共同体との分離にかたちを与えるためにすぎないという確信にもとづいている。マルクスはこう書いている。「市民から区別された人間とは誰か。ブルジョワ社会の成員にほかならない。なぜブルジョワ社会の成員が「人間」と呼ばれたのか。〈人間〉それ自体だからだ。なぜその権利は、人権と呼ばれたのか。われわれはこの事象を何によって説明するのか。政治国家とブルジョワ社会との関係によってである。政治的解放の本性によってである」。

彼はさらにこう観察をつづける。「人権、すなわちブルジョワ社会の成員の権利は、エゴイストたる人間、人間および共同体から分離した人間の権利にほかならない」。

こうした提言から、マルクスは意見の表明をめぐる一連の帰結を引き出した。とりわけ、宗教的意見、自由、平等、所有および安全に関してである。彼はこれについてなんと述べたのか。おおよそ、意見はそれが私有財産の精神的な等価物と見えたときに正当なものとして認められるということだ。自由についてはどうか。自由は、「人間が、他人の権利に害を及ぼさないことなら何でもすることができる力」と規定されており、「各個人はそれぞれ閉ざされ孤立した一つのモナドである」ことを前提としている。所有についてはどうか。所有は、法的には、市民が自らの財、収入、自身の労働や事業の成果を意のままに享受し使用する権利と規定されており、そのため各人に対し、他の人間に「自らの自由の実現ではなく限界」を認めるようにするものである。平等についてはどうか。平等は、モナド理論の別様の説明を提示するだけだ。最後に、安全はどうか。安全は「ブルジョワ社会の至高の社会概念、つまり警察という概念のことである。この概念によれば、社会全体は、その成員の各々に対しその人格、権利、所有を保証するためだけに存在するとされる」。要するに、それは、「各人のエゴイズムの保証」だということである。

ところで、全体主義の経験はこうした解釈のもつ弱みに不気味な光を投げかける。全体主義は人権の残骸のうえに樹立される。けれども、この体制のもとでは、人間は、過去にはけっしてなかったようなかたちで、人間から引き離され、共同性から分離されることになる。とはいえこれは、人間が自然的な個人を表すとみなされたためではない。そうではなく、人間とは共産主義的な人間を表すとみなされたためであり、その個体性がよき政治的身体、すなわちソビエト人民ないし党へと解消されなければならないためである。この解消は、同時に、人間と人間のあいだの差異と、人間と共同性のあいだの差異の解消である。それも、人間が、モナドとして私的な生の境界にいるよう指定されているためでも、また人間が、意見、自由、所有、安全の権利を享受しているためでもなく、この享受が禁止されているためである。さらに言うならば、市民社会が国家から分離していることが前提とされているためではなく、国家が、あらゆる形態の社会化、あらゆる様態の活動の原理を握っているとみなされているためである。

たしかに、マルクスは自分の解釈が、封建制からブルジョワ社会への移行という大きな歴史的出来事を説明していると言い立てている。その観点からすると、封建制は、物質的であれ精神的であれあらゆる要素が政治的な性格を有し、領主、階級、同業組合、職業団体などが有機的に結びついた総体のうちに刻み込まれた社会という類型を示すとされる。彼の観察によれば、このシステムに終止符を打つことで、「政治革命は市民社会の政治的な特徴を撤廃した。

市民社会は、政治革命によって、一方では個々人へと、他方では個々人の生活の内容や市民社会における位置を形成する物質的および精神的要素へと分裂した。政治革命は、こうした関係から、これまで封建社会の袋小路のなかでいわばばらばらに細切れになり、希釈されていた政治的精神を取り戻した。政治革命は、この精神を集約することで、かつての分散状態を終わらせ、この精神を、それまでの市民生活との結びつきから解放し、これを共同体の領域——市民生活における特殊的な要素から理想的に独立したかたちで人民一般に関わる領域——において形成したのである」。

とはいえ、封建世界からブルジョワ世界への移行についての歴史的な分析は、人間の解放の理論のうちに位置づけられ、その意義もこの理論に照らして規定される。このことは、われわれが言及している著作〔『ユダヤ人問題によせて』〕の全体、とりわけその結論から確認できる。マルクスがブルジョワ革命から引き出すもの、それは「政治的解放」と彼が名づけるものである。それは政治の領域を社会から隔絶した普遍的なものの領域として規定することである。それと同時に、社会のほうは、諸々の要素に分解された特殊利害や個人的生活条件の組み合わせへと縮減される。マルクスは、このような政治的解放を人間の解放へといたるプロセスにおける必然的かつ過渡期的な一契機とする。そして、この契機は、ブルジョワジーから見れば人間の解放の実現の契機そのものとみなされるために、これは同時に「政治的な錯覚」の最たるものだともされるのだ。この意味で、マルクスの見地からは、政治的な「解放」と「錯覚」は区別しえないものとなるわけだ。

しかも同時に、市民生活における諸々の特殊な要素があたかも互いに独立しているかのようにそれぞればらばらになるため、政治的な錯覚がこれらの要素の独立という錯覚と一致するようになる。あるいは、この錯覚を維持することを目的としている人権という錯覚的な表象と一致するようになるとされる。言いかえれば、政治と人権とは、同じ錯覚の二つの極をなしているとされるのである。

以上が〔マルクスの〕ブルジョワ民主主義革命の分析の理論的な骨格だとすれば、われわれはそれが全体主義革命の分析を支えることもできるかどうかを問うてみてもよいだろう。ところで、全体主義革命について検討するには、以上の関係のほとんどを逆転させなければならないという点は納得してもらえるだろう。実際、全体主義は、市民社会の自律性を示すあらゆる特徴を撤廃し、それを構成する個別の規定を否定する。それゆえ見かけ上は、政治精神が社会的なものの全体に行きわたっているかに見える。政治精神の代表者たる党は、人民全般を体現するとみなされた国家と、市民生活に関わるあらゆる制度との結合をなんとしても形成しようとする。

とはいえ、マルクスが「人間の解放」と呼んだものに、全体主義がはっきりとした形を与えることになると結論づけるマルクスの読者は——良き信念をそなえているなら——一人もいまい。そうならない理由はいくつもあるが、そのうちの一つにだけ言及しておこう。市民社会の破壊のプロセスは、政治的なものの領域の途方もない拡張を含んでいるのであって、その消失ではもちろんないのだ。言いかえれば、政治精神の普及は、共同体を代表し「人民全般に関わる事柄」について決断を下すとみなされた権力の強化と相関しているのである。マルクスに照らすと、全体主義は、「政治的な錯覚」がその絶頂に達した体制として現れる。つまりそこでは、この錯覚が全能を握る（あるいは少なくともそれを握ろうと努める）国家のうちに物質化されているのである。

ところで、そこでは人権は破壊され、マルクスが同一の錯覚の二つの極だとした「政治」と「人権」の関係も消える。ということはつまり、われわれがまず第一に確認しなければならないことは、マルクスの問題系は、今日の諸々の出来事によって挫折したということである。だが、だとすれば、第二の確認をしなければならない。マルクスの人権批判は、ブルジョワ民主主義革命の分析に位置づけられているが、それはそもそも十分に根拠づけられたものではなかったということである。

だからといって、彼の批判がおしなべて無効になるわけではない。そう主張しようと躍起になると、次の注目すべき事柄を見逃してしまいがちである。すなわち、マルクスは多くの場所で、アメリカ独立憲法と一七九一年および一七九三年の人権宣言から引用されたテクストに注釈を加えたり、ときにはパラフレーズしたりすることにとどめているという点である。

したがって、マルクスを誹謗する者たちには落ち着いてもらわなければならない。彼らは自分たちのことを人権の擁護者だとしつつも、人権の両義性については何も知ろうとしない。彼らは、マルクスないしマルクス主義者からだけでなく、エゴイズムを社会における人間の行動指針にすることに満足しない人々からも提示されてきた反論に見合っていた——あるいは今日もなお見合っている——決まり文句からは何も引き出そうとしない。実のところ、こうした決まり文句の多くは、その後のヨーロッパにおいてモデルの役割を果たした〔一七〕九一年の人権宣言のなかで、主権的な個人というイメージを権威づけているものだ。これによれば、この個人がもつ、行動したり企てたり、話したり書いたりする力、そして所有する力が制限されることがあるとすれば、それは、同じように力を行使する他の個人が有する力によってのみだ、ということになる。さらに、その最後の条項に謳われ、唯一神聖なものと形容されている所有権こそが、その他のすべての権利が立脚する権利であると考えることも恣意的なことではあるまい。

だから、われわれの批評家たちを駆り立てているのは、マルクスが人権に何を読みとっているかという点ではなく、マルクスがそこで発見することができていないものは何かという問いのはずなのである。実際、マルクスは、ほかの場所では——ただしほかの目的のために——きわめてぬかりなく解き明かしていた一つの罠に自分自身がはまってしまい、またわれわれをそこに誘い込んでしまっている。すなわち、イデオロギーという罠である。マルクスは、人権が実践的には何を意味するのか、それが社会生活にどのような変動をもたらすのかを検討することなしに、人権のイデオロギー的解釈に囚われてしまっている。しかもそのため、人権宣言の文面そのものにおいて、その余白にあるイデオロギーから現れてくるものに盲目になっているのである。

〔マルクスの人権宣言解釈〕

人権宣言の文面に戻ろう。自由に関する条項からマルクスはどのような議論を想起しているのか。人権宣言にはこう明記されている。「自由とは、他人を害することがないかぎりあらゆることを為すことができるということである」。マルクスはこれにこう注釈をつけている。この権利によって人間は「モナド」となる。この権利は、人間と人間の関係にではなく、逆に、人間と人間の分離にもとづいている。「この権利は、分離への権利である。つまり、自分自身に限定された個人の権利である」。

こうしてマルクスは、「害することがない」という否定的な機能の範囲を限定し、「あらゆることを為すことができる」という肯定的な機能に重きを置いているのだが、彼がそこで考慮していないのは、社会の構成がどのようなものであれ、あらゆる人間的な活動は、公共空間においては必然的に一つの主体をほかの主体と結びつけるという点だ。この結びつきは根本的な所与であって、制度的ないし政治的な機構に依存するものではないし、あるいは同じことだが、個人の孤立、モナド主義は厳密に思考することのできないものなのだから——というのも、まさに個人が事実として自らの同胞から分離されていたとしても、それはそれで他者への関係の一様態なのだから——、唯一提起されるべき問いは次のようになるはずだ。すなわち、あれこれの社会において——あれこれの社会編成において——、その成員たちの活動に課せられた限界、つまり彼らが何かを設立したり、移動したり、ある場所に通ったり、あるいはなんらかの職業についたり、自らの条件を変えたり、自分たちなりの表現やコミュニケーション手段を用いたりといったことに対して課される制限は何かという問いである。マルクスは、こう問う代わりに、民主主義革命以前の旧体制において人間の活動に課せられていた複数の禁止事項を人権宣言が取り除いたというその実践的な射程を、奇妙にも無視するのだ。それは彼が、権力とは個人に根差すものであり、他人の権力に出会うところまでしか行使しえないというイメージに取りつかれているからである。もちろん、この権力イメージは彼が生み出したものではない。このイメージが人権宣言の自由についての条項のなかに顔を出していることも確かである。またこれによって公共空間への新たな通路が変質させられていることも劣らず確かである。

とはいえ、表現の自由に関する二つの条項――そのうちの二番目のものはこれ以上ないくらい明確だ――に対するマルクスの抵抗はなんとも意味深長だ。実のところ、彼は人権を検討している箇所でこれら二つの条項についての注釈を行なっていないのだ。この省略は、マルクスの先入観を物語るものであるがゆえにそれ自体として強調するに値する。だいたい、『ユダヤ人問題によせて』の議論がもともとバウアーの説に対して示そうとしていたのは、次のことだ。すなわち、自らの宗教的な信条を表明する権利が示しているのは――たとえこれが、自分たちは特別な民族に属すると思いこみ、その信仰も政治的共同体への帰属とは見たところ矛盾するユダヤ人たちの宗教的な信条であったとしても――、市民社会を構成する個人的、特殊的、私的な要素と、国家的な生とのあいだ、つまりブルジョワ社会の成員と市民とのあいだに、人権が突如分裂をもたらし、この分裂を認可することにほかならないということだ。もちろん、こうした議論から、マルクスが宗教的な自由に反対していたとか、いわんや何人かの無分別な者や愚かな者が主張したように、彼が反ユダヤ主義者としての姿を見せたのだということが導き出される余地はない。とはいえ、認めざるをえないのは、彼にとって、良心の自由は民主主義的虚構のもっとも雄弁な指標にほかならないと映っていたということだ。もう一度繰り返すと、この虚構こそが、人間の解放にとって、必要な、とはいえ過渡的な契機をなしているのである。

ところで、マルクスが沈黙のうちに省略する二つの条項は何を語っているのか。それを見てみよう。第一〇条。「何人も、意見を表明することで、法によって樹立された公的秩序を乱すのでないならば、宗教的な意見であっても、自らの意見によって脅かされることはない」。第一一条。「思想および意見の自由な交流は人権のなかでももっとも尊い権利の一つであって、あらゆる市民は、法によって規定されたいくつかの場合においてこの自由の乱用に相当するのでないならば、自由に発言し、執筆し、印刷することができる」。マルクスは、ブルジョワ革命についての自らの図式に囚われており、意見の自由が、関係の自由、つまり場合によってはそう言われるように、コミュニケーションをもつ自由であるということを見落としてしまっているのだろうか。それはそうだ。彼が青年期に書いたテクストでは出版の自由を擁護していたのだから。だが、目下は、彼の思想がどのように変質していったかを検討することには入らないようにしよう。われわれにとって重要なのはただ、論証がどれほど一貫しているかだ。これは、今日もつねに見てとることができるように、創始者の高潔な意図はもちろん有していないような者たちに対しても影響を及ぼしているからだ。

ところで、批判の的となっているのは、個々人からなる社会というブルジョワ的表象である。ここで問題となっているのは、思考する個人とみなされた者の私的財産としての意見という表象である。こうした表象がどのようなものかは確かにわかるのだが、しかしそれはその後に実際に生じることになる変革の流れに合致しているわけではないし、人権宣言で用いられている言語でそれを言い表そうとすれば、人権宣言の中身を台無しにしかねないことになる。上述の二つの条項のうちの最初のものは所有権の隠喩の域を超えてはいないと考えることができるにせよ、二つ目の条項から理解されるのは、実に次のことであろう。すなわち、自己自身から発せられ、発言や書きものや思想によって、他者たちと結びつくことは、人間の権利のうちでももっとも貴重な権利の一つだということだ。もう少しうまく言いかえるとこういうことだ。すなわち、人間は、自らの私的な世界の境界内にとどまるよう法的に定められることはありえず、権利上、公的な発言および思想を有しているということである。あるいはさらに言いかえるならば——というのも、以上の言い回しは、個々人を人間それ自体というものの個々の標本として規定し、そうした行為者どうしの働きをコミュニケーションであると限定してしまうおそれがあるため——、先の条項から理解されるのは、法によって特定されたいくつかのケースを除いて、原理的に権力の権威から逃れた思想、意見、発言、書きもののコミュニケーション、流通があるということなのである。権力に対する発言および意見の独立、そして権力と知との分離こそが人権の肯定において問題となるのであって、ブルジョワと市民の区分、私有財産と政治の区分などが本質的な問題ではないのだ。なぜマルクスはこのことを見てとらなかったのか。なぜ彼は意見の表明の正当化に人間をモナドに転換する虚構の指標しか見出さなかったのか。彼は社会を個々人の並置には還元できないということを誰よりもよく知っており、したがって、個々人に有するとされている権利は、ブルジョワ的言説が思いのままにできないような社会的な領域に刻まれているということを理解していたのに、なぜなのか。この問いはさしあたり開いたままにしておき、表現の自由に関する今日の議論に戻ろう。

〔全体主義国家で侵害されているもの〕

社会主義国家において、人々が意見を表明したかどで告発される場合、侵害されているのは個人の権利ではない。しかもそれは、過失や瑕疵でもなければ、権力の不正な行使に属するような、合法性に対する偶発的な侵害でもない。この告発が物語るのは、社会の構成様態であり、その政治システムの特殊性である。事実、全体主義権力の使命は、公的な思考や公的な発言を自らの極に引き戻すことにある。つまり、公的空間——これはもちろん目標とすべきものであるが、しかしそこに到達することはできず、つねにそこに向かってゆくことしかできないものなのだが——を囲い込んで、それを自らの私的な空間へと転換するということだ。こうした空間は、理念的には、ソビエト人民の「身体（corps）」と一致するだろうし、この人民に固有なものとなり、同時にその組織化の法則性を規定することになるだろう。だとすれば、よく知られたあの議論を反転させるべきではないか。すなわち、ソビエトの官僚主義者たちが、ある時期、収容所の元徒刑囚の手記の公刊を認めたり、あるいは、サハロフが外国のジャーナリストの前で見解を表明するのを許容したりしたのだが、そのときにこそ、原則に対する侵害、つまり全体主義の原則に対する侵害があったのであって、おそらくはそこにこそ過失ないし瑕疵が、いずれにせよ現実の原則との残酷な妥協があったのだ。

これに対し、人権が侵害されているという場合、この侵害は犠牲となった者にとってしか存在していない。権力は、その体制の本性に従って振る舞うのであって、けっして恣意にまかせることもなければ、スターリン主義の熱狂に回帰することもなく、反対派に対して教訓を与えることもしない——僭主の場合とちがって、権力が人民に恐れを抱かせるよう命じるのは、人民に対する恐れゆえではない――。社会的な生が権力に対して外部にあったり、あるいは社会的なもののうちに他性があったりすることの徴となるような意見の受け入れが禁じられるのは、ただ〔全体主義という〕システムの論理ゆえなのだ。

〔マルクスが見ていないこと〕

マルクスに戻ろう――といっても、ブルジョワ社会しか見ていなかったマルクス、「人間の解放」を看取するために全精力を注いだマルクス、いまでは愚かだとか偽善だとか非難することしか考えられなくなってしまったマルクスに。人権についての彼の盲目はどこからくるのか。彼が人権をブルジョワ・イデオロギーとして捉えたのはなにゆえなのか。この盲目がどれほどのものかをもっと見てみよう。彼は、〔一七〕九五年憲法の一つの条項をめぐって、安全についてこう皮肉を言っている。「安全とはブルジョワ社会の至高な社会概念である。つまり、社会とは、その成員の各々に対し、自らの人格、権利、所有を維持するためにあるにすぎないという警察的な概念である」。実を言えば、条項の文面の意味が注釈によって変質されてしまっている。この文面が規定しているのは、安全とは、社会がその成員の各々に対し、自己保存という目的のために保障を与えるということだ。

これに劣らず注目すべきは、別のところではマルクスがふんだんに活用しているはずの九一年憲法が見過ごされていることだ。そのいくつかの条項はいっそう明確だ。第七条にはこうある。「何人も、法律で定められた場合や、法律が規定する形式によるのではなければ、告発、逮捕、拘留されない。恣意的な命令を下したり、交付したり、執行したりあるいは執行させたりする者は処罰されなければならない。だが、法律に従って出頭を命じられたり、提訴されたりした市民は即座に従わなければならない。抵抗した場合には有罪となる」。第八条はこうだ。「法律は、厳密にまた明白に必要な刑罰しか定めてはならない。また、何人も、不法行為より以前に制定および公布され、適法に施行された法律にもとづかなければ罰せられない」。第九条はこうである。「何人も、有罪を宣告されるまでは無罪と推定されるため、逮捕するのが不可欠だとみなされた場合でも、その身柄の確保に必要ではない厳格さは法律によって厳しく罰せられなければならない」。

読者には非常によく知られたこれらのテクストを今一度思い起こさせてしまって申し訳ないが、しかしこれらをマルクスの解釈と突き合わせてみるべきだろう。マルクスは、ここに言い表された諸原理が実践において背かれている、さらにはこうした言表こそがその違背を認めていると躊躇なく論証している。要するに彼は、一八四八年憲法を分析する『〔ルイ・ボナパルトの〕ブリュメール一八日』において後に行なっているのとは異なり、ここでは形式と内容とを対置させていないのだ。

彼が無視しているのは、書かれた法にどのような機能が認められているか、それが権力の領域から分離されることでどのような地位を獲得するかだ。この書かれた法という地位があるからこそ、統治者の圧力に屈した立法者らが機に乗じて法を濫用することができないのであり、こうした統治者自身やその代行者らにも適用されねばならないという必然的な権威が法に与えられているのである。マルクスは、経験的な現実――これは諸々の個別的な関係からなる現実とみなされている――の次元まで法を引き下げ、そうすることで法をこうした諸関係の保存のために拵えられた人工物だとするのだ。

こういうふうに言うと、マルクスはエゴイスト的な人間という観念を基礎とするような功利主義的な法の定義を告発しているのだ、という向きもあろう。もちろんそれはそうである。だが彼は同じ身振りでもって、類的生ないし類的存在という理念にもとづいて批判を行なうことで、この法の定義を乱用している。彼はブルジョワ的法解釈を拒否するだけにとどまらず、法の次元それ自体を消去してしまうのだ。マルクスにとって、人権宣言が依拠している法は、彼がブルジョワ的表象のもとで法に割り当てているような意味のほかはなんら意味をもたないのだ。

今一度立ちどまり、こう思い起こしておくべきだろうか。マルクスはもちろん、権力の特権を擁護したり、権力をあらゆる束縛から解放したり、個々人を権力の意のままの状態に置いたりすることなどを考えているのではなく、人間によって人間に対してなされる抑圧や搾取から解放された社会というものを構想してもいる。だが、マルクスは、こうした社会にあって、特定の制度には余地を認めず、人権にも余地を認めない。というのもマルクスには、人々は即座に社会的生に、つまり十全に人間的な生に浸っている、同じ自由の空気を吸っていると映っているためである。こうした見方ゆえに、マルクスはたとえば「何人も有罪であると宣告されるまでは無実である」という文句を認めることができないし、そこに政治思想の逆戻りしえない成果があると認めることもできなくなっている。彼がそれに気づかないのは、この文句が、無実の者と有罪の者と、それに加えて、両者を恣意的に取り違えること、あるいは両者を区別できる第三者がいるということを前提しているため、つまり、生の次元ではなく象徴的な次元における区別を前提にしているためである。おそらくマルクスが、無実な者に与えられる保証よりもいっそう驚いたのは、有罪性という観念であろう。これは、ほとんどマルクスの目には留まっていなかったということもありうる。つまり、マルクスは、真と偽、正しさと不正とが告げられるような立場、力と正義とを結びつけたり切り離したりして露わにするような立場があるということを思い描けなかったのだ。

〔近代の「政治革命」の特質と脱身体化〕

だからブルジョワ社会はエゴイズムの社会だというマルクスの訴えに騙されないようにしよう。たしかに、マルクスの人権批判は、社会が個々人へと解体されるという考えを指針にしている。このような解体は、私的な利益の追求が歯止めを失い、かつては経済的、社会的、政治的次元でほとんど有機的といえるほどの全体を形成していた従属の連関が断ち切られるようになったことの帰結である。だが、マルクスがその同時代人の多くと共有しているこうした考えは、保守主義、反個人主義、反ブルジョワの言説の核心にあったものでもあり、自由主義者の書いたもののうちにすら見出すことができるものだ。もう一つ付け加えれば、このような考えが、ヘーゲル——つまりマルクスが『ユダヤ人問題によせて』ではっきりと言及しているヘーゲル——においてどのように練り上げられているかはご存じのとおりである。さらに、ここで、マルクスがバークやボナール、ド・メーストルやギゾー、ヘーゲルやトクヴィルとどの点で区別されるのか、またどの点で結びつくのかを指摘する必要はないだろう。

われわれの見るところ、マルクスに固有なこと——そしてそれはもしかすると、逆説的にも、ほかの者たちが見落としていたり、ほとんど見ていない現実、つまり生産関係および階級関係という現実をマルクスに気づかせている当のものなのかもしれないが——、それは彼が政治的なものを拒否しているということである。このことは——なんと目に付きやすいことだろう——、彼が自分自身の解釈の土俵を獲得する前ですらそうである。

個人に対する批判は最初から社会に関する理論の地平のなかでなされているが、そこでは、権力の次元が、そしてそれとともに法の次元と知（これは、臆見や信仰や認識などを含むもっとも広い意味で用いる）の次元が捨て去られている。こうした理論では、権力に対し制限が割り当てられ、権利が権力に対する外在性のもとで十全に認められるようになった歴史的変遷が考慮されることはない。こうした二重の出来事は読解不可能なものとなり、単なる錯覚の兆候となってしまうのだ。

マルクスはこうした錯覚を社会へと投げつけてはいるものの、しかしこの錯覚は社会のなかにあるのではない。それは彼の頭のなかにあるのであって、そのために、彼は近代国家の形成について想像上で再構成することを余儀なくされているのである。思い起こせば、マルクスは近代国家をブルジョワ社会の補完物だとし、この新たなシステムを封建制のシステムに対置したのだった。ところが、マルクスはまさしく政治的なものを考えることを拒んでいるがゆえに、分析しなければならないはずの系譜、つまり君主制国家の系譜を検討することができなくなっている——この国家は、フランス革命のはるか以前から封建制の組織と精神とをむしばみつつ姿を現してきたものである。

もしマルクスがこの系譜を検討していたならば、民主主義国家の到来が「理想的共同体」の設立の契機となるなどと述べることはできなかったはずである。その代わりに彼は次のように認めざるをえなかっただろう。すなわち、〈国民〉、〈人民〉、あるいはその一体性を保障するような審級の姿は、一四世紀以来すでに素描されていたのであり、そして、彼が語るところの普遍的なものと特殊的なものとの分裂は、まずはヨーロッパにおいて、主権論にもとづき、君主制の形成の帰結としてもたらされたのであって、私的な利害の細分化によるものではないのである。

さらに彼はこうも認めざるをえなかっただろう。国家は、封建世界を抜け出したブルジョワ社会の解放から生じるのではなく、むしろ、王権領邦国家が成立し、臣民たちが君主に共通に忠誠を誓うというかたちでこれらの国家の一体化が進み、そして少しずつ国家権力によってこれらの領邦国家が平準化されてゆくことによってこそ、ブルジョワ体制が発展する条件が作られたのである。

したがって、ヘーゲルの歩みを踏襲して問うべきであったのは、国家と社会の分割の様態についてであり、また同時に、階級の分割の様態、権力と法との関連の様態についてであったのだ。

実際、こうした問いかけをはじめるやいなや、民主主義国家の初期の展開や人権の制度化にはまったく新たな光があてられることになるだろう。というのも、こうした出来事が政治的なものの変容を特徴づけるのだとすれば、この変容は、法治国家の歴史という一つの歴史の特異な領域において起こるものだからである。こうした国家の成立が、一方ではキリスト教的な価値の世俗化——そして、初期には、神と人間の媒介者としてのキリストという表象が、政治的共同体と臣民たちの媒介者としての王という表象へと置きなおされたこと——によるものであること、他方では、ローマの遺産が宗教的に練り上げなおされ、法学的・合理的価値が超越性や媒介性の問題系に置きなおされたこと——これが人民主権や市民主権の定義や、公的なものと私的なものの区別などをすでに支えている——によるものであること、こうしたことをどうして忘れられようか。

こうした歴史に照らすなら、近代の「政治革命」は何を意味するのだろうか。権力の審級と法の審級の分離ではあるまい。というのもそれは君主制国家の原理であったからだ。そうではなく、近代の「政治革命」が意味するのは、権力の脱身体化〔désincorporation〕[*2]および法の脱身体化という現象であり、それに伴い、かつて共同体を体現し正義を媒介していた「王の身体」が消失するという事態である。それは同時に社会の脱身体化という現象でもある。社会のアイデンティティは、すでに民族《ナシオン》のうちに形象化されていたとはいえ、君主の人格と分離していなかったのだが、そうした社会が脱身体化するということである。

したがって、「政治的解放」を政治的な錯覚の一つの契機として語るよりは、権力と法〔droit〕との脱錯綜化〔désintrication〕[*3]がもたらす先例なき出来事のほうを探ってゆくべきだろう。あるいは、法によって何が機能しているのかについてわれわれが確かに見定めているのだとすれば、権力の原理、法の原理、知の原理の同時的な脱錯綜化がどのような出来事をなしているかを探ってゆくべきだろう。脱錯綜化というのは分裂のことではない。あるいは、分裂という語を使うのであれば、こうした断絶によってどのような分節化がもたらされるかを無視しないという条件をつけておく必要がある。ここで、権力は法に対し異質になるのではない。まったく逆に、権力の正当性はいままで以上に肯定され、いままで以上に法学的言説の対象となり、同時に、その合理性もいままで以上に検討されることになる。だが、人権の観念がいまや指し示すことになるのは、統御することのできない源泉のほうである。権力に対し、法は消去することのできない外在性を示すにいたっているのである。

なるほど、キリスト教の君主国家における君主は、すでに成立しているいくつもの個別的な法を順守しなければならなかっただろう。たとえば、聖職者の、貴族の、都市や国家の、同業組合の法等がそうである。これらは、過去に根を下ろし、一種の契約にもとづいており、君主といえどもその記憶を消去する能力はもっていなかった。とはいえ、こうした法、こうした契約こそが君主制そのものを構成するとみなされていたのであり、君主がそれに従っていたのは、それが自分自身の性質に合致していたからにほかならない。あたかも君主は、自分自身の自由を行使し、自分自身がその法を帯び、自分自身と契約を結んでいたかのようだったのである。君主の権力は制限されていたけれど、法がその人格と実体を一つにしているように見えていたために、事実上は制限をもっていなかったのだ。法の起源が神ないし〈正義〉にあるという意味では君主は法に従属していたけれども、その権力はあらゆる限界を超えていた。というのも、臣民とのあいだにどのような関係を結ぼうが、自分自身にしか関わっていなかったためである。ところが、法の係留点がもはや存在しなくなるのだから、いまや権力に対して、まったく別の様態の外在性が打ち立てられることになったのである。

〔人権の逆説と未規定性〕

このように言うと極端に聞こえるかもしれない。いまや新たな係留点が定められているからである。それは、人間である。しかも、定められたのは、成文憲法のおかげだ。法＝権利〔droit〕が、有無も言わせぬかたちで、各々の個人に現存する人間の本性のうちに見出されることになったのだ。

だが、どのように法＝権利が人間に結びついているのか。この問いを提起するやいなや、われわれは次の三つの逆説に直面させられることになる。

第一の逆説は次のようなものだ。いまや社会は自由かつ平等な人間からなる社会として、理念的には一つの、したがって同質的な社会とみなされている。しかしながら、上述のとおり、自然権についてどのように言い表されても、そうした言表を超えて、そしてその言表それ自体において、本質的な変容が示されている。というのも、この社会は、〔王によって〕身体化された権力という媒介を失ったことで、自らのあらゆる構成要素のうちで互いに関わりあうことや、自らをただ一つの身体として表象することができなくなり、そのため、もはや自分自身の輪郭を描くことができないことが明らかになってきているからだ。言いかえれば、どのような効果が生じるかが確定していないような、あるいは同じ理由によって、権力の軌道から外れてしまうような、そうした生活様態、活動様態、コミュニケーションの様態が認められるようになってきたということだ。

第二の逆説はこうである。人権は言い表されたものである。つまり、人権とは人間に属する権利であると言い表されている。だが同時に、この人間は、自らの代表者を通じて、自らの法権利を言い表すことをその本質とする者として現れる。とすると、万人から距離を隔て、法を授けたり批准したりするための権威の源となる場所を一人で専有することのできる者などもはやいないのだから、言表されているものを言表行為から引き離すことは不可能だということになる。こうして、法は単に宣言の対象をなすのではなく、宣言されるということを自らの本質とするものとなるわけだ。

第三の逆説は次のようなものである。人権は諸個人の権利として現れ、諸個人は、各々自らの私的な世界を統治する独立した小主権者として、社会の総体から外れたミクロな単位として現れる。だが、この表象はそれとは別の表象をも解体することになる。つまり、各々の部分からは超越した全体性という表象である。ここで気づかされるのは、社会関係を横断するような次元である。個々人はこの社会関係の各項をなすが、この社会関係は個々人によって作られていると同時に、個々人にそのアイデンティティを授けるものでもある。たとえば、一方が話したり、書いたり、自由に出版したりする権利は、他方が聞いたり、読んだり、出版されたものを保存したり伝達したりする権利をも含んでいる。こうした関係が成立することによって、表現が駆り立てられるような状況が形成される。すなわち、そこでは、公的空間で話し聞くという二元性が、権威的な関係のうちで凝固させられたり特権的な空間に閉じ込められたりすることなく、多数化してゆくことができるということだ。先に安全性の原則について言表されていた保証を考えてみても、個人の保護という考えにとどまるわけにはいくまい。ここでもまた言わねばならないのは、すべての人々をその成員として含み込む、あるいはもう少しよく言えば内包する社会という考え、さらにこうした人々に固有の運動を定める機関という考えは挫折したということだ。ここでもまた、個別的な個人を社会空間のなかに飲み込むというイメージは崩れ去るのだ。

以上の逆説からいくつかの帰結を引き出してみよう。人権が宣言されると、未規定的人間という虚構が生まれると言われることがある。マルクス主義から着想を得た批判はすべて、だが同時に保守主義的な批判もまた、この脆い要塞のうちに落ちこみつつ、この要塞そのものを解体してしまうだろう。ジョゼフ・ド・メーストルは、私はイタリア人やロシア人やスペイン人やイギリス人やフランス人には会ったことがあるが、人間なるものは知らない、と述べていた。マルクスは、自らの階級的条件によって歴史的かつ社会的に規定され加工された具体的な人間しかいない、と考えていた。今日の多くの論者たちも才能では劣るが、抽象的人間をあいかわらず嘲弄している。

しかし、未規定的人間という観念は、規定不可能なものという観念と切り離すことができない。人権は、権利をある一つの基礎のもとに連れ戻す。この基礎というのは、その名称とは裏腹に、かたちを有さず、この権利に内在的であり、そしてそれゆえ、それを簒奪せんとするあらゆる権力――宗教的であれ神話的であれ、君主的であれ人民的であれ――を逃れるものである。

したがって、人権とは、どのように定式化しようともそれを超過するものである、ということになる。このことがさらに意味しているのは、人権の定式化は、そのさらなる定式化の要請を含んでいるということであり、あるいは、権利が獲得されるということは、必然的に、さらに新たな権利を下支えするよう求められているということである。さらに同じ理由から、あたかも人権の意義がブルジョワジーの台頭に資するために果たした歴史的機能に尽きるかのように、それを一つの時代に限定することはできないし、あたかも人権の影響が局所化したり統御したりできるようなものとして、それを社会のなかに限定することもできないのである。

〔権利による権利の問いただし〕

人権が究極の典拠として措定されると、既存の権利は問いただしを免れることができなくなる。すでに承認された権利の効果を抑制しようとする力に対抗して、新たな要請をもった集合的な意志が、あるいは言うなれば、そのような社会的な行為者たちが、自分たちの力を集めあわせるにつれて、いっそうこうした問いただしがなされることになるのだ。

　ところで、権利が問いただされるところでは、社会——つまり既成秩序——が問いただされることになる。一つの階級が自分自身のために、また他の階級に対する権利保障を否認するためにどれほど有効な手段を用いようと、また権力が司法行政を従属させたり、法律を支配的な命令に従わせたりする際にどれほど有効な手段を用いようと、これらの手段は、権利による対立〔*opposition de droit*〕にさらされつづけている。この権利による対立という言葉の意義はしっかりと見定めなければならないと思われる。法治国家は、権利にもとづき、〔人々が〕権力に対立する可能性をつねに含んでいた。その例証としては、王に対する建言、正当化できない状況のもとで責務に従うことへの拒否、さらに正当性のない政府に対する蜂起の示唆などがある。

　だが、民主主義国家は、法治国家に伝統的に割り当てられてきた限界を踏み越えることになる。民主主義国家は、そこにまだ体内化されていないさまざまな権利にさらされ、異議申し立ての劇場と化すからだ。その異議申し立ての目的は、暗黙のうちに立てられた契約を保守することには限られず、権力が十分に統御することのできないような源泉から形成される。こうして、ストライキや労働組合の合法化から、労働に関する権利や社会保障にいたるまでの一連の歴史は、諸々の境界線——国家はこの枠内で自らが規定されると思い込んでいた——を踏み越えながらも、人権を基盤にしてこそ展開してきたのであり、このような歴史はつねに開かれているのである。

　こう言っておく必要はあろうか。以上のように指摘したからといって、実際の人権の適用に対して——あるいはより一般的には、そこから着想を得ているとみなされる法律を実際に練り上げることに対して——、あるいはさらに、社会生活における諸々の偶発事を超えて万人に適用される自由や平等といった表象が人権によって信任を受けることに対して、正しく寄せられた批判を誤りだと言いたいのではまったくない。こうした批判は事実に関する土俵においてなされているかぎりにおいて、その目的を果たしている。たとえば、あれこれの領域における立法の不正や、司法の運用における不公正を暴き、それはどのような利害や情念に従っていたのかを非難したり、世論を操作したりでっち上げたりするメカニズムがどのようなものかを示したり、あるいは所有権の神聖化が〈資本〉と〈労働〉の対立を隠蔽するのにどれほど有効かを示すといった批判がそうである。

われわれの主張がめざしていたのは、人権の象徴的次元を明らかにし、この次元が政治社会の構成要素となっていると承認してもらうことにすぎない。このことを無視しようとしたり、法の実践を支配や搾取のシステムの保存の下位に置いたり、あるいはさらに象徴的なものとイデオロギー的なものとを混同したりしてしまうと、全体主義において、人権の原理を否認することで引き起こされる社会的組織の損傷がどのようなものかを見ることがもはやできなくなるのだ。

〔人権の象徴的次元〕

われわれはここで、出発点で発した問いをあえてもう一度発することができるだろう。だがおそらく今回はいっそう賢明なかたちでこう言いなおすべきだろうか。すなわち、人権に対する戦いは、政治に対する新たな関係を可能にするのか――問題はただイデオロギーとは手を切った政治的な思想や活動の条件についての問いなのだということを示唆するためにも、このように述べておくほうがよいだろう。

この問いに対しては、肯定で答えねばならないだろうし、われわれが今生きている民主主義的な社会に照らすと、躊躇なくそう主張しなければならないように思われる。全体主義の分析にだけ論点を限るというのは、当初は可能だったかもしれないが、実際には不可能である。全体主義では、人権が抹消されていること、反体制派が人権を承認させるために戦うことでシステムの政治的な基盤そのものに挑んでいるのだということ、こうしたことはよく見てとれる。

だが、われわれが今いるこちら側には人権が存在しているのだと主張してしまうと、両義性が残ることになる。実際、人権を拒絶するのが全体主義の本質だというのがもっともであるのと同じくらい、われわれ自身の社会には現実に人権があるとすることには警戒しなければならない。人権は、民主主義を生みだす原理の一つであるが、この原理は、実定的な制度のように存在しているわけではない。その実際上の要素を列挙することができ、それらの要素が制度を駆り立てることが確かだとしてもである。こうした権利の有効性は、それが支持されるかにかかっており、支持されるか否かは社会における人々の存在のあり方に結びついているのであって、既得の利益を単に保つことによってその程度が測られるわけではない。要するに、権利は権利意識から切り離すことができないということ、これがわれわれの第一の所見である。

だが、それでもやはり確かなことは、この権利意識がいっそう共有されるのは、こうした権利が宣言され、権力がそれを保証することを明言し、そして自由の指標が法律によって可視的になるときだということである。だから、権利意識とその制度化は両義的な関係を保つことになる。一方で、権利の制度化は、法律のコーパスと専門家集団が形成されることで、利害関係者らが法を実際に運用する際に必要なメカニズムが隠蔽される可能性を含んでいる。他方で、それは、権利意識にとって必要な立脚点を供給している。加えて、とりわけソビエト連邦の全体主義支配においてすら、反体制派が既成の法律や憲法を――その害悪にもかかわらず――どのように利用することができたのかを見ることができる。この指摘はそれだけでも論として展開するに値する。というのもそれが教えてくれるのは、現代社会においては、権利の宗教的土台は破壊されているのだから、権力は権利を否定することはできても、権利に依拠しないですますことはできない、ということだからだ。

しかし、われわれが目下語っているのは民主主義社会なのであるから、権利の象徴的な次元がどのように現れるかを見てとるべきだろう。それはまず、権利意識が法律による客観化には還元しえないという点に現れる――還元してしまうと権利は法律の集成のなかで石化することになるだろう――。同時にそれは、公的領域の成立に現れる。そこでは、——著者なき書きもの《エクリチュール》と同様——法律の文面《エクリチュール》を解釈する手引きは、社会が自分で自分をたえず解読しなければならないという命令にほかならないのである。

〔人権を政治的に思考すること〕

このような観点に立つと、権利の問題をマルクス主義的な批判の用語法に帰着させたり、形式と内容とを対置させたり、ブルジョワ関係およびその基礎にあるとされる経済的現実を入れ替え変質させるような言語を告発したりといった身振りは、その象徴的次元を無視するものとなる。そのことによって、新たな権利の導入を目的とした権利要求の意味を理解する手段が失われることになるだろう。また、こうした権利要求が広まることによって社会のなかで生じる変化や、それに劣らず、人々のさまざまな正当な存在様態についての社会的な見方のうちで生じる変化を理解する手段も失われるだろう。さらにまた、国家権力の奪取のみが何か新たなものを生じさせる条件なのだという強情な確信のもとで当の国家権力を無傷のまま維持させることにもなるだろう。フランス社会に影響をおよぼしているさまざまな変化や、戦後、あるいはさらに一九六八年以降にそこで生まれてきたさまざまな異議申し立てを見ると、われわれがどれほど盲目なのか、さらにまた人権の政治がどれほど任務をはたしているかを見てとることができる。人権を政治的に思考することができないということ——このことは人権を体制の功績としてしまうのではないかという恐れによって引き起こされている、というより覆い隠されているのだが——、そこには次のような奇妙な帰結がある。すなわち、家族、女性、子供ないし性が問題であれ、司法、行政官の役割、囚人の待遇が問題であれ、雇用、企業の経営、農業従事者の地位や国家による介入から農地を守ることが問題であれ、あるいはまた自然保護が問題であれ、われわれが目にしてきたのは、立法が変容してきているということであり、新たな権利要求が生じてきているということである。これは、さまざまな失敗にもかかわらず、新たな集団的な要請があること、しかもそれが受容されていることから、こうした要請に対する新たな社会的な感性があることを物語っている。だが、左派の諸政党やちっぽけな前衛たちは、こうした変容や要請の兆しを、自分たちの戦略のために乱用したり、自分たちの伝統的な綱領のなかに含有物として入れこんだりすることしかできず、社会主義のみが生を変革することのできる唯一の力だと絶えず述べ立てていたのである。

ところで、労働者や被雇用者たちが、リップ社の場合のように[*4]、企業の経営者に対し、解雇権に異議を唱えたり、自分たち自身で管理を行なうにいたるまで自信をつけたりすること、また、あちこちでなされているように、自分たちに課せられた労働条件に対し反抗すること、自分のたちの安全のための新たな手段を求めること、こうしたことはまさに彼らの権利の名のもとでなされているのではないか。ラルザックでそうだったように[*5]、国家権力が必要だとみなした収用に対する農民の抵抗は彼らの権利の名のもとでなされたのではなかったか。さらには、女性が男性と同等の条件の承認を求めたり、同性愛者が自らが対象となっている禁止や抑圧に反抗したり、消費者が団結したり、都市生活者や地方在住者が自然環境の悪化に抗議したりするのは彼らの権利の名のもとではなかったか。こうした多様な権利が認められているのは、客観的な保証がなくとも権利意識があるからなのではないか、また、それと同時に、公的に承認された――一部分であれ印字され、権利が法的な制限と衝突するときはそれを取り除くために活用できるような――諸々の原理に依拠することによってなのではないか。最後に、これら権利の推進のもとで、政治社会の横糸が修正されていったり、あるいはいっそう修正可能なものとして現れたりしているのが見てとられないだろうか。

〔権利要求や異議申し立ての政治的な意味　二〕

政治的なものに対する新たな関係を考えようとするなら、まず認めなければならないのは、その輪郭がわれわれの目の前で露わになってきているということである。だから、最初の責務は創出することではなく、実践を解釈し、省察の域まで高めることにある。この実践は、もちろん沈黙しているのではないが、しかし、必然的に拡散しているため、社会的なものの普遍性のうちで自らがどれほどの射程を有しているかを知らずにいるのだ。それが有する真理を政治的な編成によって抽出することは性質上できない。政治的な編成がなしうることはせいぜいそれを活用したり、あるいは部分的にはそれをなだめようと――もちろんこのことが成功しないというわけではないが――することくらいだからだ。

このような権利要求の特徴やスタイルの新しさは何か。第一に、こうした権利要求は、現行の権力の奪取や撤廃によって抗争が全般的に解決することを人々に期待させるのではない。その最終目的は被支配者を支配者の立場に置き、国家の解体を準備するというかの有名な転覆にあるのではない。とはいえそれは、権力の存在を見ないでおくということではない。ある意味では、それとは逆のことを認める必要がある。たとえば、ここ最近の解雇に反対する闘争がどのような展開をたどったのかを考えてみると、それを経済的意味に還元してしまっては誤りだろう。この闘争で主張されているのは、労働における社会的権利なのであって、これは概念としてはたしかに古いものであるけれども、国家権力が獲得した力に対して新たな効力を有しているのである。

国家権力は、個人には――いかに強力な個人であっても――状況や力関係に任せて自分自身の戦略を決定しうる全面的な力を無条件に委ねることをますますしなくなっている。国家は、直接的には企業家として、間接的には経済システムの規制者および社会における抗争の安定者として、国民の生産管理にあまりにも関係しており、そうした世界に参入することによって生み出される新たな強制にあまりに従属するようになっている。こうして、多数の要素が見た目上ははっきりと分かれているように見えながらも形式上はますます独立性を失ってゆきながら、政治権力のまわりで組み合わさり、社会権力が形成されてゆくのが見てとれる。

ところが、この社会権力こそが、雇用への権利によって揺さぶられるようになってきているのだ。こうした権利は、生産活動の一部門や、一地方、一拠点、あるいは余分な労働者を厄介払いすることにしたいくつかの企業などで拡散して生じるさまざまな権利要求によって構成されている。国家は諸部分の上部に位置づけられているという通例のイメージに従い、国家は経営者や官僚らがイニシアチブの行使することを保証しているように思われているが、そうした合法性に対し、何が社会的に正当化されるかについての新たな考えが対置される。それは、（企業の経営陣の「神聖な」空間の占拠や、その代表者らの監禁などに見られるように）権威の象徴を好んで標的とするものではなく、しばしば不服従に近い性格をもった異議申し立ての力という考えである。

示威行為において合法性が拒絶される様を見ると、既存の正当性に対し唱えられる異議がどのようなものかがわかる。それは、自らの姿を不可視のものにしながら存在していた社会権力が現に存在することを露わにするのだ。そして同時に、これによって、権力と切り離しうる権利の一極が現れることになる。

なるほど、国家はつねに正当な暴力の占有者を僭称し、伝統的な強制手段に依拠することができる。国家にとって危険がはっきりと形をとるように見えればどこでもそのような行動に出るだろう。だが、注目すべきは政府がなした譲歩である。それは、国家がますます社会生活の細部に浸透しているがゆえに、暴力の正当性の基礎がますます脅かされ、暴力の行使がいっそうの危険をはらむようになってきているということである。そうなると非合法すれすれにしかなされないような暴力は、体制の基盤をむしばむ帰結をもたらすだろう。

こうした例から、われわれの時代の民主主義が隠しもつ矛盾がどれほどのものかを認識し、民主主義がどのような変化の機会《チャンス》をもたらすかを捉えることができる。さまざまな社会的活動や社会的関係の細部に上から下へとのしかかる強制が際立ってきていることは否定できないが、しかし同時に、単にこうした強制への事実上の抵抗の徴としてではなく、正義と相互性、あるいは不正義と社会的義務の断絶の意味が拡散していることを証言するような、そういう権利要求が、いわば水平的に広まっているのである。だからこそ、雇用の回路から排除されることは、個々人にとっては、もはや一つの損害や経営者の恣意的な力の徴としてではなく、権利の否認、社会的権利の否認として現れるのである。

たとえば製鉄業の――以前は時計製造業や繊維産業の――危機によって引き起こされた闘争のうちに、革命的状況や、あるいはせめて、社会主義を標榜する政党に権力をもたらすような政治的変動の最初の兆候を探そうとしてもむだだろう。こうした政党がそこからどのような恩恵を引き出すにせよ（だが、こうした仮説そのものがいかに危ういかをわれわれは左派連合の失敗から見てとっている）、それらの政党は、成功した場合でも現行の政権と同じ困難に直面することになるか、あるいはせいぜいのところ、期待をこめていっそう力強い権利要求の火をともすことになると考える余地は十分ある。こうした権利要求は権利意識のうちに根を下ろしているのだ。こうした権利要求の広がりがどれほどのものであっても、またそれが企業経営のシステムや行政のあらゆる領域のなかにもたらしうる変化がどれほどのものであっても、この権利要求は権力の行使による解決をめざすのではない。それは、権力によっては占められることのない源泉からやってくる。それはつねに、少数派や人口の特定のカテゴリーの渇望を承認せよという要請によって活気づけられるのだ。

見てとることができるように、こうした少数派が情勢の産物だということもありうる。企業を解雇された労働者たち、産業の撤退によって主たる生活の糧が消失するおそれのある地域の住民たち、環境破壊をまねくような収穫の影響を被る農家たち、沿岸汚染の被害を受けた漁夫や商人たち、こうした少数派ないしカテゴリーは、民族的な次元のものであれ、あるいは習俗の近しさや、条件の類似性にもとづくものであれ、自分たちに固有なアイデンティティを見出すことができるし、あるいはさらに（消費者保護や環境保護などの）一般的な射程をもった企てに照らして形成されるということもありうる。彼らが集団を形成する仕方や、その動機はあまりにも多様であるために、一見すると、彼らを一つに束ねるものはなにもないようにも思われる。一方の端には、既定の国民的な義務を免れ特殊な地位を要求しようとする意識的な反抗者や、あるいは一つの存在のあり方を尊重させることだけを求める同性愛者などがいる。彼らを束ねるのは、なんらかの関係性のもとで差異をもつということだ。もう一方の端には、運命によって突然通常の生活の糧が失われてしまった人々による抗議の声がある。彼らの問題は、言ってみれば、他者と同様であることである。

こうして各々の権利要求の領域が異質であることに鑑みると、そこに一個の連続性があるように語ろうとするのは難しいかもしれない。だが、こうした多様性にもかかわらず、これらの少数派の行動には、逆説的に見えるかもしれないが、正当性の理念と特殊性の表象とを組み合わせているという点で共通するところがある。彼らの動機が何であれ、また当初の情勢がどのようなものであれ、この結びつきは権利概念の象徴的な有効性を証言しているのである。

利害関係にもとづいた権利要求はこれとは異なる秩序に属する。それは互いに衝突しあい、力関係を根拠にして規制されるものだからである。権力は利害関係に立脚し、その分割を利用したり、得られた特権や課された損害を活用したり――両者はつねに相対的なものだから――することで姿を現し、自らの自律的な圏域を拡張させる。逆に、権利の要求ないし擁護に対して権力が応答する際には、自らの原則を説明し、許可されるものと禁止されるものの基準のみならず、正当なものと不当なものの基準を提示しなければならない。こうした応答がなければ、法律は強制力の次元で力をそがれることになる。そして、法律がその超越性を失う一方で、それを備えているように見える権力も凡庸なものに落ちぶれることになる。

このことはあらためて強調しておきたいのだが、権力が自らの命令にもとづき権力の増大を決断することができるという主張に対抗して権利が措定される場合、この権利は権力を正面から攻撃しているのではなく、言うなれば、その境界を画定しながら斜めから攻撃しているのであり、そしてまた、万人の合意および順守を要請する権利が自らにあるとする正当化の源となる源泉から出発して、この権力に触れるのである。

したがって、考えなければならないのは、権力という事象と、権利のなかでさまざまな差異を考慮に入れようとする試みとを同時に前提にする抗争がどのような意味を有しているのかということである。こうした抗争は、現代民主主義社会の特殊性をますます形成するようになってきている。この点で忘れることができないのは、権力の審級であり、たえずいっそう広がってゆくその介入の仕方である。権力の撤廃が可能になるとか、あるいは権威を握る者が代わるだけで国家装置を強化する傾向が反転するとか思いなすのは素朴ないし欺瞞であろう。それとは逆に、社会主義という装いのもとで、生産手段や情報手段の集中、社会的活動の規制や統制の強化や、人民の一体性を優先させるような性質をもった一切の手法が活用されると考えることもできよう。このような傾向の拡大が失敗するとすれば、それはこうした傾向が生じてくる国家という場から生じるのではない。この国家という場は、かつては宗教が参照先となっていたメタ社会的な〈他なる場〉から遊離し、完全に固定されてしまっているために、潜在性が浮かび上がってくるとすれば、社会空間の客体化やそのさまざまな要素間の関係の全体的な規定を通じてなのである。

しかし、こうした出来事は専制を希求する者たちの力の行使によってもたらされるのではない。それ自身として体感でき、自分たちの空間であるとはっきりと見てとれ、共通のアイデンティティを構成し、そして、そこに住まう集団にとって超自然的な変容なしに互いに関係しあうことができる、まさしく社会的というべき空間の境界を画定すること、それは、この空間内から生じつつ、同時に自らをいわば遠隔的にその保証者とするような、そうした権力への参照を伴っているのである。だからこそ認めなければならないのは、現在の権力につきまとっている、かつては認識されておらず気づかれてもいなかった科学技術の資源を利用して現代化せんとする企ては、なんらかのカテゴリーの人間や、なんらかの支配への性向に帰すべきものではないということだ。むしろ、確認しておくべきは、このような企てが、あらゆるエネルギーを自分自身のために役立たせ、それを完遂する立場にいる者たちの心性《メンタリティ》を作りあげているということだ。

ただし、このように結論づけたところで、われわれの次のような確信が確証されるだけである。すなわち、市民社会のただなかでは、自由の相互承認や、その行使の相互保証の際限のない要求という名のもとでこそ、国家権力を急き立て、それを自らの目的のほうに向かわせようとする者の対抗的な運動が浮かび上がってくるという確信である。

〔権利要求や異議申し立ての政治的な意味　二〕

権利の観念に着想を得た闘争の二番目の特徴を明らかにしよう。この闘争は、ときには情勢を反映した抗争に乗ずるかたちでさまざまな源泉から生まれ展開してゆくのだが、一つのものに融合することはない。こうした闘争は、互いにどれほど近似していようと、またどれほど一致点を見せようと、なんらかの歴史の担い手や〈一なる人民〉というイメージで秩序立てられて現れることはないし、現実において権利が成就するはずだという仮説も退けることになる。

したがって、集団的な渇望を〈他なる社会〉を求めるものというモデルに凝縮してしまう政治観は捨て去るべきだし、結局は同じことになるが、われわれが生きている世界の上にせり出てきて、この世界に対して最後の裁きの稲妻を落とすような政治観も捨て去るべきであろう。もしかすると、改良主義の欺瞞を確信した者たちの精神には、現在への執着から解放された未来に対する信頼が深く根づいてしまっているだけに、こうした政治観を捨て去ることを決意するのは難しいかもしれない。だが、その信頼とはどのようなものかを探ってみるべきだろうし、また、革命主義もまた改良主義とそっくりの幻想を供してはいないか問うてみるべきだろう。

実際、この二つは、異なる議論によってではあるが、現代社会で提起される社会的分割の問いをともに避けている。一つは、国家の起源およびその象徴的機能はいかなるものかという問いであり、もう一つは、社会的なものの全幅にわたって作動している支配する者とされる者の対立はいかなるものかという問いである。改良主義から想定されるのは、国家は、それに固有の動きでもって、あるいは、人々の要求が増大することの帰結として――いずれの場合も、生産、富および知性の増大のおかげで――、自ら社会の変化の担い手となり、いっそうの平等をめざすシステムの推進者となりうる、ということである。革命主義については、被支配階級やあるいはそれを導く某政党が国家装置を簒奪し、国家の資源を自分たちのために用いることによって、支配関係の根絶の条件が生み出される、ということだ。

しかし改良主義も革命主義も、次のような互いに切り離すことのできない二つの運動を見てとることができないように思われる。その一つ目は、権力を、全体からはほとんど切り離された、上部の極として設定する内的疎隔化によって、社会が自らの境界を限定し、一つにまとまり、特定のアイデンティティを獲得しようとするという運動である。もう一つの運動は、こうした極を起点にして、またこの極がほとんど遊離したものであるがゆえに、あらゆる種類の支配の手段（物質的資源であれ、知識であれ、決定を行なう権利であれ）が、権威を握り自らの立場を強固にしようとする者たちに資するかたちで蓄積されるという動きである。改良主義者も革命主義者も、このような権力の象徴的な機能には盲目となっており、社会組織の働きを統御するという、その事実的な機能を専有することだけに執着しているのだ。

そしてこの盲目、この執着は、同じ原因をもつだけでなく、同じ効果を有している。それは、市民社会のさまざまな源泉を起点にして展開される闘争が評価されるのは、短期的であれ長期的であれ、諸々の政治集団と国家組織とのあいだの力関係を修正したり転覆したりする機会がどれほど供されるかに応じてにほかならないということである。ところで、われわれの考えでは、こうした闘争は、権力への性向を有した諸政党が押しつけてくる条件から解き放されなければならない。そのために、自律に結びついた動きによる社会の変容という考えがどのようなものかをはっきりさせよう。

〔自律――自主管理の二面性〕

自律というこの大げさな言葉はもちろん荒削りなものであり、目下のところは、その活力を利用するどころかむしろ無力化させようとする諸々の虚構に屈しないためにも、正当に吟味すべき言葉である。自律というのは相対的なものでしかありえないのではないか――すぐさまこういう声も聞こえてくる。だが、その限界を経験的な現実のなかに固定しようとしたり、あるいはそこで消し去ろうとしたりすることも同じくらい無益だということは認めておこう。

こうした二つの傾向は、自主管理をめぐる議論のうちに見てとれる。自主管理という概念は、自律と同じ意味をもつわけではないが、生産性、さらには組織化という事象によって支配された社会にあっては、たいへん重宝される。

一方では、自主管理の原則が完全に行きわたった社会という考えは実質的ではないと非難する者がおり、他方では、この考えが引き起こす抵抗や批判はすべて古い支配構造を維持せんとする欲望のためだと主張することを辞さない者がいる。

だが、こうした議論が交わされることで、政治的なものについての問いは隠蔽されることになる。現実主義の名のもとに引き合いにだされる議論は周知のものであるから、ここで詳説するには及ぶまい……。生産性、より広くは現代的組織化といった至上命題ゆえに、万人が公的責任のある地位に就くことは困難である。それゆえ、分業図式が必要となり、これにより専門知＝権限〔compétence〕にもとづいたヒエラルキーが強化され、さらにこの専門知がいっそう権威の土台の上に位置づけられることになる。加えて、われわれの社会の規模、全体的な利益に関わる目的のための資源の活用が要請する任務の複雑さ、諸々の活動セクターの連携、あらゆる種類の社会的欲求の充足、公的秩序の保全、国防、こうしたことはすべて、さまざまな決定を中央に集中化するプロセスによってしか調整されない。このプロセスは、せいぜいのところ、多くの移り気な委託者からは厳密に区別された代表機関を多重化させるくらいだ。こうした必要性に鑑みると、社会の多様な細胞の範囲内でなされる自主管理という理想は夢想だということになる。以上のような議論は、脆弱なものでもなければ、ときおり軽々しく言われるように、つねに偽善的なわけでもない。こうした議論は、端的に、実際に生じている社会構造の一つの読解であり、それを自然なものと理解しているだけなのだ。

とはいえわれわれの社会生活の地平から一歩外に出てみると、このような議論は本来なら区別しなければならない概念を混同してしまっている。とりわけ、権力の行使と専門知にもとづく権限の行使の混同がそうである。専門知にもとづく権限が権威を授けるということについては、われわれが引き合いにだす経験のどれを見てもそれに矛盾するものはない。だが、それが権力からにじみ出るということを認めうるのは、権力の一般的審級が遊離しているような社会だけである。そこでは、権力の審級が社会全体の認識者かつ統御者という地位を自分に勝手にあてがうのであって、こうして権力（つまり、権力側の視点）とともに専門知と権威を有した個々人が連鎖的に同定される可能性が生じることになるわけだ。

こうした反論は、純粋に形式的なものではない。それによって、現実主義的な議論がほとんどの場合に覆い隠しつづけていることが明らかになる。つまり、専門知にもとづく権限の行使と権力の行使のあいだには差異がある、ということである。権力は専門知というイメージを自らのために利用する。しかも、科学技術の発展によって専門知の重要性が増大しているだけにいっそうそうだ。たとえば、実際に、科学技術の教育を受けた者や、あるいはどんな領域であれ大衆とは異なる秀でた知識資本を有した者が、それぞれの規模に合わせて、自由や決定の手段を享受し、そしてそれによって政治的権力システムのなかに組み込まれるなどとどうして述べることができるだろうか。彼らの多くが、〈組織〉の闇のなかに埋没しているということのほうがいっそう目につくことだろう。せいぜい正しいのは、とはいえまったく別のことなのだが、（現実のものであれ見せかけのものであれ）専門知にもとづく権限は、報酬のヒエラルキーの基準を供し、そしてこのヒエラルキーが社会・政治的構造を保持するための強固な支えとなっているということくらいである。だが、まさしくここで見てとるべきことは、このヒエラルキーの整備は、諸々の専門知の区別化の原理から導かれるのでなく、もっとも広い政治的な意味での解釈にもとづいているということである。既成秩序の諸条件に等しく従属しているがゆえに、超集権化した国家装置によって動きを規制されていないような社会があると想像することができなくなっているのである。概して、この従属によって忘却させられるのは、原因は帰結でもあるということだ。つまり、テクノロジー、エネルギー資源、重点的生産、情報システム、流通形態、産業の導入形態、都市計画等々は、大衆化に加え、行政の中央集権化、権力の一極集中化といった社会プロセスをも促進させるということである。同じようにして、自主管理の理想に対する批判によって、実際に居住する人々が統治することのできる空間という考えが秘めている集団的なイニシアチブの可能性や、新たな代表制のモデルの可能性、さらに、公的な決定に対する参加の関係性を変えうるような新たな情報の循環のあり方の可能性などが見誤られてしまうのである。

とはいえ、逆に、自主管理の考えをもつ者たちが自分たちの目的を現実のなかに組み込もうとしても、その考えの貧弱さには驚かずにはいられない。敵の議論が裏返されると、自律の限界も消えてしまうのだ。あたかも、被支配層を支配層に繋ぎとめてきた疎外が除去されるやいなや、ここでもそこでも、またどこでも同時に、共生し、ともに生産し、ともに決定し、ともに従い、十分にコミュニケーションをとり、同じ欲求を充足させるという理想が可能になるかのように話が進んでしまう——あたかも、何百年、何千年にわたり、邪悪な意志およびそれと共犯関係にある隷従だけが、人民に対し、君たちこそ自らの制度の主役なのだ、さらには自分たちの社会を選ぶという選択の主役なのだというこの単純な真理を覆い隠してきたものであるかのように話が進んでしまうのだ。そこには、われわれが生きている歴史の境界の内側から提起される問題に直面しようとする配慮はもはやない。逆説的なことだが、どのような既成のシステムも問いただされることはないという考えは、次のような主張へと沈み込んでゆく。すなわち、事実的な拘束のほかに過去による拘束はなく、人類は、現在そうであるように、つねに根底的な可能性を前にしている——つまり、歴史などない——という主張がそれだ。そうすると、平等と不平等について問おうとする配慮ももはやなくなることになる。というのも、不平等が現実のなかで現れるのは、それと引き換えに社会的・政治的な改善を行なうかぎりにおいてだという正当な考えが、不平等は支配の企てに資するまやかしにすぎないという主張へと沈み込んでゆくからである。

〔権力の問題——改良主義でも革命主義でもなく〕

もし高さがまやかしにすぎないのなら、もし権力が上に向かう全般的な運動と下に向かう運動とを同時に示していないのなら、もし権力が社会的なものの制度化の何がしかを捉えておらず、自らの力を増大させつつ、その裏で大衆の力を鈍化させることで、社会的なものの解体に呼応して内向きに自閉するものであるなら、権力は、物質的な制度のなかに凝固し、ただ単に愛すべきとか憎むべきとか言われる人物が具象化するものとなるが、そのような権力に対し従属することに不思議などないことになろう。とりわけ、もし上から降ってくるものという表徴が、渇望となにかしらの関係をもたないなら、自由が隷従に変転するというあの驚くべき謎、自由の欲望に無縁ではないがそうした欲望の反対物となる隷従——ラ・ボエシのかくも強い表現を用いれば[*6]——、自発的隷従という謎もないことになろう。

自律の限界を以上のように思考するからといって、政治的なものについての問いを社会と権力との一般的関係という観点から要約することにはならない。われわれは、邪悪な権力ないし善良な権力という観念の代わりに両義的な権力という観念を用いようというのではない。われわれは、ほとんどの場合に隠されているような社会空間のある次元を垣間見させようとしているのだ。ところで、〈一者〉の途方もない魅力、それを現実のうちにもたらそうとする抗いがたい誘惑によるのでないならば、なぜこの次元は隠されているのか。権力の撤廃を夢見る者はひそかに〈一者〉への指向および〈同〉への指向を隠しもっている。そうした者が想像する社会というのは、互いに透明な多数の企てが同質的な時間および空間のなかで発展してゆき、自発的に調和してゆくような社会である。生産する、住まう、コミュニケーションする、他者と連帯する、考える、感じる、教えるといったあり方が、ただ一つの存在様式のようなものを現すような社会である。ところで、あらゆるものやあらゆる人に対するこのような観点、この良き社会の愛すべき絆とは、実際的な権力の行使が生み出そうとしている全能性の幻想の等価物でないとすれば何なのか。自律の想像上の王国は、専制的思考の支配する王国でないとすれば何なのか。このことこそ考えるべきことだろう。だが、よく言われるように、賢明な改良主義者たちは、政策の権威と自主管理の美徳とを組み合わせ、自律的な経験を正当な限度にとどめ置くことのできる合理的な権力が到来するだろうと予言しつつも、それでもやはり集合的なイニシアチブの価値を、それが国家の決定にどれくらい合致しているかを基準に計ってきたのだった。彼らは、社会主義的な建造物の賃借人たちには所有者の権力の規定に従うことに納得する自由しか残しておきたくなかったのだと考えることもできなくはない。

革命主義と手を切ることは、改良主義に合流することではない。われわれが述べているのはただ、〈一者〉の魅力を無視しても何にもならず、〈下〉と〈上〉との区別を否定しても何にもならないということだ。それよりもむしろ、権力というものは、権力のために形象化された場や、権力が専有しようとしている場を実際的にも占めているのだという錯覚に抗ったり、なんらかの一体性が感知可能な現実となり、そこであらゆる差異が解消されるのだという錯覚に抗ったりするほうがましだろう。こうした二重の錯覚が生じるのは、象徴的なものと現実的なものが混同されることによってである。そしてその帰結として、なんらかの仕方で、社会化のプロセスの複数性、細分化、異質性が隠蔽され、と同時に、諸々の実践や表象の横断的な進展や、権利の相互承認も隠蔽されることになるのである。

現実主義者の想像力に対置されるのは、社会は一体性を求めて秩序立てられ、潜在的な共通のアイデンティティを示し、自らを超過する権力を媒介にして自分自身と関わり、そして同時に、確定することも全体化することもできないような多数の社会性がそこにあるという考えである。このことは驚くには及ぶまい。この想像力には今日やかましいばかりの賛辞がささげられているが、それとてわれわれが次のような矛盾に直面するためには無力なものである。その矛盾とは──それがつまり真の矛盾なのだが──、解決されることに頑なに抗うような矛盾である。というのも、この矛盾こそ社会的なものの制度化にまつわる問いの指標となっているからである。ちなみに指摘しておけば、それは自らが抑圧するものの徴をつねに露呈していなければならない。つまり、一方で、この想像力は、〈一者〉の想像力として、社会的分割を示す権力の表象〈一者〉の別名である〈他者〉をひそかに伝えていながら、他方で、集団的なエネルギーの自由な湧出、自由な開花の想像力として、非分割を示す〈同〉の表象をひそかに伝えていることである。

結局のところ、こうした想像力から逃れているもの、それは──いかにこの想像力がそこから知らぬうちに糧を得ていようとも──、民主主義である。民主主義の到来とともに、はじめて、あるいはまったく新たな光のもとで、〈国家〉、〈社会〉、〈人民〉、〈国民〉が建立される。これらの各々に特異なものを十全に見てとろうとしたり、それを分割の脅威から守ろうとしたり、それを損なうものを解体や破壊の兆候としてすべて拒否しようとしたりする者がいるかもしれない。さらに、分割という営為は民主主義において暴発するものだから、それを抑制したりそこから身を引こうとしたりする者もいるかもしれない。だが、〈国家〉、〈社会〉、〈人民〉、〈国民〉とは、民主主義においては、規定しえない実体である。それらは、自らの主張をむしばむ〈人間〉という観念の刻印をとどめている。この観念は、世界を引き裂く諸々の対立関係に照らすと一見つまらないものに見えるが、しかしそれなしには民主主義が消えてしまうようなものなのだ。それらは、〈国家理性〉や〈社会〉、〈人民〉、〈国民〉の神聖化された利害関係に対抗する権利の表出につねに従属しているのである。

したがって、共産主義の到来のような革命への欲望や良き社会への欲望によって、民主主義にとりついているさまざまな想像上の形象への結びつきを断ち切ることができるとは思わないようにしよう。その欲望によってこうした形象は修正されるかもしれないが、とはいえこれらの形象の糧となっている信仰そのものは途方もなく強固なものである。この欲望は、一体性を崇拝したり、特異なもののなかについに見出された自己との同一性を崇拝したりすることには役立つが、それが権利についての思考を消し去ってしまうのは偶然ではなく、首尾一貫したことなのだ。むしろ思考し、行動すべき場として受け入れるべきは、〈権力〉と〈一者〉の魅力から身を引く可能性を与えてくれるような世界の地平、錯覚に対する継続的な批判と政治的なものの発明とが、社会的なもの、歴史的なものの未規定性の試練に耐えうるような世界の地平である。

人権の政治と民主主義的政治――これらは、同じ要請に応答する二つの仕方である。その要請とはすなわち、自由と創発性という資源を活用しこれを分割の諸効果を受け入れるような経験の源とすること、現在と未来とを交換するという誘惑に抵抗すること、こうした誘惑とは逆に、現在のうちに、既得の権利の擁護と新たな権利の要請をともなって現れる僥倖《チャンス》がどのような形をしているかを読みとろうと努めること、そして同時に、こうした権利を利益の満足でしかないものと区別できるようにすることである。そして、全体主義に対し抵抗しているソビエト人、ポーランド人、ハンガリー人ないしチェコ人、あるいはさらに中国人たちに目を向けると、このような政治が大胆さを欠くなどと言う者があろうか。彼らこそ、政治的な実践の意味を解読する術をわれわれに教えてくれる者なのだ。

一九七九年五月

【要約】

左派は、ソビエト体制に見られる「全体主義」という社会‐歴史的類型を捉え損ねていた。それはなぜなのか。ルフォールによれば、そこには、左派が経済的自由主義の立場と同様に政治的なものの次元を捉えられず、新たな権力の形象を可能にする社会的分割および社会秩序の正統性の問題に目を向けなかった、という事情がある。

全体主義は、実のところ近代民主主義社会の到来と関係している。民主主義が人民に由来しながら誰にも占有されない権力という矛盾した原則を維持することで成り立つとすれば、全体主義は人民のイメージが〈一なる党〉に具現化され、この矛盾が解消されたとき出現する。そこでは、純粋に社会的となった権力があらゆる法および知を統べる。国家と社会のあいだの境界は消え、社会の内部に分割があるという原則も否定され、社会空間は均質化する。唯一国家のみが統制の源泉となり、官僚制が拡大する。

このような特徴をもった全体主義の土台には、新たな表象システムがある。社会外部の敵を名指すことでつくられる〈一なる権力〉の表象や、内部に存在する攪乱者に抗して組織化されるべきものとしての社会の表象、あるいは革新を排除する、完全に統御されたものとしての社会主義の樹立の表象や権力の不透明性と表裏一体となった社会の透明性の表象。こうした表象は、党という身体＝団体の媒介を経て、社会生活のうちに組み込まれる。

結局、左派が暴き出すことができなかったのは、このような社会の一体性、同一性、社会的なものの実体の虚構であった。この全体主義の論理は現実には完成しえない〈幻影的な〉ものだが、その整合性は明らかにされねばならない。

第二章　全体主義の論理(1)

〔全体主義の語の登場〕

全体主義国家〔*stato totalitario*〕を建設したと最初に自負したのはイタリア・ファシズムである。この表現はイタリア・ファシズムが発明したものとするべきである。だが、それは数年後にはドイツにおける全体国家〔*totale Staat*〕という表現に反響することとなった。それゆえ全体主義の批判は、そのような国家を擁護する論に対して反駁を加えるためのものだったと考えたくなる。だが、私としては、こうした関連を否定しないまでも、そう関連づけることでこの概念のたどった運命が明らかになるかどうかは疑わしいように思われる。

戦間期、ヒトラーとムッソリーニの体制を告発した社会主義者と自由主義者は、反ファシズムの旗印のもとに自らの闘争を展開した。彼らが全体主義というテーマに対していかなる役割を果たしたかについては、綿密な調査のみが明らかにしてくれることだが、しかし、私の知るかぎりその役割はそれほど重大なものではなかった。逆にこのテーマは、ファシズム、国家社会主義、ボルシェヴィズムをひとまとめにして非難の対象とした右派のイデオローグに着想を与えることになった、と言うほうが適切なはずだ。示唆的なことだが、『プチ・ロベール』辞典は、[*1] フランス語における「全体主義的」という語の定義を説明するのに、一九三三年に出版されたジャック・バンヴィルのドイツに関するある本を引用している。そこで著者はこう述べている。「以後、ドイツでは一つの党のみが存続する権利をもつ。言うまでもなく、それは国家社会主義党である。イタリアにおけるファシズム、モスクワにおけるボルシェヴィズムについても同様である。これらは政治社会の新たな形態である。〈神 - 国家〉は異分子に煩わされることがない。なぜなら、それはあらゆる権力を手にした少数者によって代表されており、人口の残りの部分は、受動的市民からなっているからである。全体主義の考え方は、そのうえ粛清によって完成を見る」。保守主義的で国家主義的な思想の持ち主であったジャック・バンヴィルは、アクション・フランセーズの創設者の一人であった。ペタンの政府のもとで右派の大半が、ファシズムに協力する前からその素晴らしさを褒めそやしていたというのは事実ではあるが、なにもバンヴィルの見解は特殊なものではない。

とはいえ、第二次世界大戦後の全体主義批判の急速な拡大のほうが、いっそう多くのことを教えてくれるように思われる。たしかに、戦時中も、連合国側のプロパガンダが敵国の全体主義的企てを指摘することがなかったわけではない。だが、全体主義の告発が新たな広がりを見せ、自由主義的世論の大きな波をもたらすことになるのはもうしばらく後、欧米列強とソ連とのあいだのイデオロギー論争――それが冷戦と名づけられたわけだが――が引き起こされてからにすぎないのだ。そのとき以来、共産主義はもっとも洗練されもっとも完成された全体主義システムとして、つまり、ファシズムや国家社会主義の解体を経てもなお生き残ることができたが、それでもそれらと同じ要因から生じ、同じような目的を追求するシステムとして規定されることになったのである。その際に問題となっていたのは、ファシズムのものとされていた特徴を単に共産主義に移し替えるということではなかった。私の考えるところでは、新たな政治的カテゴリーが作り出され、敵国を特定するものとしての形容詞〔全体主義的〕が新たな社会 - 歴史的類型を指す名詞〔全体主義〕へと推移したのは、ソビエト共産主義が民主主義諸国の存続を脅かすように思われてからのことにほかならない。

〔左派の立場の無力〕

全体主義の表象がかつて姿を現し、そしてここ数十年ほどのあいだに一挙に広まることになった条件を問うのが無益でないのは、その諸条件が、ある面では、左派の見解の側の抵抗を明らかにしてくれるからである。かつてこの新しい概念は、反動的な意図のために練り上げられた右派の概念だと思われていた。全体主義に対する闘争は、西側の帝国主義の現実を忘れさせ、資本主義システムの批判を和らげることを目的とした牽制であると映っていたのだ。だがそれでもなお問わなければならないのは、なぜ非共産主義の左派、非マルクス主義的左派、あるいは親マルクス主義的とも言えないような左派が、保守主義者あるいは自由主義者に全体主義問題の定式化の主導権を明け渡したままにしてしまったのか、そしてなぜハンナ・アレントが行なったような分析がこれほどまでわずかな反響しかもたらさなかったのかという点である。

たしかに三〇年代から、そしてとりわけ戦後には、ソビエト体制が、単独の個人あるいは小規模な革新的グループからのさまざまな批判の対象となっていたことを忘れるわけにはいかない。彼らは官僚主義階層の形成、社会的不平等の発展、警察システムの完成、強制収容所の広まり、スターリン崇拝などに注意を払っていたのだった。もちろん、今日ではもはや異論の余地のないものと思われる証言、文書、判断が、左派の世論の大部分に動揺を与えなかったということ、そしてこの左派はあいかわらず世界を二つの陣営に分けつづけ、一方を社会主義的運動に利益をもたらしたにもかかわらず全面的に悪だと決めつけ、他方をスターリン主義の悪徳にもかかわらず全面的に善としているということは、依然としてもっとも驚くべきことである。けれども、ソビエト共産主義の神秘化を暴いていたまさにその人々のあいだにあってさえ、その大多数はスターリン主義とファシズムとを結びつけて考えることを嫌がり、ソ連を全体主義国家として語ることを避けていたということもまた同様に驚くべきことであり、われわれの扱っている問題にとってよりいっそう多くを教えてくれる。彼らは解釈のための要素を積み上げながら、新たな概念化の要請を前にするやいなや身を隠してしまった。

トロツキー主義者たちの事例はこの点で典型的である。どれほど少数であったとしても、彼らが西側のヨーロッパの左派知識人に対して非常に大きな影響力をもっていたことは疑いえない。だが、彼らとて判断を変えることはなかった。彼らにとってファシズムとは、ある一定の歴史的条件のもとで、〈大資本〉がプロレタリアートに対する支配をあらためて主張するために我がものとした手段であったし、いまもそうでありつづけている。他方、彼らの目にスターリン主義は、世界革命の失敗によって社会主義的下部構造から官僚主義的上部構造が分離されそこにプロレタリア国家に寄生しているカーストが接ぎ木される、という状況によって生み出された奇形的な産物と映っていたし、いまもそう映っているのである。

これは十分注目に値する事例である。というのも、〔トロッキー主義者にとって〕念頭に置くべき指導者にして、あらゆる論拠がそこから汲みだされてくると言えるほどの導き手であった者〔トロッキー〕はと言えば、その生涯の終わりにソビエト体制を全体主義体制としてあらためて検討するそぶりを見せていたからだ。トロッキーのスターリンについての著作はその死によって完成を見なかったが、その最後の最後で、以下のように書いてすらいるのである。「朕は国家なり！　という表現は、スターリンの全体主義体制の現実に照らすならば、ほとんど自由主義的なものである。ルイ一四世が自らを同一視したのは国家だけである。ローマ教皇は国家と教会の両方に自らを同一視したが、それはただ世俗の権力をもっている時代においてのみのことであった。全体主義国家は皇帝教皇主義をはるかに超える。というのも、それはその国の経済全体を包括するものだからである。〈太陽王〉と異なり、スターリンは正当にも以下のように言うことができる。われわれは社会なり！　と」。

逆説的なことだが、変質しながらもなお生きつづけている革命や、変質しながらもなお自らを立てなおすことのできる労働者国家について理論化したこの人物の側にこそ、全体主義の分析への突破口が見つかる。この人物がボルシェヴィキ独裁の形成過程で果たした役割を思い起こすならば、これは単なる突破口にすぎず、そこから実際に分析が進められていったかどうかは疑わしい。それでも、わずかな言葉ではあるが、彼が多くのことを語っていることにかわりはない。彼は、国家が経済を包みこんでいる点を観察しながら、政治的なものと経済的なものの区別が消滅したことを示唆しており、また、われは社会なり！　という表現をスターリンに帰すことで、絶対主義に対する全体主義の特殊性や、もはや何ものも〈権力〉を逃れられなくなるような同一化のメカニズムがもつ力を垣間見させてくれるのである。とはいえ、トロツキーが自身の追随者たちに何も語っておかなかったかのように、物事は進んだのであるが。

〔政治的なものの抑圧〕

ソ連の性質について新たに考察する道を見つけ出そうとするならば、親マルクス主義的左派は、自分たちの分析すべてを下支えしている社会的現実についての見方——それが改良主義的なものであれ革命主義的なものであれ——を放棄することを承諾しておかなければならなかっただろう。その見方とは、思い起こしておくと、資本主義の発展によって混乱した世界で、自由主義の見方に対抗して形成されたものである。社会について〈自由主義が作り出していた〉虚構というのは、社会は独立した所有者のあいだの自由競争によって自生的に秩序立てられ、そしてそのなかで国家はゲームの規則を遵守させ人格と財を保護するにとどまる、とするものだった。社会主義思想はこの虚構を糾弾し、社会は敵対しあう諸階級へと分極化してゆくことを明らかにし、その条件を所有関係のうちに見出し、そして自らの批判をすべて資本主義システムの非合理性へと向けたのだが、とはいえ、自由主義が理論を展開していた当の問題系から解放されたわけではない。社会主義思想は、市場の実際の力学が古典的な政治経済学の法則を否定するということ、危機はまったく偶発的なものではなく構造的であるということ、〈資本〉と〈労働〉のあいだに調和はなく、生産手段を有する者とそれを欠く者とのあいだの激しい利害対立があるのだということを明らかにした。しかしながら、それによって現実が経済の次元において露わになるという考えと無縁になったわけではまったくなかった。連帯した労働者の指導のもとでの、ということはつまり、実際には彼らの代表者の指導の下での生産の組織化という虚構が、自動調整機能によって諸々の利害を調和させ需要を満たしてくれる市場という虚構にとってかわったということである。こうして、資本主義の現実において階級間対立はないとする自由主義的否定に、革命、もしくは私有財産の漸進的廃止のおかげで、程度の差こそあれ近い将来この対立は破棄されるとする虚構が呼応することになった。

政治的なものの問題の抑圧はさらに先まで影響を及ぼす。経済的自由主義は少なくとも、自らは政治的自由主義と結びついていると主張し、しばしば政治的自由主義に対して、自らの根拠を政治的自由主義そのもののなかに見出すよう促していた（フランスにおけるバンジャマン・コンスタン、ギゾー、あるいはトクヴィルの努力は、一九世紀初頭におけるその証言である）。それに対して社会主義者たちは、自由、平等および正義を守ることにいかに熱心であったとしても、経済の支配者にならんとする国家が隠しもっていた危険を知る手段を欠いており、また、民主主義がどこまで根を張っているものなのかを考える手段も欠いていた。たしかにそれは、ファシズムが民主主義の制度にどれほどの脅威をもたらすかについて、彼らが見積もることを妨げるものではなかっただろう。ファシズムは彼らの人間主義的理想にあからさまに矛盾していたのだし、またそれは資本主義の産物として映っていたのだから、それだけいっそうファシズムに敵対したのである。しかし許容しがたい敵を前にして、それが民族主義的、さらには人種主義的な価値を称揚しているがゆえに、そして力と指導者への信仰をあからさまに実践しているがゆえにそれに対して立ち上がるということと、ファシズム批判の原理を省察の段階にまで引き上げることができるということは別である。

社会主義者たちがソビエト体制の性質を考察するのにどれだけ無力であったかを見ると、そのことが確かめられる。私有財産の廃止が見てとられるやいなや、また階級対立がもはや資本主義の既存の枠組みでは分析しえなくなるやいなや、彼らの思想は力を失った。ソビエト国家が悪徳に染まったものだということについては、彼らは正しく判断できていた。しかし彼らはまさに、その悪徳を言い当てることしかできず、その結果、その起源を歴史の偶発事に帰すことになってしまった。左派には国家の理論が、あるいはより根本的には政治社会についての考えが欠けていたのである。そして同時に左派は――これはごくまれにしか指摘されない点だが――、労働者や農民の搾取の明らかな兆候、新たな生産関係から生まれる階級分割の兆候を解釈するに当たっての無力さを露呈することになった。左派は、現実の範囲を経済の領域に限定したことで、政治体制にはっきりと刻みつけられた生産システムの構造に対して盲目となっていたのである。

なぜ左派は全体主義の概念を用いることを忌避したのか、という問いをわれわれは発した。それに対する第一の答えは、この概念は右派によって発明されたものだから、というものだった。それはそうであろう。だがわれわれは、なぜ左派は敵に対し主導権をとることがなかったのか、とも問うていた。それに対しては、いまやあえてこう答えることができるだろう。この概念は政治的なものであり、左派は政治の語によって思考することをしなかったからだ、と。この命題は逆説的なものに見えるだろう。社会主義者とは、市民社会の枠組みのなかで現れる不平等を縮小ないし排除するために、そして少数者による富の占有の効果を減らすか、もしくは占有を不可能にするために、あらゆる社会生活の領域に国家が介入することを断固として支持する者たちのことである。ここ一〇〇年の歴史のなかで、彼らこそが、税の配分の不公平性をできるかぎり減らそうとあらゆる努力をし、そして、経営者の恣意に抗して賃金労働者を守り、雇用の安定を確保し、労働条件や安全性を向上させるためにありうるかぎりの有効な提案や対策をすべて行なってきたのである。彼らこそが、教育、公衆衛生、住居あるいは余暇のためにもっとも徹底して主導権を握ってきた。一言で言えば、進歩という観念は、それが社会主義運動から生まれたのではないにせよ、またそれがまずは自由主義的、人道主義的潮流を駆り立てたものであったにせよ、国家の介入という観念に結びつくことによって、社会主義運動のうちにこそもっとも堅固な表現を見出すことになったのである。国家装置を完全に鋳なおすことを社会変革の条件とする共産主義の企図とは別に、社会主義的左派の企ての中心にあったのは、つねに政治的な闘争という考えだった。しかしながら、改良主義的ないし革命主義的国家の形成に向けて政治的に行動する能力を、社会を政治社会として考える能力と混同してはならない。

もしそのように〔社会を政治社会として〕考えようとしていたならば、市民社会と国家のあいだにうち立てられた分割の性質についての考察が必要となっていただろう。さらに、政治的権力（その領域は限定され、その形成、行使、刷新は民主主義の規則に従う）と、行政的権力（その権限はやはり法的には明記され限定されているが、事実上は人々の需要を満たす任を負い、また社会生活に対してより恒常的でより細部にわたる統御をしなければならないために、つねにいっそう広範な領域に及んでいる）のあいだに歴史的にできあがった区別がどれほどの射程をもつかについても考察が必要となろう。

それに対して、国家を社会の単なる一機関とし、それが社会から区別されるのは一般利益の機能を果たすときだという規定に甘んじているかぎり、選択肢としては二つの解釈しかないことになる。第一の解釈に従えば、国家は社会から部分的にしか切り離されず、その力は支配階級に完全に依存するものとされる。その任務といえば、共通の集団的同一性《アイデンティティ》のイメージを権威づけ、また資本主義の恩恵を受けた層の個別的利益を一般利益に偽装することによって、それ自体の論理に従った経済システムの作動の条件を確保することくらいだ。第二の解釈に従えば、国家は人民の力による支持のおかげで個々人を超えたところにまで引き上げられ、そうしてよりいっそう社会と一体のものとなり、私的利益をその内に解消するような一般利益に実際に形を与えるものとされる。ここでは国家は、社会体のあらゆる運動について決定を下すと同時に、社会体と完全に一つとなった巨大な機関として現れる。これら二つの解釈、すなわちブルジョワ国家と社会主義国家という解釈では、政治的権力の性質も、そして国家の官僚制に特有の力学も見分けることはできまい。第一に、そこでは近代民主主義の起源にある変化、すなわち限定された法権力の創設の意味が見誤られている。これによってこそ、（狭い、慣用的な意味での）政治的空間の外部で、経済的、法的、文化的、科学的、美的等々といった、それぞれ固有の規範にしたがった諸々の領域の境界が画定されるのだ。この出来事の最終的な射程は、まさしく国家に対する市民社会の分離にほかならない。

ところで、もしこのことを正しく評価すれば、われわれは、マルクス主義的な説明を必要とする命題をひっくり返し、近代国家は資本主義の産物であるどころか、相対的に自律した生産関係および交換関係の可能性を保証することで、資本主義の発展の条件を創出するものであったということを認めねばならないだろう。とりわけ権力を、それに先立って存在するであろう諸々の社会的力に役立つ一機関もしくは一つの道具といった機能に還元するのではなく、その象徴的性格を認めねばならないだろう。このような見地がなければ、政治的なものの範囲の画定が、単に権力についての新たな正当化だけでなく社会関係そのものについての新たな正当化をも伴う、ということを理解することはできまい。

権力の正当性は人民に立脚する。しかし、人民主権というイメージには、専有することのできない空虚な場というイメージが結びついている。たとえば、公的権威を行使する者は、それを我がものであると主張することはできないだろう。民主主義は、一見すると矛盾する次の二つの原則を結び合わせている。つまり、一方に権力は人民に発するという原則があり、他方にその権力は誰のものでもないという原則があるということである。しかし、民主主義はまさにこの矛盾によって生きているのだ。この矛盾がわずかでも解消されるおそれがあったり、あるいは実際に解消されてしまったとすれば、そのときには民主主義は、解体の一歩手前まで来ているか、もしくはすでに破壊されているかだろう。もし権力の場が、もはや象徴的にではなく現実に空虚なものとして現れてくるとすれば、そのとき権力を行使する者は、なんらかの個人、あるいは私的利益のために働く特定の集団の構成員としてしかみなされなくなり、それとともに正当性は、社会的なものの全領域において崩壊することになるだろう。こうして、諸団体、個々人、および社会活動の各部門の私有化が増大してゆき、各人は、個人の利益または同業組合的利益を優先させることになるだろう。そしてしまいには、もはや市民社会はなくなることになろう。けれどももし人民のイメージが具現化され、党が、人民と自らは同一であると主張するならば、またその同一化を隠れみのに権力を我がものであると主張するならば、今度は、国家‐社会の区別の原則そのものが否定されることになる。また、人々のあいだの諸関係を統御する規範にはさまざまなものがあり、それればかりでなく生活様式、信仰、信条などにもさまざまなものがあるという原則が――そして、いっそう根本的には、権力の秩序に属するもの、法の秩序に属するもの、認識の秩序に属するもののあいだには区別があるという原則そのものが否定されることになる。こうして、経済的なもの、法的なもの、文化的なものが政治のなかである種の錯綜を見せる。これこそまさに、全体主義に特徴的な現象なのだ。

　社会主義的左派が国家の官僚制の力学を見誤ることになったのも同じ必然性による。国家を、社会から生じ支配層ないしは人民の意志と力を結集させる機関とみなすかぎり、官僚制は見えないままにとどまる。だが歴史が教えるところによれば、近代国家は決定、統制、管理の源泉となるのであり、しだいに社会生活をその細部にいたるまで自らに従属させてゆく傾向をもつ。それなのに、その原因が官僚機構を占める人々の悪意に帰されてしまうと、このプロセスの意味は見落とされる。旧来の「自然な」ヒエラルキーが解体されることで同質性が増し、自らの組織化の問題によりいっそう苦闘する社会、秩序を超越的に保証するものに頼ることがもはやできなくなり、宗教の言語の内に社会的な不平等を正当化するものを見出せなくなった社会においては、唯一国家のみが、万人に対して姿を現し、自らをその構成原理、つまり社会的変容とあらゆる事物の認識との手段を掌握する大いなる行為者として表象する。官僚機構の途方もない拡大を可能にしたのは、この「国家の観点」――これは、実質的に力と知の源泉となる国家である――の到来である。この官僚機構の構成員たちは、行政の客体に対するその絶対的な距離を楯に私腹を肥やし、自らのために権力と特権とを最大限引き出すことになる。だがしかし、社会主義的左派は、官僚機構の発達とその原因に対して盲目で、良き国家管理体制の観念にただ忠実であった。そのため、その高尚な動機とは裏腹に、自分たちこそが行政的、統制的、警察的な力と、それによって担われた社会のあいだの分離をたえず拡大させているということ、自分たちこそが官僚層の形成プロセスを早めており、それによって、こうした層がその内的な差異や対立にもかかわらず人口の残りの部分から遊離してゆくということを見落とすのである。したがって、全体主義の現象はまたもや社会主義的左派に見逃される。というのも、この現象は、官僚機構のネットワークのおかげで遍在する国家という観念と本質的に結びついているからである。

〔新たな表象システム〕

社会主義運動が全体主義の萌芽を含みもっているなどとここでほのめかしているのではまったくないと、くどくど述べ立てる必要があろうか。どうしたらそのようなことが言えよう。全体主義が社会主義運動の破壊を意味するということはあまりにも明白である。われわれはただ次のことを理解しようとしているだけだ。なぜこの運動が、民主主義的制度、公的自由、人権への愛着を実際に示しながら、ソ連がその手本となった新たな社会システムの性質を把握するのに無力だったのか。なぜこの運動は、とりわけフランス、イタリア、スペインにおいて共産主義運動との疑わしい関係をもちつづけたのか。そしてなぜ共産主義運動との表立った軋轢があった点においてさえ、理論的分析をすぐ中断してしまったのか。なぜ、たとえば――記憶が薄れてきているが、まだ忘れられてはいない最近の出来事に触れるならば――ユーロ・コミュニズム*2についての新たな語法が出回るだけで、あたかも彼らの組織が性格を変えたかのように、社会主義指導者や活動家はベルリングエル、カリーリョ、マルシェに希望を託すことになったのか。これに対しては、次のような答えもあろう。多くの国で、共産主義者たちは労働者階級、より広くは賃金労働者階層に深く根差しており、彼らはその当面の目的を社会主義者たちのそれと同じくするような闘争を推し進めている（その闘争がどのように、そしていかなる目標に向かってなされるのかはまた別のことである）からである、と。この点についてわれわれは否定しないが、それは全体主義の批判ができないという点については何も説明してくれない。単に戦術上の配慮からこの批判が述べられずにとどまったと考えるのは突飛なことだろう。真相は、むしろより単純に、そうした批判を行なってしまえば、社会主義思想の根幹を揺るがしかねないような新たな概念形成、すなわち政治的な概念形成なしにはすまされないという点にあるのだ。

「政治的」という語を定義することなしに何度も用いてきたので、ここでその意味を明確にしなければならない。

われわれは先に、左派が民主主義社会における権力の象徴的性質、あるいは近代国家の象徴的性質を見誤っていたがために政治的な観点から思考することがなかったと述べておいた。しかし、そのすぐ後で、この誤認は同時に社会の構造についても見られるし、また国家と社会全体との分割についても、〔社会の〕内的分割についても、そして権力、法、知識のなんらかの分節化が（たとえば生産の場で結ばれる関係といった）社会関係の構成とのあいだに保っている関係についても見られるという点を喚起しておいた。それゆえ布石は打っておいたわけである。われわれにとって権力という現象が政治分析の中心をなすのは、権力関係が自律性をもつからではない（一人の人間ないし一つの団体による集団に対する支配という意味に還元されてしまえば、権力関係について語ることには何の真新しさもないだろう）。そうではなく、全般的な服従と忠誠を得ることができる権力は、ある種の社会的分割および社会的分節化を孕むと同時に——一部でははっきりと、大半の部分では暗示的にみられることであるが——社会秩序の正当性に関するある種の表象を孕むかたちで存在するからである。正当化の手続きを要求しないような権力はない、と言うだけで満足してはなるまい。というのも、そのように言うことで、裸形の権力という虚構が作り上げられてしまうからであり、こうした虚構は、この権力に粉飾を施しそれを必要かつ望ましいものに見せることのできるような、諸々のイメージや観念を生み出さずにはおかないからである。このような正当化の作業はたしかに行なわれており、しかも権力の保持者や、また、彼らに仕える宗教上の代表者や法律家たちによって遂行されている。しかしそれについて評価を下す前に、それを可能にした諸々の条件を読み解き、その各々の場合において、正当性の原理に関わるどのような変化が、また、信仰のシステムや現実の把握の仕方に関するどのような改変が、新たな権力の形象の出現を可能にしたのかを問わなければなるまい。「形象〔figure〕」と言ったが、この語は、自らの姿を見せること、そして社会の組織化のモデルを可視的なものとすることが権力の本質である、ということを意味するものとして理解されたい。

その意味では、ソ連における全体主義国家の形成を検討することほど示唆に富むことはない。その場合、それを説明する諸々の政治的事件（ここでの「政治的」という語は限定された意味で用いられている）に光を当てることがもちろん必要となる。実際、周知のことでありながら、しかしあまりにもよく忘れられることであるが、経済的動乱が生じたのは二九年から三〇年以降のことにすぎない。それに先んじて新たな支配のシステムが構築されていたのであり、これは〈革命〉の直後、つまりレーニンの時代にはすでに大まかに描かれていたのである。しかしながら、ボルシェヴィキ党が権力を奪取し占有したことの兆候や、さらには革命に端を発した諸制度が官僚主義化したことの兆候——これらは国家を変容させるのに不可欠だった管理職の階層を党に集結させる効果を生むことになったのだが——を指摘するのでも十分ではない。

なるほど、党の戦略は当然ながら目をひく。党は対抗するあらゆる政治団体を退けたのだ。そのうえすべての革命的機関——ソビエト、工場委員会、地区委員会、兵士委員会、労働者自警団、青年赤色親衛隊——に関して、それらを壊滅させない場合でも従属化におき、あらゆる決定手段、強制手段を党の手中に、あるいはむしろその指導部の手中に集中させるところまでいたったのだった。なるほど、革命後の混乱と困窮という状況において、人々のあいだから指導者を選ぼうという一種の自発的な選出の動きがあったということもやはり指摘すべき重要な点であろう。こうして選ばれた指導者たちは、自分たちの役割を強固なものにしながら、またそこから物質的な利益を引き出しながら、複数の制度のあいだに新たな結びつきを創り出し、こうしてもっとも堅固な権威の極へと吸い寄せられていったのである。だからマルク・フェロ[*3]は、下からの官僚主義化の過程が、上からの官僚主義化の過程を裏打ちし、こうして新たな独裁国家装置の創設に資することになったということを見事に描き出したのであった[(2)]。だが、こうした現象がいかに重要だとしても、それらが状況の意味を説明するのにはほど遠いということにかわりはない。実際、これもまたフェロが指摘するように、労働者をデマゴギーに結びつけ、議会を操作し、要職から敵対者を排除したのはボルシェヴィキ党だけではなかったし、同様に、無政府状態から解放された社会でのし上がろうと画策する者たちを味方に引き入れることができたのもボルシェヴィキ党だけではなかった。われわれが理解しなければならないのは、その求心力が、その現実的な力によっては測られないということである。ボルシェヴィキ党を特徴づけ、その成功を説明するもの、それは自らを、不可逆的な運動としての〈革命〉、過去とは根底から断絶し新たな世界を根底から創り出す力としての〈革命〉と一体化するその能力にある。ボルシェヴィキ党がもつこの能力は、社会を変容させてゆくことの要請を歴史と社会についての絶対知の要請と一体化させる能力であり、さらには、自らこそ社会主義の正当性およびその真実の受託者であるとし、そしてまたそのようなものとして現れる能力である。これらの特徴は互いに固く結びついているが、これらこそがその党に特異な形象を与える。そしてまた、これらこそが政治的教育を受けておらず教養もち合わせていない分子と、組織化の問題および経済的問題に関する経験のないインテリゲンチャに対する、その影響力を説明するのである。党は知と行動の極を体現している。党は理論しか生み出さない者たちを自らのところへと惹きつける。なぜなら、党が理論であるからだ。また党は実践しかしない者たちを自らのところへと惹きつける。なぜなら、党が実践であるからだ。

粗野で無教養な人間については、党は彼らを偉大な理論の受託者にする。知識人（党が打倒しなかった者たち）については、活動家、組織者、革命的実践の受託者にする。そして党がなお、その内で議論がなされる余地を残しており、ある党派に対抗すべく他の党派とは妥協するというふうにうまく立ち回っていたときでも、要するに、それがまだ一枚岩の党でも唯一の党でもないときでも、党は潜在的にこれら二つの性質を結び合わせている。というのも、それは〈一なる党〉を形づくるものだからである。つまり、数ある党の一つというのではなく（そうであったならば、それは単によりいっそう強固でよりいっそう大胆な党であるというだけのことになろう）、ただ一つの意志のもとで動き、その領域の外にはいかなるものも残さずにおくことを使命とする党、すなわち、国家と社会とに一体化することを使命とする党を形づくるものだからである。

要するに、政治的分析は、もしそれが権力の獲得とその行使の様態の観察、そして権力を支え、その規範と指令を広めることのできる官僚制ヒエラルキーの構築の観察にとどまるならば、舌足らずで終わることになっただろう。政治的分析は、新たな型の党の到来とともにどのような変容が生み出されたのかと問うことを要請する。この変容というのは象徴的事柄に属するものであって、それを諸々の出来事の水準で指摘することはできない。それは諸々の出来事の経過を規定する、新たな表象システムがあることを示すものなのである。

たしかに、このシステムはレーニンの時代には大まかに素描されていたにすぎない。その論理を見てとるためには、新たな権力が安定し、新たな官僚制が完全に作り上げられ、さらに生産手段の私的所有の廃止、集団化、そして国家介入の手立ての確保、つまり計画化の実施を通じて体制の物質的基礎が固まる時期を検討しなければなるまい。

〔全体主義の特異性〕

それならば、なぜわれわれが全体主義について語ることに根拠があると言えるのか。それは独裁の力が最大にまで達したからでも、その強制力を人口のあらゆるカテゴリーにまで行使し、規範として通用するような指令を社会生活全般にわたって下すことができたからでもない。たしかに、実際そうだったのだろう。しかし、独裁の諸々の特徴を述べるだけで止めてしまうならば、経験的記述の水準にとどまることになろう。そこで現れてくるのは、分割なしに構成され、自らの組織の支配権を手にし、それを構成するあらゆる部分に結びついた社会のモデルであり、そのモデルには社会主義の樹立という同じ一つの計画が宿っているのである。

諸々の関係が連鎖をなし社会的分割のあらゆる痕跡を消し去ろうとするなかにあって、そうした関係性の原因と結果を区別することはほとんどできない。第一に、権力は社会権力として浮かび上がってくる。それはいわば意識をもち活動する力としての〈社会〉そのものを形象化する。こうして、国家と市民社会のあいだにある分断線は見えなくなる。同時に、政治的権力と行政的権力とを分かつ分断線もまた見えなくなる。国家装置は、共産党とその指導部に対する独立性を完全に失う。ハンナ・アレントがきわめてうまく示したとおり、現代社会では、国家官僚機構のそれぞれに対して特権および権限を固定し、それぞれを別個の世界にしてきた境界線は逆説的に失われるのであり、同様に、各機構の成員は、規則に従って構成されたヒエラルキーのなかで関係づけられることはもはやなくなるのである。政治的権力は、その代理人を通じて――つまり、党員および秘密警察の人間を通じて――官僚制のあらゆる領域を循環し、分業や党派的連帯にもとづく個別的な関係をすべて解消してゆき、そうして、指導的機関（そして最高指導者）とその執行者たち――彼らの個人としての立場や生活には保証はない――のあいだの一般的関係だけが残るようにする。同時に党と国家の頂点においては、権力は権威を保持する者ないし集団の地位と一体化することになる。この一体化は偶発的なものではないし、統治者あるいは統治者集団の行動の結果でもない。同じ必然性が、国家を社会に、政治的権力を国家装置に、そして指導者たちを互いにつなぎ留めている。別の言い方をすれば、すでに喚起しておいた民主主義的論理の転倒として、権力は空虚な場を指し示すことをやめ、社会のあらゆる力を自らのうちに集中することができるとみなされた一つの機関に（あるいは極限的にはある一人の個人に）、具現化されるのである。

第二に、社会の内部に分割があるという原則は否定される。分割のあらゆる印が消えるわけではまったくないが、それらは旧体制に由来する社会階層（富農やブルジョワ）、もしくは外部の帝国主義のために働いているとして告発される分子の存在に結びつけられることになる。新たな社会は、利益が対立するような階級ないしは集団の形成を不可能にするものとみなされる。とはいえ、異なる規範に応じて、各々の活動様態や、それが現れる場となる各々の制度が規定されるのであるから、全体性の肯定には、必然的に規範の差異の否定が伴う。こうして、究極的には、生産企業、行政、学校、病院あるいは司法機関は、社会主義的な大組織の目的に従属した特殊組織として現れるようになる。技術者、役人、教育者、法律家、医者の仕事も、各自の責任においてなされることはなくなり、政治的権威に従属するものとなる。ついには、社会的異質性という観念そのもの、つまり生活様式、振る舞い、信仰、意見の多様性という観念が拒絶されることになる。というのも、こうした観念は自らと調和した社会というイメージに根本的に反するものだからだ。そして、習俗、嗜好、観念など、社会生活のうちでもっとも人目にふれず、もっとも自発的で、もっとも捉えがたい要素が見出されるところで、統御、規範化、画一化の企てが最大限になされることになるのである。

ここで全体主義の試みがもつ、以上の二つの契機について考えてみてほしい。実際には分かちがたい二つのもの、すなわち国家と社会の分割の印の消去と、社会の内的分割の印の消去である。これらによって、政治社会の構成を統べているあらゆる審級の差異がなくなる。もはや権力の目を免れているような法や知の究極的な基準は存在しない。この考察により、全体主義の特異性をもっともよく指し示すことができるだろう。というのも、明らかに君主の権力に限定を加えていたヨーロッパの絶対王政については言うに及ばず——この限定は、貴族あるいは都市住民による既得権の承認、さらに、より根本的には神的起源をもつ〈正義〉のイメージによって規定されていた——、法や知の原理を自分自身から引き出す権力として現れてきた専制はいまだかつてなかったからである（人々が好んでスターリン体制の前兆だとするかの有名な東洋的専制も同様だ）。このような出来事が生み出されるためには、超自然的な力あるいは世界秩序への準拠がすべて消え去り、権力が純粋に社会的な権力へと変質することが必要なのである。

全体主義は、自足した社会という考えを前提とする。そして、社会は権力において自らを表すものであるから、全体主義は、自足した権力という考えを前提としていることにもなる。要するに、われわれが絶対主義、専制、僭主政といった伝統的枠組みを脱却することができるのは、指導者の行動と知が組織化という基準でのみ測られるようになったとき、つまり、社会体の結合および完全性がもっぱら指導者の行動と知に依存するものであることが明らかになったときなのである。権力と社会とのあいだの同一化の過程、社会空間の均質化の過程、社会と権力との囲い込みの過程は互いに連関しあって全体主義の体系を構成する。そして、この全体主義の体系とともに、「自然な」秩序という表象が復元されるのだが、この秩序は社会的‐合理的なものともみなされ、いかなる外見上の分割もヒエラルキーも許容しないのである。

このような体系の基礎に、そのイデオロギー的な母型を構成するいくつかの鍵となる表象を見出さなければならない。ある意味で、それらは新しいものではなく、近代民主主義がその端緒を開いた世界経験に由来する。けれども、それらは潜在的であることをやめ、社会的なものの存在を肯定する力を担うようになる。こうして、それらの表象はまったく新しい有効性を手に入れ、また、新しい運命にさらされることになる。

実のところ、注目すべきは、これらの表象が現勢化してくることによって、それが各々二重化することである。まず第一に現れてくるのは、〈一なる人民〉というイメージである。ある期間に人民がプロレタリアートと混同されたり、プロレタリアートが普遍的階級として神話的に捉えられ、そこに社会主義の構築のために働くすべての分子が含みこまれたりすること、さらに、プロレタリアートがもはや、まさしく階層化された社会内部の一つの階級ではなくなり、本質からして人民そのものとなり、とりわけ官僚制を内にもつということ、こうしたことはここでは重要ではない。このイメージは、〈一なる権力〉と結びつくのである。それはすなわち、指導的機関の枠組みの内に、そして最終的には、人民の一体性と意志とを体現する一人の個人に集中する権力である。そこには、同じ幻想の二つの様態がある。というのも、一なる人民が形象を与えられ、またそのように語られるのは、大文字の〈他者〉〔un grand Autre〕によってのみだからである。第一段階において、〈一なる人民〉はソルジェニーツィンがいみじくも述べたエゴクラットという大いなる個人によってのみ形象を与えられ、語られることができるものだった。しかし他方では、この同じイメージが人民の外部の要素というイメージと、すなわちその敵というイメージと結びつく。理解しておかなければならない点だが、この敵というイメージは副次的なものではない。敵の定義は人民の同一性《アイデンティティ》の構成的要素をなしているのだ。そして、この観点からすれば、レーニンの時代においてすでに使われていた身体の比喩には注意をしておかねばなるまい。人民の敵に対抗するキャンペーンは、社会的予防〔parophylaxie sociale〕を旗印にする。

すなわち、身体の完全性は、寄生者の排除にもとづくのである。

組織化という表象もまた劣らず決定的であるように思われる。実際、社会的なものの全域においていくつもの組織が増殖することを見てとるだけで満足してはなるまい。新しい点は、社会が全体として、微小組織のネットワークをそのうちにもつ広汎な組織とみなされる、ということである。ところで、この表象が今度は二重化される。一方では、個々人を組み込み、彼らの地位とその機能をあらかじめ決定する全般的組織というイメージが現れ、社会的なものには合理性が内在しているという観念が支配的となるが、それと同時に、社会は組織化すべき不定形な素材、すなわち組織化可能なものとして現れてくる。つまり、共産主義的な技師ないし建設者の絶えざる介入に供されたものとして現れてくるのである。その意味で、各々の個別的な組織の構造や、その構成員の各々の位置や機能はけっして安定したものでも、確実なものでもない。さらに、人民の同一性、すなわちその身体の完全性が、外部の分子あるいは寄生者に対する絶えざる闘争を支えとしているのと同様に、組織化の美徳というのも、つねに脅威となる脱組織化や混沌があるという考え方、そして社会主義の法則に対する攪乱者や妨害者がいるという考え方を想定するものなのである。こうした二つの表象を吟味するならば、われわれは、全体主義社会の活動家あるいは指導者につきまとう矛盾がどれほどのものかをすでにして見積もることになるであろう。一方で彼らは、人民、プロレタリアート、党と混じりあう。彼らは、そこに体内化され、共産主義者という「われわれ」のなかに個人として溶け込んだり、〈組織〉のなか、すなわち〈機械〉の一部品、もしくは伝動ベルトとなる。だが他方で彼らは、〈支配者〉の地位、つまりあらゆるものに目を配り任命する者の地位や、組織者、活動家、大衆動員者の地位を占めるのである。

さらに、これらの表象に近いけれども、それでもそこから区別される二つの表象を見分けねばなるまい。一つは社会的‐歴史的創造に、もう一つは社会の自らに対する透明性に関わる。第一の表象は、社会という素材が組織者の権力へと供されているという神話に支えられているが、その根はさらに深い。というのも、官僚主義的（産業的）合理化のモデルが形成される以前においてすら、フランス革命の時代にすでに、まったく新たな社会、まったく新たな人間の創造という観念が生まれており、それは白紙状態から構築することが可能かつ必要なものであるかのように考えられていたからである。いま現れているのは、現在のあらゆる行為を正当化し、とりわけ移行期にあたる世代が犠牲となることを正当化するような、社会主義の永遠なる樹立に対する信仰であり、「輝かしい未来」という見方である。この理想化に付随する点もまた見逃してはならない。この創造を社会の自己創造と言う者もいるかもしれないが、この観念は、すでに知られた未来、つまり原理上すでに統御された現実の境界を踏み越えるあらゆる革新に対する驚くほど断固とした拒絶を伴っている。その意味では、あらゆる瞬間に歴史が作られるというイメージは、固定した歴史というイメージとは完全に食い違うものであることが明らかとなる。知られざるもの、予期しえないもの、決定しえないもの、こうしたものは敵の形象となるのである。

第二の表象もまた、近代民主主義を源泉として現れてくる。だがよりいっそう注目すべきなのは、全体主義という文脈におけるその変容である。国家が社会と一体化するようになるのだから、もはや単にあらゆる活動に対して合理性という視点が仮定されるだけではない。この視点は権力の視点となり、これが政治的行為主体《エージェント》、警察、および計画立案者といった媒介を通じて、社会的現実のすみずみにいたる知識をすべて保有する。そして同時にこの知識は、社会がそれ自身についてもつ知識であろうとする。こうして、社会主義の企ての目的と結果を明瞭なものとすることをめざした力強い活動が展開されることになる。

このことは、〈計画〉のもつ幻影がもっともよく示してくれる。まるで権力が社会の共同の営為を明るみに出す能力を有するかのよう、あるいはそれを通じて社会が自分自身を明るみに出すかのように万事が進む。しかしながら透明性をめざすことは、矛盾したことに、不透明性をめざすことでもあるということが明らかとなる。なぜなら、この「全体」は、その展開に際し、その構成部分の各々が自分自身の役割を知っていることを受け入れはしないからである。この「全体」は、これらの構成部分の外部にとどまっていなければならず、それゆえ秘密でなければならない。先ほどハンナ・アレントの見事な分析を思い起こすことで、われわれは活動家、行政官僚、技師、あるいは産業部門における指導者の地位に付随する不安定さ（今であれば不確実さと言うべきだろうが）に注目した。これは、どの地位にある者にとっても、トップから下された決定の理由およびそれが有する権威の範囲は根本的に不確実なものだということである。ところでこの現象は単に、誰もその意図を知らず、誰も予測することもできないだけにいっそう恐ろしいものとなるような僭主的権力の指標、というだけではない。実際のところ、自分自身の活動について最大現のことを知る可能性が保証された社会ならば、それぞれの領域の現実についての検証がなされ、可能なものと不可能なものが知られ、人々による抵抗や物理的な抵抗が考慮に入れられ、そうすることで、多様な関係性の様態や労働の様態のそれぞれ固有の条件が把握されるだろう。このような社会は原理上、全体主義の企てに抗うものとなろう。全体主義の企てが発展してゆくのは、まさしく、官僚制の空間そのものにおいて権限の保証をすべてなくそうとし、責任の所在が錯綜した状態を拡大させ、そして全知の権力の中枢を闇のなかに保持することによってなのだ。このようにして、秘密という理念が知という理想と対をなすものであることが明らかになる（そして付け加えねばならないが、このようにして、秘密警察の向かう理想が、なされたことすべてを政治的にひけらかすということと対をなすことになるのだ）。

〔表象のシステムの媒介〕

こうして描き出された表象のシステムの有効性を評価するには、これまで身を置いていた抽象的な次元を離れ、どういう媒介を経てこうしたシステムが社会生活のうちに組み込まれることになりうるかをすべて考慮しなければならないであろう。その媒介の第一は、まったく明白なことだが、党である。党は、全体主義の企ての鋳型であったのだが、ひとたび体制が確立されると、権力と人民を同一化し、社会という場を同質化する過程における特権的な仲介者《エージェント》となった。しかし、党はこうした機能を、無数の大衆的な組織と結びつくことによってのみ果たす。だから党は、国家という建造物のいたるところに入り込み、そうして慣習的な結びつきを解体し、国家を政治的権力の単なる表向きとして利用するところにまでなる一方で、数十、数百もの微小組織を出現させるのだ。その微小組織に関して重要なことは、その性質と党の性質とが異なるように見えるということである。そのような微小組織を出現させることで党は、純粋に社会的、つまりは非政治的でありながらも党と一体化した諸関係が、特殊かつ自律的なものであるかのように見せかけるのである。あらゆる種類の組合、さまざまなカテゴリーの労働者の相互扶助団体や文化的団体、青年、子供、女性の組織、作家、芸術家、学者のサークル、学術団体、これらすべての「集合体」のネットワークは、共産主義の規範が循環する場として設置される。そして、これらの集合体の各々において、共通の社会的同一性《アイデンティティ》のイメージや、その受託者たる指導部のイメージ、さらには、優良な組織、優良な活動家－組織者のイメージが再生産される。その各々において、寄生者、妨害者、逸脱者の排除のメカニズムが繰り返し働く。その各々において、刷新の要請ともっとも厳格な保守主義の要請とが結びつけられ、目的と帰結のひけらかしの要請と決定を下す中枢の隠匿の要請とが結びつけられる。だからこそ、集合体の飼いならされた空間の外部に特殊で予測不能で未知のもののイニシアチブが存在することを示す社会関係、交流、コミュニケーション、反応はすべて標的となるのである。正当な集団への個人の体内化〔*incorporation*〕という営為に、自由にうち立てられたあらゆる関係性の解体という営為が呼応し、人為的な社会化という営為に、あらゆる形態の自然的な社会の破壊が呼応するのである。

　主体がどこに浮かび上がってこようとも、それをある「われわれ」に解消し、この「われわれ」を寄せ集め融解させて一つだけの共産主義者の大きな「われわれ」とし、そして〈一なる人民〉を作り出すこと、それを目的として巨大な装置が構築される。その装置に注意を払わない者は誰であれ、全体主義の論理がどのように働くかを理解することができないであろう。そうした注意を払わなくとも、独裁的権力が法外なものであること、官僚制が拡大してゆくこと、そして実際の制度に参与するとされる人々を純粋な執行者の機能へと還元してしまう装置が増大してゆくことを批判することはできるかもしれないが、それでもなお、独裁、官僚制、装置が新たな身体＝団体〔corps〕のシステムを必要とするというところまで見ることはできないだろう。

〔左派の盲目の原因〕

ところで、われわれはもしかするとここで、全体主義の共産主義的な変種を前に左派が盲目であるもっとも根本的な原因に触れているのかもしれない。たしかに、左派は、ファシズムが創り出したあらゆる組織形態に対しては嫌悪感しか感じない。ファシズムでは指導者および規律への崇拝が公然と実践されていたために、左派はそこに参入者を勧誘する意図と自らを神秘化させてゆく意図の存在を認めていたのだった。しかし他方で、その左派は、大衆を団結させ、動員し、鼓舞するというプロセスを前にすると、それが現実的民主主義の見せかけのもとで展開されたがために、たいていの場合において愚鈍であり続けた。現実的民主主義が彼らの理想だったがために、左派は、その理想がただ事実においてその操作手によってゆがめられていると嘆くにとどまっていた。奇妙にも彼らは、寄生者や妨害者に対する非難を自分たちのものとして取り上げ、それを官僚制に対してあてがいつつも、優良な「集合体」という観念が全体主義的な表象システムから引き出されるものではないかと自問することはけっしてなかったのである。ブルジョワ個人主義や、そして資本主義が生み出す諸々の役割と諸々の活動の分離に対して正当な批判をすることで、左派は麻痺し、逆向きの批判をそこに付け加えることができなかった。すなわち一体性、同一《アイデンティティ》性、社会的なものの実体といった虚構を暴き出し、そしてその虚構が諸個人の孤立をそのもっとも高次にまで、つまり〈主体〉の解消、人間の社会性の度を越した破壊にまでいたらしめるのだと示す、ということができなかったのである。左派の無力とはこのようなものであったため、新たな潮流の共産主義者たち、とりわけイタリアの共産主義者たちが「大衆民主主義」の長所を力説したとき――その一体性に熱狂し、順応主義に身を捧げ、逸脱者に対する憎悪によって固められた集団によって、経済部門よりも前にあらゆる文化部門が侵されることになる、ということを隠蔽するのにもっともおあつらえ向きだったこの概念を、彼らがあたかもそうでないもののように語ったとき――、左派はお手上げとなってしまったのである。

全体主義の企ての概略を浮かび上がらせようと試みることと、現実においてそれがいかなる効果をもたらすかを問うことは別のことだろう。秩序の裏側に無秩序を、健全な身体の比喩の向こうに堕落を、「輝かしい未来」の期待のなかに自らの生存と地位を求める闘争を、そして権力の支配の裏に官僚主義的な対立の激しさを見出さなければならないだろう。われわれはまだこの作業に着手してはいない。ここでは少なくとも、われわれの考えについて読者が疑念を抱かないようにしよう。われわれの考えとはつまり、全体主義のシステムがその目的を達することはない、ということである。ほかのあらゆるものにもまして、それは経験による反証にぶつかる。それでもなお、その幻影的な整合性を見積もる作業は重要なのだ。

【要約】

スターリン支配下のソビエトに成立した体制とは、いかなる体制なのだろうか。この問いに対して、歴史実証主義とマルクス主義内部の反スターリン派によるスターリン批判という従来の研究は、十分な答えを提示していない。個人としてのスターリンと、スターリンを中心にかたちづくられる政治形態としてのスターリン主義は、同時に考察されなければならない。

それに対応するのが、人間社会のあり方にまで遡って考察する「政治的なもの」の研究である。社会は政治、経済、法、文化といった複数の領域に分かれ、そしてこれらがそれぞれ独自の仕方で組み合わさることで成立するが、「政治的なもの」の研究はこうした社会を編成する原理を対象とする学である。

スターリン統治下のソビエト連邦とは、そうした社会編成の原理が働く「権力の場」を一体となったソビエト人民が実際に占有しようとする動きが現れる点にその特徴がある。民主主義社会では、「権力の場」は象徴的なものにとどまり、それは誰も独占できない「空虚な場」である。これに対して、スターリン体制では、実体化された〈一なる人民〉がこの場を手に入れると主張される。権力の表象が特有の仕方で変化するのである。

〈一なる人民〉の完成という主張を支えとして、スターリンは自らを中心とする官僚制支配を固めた。自らが〈一なる人民〉と一体となることで、あらゆる反対派を人民の敵として排除することが可能となったのである。「我は社会なり！」というスターリンの言葉は、社会を編成するための原理がただひとりの個人のうちに体現されていたことを教えている。

第三章　スターリンとスターリン主義[1]

会議の主催者の求めに応じて、私たちはスターリンとスターリン主義が〔それぞれ〕どのようなものであったのかを問わなければならない。ただ私としては、件の人物の役割と政治形態に同時に関わるただ一つの問題が主題であると言いたい。おそらく、スターリン主義という政治形態がスターリンの個人的な意志や行為の産物ではなかったと考えることについては、われわれの意見は容易に一致するだろう。しかし、スターリンにしかるべき場を与えるということについて一致するのはおそらくはより難しいかもしれない。ある形態を発見しようと専心するとき――もっぱら必然か偶然かどちらかの観点から推論して、そのいずれかに決めなければならないかのように――明らかに客観的な特徴だけを取り上げてそのほかの特徴を抹消したり、あるいは残りの問題を心理学者の管轄に委ねてしまおうとする誘惑は、実際のところ大きい。しかしながら、私が指摘したいのは、この誘惑に屈してしまうならば、私たちは、スターリンという現象を見逃すだけではすまず、スターリン主義の概念が〔スターリンという〕一つの固有名の刻印を帯びているために、このスターリン主義という現象をもまた見逃してしまうだろうということである。したがって、私の意図はこれら二つの現象の関係に十全な意義を与えること、あるいはまた、一人の個人への準拠と一つの政治的な意味が組み合わさったスターリン主義の概念を用いることの妥当性を証明することにある。

〔実証的歴史観の盲点〕

では、スターリンとスターリン主義という〔不可分の〕対象をどのように捉えるべきだろうか。この問いこそが私たちの議論を導くように思われ、これを問うことなしには議論は無駄話に陥ってしまうだろう。なかでも私が思うに、問題を適切な仕方で提起するための解釈の原則をあらかじめ決めずに議論を戦わせて、スターリン時代を前スターリン時代ないしポスト・スターリン時代と対置したり混同したりするならば、あるいはマルクス主義、レーニン主義、スターリン主義それぞれを対置したり混同したりするならば、議論は見境なくなってしまうだろう。このような観点に立ち、私は二つの議論の進め方に言及することからはじめたい。そのいずれによっても私たちは対象を取り逃すことになってしまうように思われるのだが、それゆえにこそ、新たな概念の必要性がいっそう明らかになるだろう。

第一の進め方は、一切の理論的前提なしの経験的観察だけで充足する伝統的な歴史研究に属する。その場合には、スターリンおよびスターリン主義の研究は、この独裁者の権威が完全に確立した時期にはじまり、その死とともに閉じる時代の研究と同じものとなろう。こうした研究は統治の手法および制度の性質や機能において生じた変化を当然ながら考慮に入れるだろうが、この変化はいつも〔連続する〕出来事の記述のなかに組み込まれてしまうだろう。

こうした研究は同種の研究すべてと同じ障害にぶつかる。つまり、時代区分の妥当性を立証することができないのである。というのも、こうした研究に対して、スターリンが政治家として生きた期間が重要な歴史的な一区切りをなすと考えることを可能にするものなど何もないからである。その際には、スターリンの統治という観念は、任意に選ばれたそのほかの君主の統治という観念と同じくらい恣意的なものだとみなされてしまうだろう。

この場合においてもう一つ困難なことは、上述の時代〔区分〕を正確に確定することである。実際、目印となるような戴冠式、クーデター、明らかな出来事などがあったわけではない。独裁者の死が自然的な限界を定めるのだと仮定するなら——その場合には、スターリン以後のスターリン主義という観念は原則的に禁じられるか、あるいは比喩的な意味しかもたないことになる——、スターリンの時代が一九二七年のレーニンの死とともにはじまるのか、二九年から三〇年にかけてか、三四年かあるいはさらに後なのかという問題が生じる。

私が注意を促していたように、経験主義的な歴史家は、おそらくこのような曖昧さにつねにさらされているだろうし、自分の描く物語を手なおしすることでそうした曖昧さを解決すればよいと主張するだろう。しかし、ここではスターリンという人物の地位やスターリンが置かれていた状況が明らかに変化したことを確証するようなしるしを経験的な歴史家はもたない（スターリンが果たした役割を見ても、その力の程度についてはわからない）という問題がまずある。それに加えて時代の推定の問題は単なる観察者の観点にはとどまらない別の問題と複雑に絡み合う。指摘するまでもないだろうが、スターリン主義という語はスターリンの統治を指すのでもないし、その「君臨」をさすのでもない。この語が少なくとも明らかにするのは、権力の特異な行使の様態であり、そして、この権力が社会全体および社会生活の細部にまで影響を及ぼすのであるから、組織化および規律の様態や、ソビエトと呼ばれる体制に特有の姿を与えるような行動、態度、価値の総体もまた明らかになる。スターリンのみならず、フルシチョフ自身もまた、彼のスターリン批判にもかかわらず、スターリン主義について語らないように心がけた。私にまちがいがなければ、この語〔スターリン主義〕は、マルクス主義が道を踏み外し、さらにはレーニン主義から断絶したことを告発するという批判的な意図のもとで、トロツキー主義者が作り出し、メドベージェフ*1が再利用したものである。このような自明で余計と思われる指摘をすることをお許しいただきたい。だが、スターリン時代を特徴づける諸々の政治的な変化の単なる記述に満足していたのでは、歴史家がスターリン主義に出会うことはできないのである。

歴史家がスターリン主義の概念を取り入れるとき、彼は〔共産主義の内部でスターリンに対立する〕反対派の言葉を取り入れることになるのだが、もし歴史家がそのときスターリン主義の概念を単なる所与の事実として用いないのであれば、歴史家にはある理論的な要請が課せられるだろう。私が依然としてなおこの凡庸な事実の確認にこだわるのは、伝統的な歴史研究の観点が、共産主義者による歴史研究の観点ときわめてうまく共存する可能性がある――ときには実際に共存している——からである。ただし、共産主義者による歴史研究が大胆にもスターリンのとった手法を批判しながら、同時にスターリン主義の概念を退ける場合には、自らのよって立つ前提を隠蔽することになる。歴史家によるスターリン主義の批判は、出来事の記述のうちで和らげられてしまい、新しい政治様式の出現に言及するにしても政治的な省察をいっそう鈍らせるだけなのである。

〔反スターリン派歴史観の限界〕

先に私が言及した第二の議論の進め方は、すでに概観したように、マルクス主義〔の理論〕とレーニンの実践を二重の参照項とする反対派の考え方である。私たちが反対派にスターリン主義の概念を負っているのは確かである。しかし、それはどのような意味においてであろうか。トロツキーを参照しようとも、あるいはメドベージェフを参照しようとも、数多くの相違点にもかかわらず、目につくのは結局のところ同じ図式である。すなわち、〔スターリン主義を〕マルクスの理論に照らして考えてみれば、官僚制の権力という暗黙の教義が持ち込む倒錯を無視することはできない。また、レーニンの行動に照らして考えてみるなら、革命の至上命題が課す権威主義的な命令や恣意的な方策と、熟考のすえの強制手段や個人的な野望のための恐怖政治による統治とを混同することは不可能である、といった具合である。スターリン主義の概念はそれゆえ、マルクス・レーニン主義の問題系の枠組みのなかでしか定義されえないということになるだろうし、社会主義の到来によって〔あらかじめ〕決められた歴史を考えるという条件のもとでしか定義されえないことになるだろう——そうであるとすると、社会主義の到来は予期せぬ波乱によって遅れているのであり、この波乱が奇形の組織の誕生という帰結をもたらしたとされるだろう。

この図式を長々と詳述するにはおよぶまい。読者にはお馴染みの図式だろう。ただ、強調すべきだと思われるのは、スターリン主義という概念が系譜関係と変質化の理論に厳密に導かれているという点である。原則の観点からしても実践の観点からしても、ここではスターリン主義という概念は、現実世界の浮き沈みによって革命の力学から切り離された社会主義の落とし子として現れる。それは、どのような力が自分の存続を危うくしようとも、自己保存だけに専心するような存在だとされる。つまり、この種の理論は、システムとしてのスターリン主義と状況の産物としてのスターリン主義という二つの観念を結びつける。あるいはもう少しうまく言いかえると、この種の理論は、概念化の要請と、かの名高い現実世界の浮き沈みとやらを唯一明らかにすることができるという出来事の歴史という観点との妥協を意味するのである。

トロツキーへの言及だけにとどめておくなら、こうした妥協こそが、二つの要素に分かれた解釈の証明に際して指針を与える。まず、スターリンの台頭を説明するとき、解釈の鍵を与えるのはそれを取り巻く状況である。内戦、外国の介入、ヨーロッパの革命勢力の後退、ソビエトの孤立、およびこれらの帰結――生産性の崩壊、経済の解体、都市と地方の対立、産業プロレタリアートの弱体化と失望、そして安定と社会的な地位の向上しか頭になく、本来は党とは無縁だった者共が大挙して入党したこと――、以上が歴史の下絵をなす。こうしてスターリンは、事態の推移に抗うことなしに押し流された人物、凡人、臆病者、成り上がり者の渇望を満たす人物であるように映るわけである。こうした記述によって、社会主義建設の過程に断絶があるという見方、そして、レーニンの名を冠した革命政治からスターリンの名を冠した官僚機構の強化のための政治への移行があるという見方はたしかに主張されてはいる。しかし、この断絶、この移行は、客観的で誰にも左右されない匿名の過程のうちにきわめて深く刻み込まれているために、当事者の手の届かないところにあるもの、つまり不可避のものであるかのように見えるのだ。こうしてトロツキーは、〈反対派〉の敗北の原因は彼らの落ち度にはなく、彼らには変えようのなかった状況の結果にあることを示そうとやっきになるわけである。スターリン主義はあたかも不可避の運命から生じたかのようである。

ついでに指摘しておくと、これこそが批判を無効にするというこの歴史観の効用である。自分たちが共産党に加盟したのは諸々の出来事を冷静に判断してのことなのだと得意になっていた知識人のうちで、スターリンの政治とはまったく異なる政治が歴史によって有罪を宣告されたことの証拠や、またそうした政治は非難されるべきものであったということの証拠をトロツキーのうちに見出さなかったものが、実際のところどれほどいただろうか。さらに、資本主義と闘うためには、〔スターリン〕体制が生きながらえることができた現実的な条件に順応するほかなかったということの証拠を〔知識人たちはこぞって〕トロツキーのうちに見出してはいなかっただろうか。

トロツキーの解釈の第二の要素は、第一の要素とは逆に、スターリン主義のシステムを支える固有の合目的性を明らかにする試みによって特徴づけられる。この試みは、権力がひとたび敵に打ち勝つと、いっそうの強化のためにどのような手段を用いるかということに関する分析や、そしてまた、ロシアおよび世界の大衆の利害に無関心になった指導者や新たな幹部の精神構造はどのようなものかということについての分析にもとづく。それゆえ、諸々の出来事はもはやスターリン主義の政治の原因ではなく、むしろその結果として扱われることになる。論証の細部には入らずに手短に言えば、一九二六年あるいは二七年以降の国際的な舞台で、とりわけ中国、ナチズムが台頭した時期のドイツ、さらにスペインで起きたあらゆることは、強制的な集産化と産業化の帰結として生じた破局的な大混乱と同様に、スターリンの戦略の悪行を示すものとされる。この観点からすると、スターリン主義はもはや歴史の産物ではなく、歴史に特異な流れを刻むものとなる。その結果、スターリン主義が原理となるのである。

とはいえ、この第二の観点が先の第一の観点を忘れさせるわけではなく、両観点は共存する。したがって、第一の観点を採用したとしても、その下に第二の観点を置くことはつねに可能である。仮に一方では運命論的な見方を受け入れたとしても、他方では、三〇年代のスターリンの国内政策と対外政策は状況によって強いられたのではないか、あるいは、そうした状況がロシアのプロレタリアートを弱体化させて党内反対派の好機を失わせ、革命の力学から断絶した官僚制の急成長を促したのではないか、そしてついには権力が社会主義の成果を守るためにあらゆる駆け引きをせざるをえなくなったのではないか、などとトロツキーに反論することはできる。

スターリン主義の概念は、その最初の意味〔反スターリン派によるマルクス主義にもとづくスターリン主義解釈〕においては、理論的な要求すなわち体制の本性に関する考察という要求と、記述的な歴史との妥協から生まれると私は指摘していた。この妥協はマルクス主義の見かけのもとになされる。しかし、それはマルクス主義を無傷のままにはしておかない。マルクス主義は革命の歩みを生産様式と階級闘争の理論にもとづいて明らかにすると主張する。だが、そのことによって、反革命のさまざまな道筋を研究することや、あるいは定められた図式に従っていまだ十分に成熟していないと判断される運動に相応してこの反革命が取りうるさまざまなかたちを解読したりすることがマルクス主義に禁じられるわけではない。ところで、トロツキー（だがこの指摘はメドベージェフにも当てはまる）が一連の出来事を描くことによってどうにか説明できるのは、ロシア革命の失敗と新種の反革命体制の形成、つまりプロレタリアートに反する利益をもった階級が支える反社会主義体制の形成あたりが限度だろう。だが、固有の一貫性をもち、革命の障害とみなされる政治的な構成体〔スターリン体制〕を一続きの時間のうちに書き込むために歴史的な分析が活用されるとき、マルクス主義の解釈の限界は乗り越えられるのである。

この点について、私はもう一点の指摘をしておきたい。トロツキーの議論を再度思い出してみると、それは次の二つの結論を導くように思われる。

第一の結論とは、状況に――つまり、一九二三年以降の状況に――鑑みるならば、ソビエトに可能な革命政治などもはやなかったというものだろう。先に言及したように、このような運命論的な考えによって可能になるのは、せいぜいのところソビエトや世界における力関係の現状を変えうる新たな出来事を期待しつつ理論的な仕事を続けることくらいである。

第二の結論――このように仮定するのは、トロツキーがさまざまな局面にスターリンの政治とは異なる政治を唱えようと絶えず努めていたことを踏まえるなら許されるように私には思われるのだが――とは、マルクスが考案し、レーニンが『国家と革命』でふたたび取り上げた図式にもとづく革命を成し遂げることができないとしても、最終的な目標を視野に入れつつ、またプロレタリアートを党生活に参加させつつ、現実と妥協することは可能だっただろうという結論である。

理解して欲しいのは、私はトロツキーがスターリンに勝利したあかつきにはこのような政治を成功させただろうかなどと問うているのではないということである。政治的に要職にあったときのトロツキーの行ないを見ると、その官僚制批判が信用できなくなるというのは確かだ。私の興味を引くのは、この観点からするとスターリン主義はもはやマルクス主義からの直接の逸脱としてではなく、それとは別の道からの逸脱として見えるということであり、さらにはこの道自体がいずれにしても革命政治の王道から逸れていて、実際のところすでにレーニンの時代には逸れていたということである。

メドベージェフについては、ここでもまた先と同様の論評を加えることになるだろう。メドベージェフはスターリン主義の行きすぎを告発した。より正確に言うならば、スターリン主義とは行きすぎによって定義されるのだと述べたが、メドベージェフがその特徴を指摘するのは、状況によって強いられたレーニンのやむをえなかった行きすぎに照らしてのことなのだ。もちろん、マルクスが革命政治から暴力を排除したと考えるものはいないだろう。しかし、スターリンに対抗してマルクスの教えを引き合いに出す著者たちを見てみると、一方では階級の敵との闘争があるがゆえに、つねにやむをえないプロレタリアートの暴力があり、また一方では限界状況——プロレタリアートが革命を行なうにはあまりに脆弱で、世界も束になってそれを阻止しようとするような国において革命が勃発するとき——に必要とされる非常手段としての暴力があり、さらにまた新たな権力の利益と革命の利益を混同する寄生的な暴力があるというように、諸々の暴力のあいだに巧妙な区別が設けられているのが見てとれるのである。

なぜ、この指摘が必要なのか。それは、スターリン主義に反対する人々は、現実が革命政治をはみ出すこと（一九一七年以降の出来事の経過）を認めるやいなや、そして彼らがこれに代わる政治（レーニンなきレーニン主義の継続）

——良き指導者と良き執行部が、ほんの一部のプロレタリアートの支持を得て行なう政治——を想像するやいなや、スターリン主義を定義することができなくなるように思われるからである。換言すれば、もし、スターリンの時代以前にすでに行きすぎが存在し、したがって「通常の」行きすぎと「過剰な」行きすぎの区別に陥るなら、スターリン主義を行きすぎとして定義することは首尾一貫したものでないことが明らかになるからである。

ここでわれわれは記述的な歴史〔実証的な歴史〕の果たす役割をふたたび見てとることができる。この記述的な歴史は、革命のマルクス主義理論とレーニン主義の有効性に関係する問題、また同時にスターリン主義のシステムの論理に関係するような問題をすべて避けるために構築されているということが確かめられるのだ。そこでは、理論の根拠を問うべきところで、理論が現実と接触して逸脱することを「示す」だけで満足してしまう。なぜ、内戦以前にも内戦以後にも——つまり、恐怖政治がきわめて危機的な状況から生じるはずのない時代に——レーニンのもとで恐怖政治が吹き荒れたのかを問うべきところで、恐怖政治のあらゆるエピソードを、革命の敵に対する抵抗の力学へと一様に帰してしまう。全般化した暴力が統治の原理となるという変化が観察されるべきところで、言い換えればスターリン独裁が創設されるまさにその地点で、恐るべき状況の産物しか見ようとしないのである。

しかし、私たちが言及していたような概念化と歴史記述との妥協を危うくする矛盾についてさらなる探求が必要だろうか。マルクス主義とスターリン主義のあいだの連続性になぜこれほどこだわるのか。生産手段の共有が社会主義の指標を提供するようになるのではないのか。これは実を言うと奇妙な議論だ。というのも、それは次のような帰結をもたらすからである。つまり、スターリン主義の「逸脱」が最高潮に達する地点——産業化の加速と経済の国有化のための強制的な集産化が大衆への恐怖政治と組み合わさった地点であるが——、それはまさしく「社会主義の礎」が築かれた地点として現れるからである。この点については、メドベージェフはトロツキーに劣らず雄弁である。彼にとって、決定的な転期を画すように見えたのは二九年から三〇年にかけての時期であり、この時期にスターリン主義はその真の顔を見せたのである。しかし他方で、メドベージェフは私的所有の廃止を理論の試金石とするのだから、われわれは社会主義の行程がそもそものはじまりからその逸脱と一致すること、規範が行きすぎと一致することをはっきりと認めなければならなくなるのである。

これまでスターリン主義に対するマルクス主義内部の反対派だけに言及してきた。しかし、彼らの足跡を検討してみると、反マルクス主義の著者たちが同じ道をたどり、ただその進む方向が逆転するだけにすぎないとしても驚くにはあたらないだろう。ここではソルジェニーツィンに言及するだけにとどめよう。ソルジェニーツィンは、スターリン主義の逸脱や堕落したマルクス主義を語る人々を嘲笑するための論拠にはこと欠かない。彼にしてみれば、恐怖政治の行きすぎを免れるような集産化の観念など、笑い話でしかない。しかし、彼は自分の敵対者の分析の逆をゆくだけにすぎない。ソルジェニーツィンは彼らの前提を共有しており、彼らと同様にマルクスへの言及と出来事の記述を結びつける。マルクス主義の恐るべき末裔たるスターリン主義は、マルクス主義の当然の所産となるのであり、〈歴史〉によってそれは保証されるのだとする。トロツキー主義者はスターリンが創始者〔マルクス〕の教えを歪めたと責めていたが、これに対するソルジェニーツィンの反論とは、スターリンがマルクスの教えの内実を明らかにするというものなのである。しかし、そのように主張しつつも（少なくとも論争時にかぎればの話であるが。というのも、彼によるスターリン主義システムの機能分析はたいていの場合、驚くほどに明晰だからである）、ソルジェニーツィンは今度はマルクス主義の公式の言説を字義どおりに受けとめてしまい、彼もまた社会主義と私的所有の廃棄を同じ一つのことと捉えてしまうのである。そして、スターリン主義を諸々の観念の運動によって築かれた歴史の連続性のうちに刻み込む——〔マルクス主義内部の反対派との〕違いがあるとすれば、それはソルジェニーツィンがスターリン主義のうちに観念の運動の成就を見るという点だけにすぎない。

〔スターリン主義を理解するための新しい枠組み〕

私が要約したこれら二つの議論の進め方からは学ぶべきところがある。というのも、この二つの進め方が隠しもっているものを明らかにすることにより、解釈の原則をはっきりさせる必要性に気づかされるからである。第一に、歴史記述的な観点から政治組織の本質を理解することは不可能であるのを認めなくてはなるまい。こうした組織がいかにして生じたのかを問うのが根拠のないことだということではない。この組織が生まれる原因となるさまざまな出来事の横糸を復元すること〔それ自体〕が——そう明言するかは別にしても——、つねに一つの仮説に従っていること、あるいは、はっきりとした特徴を帯びた一つの〔政治〕形態を相手にしているという考えに従っていることは明らかである。要するに、なんらかの現象に固有のアイデンティティについて私たちがもっている観念のほうが、その現象の起源を描く試みに先立っており、またこの試みを導いているということである。厳密な検証を行なうためには、まず仮説を立て、アイデアを練り上げ、そのアイデアをはっきりと表明しなければならない。マックス・ヴェーバーが定式化して以来、こうした要求は当たり前のことだと言われるかもしれないが、しかしながらこれは過去の真の思想家すべてが認めてきた要求なのであり、それはもちろんマルクスの要求でもあった。しかし、この要求はとりわけイデオロギーに曇らされた領域では大胆な要求となる。私たちの課題においてこの要求に従うならば、レーニン主義やロシア革命からスターリン主義が生まれたという仮説は、暫定的に退けておくか、あるいは除外しておくことが求められる。こうした問題がさほど重要ではないからというのではなく、それらを単純に提起することができると信じてはならないからなのである。

第二に、スターリン主義であれ反スターリン主義であれ、当事者たちの表象と行動がよりどころとするシステム——ただしその論理の大部分が当事者によって見落とされているようなシステム——の解明を試みるためには、そうした当事者たちの言説から抜け出す必要がある。フランソワ・フュレはフランス革命についての近著(2)でこの要請を見事に明らかにしたのだが、こうした要請がなおさら不可欠であるように思われるのは、〔スターリン主義者と反スターリン主義者が対立する」いま問題となっている事例では、当事者たちの実践と言説が「歴史」、「社会」および「革命」の理論としてのマルクス主義を確固とした典拠とするからである。こうした理論こそが当事者たちを導くと信じられがちであり、そして彼らは自分たちのなすことを知っているとされること、あるいは彼らがこの理論によって裁かれたり、この理論のほうが彼らを通じて裁かれるとされること、このようなことをわれわれが信じこみたくなるだけに、当事者たちから距離をとるという要請はなおさら不可欠なのである。この点についてはトロツキーの言葉を思い起こしていただきたい。私にはそれが典型的と思われたために、ずっと記憶に残っている言葉である。スターリンに関する著作のなかで、トロツキーはおおよそ次のように述べている。スターリンはボルシェヴィキの闘争の産物である政治機構を奪取したのであるが、この政治機構自体が観念の産物だというのだ[3]。唯物論への信仰を告白する書き手が、党とは観念の産物であると躊躇なしに断言すること自体驚くべきことであるが、しかしまたこのことは、「社会主義的な」現実のマルクス主義的読解が自ら陥り、さらに私たちをも引きずりこむ落とし穴が何であるのかをまさに示している。次の点を指摘しなければならない。このような観点では、スターリンは政治機構を自らの野心のために利用しながら、この観念の産物〔政治機構〕を通じてマルクス主義の創造世界との関係を保ちつづける。スターリンはこの政治機構をそれ本来の目的から逸らしてしまうのだが、それでもなおこの政治機構はマルクス主義による創造物のうちに刻み込まれたままなのである。党が確立したシステムの本質的な部分とみなされることはけっしてありえず、党の機能がシステム固有の論理に帰されることもありえなくなる。党は理論から生まれるのであって、党が仮にどのような道をたどろうとも、それは理論からの諸々の帰結の逸脱を明らかにするだけとされてしまうのである。

この例はここまでにとどめ、スターリン主義のもっともよく知られた分析が、もっとも極端な主観主義をもっとも極端な客観主義に結びつけるということを指摘しておこう。社会主義的と言われる生産様式は、いわゆるプロレタリア国家や革命主義政党と同様に、望むと望まざるとにかかわらず現実に具現化されるようになったマルクス主義的実体として捉えられる。一方では、下部構造について考えた場合には、この体制は社会主義と名指されるであろう。他方で、農業の集団化と国有化に革命主義的な規定を与えることができるのは、下部構造と上部構造の区別という観念があるからである。この観点からすると、スターリンの権力は、スターリン自身のマルクス主義についての表象に即してか、あるいは反対派のマルクス主義についての表象に即してしか解釈されないだろう。つまり、スターリンの権力に対して外部から意味を与えるようなものがそこに十分に表れている、あるいは十分には表れていないといった仕方でしか解釈されないのであり、言いかえれば、概念化された現実かあるいは現実となった観念としか解釈されないのである。

以上のことは、当事者たちの言説を無視しなければならないということではない。当事者による社会や〈歴史〉の理解は、たいていの場合は本人たちの知らぬうちに諸々の表象の図式に左右されており、そうした表象の図式はマルクス主義的な言表にはとどまらない。仮にこの図式を明るみに出すことにそれほどこだわらずに、当事者の言説を退けた場合でも、弾圧や搾取に関する数多くの事実や、権力欲と私的利害に従っているのが明らかな振る舞いを描き出すことができるかもしれない。しかし、そうした事実の源にさかのぼること、そしてスターリン主義の特性を理解することはできないままとなるだろう。

〔政治的なものの探究〕

してみると、これまでのアプローチとは断絶した私の提案するアプローチとは、どのようなものであろうか。スターリン主義とは一見すると、スターリンが権力を行使するその仕方の呼び名のようであり、また敷衍するなら、この権力がスターリンの権威のもと彼を規範として、社会の全域に行使される仕方に与えられた呼び名であるようだ。しかしながら、このような〔権力の〕行使は、権力の場の特異な確定化〔détermination〕および形象化〔figuration〕を表している――この二つは一方なくして他方はありえないという関係にあり、というのも、政治権力が問題となるときには、事実を表象から区別することはできないからである（この表象の内部では、政治権力を握る人々の見方とこれに従う人々の見方は結局のところ一体となる）。そのうえ、この権力の場についての考え自体に、社会空間の特異な確定化および形象化が含まれる。この確定化および形象化は、とりわけさまざまな階級の内的な分割や接合にも関係し、さらにまた、この社会空間を秩序づける象徴的な次元、つまり、この空間に区別をもたらし、また空間とそれ自体とを結びつける象徴的な次元にも関係する――象徴的次元ということで私が言わんとしているのは、（語の特定の意味での）政治的次元、経済的次元、法的次元、そして文化的次元のことである。以上が分析の対象となるべきだろう。

　繰り返すなら、この分析は単なる観察からは生じえない。分析を導くのは、政治学と呼ばれるものが発達することでほとんど消されてしまった政治的なものの観念なのだ。政治学は直接的あるいは間接的に権力関係に関わるものにしか関心をもたず、権力を社会関係の個別的な領域としてしか扱わない。これに対し、われわれは――このような考えをもっているのは今日われわれに限られず、またわれわれはこうした考えをもつことで、つまるところずっと古くからの伝統にふたたび合流することにもなるのだが――、政治的なものの認識とはさまざまな社会を生み出す原理についての認識であり、この認識が人間の運命あるいは彼らのさまざまな運命に関する思考を作動させるのだと考える。より正確には、もし権力が政治的なものの認識の特権的な対象となるとすれば、それは権力がそこかしこで獲得する定義が、社会全体の具現化〔*mise en forme*〕と演出〔*mise en scène*〕を条件づけるという意味においてであると考えるのである。

　以上のことが、生産様式、階級関係、法、文化や風俗に関する分析の価値を少しも失わせるわけではないということは言うまでもない。以上のことからわれわれが判定できるのは、経済的秩序、社会‐経済的秩序、文化的ないし道徳的秩序における諸々の関係や帰結などは、私が政治的母型と呼びたいもののうちに刻み込まれることによって特有なかたちに作り上げられたものであること、そしてこの母型を構成するのは権力であるということにすぎない。さらに、私が〔権力による社会の〕具現化と演出について語る際、言わんとしているのは、この母型が歴史‐自然的なプロセスの結果としては捉えられず、それが集団によって作り上げられたことを示すことである。そしてこの母型を特定の行為主体に帰することはできないことであり、さらには母型がある一つの社会の心象を生み出そうとしたり、あるいはこの心象を最良の社会として自らの前に提示しようとしたりするということである。

私がマルクス主義の前提を退けたところで、結果としてまた別の前提を導き入れることにしかならないのではないかという反論がおそらくあるかもしれない。しかし、前提なしに推論することが問題なのではないと私は強調したい。前提を明らかにし、その前提が解釈の作業に耐えうるのかどうかを確かめることが必要なのである。加えて言えば、ここで素描した政治的なものについての考え方を私はスターリン主義の経験、より一般的には全体主義の経験に負っている。また、〔全体主義においては〕前代未聞の支配システム、逆説的なことに個人的でありながら非個人的でもある権力、党‐国家、こうしたものが出現するのだが、それらはあらゆる社会活動の中枢にありながら同時に人民と一体をなすものとして現れるのであり、そのうえ、まさしく経済構造の転覆に先立ってこのようなモデルが形成されることこそが、私からしてみれば新たな仕方で問題を提起することを促すように思われるという点も付け加えなければならない。

〔スターリン主義と権力の場〕

それでは、スターリン独裁のもとで権力の場はどのように特徴づけられるだろうか。実を言うと、これを特徴づけるためには、別の政治形態の指標を定めることが欠かせない。とはいえ、比較対象をすべて明示する必要はあるまい。というのも、それらはわれわれ各々のうちに存在するからである。そのため、本質的な論点だけにとどめよう。

第一に、スターリンの独裁は過渡的なものとして現れるのでもないし、またそのようにみなされることもない。最高指導者の独裁が刻み込まれたプロレタリア独裁が、自らの廃絶の方向に向かって進むと想定されていることをむろん私は忘れたわけではない。しかし、この進展は歴史‐自然的なものと定義されており、同じ一つの運動がプロレタリアート独裁の拡大と死滅へと〔同時に〕導くとされているのだ。一九三四年の党中央委員会総会でのスターリンの見事な表現を思い出して欲しい。「国家は国家権力を最大限強化することによって死滅するだろう」。マルクス主義的な言明によって、全体主義の深遠な真理が隠される。最高段階の国家の力は、社会と国家の非分割と一致する。国家が社会に侵入すればするほど、国家はなおいっそう社会から区別されなくなるということだ。独裁者というのは、国民を救うという名目で国民の権利の行使に終止符を打つような、既成の法規の侵犯者ではないということは間違いない。独裁者の立場は、共産党、プロレタリアート、ソビエト人民が社会主義の建設によって手中に収めるとされる新たな正統性の主張と結びついているのである。

第二に、スターリンの権威が体制の本質のうちに刻まれているように見えるという点が指摘できる。スターリンが〔体制の〕単なる遂行者であって、その地位は創設者にはないように見えるほどである。けれども、スターリンは個人として命令を下し、またこの個人としてのスターリンに人々は従うのであって、権威の受託者としてのスターリンによって命令が下されたり、また人々がこれに従ったりするのではない。〔仮にスターリンが権威の受託者であるとするなら〕そうした権威がたった一人の権威となる場合であっても、権威は一人の人格のうちにはなく、継承の規則に従って伝えられてゆくものとなるだろう。

第三の指摘は第二の指摘と関係する。このようにスターリンに固く結びついた権力は、超越的な力と人民のあいだの媒介とはならない。スターリンの権力は、宗教、法、永遠不変の価値などがこの権力に課すはずであった限界にぶつかることはない。それは一個人に与えられた純粋に社会的な権力なのである。このようにして、スターリンの権力が民主主義社会において定義される権力からいかなる点で区別されるのかが明らかになる。民主主義社会では主権の源泉が人民のうちにあるという意味では、権力はすでに社会的なものとして現れる。しかし、主権が表出される際には、法が定める手順に厳格に従う。つまり、法によって定義されていない——語の政治的な意味での——人民などありえず、権力の及ばない法によって定義された人民などありえない。同様に、権限が政体によって限定されない権力もないし、投票による人民の意志の正当な表明や、その結果に由来するさまざまな代表形態やその刷新を保証する諸条件を統治者に尊重させようとしない憲法もまたありえない。

同じ理由から、権力は法的に限定されるのであり、権力はこれを行使する者の力とは混同されない。さらにまた同じ理由から、投票という規制された働きの外側に、現実態の人民などは存在しないし、この現実態の人民を体現することのできるような権力もまた存在しない。権力の場はこうして暗黙のうちに空虚な場であることが認められているのであって、それは定義上占有することができない象徴的な場であり、現実の場ではないのである。

これとは逆に、スターリン主義が表すのは、指導者の力と意志を十全に肯定するために、この空虚な場を実際に領有するという試みである。そして、この指導者の力と意志の肯定が人民の力と意志の十全な肯定と一致するとみなされるのだ。このように述べることで、私はソビエト憲法を無視していることになるかもしれない。しかし、これはまったく形式的な憲法なのであって、この憲法に関心を寄せる意味があるとすれば、次の意義深い点を指摘するかぎりにおいてだろう。すなわち、法が失効しているところにおいてでさえ、一人か複数人かの違いにかかわらず権威の保持者が法律用語なしですませたり、「私が主権者である」ないしは「私たちが主権者である」などと公言したりするのは理論的に不可能だということである。スターリンの権力の正当性は、恒常的に存在するものとしてのソビエト人民のイメージに依拠しているということを指摘することがさらに重要である。言いかえれば、このような存在に気づくために、仮に人民の指導者に注意深い目が必要とされるときであってさえも、〔スターリン権力の正当性は〕やはりいつでも明らかな存在としてのソビエト人民のイメージに依拠することに気づく必要がある。

人民の恒常性という観念はたしかにかなり古い。この観念はヨーロッパの君主制を背景として中世末期に現れたように思われ、より正確に言えば〔この時代に〕ふたたび現れたように思われる。しかしながら、この時期〔中世末期〕には人民の恒常性の観念は政治的な実在とは結びついてはいなかった。民主主義の出現がこの観念に近代的な意味を与えることになったのである。しかし、人民の恒常性という特質が、〈人民〉主体が経験的な時間のうちに継続して存在することを意味するようになるとき、われわれはある変容に直面することになる。人民の非時間性の観念は〔本来は〕世代が次々に変わってゆくのとは無関係に人民の同一性が保存されることを意味していたのだが、〔民主主義が出現すると〕今度はこの非時間性の観念に、人民の同一性が絶えず表現するという個別の時間性の概念が結びつくことになるのである。

〈〈一なる人民〉の完成〉

すでに明らかなように、この私の最後の指摘によって、われわれは社会の新たな確定化‐形象化の特徴を突きとめることができるようになる。スターリンの権力が現実態の人民に依拠し、しかも第一に〈一なる人民〉に依拠するという点を見極めないかぎり、実際のところその権力を定義することはできないだろう。この〈一なる人民〉とは観念的にはどのようなものであろうか。それは〈巨大な生命体〉であり、異質な要素なら何であれ葬り去りながら、活動し、自らを作り出し、自らの力をすべて保持して自己を実現する集団的な個人とみなされた社会である。つまり、自らの器官や四肢の動きを統御する資質をもった身体[*2]である。

ここでもまた民主主義〔の発明〕という事象が私たちに多くを教えてくれる。というのも、民主主義〔の発明〕という事象が人民の一体性という観念を含み、そしてその一体性が主権の一体性と結びつくことが事実だとしても、人民の一体性の観念は〔民主主義を考えるうえでの〕表象の一方の極を構成するにすぎないからである。もう一方の極には、個人の分散、活動の細分化、特殊利益の対立、階級の分裂が見出される。スターリン主義が社会主義理論の口実のもとに撤廃するのはこの第二の極なのであって、それに対して社会体の一体性という観念のほうは、もっとも高次な表現へといたり、途方もないほどの現実化へといたることになる。そして、階級闘争という至上命令をめぐって絶えず騒々しい議論が交わされたからといって、それは社会的な分割の承認を少しも意味していないということは、強調するまでもないだろう。このような体制では、分割はもはや社会を構成するものとはみなされず、外部との分割というかたちをとることになる。それはソビエトの真の社会、人民、プロレタリアートを敵から分離する分割であり、すなわち異質なシステム――ロシア帝政期の専制封建システムや国際的な資本主義システムなど――に頼って生き延び、力を得る諸階級からの分離を可能とする分割である。内部に分割ないし他性があるという原理は撤廃され、他性は外部に締め出される。弾圧されたあらゆる人々と同様に迫害を受ける農民たち自身もまた、この他性の代表者とみなされるのであって、権力がどのような動機でもって迫害したかなどということは問われない。その結果、個人的であれ集団的であれ独立した自主性を示すあらゆるかたちの協同、連帯、意見表明に対する絶対的な不寛容によって、〈指導者〉および指導的な官僚制がありふれた支配欲を持つことが知られるようになるばかりでなく、同時にこの不寛容がイデオロギー的な構築物という特徴を有することもまたわかる。一方では、権力が課す規範や指令に対する住民全体の従属、そして従属によって生じる均質化の作用がある。他方では、あらゆる部分を自分に関係づけること、集団と個人の区別なく自らの各部位の動きを同調させること、そして同一の言葉を話すこと、こうしたことすべてをなすように定められた社会が肯定される。これら二つの現象は不可分なのである。

そのうえ、このシステムの根幹において明らかになるのは、社会的な分断の否認だけではない（私は「否認」と言う。というのも、強調しなければならないのは、新たな階層ないし新たな階級となった官僚が現実には人々と分裂しているからであり、また新たなヒエラルキー、新たな不平等、新たな利害対立が増殖するからである）。われわれは、経験〔を理解するため〕の象徴的な指標が揺らぐという事態をも目の当たりにする。この出来事についてはすでに示唆しておいたのだが、自らのうちにソビエト人民の生命力を凝縮すると主張する権力であり、また自らは社会と一体であるとし、そのように表れる権力たるスターリン主義の権力には、明確な境界などない。この権力は、経済であれ、法あるいは正義であれ、科学的知識であれ、情報あるいは芸術であれ、自らの外部にはいかなる至上命令も認めない。政府の活動のただなかにおいてさえ、——政治と区別されるかぎりでの——行政上の至上命令を認めることもない。それと同時に、正義と不正義、合法性と違法性、真実と虚偽、規範的なものと病的なもの、想像的なものと現実的なものといった、これらすべてを分ける基準もまた曖昧になるのだが、他方でこの社会にあっては、信条、意見、活動などに関する帰趨は〈指導者〉の至高の意見と決断次第である。この点では恣意的という形容も十分ではない。というのも、〔スターリン主義について問題となる〕恣意性は、あらゆる尺度を超えた正当性と区別されないからである。スターリンのうちに、人民‐生産者、人民‐知識人、人民‐裁判官、人民‐芸術家が現れるのである。

〔〈一者〉の論理と媒介者としての共産党〕

要約しよう。この権力はただ単に実際に力を保持するばかりではない。問題は表象のうちにあるのだ。指導者層の立場と権力のあいだにも、国家権力と社会のあいだにも、いかなる隔たりも存在しなくなる。市民社会の観念が消える。われわれが国家であると考えることに慣れてきたものの内部で、権限をもつさまざまな領域のあいだに基本的な区別がなくなる。社会の内部で、個別の活動領域を整序するような独立した価値や規範がなくなる。実際にはそうなってはいないではないかと言う向きもあるかもしれない。たしかにそうなのかもしれないが、私は政治的な形相を記述しているだけなのであって、この形相が現実とはけっして一致しないということにこだわっても、無益のように思われる。とはいえ、われわれが素描する図式には、一つの本質的な補完物が必要である。というのも——〈人民〉、〈プロレタリアート〉、〈国家〉、〈指導部〉、スターリンのあいだの——同一化の鎖と、〈一者〉への還元の論理は、共産党がそのあいだに立ってとりもつという媒介者の働きをすることを想定しているからである。全体主義システムが確立し、配置されるのは、この仲介者を通じてである。共産党を介してこそ、全体主義システムは歴史的に特異な形成体として際立つ。共産党がこの働きを果たすことに成功するのは、共産党の性格が曖昧であって、それが融合させる諸要素と同じ性質を帯びるかぎりにおいてである。共産党はあらゆる環境やあらゆる実践のなかに入りこみ、社会組織全体と関係をもつものとして現れ、しかも、社会組織を生み出すためにいたるところに姿を見せる非常に活発な行為主体として現れる。この社会組織の枠内に、内的な分割、さまざまな活動領域のあいだの区分、仕切り、ヒエラルキーなどがふたたび確立されるのを目にすることも、おそらくはあるだろう。しかし、社会組織内部のこれらの分割は最善の場合でも〈党〉の一体性の表象のもと、つまり共産党の〈われわれ〉のもとに覆い隠されるのである。党とは、そのなかでは独立したかたちでの行動、知識、判断が存在しえないような機関である。社会全体に刻み込まれると、党は社会全体の全般的な表現となる。こうして党は、権力に対して唯一かつ持続的な影響力を確保すると同時に、指導機関に対しては社会的なものが結集した力を授けるのである。

私が先に身体のイメージに言及したのは、スターリンという個人が社会体の複製を提供すること、そしてこのことと対になるかたちで、社会体のほうは異質なものとして締め出されたものの一切から距離をおき、独裁者の身体を基準として定義されるということを示唆するためであった。この装置が十全な効果を発揮しうるのは党のおかげにほかならず、そしてこの党がすぐれて体内化をはたす機械であるという点をいまやはっきりさせるべきだろう。あらゆる主体は集団的なもののうちに絶えず飲み込まれ、実践と知識それぞれの特有の規定はなくなり、現実それ自体の次元もまた消え去る一方、社会主義的な世界観は確固たるものとなり、政治体は自らが全能であるというナルシシスト的な悦楽にひたるのである。

〔〈エゴクラット〉の支配〕

この手短な分析の締めくくりとして、スターリンの「行きすぎ」や、スターリンの「逸脱」といった理論が一貫性を欠いたものであると結論づけなければならない。というのも、われわれが描いてきた諸々の特徴は、通常であればスターリン主義を特徴づけるためだけにとっておかれるようなほかのいくつかの特徴を必要とするのであり、またこうした特徴と一体となるからである。国家と市民社会の区別が消えるとき、国家は〔市民社会に対して〕上に立つものとして打ち立てられ、いかなる障害も認めずにすべてについて決断し、万人に命令を下すという途方もない主張を手に入れるのだが、その際に〔国家〕権力が占める地位は、このような特徴〔スターリン個人の問題として限定することのできない全体主義一般の特徴〕を示している。また、人民が指導機関のうちに受肉されるという論理もこうした特徴を示している。一方では社会の一体性を保証する役割を発揮し、他方では社会から切り離されて、まさにこのような尺度を超えているという点にこそ自らの行為の尺度を見出す個人を生み出すのは、この受肉の論理であった。ソルジェニーツィンは〈エゴクラット〉という見事な表現を作り出したが、これが指し示すのは、独裁者、専制君主、あるいは暴君といったよく知られた意味で理解される指導者ではなく、社会と観念的に混じり合い、自らの〈自我〉のうちに万物の法則を見出し、自らの外部には何ものも認めないような、そうした指導者なのである。

さらには、〈一なる〉人民としての人民のイメージ、社会的分割のあらゆる代表者を異質なものとするイメージも上記の特徴を示している。人民を受肉する〈エゴクラット〉は、一瞬でもそのコントロールを逃れたり、あるいはかつて逃れたことがあったり、または今後逃れるかもしれないというただそれだけのために――極端な場合には、独立して存在するというただそれだけのために――、そうした個人や集団をみな潜在的な敵とみなすよう駆り立てられる。こうしてスターリンは〈人民〉、〈プロレタリアート〉、〈党〉を受肉するのだが、その際スターリンはその実体を吸収して食い尽くすことでこれらを受肉するのである。また、〈党〉がになう役割と〈党〉が内部の分割の原則を認めることができないという点、結局のところ同じことになるが、あらゆる事柄の不確定性という観念を認めることができないという点についても、上記の特徴が見出される。つまり、最高指導者こそがありとあらゆるものをいかなる制約もなしに読み解くことができるのであり、唯一この指導者の私的な想像界だけが「現実」についての共産主義的な表象を安定させ、真実と虚偽の基準、可能なものと不可能なものの基準を〈党〉に与えるのである。

最後に、官僚制という支配階級の性質、すなわち、経済的には根を下ろしているにもかかわらず政治権力には従属するという官僚制の性質もまた同じ特徴を示している。スターリンは、官僚制の支配力や階級としての官僚制の一体性の保証者となりうる一方で、その成員に襲いかかり、上層部を全滅させ、個々人を押しつぶすことができるということである。この点は多くの観察者にとって、もっとも説明不可能であるように思われたこと――ある時期に体制の幹部が恣意的に粛清されたこと――だったのだが、それはこれまで気づかれずにいた次のような論理によってもまた説明される。スターリンの暴力のもとでは、官僚制は官僚たちを越えたところに確立されるということである。この暴力は階級としての官僚制を試練にかけるのであり、――少なくとも、〈指導者〉のとどまるところを知らない力が全員に対し耐えがたい脅威を与えることになるまでは――各々は自分の身の安全だけを案じるのである。

以上を踏まえるならば、全体主義システムはそれを超えた個人の介入を通じてのみ調整されるということが理解される。この個人がある意味では全体主義システムの産物であることはすでに述べたとおりである。しかし、この産物は、こうして生み出された結果、そこから引き離され、鎖を解かれる。言いかえるならば、このシステムが非‐分割の表象と〈一者〉の幻想によって支配されるというのが確かだとしても、このシステムは、そうした表象や幻想から離れたところでは、なんらかの〈一者〉の形象、そして社会に対して同一性や輪郭、同質性を保証してくれる形象を必要とし、こうした社会についての言表を可能にするような〔スターリンという〕固有名を必要とする。この形象、この固有名とは、一人の〈他者〉がもつ形象であり固有名である。すなわち、社会体によって掌握されていると同時に、その私的な存在のうちに身を隠すような個人、全体主義の幻想によって自分自身の幻想の鎖が解かれて荒れ狂うような個人なのである。

それゆえ、スターリンの地位をこのように理解するからといって、スターリンの経歴に興味を抱くことが禁じられるわけではない。経歴からはもちろん学ぶところがあるし、スターリン支配の数多くのエピソードを明らかにしてくれる。スターリンの蛮行、被害妄想、側近を葬り去ることへの熱中、やむことのない粛清運動の渇望といった多くの特徴は、その人格に起因する。しかし、もしスターリンが収まっている場、つまり全体主義権力の場を突きとめないならば、そして、もし彼個人の暴力を象徴的な暴力のうちに位置づけないならば、人間スターリンの研究をしたところで、たいした成果をもたらさないだろう。

私は反論があるかもしれないことを承知している。全体主義がスターリン主義の後にも生き長らえたのは、われわれがここで〈エゴクラット〉に認めた機能が、システムを理解する手がかりをもたらさないということを意味するのではないだろうかという反論である。私としてはこう答えたい。仮に〈エゴクラット〉を必要としない「解決策」が発見されたとしても、〈エゴクラット〉が体制の形成に際して不可欠であったこと、後継者たちがシステムを修正するためにはその消滅を待たなければならなかったこと、さらに、フルシチョフ以降の死後になされた批判は〈エゴクラット〉の機能に触れるものではなく、社会をその亡霊から解放することはなかったということ、こうした点をやはり認めなければならない。最後に私は、今日――中国からキューバにいたるまで――〈エゴクラット〉を生み出さなかった全体主義的な体制はないと付け加えたい。

マルクス主義がもはや確固たる信念をもたらすことがなくなったにもかかわらず、歴史的考察や社会経済的考察に甘んじないような分析に対しては、依然として根強い抵抗があるということは私も知っている。しかしながら、スターリンとスターリン主義に関して、すでにかなり前から新たな考察のための布石を打っていたのは、一人のもっとも非妥協的なマルクス主義理論家であった。それは――先ほどはその解釈を批判する目的で言及した――トロツキーである。トロツキーによるスターリンに関する著作の結論部分は、彼自身の問題構成に対する驚くべき裏切りである。

結論に代えてこの部分を引用したいという気持ちを抑えるのは、私にはどうにも困難であった。「朕は国家なり！　という表現は、スターリンの全体主義体制の現実に照らすならば、ほとんど自由主義的なものである。ルイ一四世が自らを同一視したのは国家だけである。ローマ教皇は国家と教会の両方に自らを同一視したが、それはただ世俗の権力を有している時代においてのみのことであった。全体主義国家は皇帝教皇主義をはるかに超える。というのも、それはその国の経済全体を包括するものだからである。〈太陽王〉と異なり、スターリンは正当にも以下のように言うことができる。我は社会なり！(4)」。

【要約】

本章は、タイトルにあるように、当時のフランスにおける政治の新機軸であった（一九七二年六月に社会党とフランス共産党とのあいだで結ばれた左派共同政府綱領に基づいて誕生した）左派連合のなかで分析されずにいるものを考察しようとするものである。

この新たな政治的「現象」を吟味するにあたって、ルフォールはそれが左派に進歩的な期待をもたらすと同時にその期待が「官僚制の拡大」という不安とない混ぜになっていることにとりわけ焦点を当てる。この不安は、社会党がフランス共産党に対して示す独立性と優位によって解消されることはない。あるいは「モスクワの長女」と揶揄されてきたフランス共産党が、時代の変化に応じるかたちで、国内での左派連合とともに当時進めていたユーロ・コミュニズムと呼ばれる国際的な政治路線のもとでのプロレタリア独裁の放棄やソビエト共産党からの独立といった方針によっても解消されることはない。なぜならば、東欧の共産主義諸国で民主主義を求め体制に抵抗する民衆を考慮しない左派連合の推進者たちが同様に省みていないことは、全体主義の論理だからである。

本章の後半部（一一九頁以下）では、この論理の解明が、政治的抗争の原理的な意味の探求と合わせて目指される。そのなかで本書全体を通じて繰り返し現れる全体主義と民主主義との対比、「社会的分割」や「空虚な場」といった諸概念による民主主義の定義を援用した政治的分析の方向性が提示され、最後に全体主義国家と民主主義国家における官僚制の位置づけの相違が素描されることになる。

第四章　左派連合が考えないこと(1)

左派連合によって引き起こされる不安

地方議会選挙での左派連合の躍進[*1]、与党の公然たる分裂、危機の存続、これらのためにジスカール・デスタン[*2]の政策の信頼はいっそう低下することになったが、以後それらは一九七八年の共同綱領を取り結んだ二つの政党の成功という仮説を裏づけるものでもある。世論調査がこの仮説を強化してくれる。たしかに、時がどちらかの陣営の見方をしてくれるだとか、現在の権力の弱体化にはすでに潜在的な権力の弱体化がすでに対応していないのかなどと語ることができる者はだれもいない。国民議会選挙の結果[*3]がどうなるかはさだかではなく、おそらく、少なくともどんでん返しの最後の瞬間（二つの陣営のうちの一つの離脱）まではっきりしないだろう。

しかし、私の意図は予想することにあるのではない。社会党と共産党の連立政権のイメージが明らかになるやいなや引き起こされたように思われる不安に注意を払いながらも、私としては、現在についての政治的省察の障害を見極めることをおそれることなく、こうした不安がどの点に根拠をもっているのかを問題にし、さらにこの選挙がもたらした重要な事件の射程を問うことを試みたい。

右派であれば、変化をめぐる不安は当然だ。しかし、この不安は、それが左派ないしは極左において現れるときには、新しい精神状態を示している。たしかに、共産党の躍進に資することになるのではないかという嫌悪感を乗り超えて、左派連合の立候補者名簿にある候補者や大統領選挙でミッテランに投票する人々の数は思った以上に多かった。いずれにせよ、彼らは結局のところこの連合が進歩の機会をもたらしてくれるのではないかと思って、そこに票を投じたことにかわりはない。ところが、今後も彼らが同様に振る舞うかどうかについてはわからないということは別にしても、彼らの躊躇は非常に大きなものだったのだ。彼らは以前からすでに新しい綱領の適用よりも現在地位を占めている人々の敗北をより強く願っていたとか、あるいは彼らは自らの票がもたらす結果にいっそう懐疑的になっており、自らの選択にこうした疑いを加味したとかと言う者もあるだろう。もしかするとそうなのかもしれないが……、しかし左派の成功の可能性は、現在の情勢においては、官僚化のプロセスの急激な加速化という新たな恐怖を引き起こすように思われる。この恐怖が進歩の希望とバランスをとっているのだ。

ここで私が主張することについて、証拠をもちだすことはできないだろう。みなと同じように私もまた時代の空気を吸いながら、所感を述べるまでだ。しかし証拠の代わりに、いくつかの兆しを明らかにしたい。だれでも指摘することができるものだが、その兆しの一つは、今年の夏前に「ヌーヴォー・フィロゾフ」と呼ばれる者たちになされた前例のない宣伝活動である。左派連合の大義に大々的に賛意を表す『ル・モンド』と『ル・ヌーヴェル・オプセルバトゥール』は、〈権力〉、〈君主〉、〈国家〉そのものに根源悪が結びついているという観念を流布させることによって、善良な権力、善良な君主、善良な国家を迎えいれる用意のある人々に動揺を広めているのではないかと危惧すべきであった。それにもかかわらず、なぜ、こうした哲学者たちに大きく紙面を割いたのか。ベルナール＝アンリ・レヴィの宣伝の才を引き合いに出さないでいただきたい。それは問題を単にずらすことにしかならないからだ。むしろ問わなければならないのは、なぜ、この巧妙なプロデューサー兼作曲家兼役者が、別のスペクタクルではなくてこのスペクタクルを企画し、また上演し、パリの大劇場の上演プログラムに名を連ねることになったのかである。問われるべきは、最近までなおミッテランに近しいとみなされていたその彼がなぜそうしたのかである。彼は、ミッテランの動揺に付け入っているのではないか。ベルナール＝アンリ・レヴィのショーはわれわれには単なる芝居以上のものであり、彼の成功は流行の一エピソード以上のものであるように思われる。あるいはよりよく言えば、この芝居や流行というのは、新しい政治的感受性を示すものではないか。国家の蛮行に対する宣戦布告が大当たりしたのは、大衆が恐怖に対しある種の快楽を味わっているからではないのか。それはいかなる大衆か。大部分においては、世間一般の左派知識人だ。われわれはこうした者たちが最終的に社会党に票を投じるだろうと思っている。もしかすると、この大衆は、破局的な巨大なうねりに身を委ねながら、その上演のおかげで恐怖心から解放されているのかもしれない。しかし、彼らが舞台でおののくのを好むことができるのも、結局恐怖が彼らに巣くっているからだ。たしかに数のうえでは少数だが、こうした大衆はある兆候を示している。彼らの外部では、共産党と社会党の勢力がそれぞれどのくらいなのか、一方は自由主義的な伝統を忠実に保つのか、他方はスターリン主義の伝統と断絶するのかといった、より重大かつ適切な問いが問われているのだ。左派は――敗者であろうが勝者であろうが――かつては自らの権利に確信をもち、それなりの体裁を呈していた。少し前から、急所に傷を抱えることになっているのだ。

〔左翼急進主義の分析〕

しかし、左翼急進主義者〔gauchiste〕[*4]の側では別の変化が進行中である。まだそれほど前のことではないが、さまざまな分派からなるトロツキー主義者や毛沢東主義者は彼らの偉大な創始者由来の落ち着きを示していた。彼らには、もちろん社会党や共産党に対するいかなる好意も存在しないが、しかし両党が一度権力につけば「その仮面がはぎ取られ」、「大衆によって包囲される」という揺るぎない信条が存在していた。今日もなお、彼らのうち試練の時が近づいても動揺することはない屈強な精神をもった者もいる。しかしその多くの意志が「挫かれた」のだった。トロツキー主義は停滞し、毛沢東主義は溶解した。左翼急進主義者が存続しているとしても、たいていの場合それを構成するのは、古くからの活動家たちである。彼らは、その若さに反して厚みのある過去を背後にもっており、そのうちの幾人かについては、先行する世代が何十年もかけて踏破した道のりをわずか数年で踏破したと言われることもある。そうした者たちにとって、左派の大政党による改良主義的、反革命的と呼ばれる政策を非難することはもはや十分ではないだろう。彼らは自らの幻想の記憶をもっている。彼らは世界の官僚主義体制が揺るぎないものであることをすでに発見していたのだ。大衆が党を包囲するという図式はもはや彼らの心を捉えるものではないということだ。

彼らの問いはこうだ。共産党が統治機構の一部やその行動手段を活用するならば、とりわけ企業や大学において、あらゆるかたちの異議申し立てに何が生じるのであろうか。

まだ所感を述べないでおくが、それはなぜか。多くの左翼急進主義者は、今日の社会モデルに対する批判をまったく断念することなく、現在の体制の脆弱さ、為政者たちが社会的闘争と妥協する必要性、端的に権威的な方法を使うことのできない彼らの無力さを明らかにしているように思われるのだ。その結果、野党とそれに課せられる次のような義務が同時に強化されかねない。その義務とは、左翼急進主義者の権利要求を活用し、その主導権を促進するのではないとしても擁護すること、あるいは少なくとも彼らが弾圧されることを阻むことである——権力が潜在的に勝利している体制よりも、こうした状態のほうが、民衆の正当性を引き合いに出そうとするために多くの闘争の可能性を与えるのだ。

私が考慮する心配は無用なものではない。ある意味ではそれを楽しむ必要もあろう。それが告げ知らせているのは、長らく欠けていた官僚制の経験なのである。左派政権は国家の官僚主義化のプロセスを加速させうるのであって、そこでこそ正当な権利でもって危険について語ることができるのである。ただし、この危険がいかほどのものかはさらにおしはかるべきだろうし、この危険を無視できるものだと思っている人々にそれを認識させ、われわれの側で収容所がフィクションであるとでっちあげた人々には現実の感覚をもどしてやるべきだろう……。

もっとも不可欠なものと思われる考察だけにかぎることにしよう。

〔社会党の問題点〕

良識ある支持者たちがすでに指摘しているように、社会党はここ数年でフランスにおける非共産党系左派の強力な拠点を再建することに成功した。その勢力は共産党の犠牲と引き換えに拡大された。長いあいだ、共産党は社会の変化を好意的に望む多数の人々の信頼を得ることができていたのだが、現在は、この二大政党の力関係は逆転し、社会党は次の選挙で三〇パーセント以上の票――おそらく急進党との同盟と合わせると三五パーセント――を獲得するのに対して、共産党が二〇パーセント以上の票を得ることがないというのは当然だろうと見積もられている。さらに、ミッテランの人柄と、ブーシュ・デュ・ローヌ地方とノール地方の二大連合[*5]の指導者たちの人柄から裏づけられうるのは、国民議会選挙後に改革主義的な転換がはかられるだろうという仮説のほうであって、まちがっても共産党への譲歩という仮説ではないだろうと述べる者もいる。さらに共産党には、いかなる重要な大臣職も、とりわけ国家のなかでもっとも大きな力を有するとされる内務大臣職を共産党に与えることはないだろうと言われている。したがって、戦後の人民民主主義に依拠してみても虚しく見えるのだ。すでに左派連合で駆け引きを支配する社会党は、共産党の執拗な攻撃にもかかわらず、いったん国家の頂点に到達するならば、いっそうの支配権を握るだろう。これら二つの政党のあいだで抗争が勃発するかもしれないと仮定してみたところで、共産党の撤退か、あるいは、信用ならない連合関係が変化するということはないだろうから、その代わりに新たな与党の解体以外の帰結はないだろう。そうだとすれば、要するに右派への回帰ということになるだろう。こうした仮説は暗澹たるものだが、しかし先に述べた危険はなくなるのである。

　だが、こうした議論はいくつもの反論につきあたる。

　第一の反論はこれまでも（とりわけ右派から）しばしば定式化されてきたものだが、これにはそれなりの根拠がある。それによれば、二つの政党の勢力はそれぞれを支持する有権者の規模では測られない。政党の勢力は社会の組織化された部門にどれだけ進出できるかというその能力にかかっているのであり、この能力は、それぞれの政党の機構の効率性、組織化の程度、構成員の規律、構成員を労働組合と一連の諸団体とに結びつける紐帯、さらに両党がさまざまな社会階層のなかにどれほど古くから根を下ろしているかに依拠している。したがって、こうした観点からすると、社会党には影響力がないということを強調する必要もない、というのだ。先に言及した二つの地域以外では、社会党は、ホワイトカラーが多く住む地域を除いては堅固な基盤をもっていない。社会党の有利な位置といえば、公共行政において占める位置くらいである。それ以外では、社会党に対する支持は世論という脆弱な基礎にしかない。内部組織に関して言えば、共産党と比べるまでもない。そのもっとも堅固に見える内部組織は社会主義教育研究センター（CERES）という少数派に見られるが、それはまさしく共産党にもっとも近い分派なのだ。

第二の反論は、左派連合が選挙後に存続するならば、共産党は大臣の職をしっかりと得るだろう、というものである。共産党に認められそうにない大臣の職を列挙するならば、内務相、法務相、財務相、防衛相、外務相などである。だが、たとえば教育、情報、科学研究といった部門を二次的なものとみなすことがすでに誤りをおかすことなのだ。現代社会における知の管理、情報の戦略的機能など、こうした領域にあらゆるレヴェルで関与する官吏の数の増大は、第一級の重要性をもった現象なのだ。ある面では二〇年来、国家の拡張はこうした部門の発展に結びついている。駆け出しの社会学者は、ピーター・ドラッカーが「大転換」（認識の新たな機能とそれが引き起こした社会変化）と呼んだものに向きあうことになる一方で、政治家たちは、まるで第三共和政から何も変わっていないかのように、省庁間の連携を画策している。さらに、経済の要職が共産党から完全に免れているなどとどうしたら前提にできるのか。それどころか、戦後の歴史によれば、労働総同盟（CGT）の活動と共産党の行政活動とが組み合わさるやいなや、彼らが実際に生産部門へと進出することになるというのは疑いえない。加えて、国有化される部門が拡大することで、彼らはさらなる機会を得ることになるのだ。

しかしこれらの反論は脇において、「社会党の奇跡」という命題をもう一度検討することにしよう。というのも、結局のところ、真の問題は、ミッテランの政党の躍進は、共産主義者に対する独立性を掲げることを可能にするほどの独創的な左派政治が形成されたことによるのかという点にあるからだ。ところで多くの人は、モレ的な改革主義からの離別にあまりにもすぐに有頂天になってしまい、社会党がそこから離れてゆくという動向こそが共産党へと接近させたものであるという点を無視している。つまり、事実は現にあるとおりだ。社会党はたえず共産党の犠牲を引き換えにして票を獲得している。だがそれはいかなる代償なのか。選挙協力の要請のために社会党が払った犠牲、それは、共産党やその社会基盤、その目的の性質についての分析をしないということであり、また同時に、ソビエト連邦においてその最初に確立され、東欧に拡大し、中国で新たな特徴を帯び、さらに世界の多くの体制のモデルとなった社会編成の分析をしないということなのだ。[6]

ほころびは一つだけではない。社会党は、われわれの時代の新しく、巨大で、もっとも謎めいており、またきわめて恐るべき出来事に対してあえて盲目的になっている。その出来事とは、共産主義という外観のもとでの全体主義の誕生およびその世界的拡大である。全体主義を考慮することに盲目ないしは無力な彼らは、われわれの歴史的現在をなすものを隠蔽しているという責任を負っている——これは、スターリンの死後、疑問の余地のない情報が積み重ねられ、人民の抵抗あるいは反体制派の声が聞き届けられているだけにいっそう顕著な現象である。ソビエトやポーランドの反体制派の行動を前にした彼らの当惑は一つの兆しなのだ。

同様の理由によって、彼らは、全体主義システムの論理を問うたり、その論理を西側の共産党の特徴やとりわけその同盟者であるフランス共産党の特徴に結びつけたりすることができないわけだ。ところが、フランス共産党に対する社会党の政治行動は明確な帰結をもっていた。すなわちフランスの舞台において、共産党を民主主義的な政党だと見せることだ。左派連合の成功の必要条件は、一方が民主主義的な社会主義の自由主義版を、他方が権威主義版となるようなペアを提示することにあったということである。

ここから選挙計画としては見たところ巧妙で効果的な戦術が生じる。素朴な観察者であればその原動力を見落としてしまうほどだ。すなわち、社会党は、自由や、一国における政治的多元主義、そして自らの陣営における意見や分派の多様性を擁護し、国有化と民間主導とが結びついた社会主義への柔軟な移行という謳い文句を推奨することによって、共産党との距離をはっきり示している。さらに社会党は、東欧の体制に対するあまり寛大ではない態度、つまりそこではびこる弾圧に対し控えめではあるが批判的な態度を示すことで差異化をはかっている。とはいえ、社会党の指導者たちは、同盟の枠組みにおいて許容可能なことだけしか、つまり民主主義的勢力としての共産党のイメージと両立可能なものしか語っていないのだ。そうすることで、こうした共産党のイメージは信頼に足るものだと言うのであって、しかも自分たちのほうがいっそう明確に民主主義的であると述べるときですらそのように言っている。もっともしたたかな者に言わせるなら、社会党は共産党に対し、政策を和らげ、ソビエトに対するよりいっそうの独立を掲げるように強く促しているのだが、それに対し共産党は――社会党が信じているとおり――自らの組織モデルとの関係を断ち切ることもできないし、ソビエト陣営とも完全に手を切ることもできないために、譲歩するたびごとに、利点はその同盟相手の社会党のほうに保たれる、あるいは増大するとされる。要するに、ペアの双方はともに少しずつ歩み寄っているのだが、歩みの主導権は社会党にあるということだ。だが、こうした見解は誤っている。というのも、この駆け引きから利益を得ているのは共産党だからだ。実際、共産党にとって、党の構造も、プロレタリア独裁の展望を遠ざけてきた宣言方法も修正せずに、さらには、搾取と支配の諸関係が一掃された世界としてのソビエトという評価も、社会主義諸国における世論の自由に賛同する声明についての評価もなんら変えることなしに、共産党にとって、口頭によるいくらかの譲歩がありさえすれば、非共産党の左派からすぐにご褒美をもらえるのに十分だった。そして、社会党は、マルシェの（あるいは取るに足らないものの極みであるが、カナパの……）言葉遣いにごく些細な変化の兆しがあればそれに感嘆する一方で、連立を組む相手がソビエトの対外政策に従属しているということを明らかにすることはできなかった。それは、世論の前での共産党の正当性を追認する保護者的な沈黙である。要するに、マルシェがロシアやチェコスロバキアの体制の権威的特徴を遺憾に思うだけなのに対し、ミッテランはフランス共産党の同様の特徴を遺憾に思うだけだ。マルシェがブレジネフの社会主義の自由主義的側面を提示すれば、ミッテランはマルシェの社会主義の自由主義的側面を提示するというわけだ。ブレジネフからミッテランへと社会主義が二重化されたとしても、社会主義の一体性は損なわれないのだ。

権威主義というレッテルは、こうして、全体主義の現実を覆い隠し、その中核をなすフランス共産党の現実をも覆い隠すことになる。便利なレッテルだ。というのも、それによって、両党をつなぐ鎖の一方と他方とのあいだにある違いは、統治手段や、さらにはその担い手たちの心理に由来するものだということが示唆されるのだから。社会党は、この駆け引きに加わることで、狡猾に立ち回っているのだろうか。それとも騙されているのだろうか。

こうした推論ではまだ満足できないだろう。社会党は狡知の担い手というよりはその犠牲者なのではなかろうか。狡知という用語を政治家の実践に適用することはできるが、しかし社会学のレヴェルではこの用語は通用しない。たとえば、社会主義者がマルクス主義の経典に従っていたのは入念な策略によるものではない。その理論家の著作や活動家たちに与えられた教育の代表例を参照するならば、彼らの思想が、私的所有批判、資本主義の利潤の理論、国有化や（労働組合と活動を共にするために民主主義的だとされた）国家による計画化の効用、最後に弁証法的唯物論のきわめて平板な証明で止まっていることを認めなければならない。ところが、われわれが述べたように、もし社会主義者たちが全体主義という現象に盲目であるとすれば、あるいはそれを考えることができないとすれば、それは、彼らが資本の集中と官僚制の発展とが結びつくプロセスを見落としているからではないか。そして、なぜ彼らがそれを見落としているかといえば、彼ら自身が国家官僚制の拡大と物質的に結びついて、役人ないしは専門家的行政官僚の視点から社会を理解しているということ以外に理由はあるのか。もちろん、こうした立場をとったからといって全体主義への賛同が産み出されるわけではないが、彼らが党-国家の機能を市民社会の破壊の元凶として分析することができないのはそのためである。そして、選挙でもって政府ばかりでなく体制そのものが周期的に争点となるまでに、フランスではまさに政治というべき抗争が激しさを増しているのだが、そこでこうした立場をとることは、改良主義よりもいっそう危険な選択を招くことになるのだ。

社会党の政治に関する以上の手短な考察は、共産党の性質の評価から要請されたものだ。共産党は無視しうる力しか手中に収めないかもしれず、国家官僚制の強化が懸念されうるが、市民社会の全体に政治権力やそのイデオロギーが浸透するおそれはなくなっているとされることがある。このようなプロセスが生じるのは明らかに強力な政党が存在しているということを条件としている。というのも、政党は、さまざまな活動部門において、規範や指令や支配的な表象を拡散することができるからである。そして、この役割を果たすことができるのは、社会党ではなく共産党なのだ。

〔フランス共産党の問題点〕

われわれはこれまでのところ、あたかも彼らの全体主義への性向が疑いをはさまないものであるかのように推論してきている。とはいえ、彼らの変化を示している兆しはいくつもあるのであって、われわれはあまりにも駆け足でそれを見落としているのではないかとの反論がなされるかもしれない。

フランス共産党とソビエト共産党のあいだにある種の緊張関係が生じているというのは確かである。この緊張関係がたえず増大する一方、ユーロ・コミュニズムの姿が明らかになる。もちろん、ソビエト連邦における弾圧および、社会主義諸国の問題についてソビエトが不当に自らのものとしている決定権に対する批判がなされたのはごく限られた範囲においてであった。フランス共産党が反体制派に与えた支援はなかでもきわめてわずかなものだった。それはせいぜい、プリウッチの解放を促す政治集会への参加、ソビエトによる言論犯罪を理由とした逮捕・拘禁を非難するマルシェの声明くらいだ。先の春、テレビでマルシェがアマルリク[7]に対して自分は「オルロフ・グループ」[8]がなにかを知らなかったと軽率にも答えるのを見た者は、嘘が今後もマルシェの基本原則のままだろうと容易に納得したのだった。ここにはさらにきわめて重要なことがないだろうか。警察の横暴を言論犯罪へむけられた捜査に切り縮めることによって、共産党は（さらに社会党は）、ソビエト連邦において存続している大衆弾圧に対し、そしてより全般的には、圧政と搾取のシステムに対し覆いを被せているのである。私がすでに指摘したように、彼らはこのことについてもっともありえないことを述べている。要するにそれは、ソビエト社会主義に対する彼らの自由な評価を信じさせるためにまさしく必要なことであったのだ。こうして現在にいたるまで彼らは、ストライキの行為によって収監された労働者への連帯を表明したかどで告発されているポーランド知識人たちに対する支援を一切差し控えているわけだ。だが、それに劣らず確かなことは、共産主義世界では、いかなる反対や対立も、象徴的な射程を有するのであり、それは顕在化した意味と共通のものとしてみなされることはない。規律が規則のところでは、ごくわずかな逸脱でさえ亀裂を指し示すものになりうるのである。

　加えて、共産主義者たちの振る舞い、対話の探求、集会のスタイルを考察するならば、こうした現象には旧来の実践の拡大以上のものが存在するように思われる。たしかに、特殊フランス的な方法による社会主義への進展を表明したり、民主主義を称揚したりといった宥和策は古くからある。また、共産党の集会や祝祭の「ボーイスカウト」的な雰囲気は昨日にはじまったことではない。共産党の政治は、強硬な路線と柔和な路線とに分けられ、その両者が場合によっては組み合わさったり、あるいは次々にどちらかが優勢になったりしてきたのだが、そのようにして共産党の歴史はつねに二つの極のもとで展開してきた。とはいえ、そこにある変化が生じていることを認めなければならない。

とりわけ支部レヴェルや連合体レヴェルでの組織化の機能について知られていることをすべて合わせてみると、そこに示唆されているのは規律の緩和や、発言の自由であり、さらには、よき結論を引き出す役割を担ったその責任者たちが、上層部を刺激しないよう気遣いながらも、いまや穏やかなかたちでそこに参入していることだ。教条主義の痕跡は共産党員たちの関係においては可能なかぎり薄められ、他方、同時に、旧来の活動家たちを鼓舞していた、階級の敵の暴力的な破壊というイメージも消されている。

しかしこうした変化は、〈党機構〉の新たな戦略を練り上げることなしには起こりえなかったし、その戦略は、ソビエト陣営に影響を及ぼした出来事およびわれわれ自身の社会の進展を考慮することによってしか読み解きえない。このことこそ、われわれが見落としてはならないことである。

共産党がソビエト体制のいくつかの特徴を糾弾し、自らの独立性を強調することを決断したのは、大々的に論じられ、またラジオ、新聞、とりわけテレビがおそるべき宣伝を行なったことで周知のものとなった事実を、党ももう否認することはできないと悟ったためだというのは、動かしがたい事実ではないにせよ、ありうることだった。一九五六年、共産党はハンガリー革命を、惑わされた労働者たちの支持を受けたファシスト的なクーデターの試みだと説明した。一九五二年には、強制収容所に関して露になった新事実を虚偽の捏造だと形容した。共産党がチェコスロバキアの出来事に直面しても、あるいは『収容所群島』の出版の後になってもこうした路線を維持することができるためには、自らの国民的・民主的なプロパガンダへの信用そのものを失わせるほかはなかった。ソビエトの指導者たちは当時の情勢のもとで西側とのデタントを実施しており、そのためかつて冷戦によって正当化されていた「草創期の」立場への回帰もいっそう不可能になっていただけに、フランス共産党の自由はいっそう少なくなっていたのだ。

加えて、周知のとおり、共産党が批判路線を選択したのはずっと後のことであり、それも遅々としたものであったのだが、とはいえ、世界における——かつては中東における、今日ではサハラ以南のアフリカにおける——ソビエトのあらゆる主導権への賛同はやはり継続していた。これこそが、共産党の変化の限界を示すものである。

他方で、二〇年以上前からのフランスにおける社会生活のあらゆる側面に作用を及ぼし、一九六八年以来多くの制度を揺るがしている変化が共産党に与えている影響をどうして無視できようか。もちろん、ここでその分析の素描をしたり、われわれの社会の現代化に、あるいはお望みであればアメリカ化に結びついた生活態度の進展に属するように思われるのが何であって、新しいイデオロギーの形成に帰すべきであると思われるのが何であるかを示したりすることは不可能だろう（このイデオロギーが表しているのは〈主人〉の形象の消失、規則への準拠の消失、さまざまな形態の社会的分割の消失、要するに支配的言説の源泉それ自体の消失であるがゆえに、われわれは別のところでこれを「見えない」イデオロギーと名づけた）[*9]。しかし少なくとも言っておきたいのは、権威の伝統的な表象、それが保証していた制度的な強制への服従、さまざまな社会的役割の分有や階層化への順応、社会と〈歴史〉の合理主義的なモデルへの意識的ないしは無意識的な賛同は、条件の平等——トクヴィル的な意味での——および、いま・ここでの良き生を求める（時には解放的で、時には夢想的な）抑圧不可能な欲望に衝突するということである。共産党はその組織形態や理論の厳格さにもかかわらず、社会のなかの孤島なのではない。共産党は、ほかの政党や労働組合、多くの領域で自らの立法権を緩和することを余儀なくされている国家、さらにはたとえば〈大学〉や〈教会〉とは別の仕方で、しかしそれらに劣らず社会のなかに身を投じ、その影響を受けやすいものであることが明らかとなっている。さらに共産党が直面しているのは、あらゆる慣習に対しいまにも立ち上がらんとする若者たちやさまざまな予見不可能な衝動なのであって、さらには悩ましい左翼急進主義者たちなのだ。

共産党の政治のなかに見定められる変化——そして注意深く行われたソビエト陣営からの離脱とプロレタリア独裁のテーゼの放棄——それ自体が証言しているのは、共産党がフランス社会のなかに定着するためにさまざまな要請が共産党につきつけられているということだ――この社会は、共産党がとがめられることなく権威主義的な方法をほしいままにし、不寛容を示し、指導者たちの崇拝を促し、理論の無謬性を主張し、暴力的手段をちらつかせることができたような戦後の社会ではもはやないのだ……。

〔フランス共産党において存続する全体主義的な性向〕

しかし、ある進展の原因を探ることと、その結果を評価することは別のことだ。必要に迫られた結果によって共産党の振る舞いが変化したからといって、新たな事態において、全体主義的な性向をもった党について語ることが禁じられると判断しなければならないのか。

こう問うことで、われわれは、先にわれわれが強調した変化の限界へと立ち戻るよう、そして全体主義的性向ということで何を理解すべきかを明らかにするよう促されることになる。ところで、まず言っておくべきなのは、この考えは、党のソビエト権力への従属という点にとどまるものではないということだ。結局、私自身も、カストリアディスも、『社会主義か野蛮か』の仲間も、フランス共産党の分析を行なった際、党がモスクワのエージェントであったという主張を根拠にしていたわけではない（多くの機会において党がそのように振る舞っていたとしてもである）。ソ連というイメージは、革命的ヒューマニズムであれ改良主義であれ、民主主義的自由主義の諸原理とは隔絶した社会という表象の形成において、（フランスでもそこかしこでも）火つけ役を演じたもののようにわれわれには思われた。このイメージは、生産手段を集団的に所有すること、国家による経済の計画化をはかること、あらゆる社会的・文化的活動を社会主義的な規範へと統合することにもとづいた体制の到来のなかに、指導的官僚制という未来を投影することのできる新たな社会階層を具体化するものであるとわれわれはみなした。この社会階層が異種混交的なもの（労働者、専門技術者、中間管理層、知識人の寄せ集め）だからといって、その中心部が政治組織の専従職員、労働組合員、活動家たちから構成されていること、こうした構成員たちは自らの責任を社会管理にまで拡張しようと願っていること、さらに、現代資本主義の進展、巨大な生産単位の拡張、国家とその介入手段の成長が、こうした表象の内発的な条件を作り出しているということを忘れさせることはなかった。ところで、私としては、いまやスターリン主義の犯罪および今日にいたるまでの弾圧によって繰り返される悪事で汚されているからといって、右のようなソ連のイメージがまったく有効性を失ったとは思っていない。多くの失望にもかかわらず、資本主義の欠陥から解放されたシステムへの信仰は残っているからである。

しかしいずれにしても、共産党の社会的な推進力を解釈するという要請が残っている。ところでこの推進力の正体は、ソ連や東欧だけでなく、中国も含め、共産党が支配しているところでは、言いかえれば、フランス共産党が向かっている変革が実行されるところではどこでも、共産主義者たちがたどり着いた結果に照らすことで明らかになる。この評価は、すべての共産主義体制が正確にいえば同じ特徴を示しておらず、根づきかたもさまざま――ロシアの軍隊の行動によってだったり、革命に乗じてだったり、また相異なる社会経済的な条件（産業化がようやくはじまったり、あるいはすでに進んでいたり、現在の階級の勢力も、プロレタリアート、農民、ブルジョワジー、土地所有者のあいだできわめて不均等になっている）に適応することによってだったり――であるだけにいっそう信用しうるものだ。

では、いかなる変化が問題なのか。

一方では、党と国家の融合と官僚階級の形成がある。この階級の成員は、自らの権力、所得、社会的地位がおしなべて国家によって保証され、個人のレヴェルでは、自らが依拠する支配的な装置や機関のおかげで、自らの権威のみならず自らの生活にいたるまで保証されていることを理解している。他方では、政治権力と警察権力の担い手による市民社会（生産、教育、司法、文化など）の侵害がある。その目標は、支配モデルに組み込まれていないという理由で、あらゆる自律性やあらゆる制度のみならず、あらゆる社会化の形態や表現手段、極端な場合にはどんな信仰をも破壊することにある。こうした特徴は、いつも結びつけられるのだが、それらの全体をとおしてみると、新しい歴史的類型あるいは特殊な社会編成について語ることが可能となる。この社会編成を全体主義という名で指し示すことがふさわしい理由は、そこでは権力がもはや画定されておらず、人民を体現することを標榜し、内的な分割そのものが否認される（官僚制は被支配階層と区別されたものとして現れなくなる）と同時に、権力が法（あらゆる法の原理）の保持者となり、また科学（社会の最終目的および、その目的に応じて秩序づけられなければならないとされた社会生活の一部始終についての認識）の保持者となるからである。

この全体主義はいかに産み出されるのか。暴力によってであり、権力の独占を求める党が、競合する勢力や被支配的階層を代表するあらゆる機関に行なう絶滅闘争によってであり、社会の総体への全般的な隷従状態のおしつけ（つねにではないが、しばしば恐怖政治の形態をまとう）によってである。官僚制はいかに生み出されるのか。あらゆる社会階層、とりわけ無教養で貧しい生活環境を出自とした人々を情け容赦なく選別することによってである。彼らの権威は、卑屈さに見合った、支配階級への昇進というイメージに支えられたシニシズムである。最後に、新しい社会については、これが形成されるのは、〈エゴクラット〉（ソルジェニーツィンの言葉）をあちこちに出現させることによってにほかならない。それは、自らのうちに社会的なものの全体の縮図を示す遍在的で全能な全体的人間という異様で怪物じみた形象のことだ。

言うまでもなく以上の事柄が、最重要のものとして分析されなければならない。しかし、表象の働きを無視しないことが肝要である。このことは、かつても今日も、人々が表象の働きについて何も知ろうとしない一方で、自分は現実に対して脱魔術化されたまなざしを向けていると信じ込んでいるだけにいっそう重要である。

ところで、表象や、それを秩序づける論理、つまりイデオロギーを検討するには、マルクス主義および、官僚制が引き合いに出す理論の曖昧さないしは呪文をしかるべく吟味する以上のことが要請される。その検討にとどまるならば、そこから取り上げることができる言説は、たしかに有益で、もしかすると不可欠なのかもしれないが、合理化の役割をはたすだけにすぎない。こうした言説の手前で見定めておく必要があるのは、次のような三つの信仰である。第一は、組織への信仰である。これは、すべてが組織されなければならないということだけでなく、社会は組織であるということを含意している。第二は〈一なる人民〉への信仰である。これは、あらゆる社会的分割の否認のみならず、他者である〈敵〉への恒常的な参照を含意している。この敵の絶滅こそが社会体の一体性を保証するのだ。第三は、政治的行為主体が有するなににでも適用できる専門知識への信仰である。政治的行為主体というのは、党に同一化することで「われわれ共産主義者」の担い手となる活動家のことである。表象は、技術的専門性の観念と社会の実体的現実の観念をその限界にまでいたらせ、この二つの観念を凝縮する。これにより、共産主義者は、新たな人間を構築するエンジニアになると同時に、その人間を具体化するエンジニア、言いかえれば、〈人民〉の存在のうちに秘められていた意志と知とをただ行為や言葉に翻訳するだけの者となるのだ。

こうした表象を見失わないよう努め、この表象が理論（状況に応じて用いられる）と実践（権力の獲得および保持のための闘争において繰り広げられる）の土台を形成していることを認めたとしても、それでもなおわれわれはフランス共産党の全体主義的な性向を疑う権利があるのだろうか。私の目には、あらゆる徴がいまもってそれを証明しつづけているように見える。マルシェが発した諸々の雑駁な声明や態度表明のなかにも同様の確信が保たれている。さらにより重要なのは、この同じ確信が、生活習慣の変化、用いられる暴力の減少、諸テーゼの緩和がみられたとしても、活動家たちのうちにも住まっているということだ。

それにしてもなぜこうした恒常性に驚かなければならないのだろうか。フランス社会においてはあらゆるものが変化しているが、あなたは共産主義者たちだけが変わってはならないと言いたいのかという反論の声が聞こえてくる。

こんなふうに語る人々は二重の過ちを犯している。というのも社会の変化とは両義的なものであることを理解していないし、まるで共産主義的表象が共産主義者たちだけの所産であるかのように、つまり環境がそれに合わなくなったときには修正ないしは放棄すればよいような所産であるかのように推論しているからである。そうしてないがしろにされるのは、まず、資本主義の枠組みでなされる組織支配の進歩の度合いであり、その二つの必然的帰結、すなわち、官僚制の発達と、社会的分割を隠蔽する傾向をもった行動および心性の同質化のプロセスである。次いでないがしろにされるのは、国力の増大とあらゆる社会活動への国家の観点からの主張である。これは、フランスにおいては、その起源の古さのために特殊な意味を帯びた現象である。最後に、無視ないし認められないのは、共産主義がこうした社会のただなかにおいて産み出され、この社会を存続させると同時に否定するものであること、そうした社会の編成を可能にした諸条件こそがその保存を促し、激しい政治的闘争の状況においてはその拡張をも促してきたということである。

それならば、共産党の政権への参加、国家のいくつかの部門の掌握は、人民民主主義の樹立の序曲をなすだろうと、つまり、彼らの全体主義への性向はそれを完成に導く手段を獲得するだろうと結論づけるべきだろうか。しかし、潜在的に党がそうであるところのものを考察することと、現実における党の行動の限界を考察することは別のことである。左派の連合政権は、経済状況を統御することができず、それが悪化することで急速に失敗するだろうという仮説は、きわめて起こりえそうなものだが、これに言及するのはやめておこう……。また、次のもう一つの仮説も私の目には妥当なように思われるのだが、これも退けておこう。すなわち、共産党は、危機的な時期には利点よりも欠点を示すことになるだろうから、そういう試練よりも、選挙前に社会党と断絶することのほうが好ましいものと判断するだろうというものである。共産党がその権力の一部を握ると仮定してみても、旧来の与党（つまり、現在の与党）とそれを支える経済勢力とが多くの実行手段を保持しているとされる国内状況のなかで、さらに、アメリカが西欧を統制しつづけている、あるいはせいぜいのところその政治的役割を許容することしかしないような国際状況のなかで、共産党が自らの権力を拡大することは不可能である。

だが、そうとはいえこの権力の部分が無ではないことにかわりはない。すでに述べたように、共産党が根を下ろすことに成功したところではどこでも、その根をいっそう深くまでいきわたらせるだろう。共産党がその秩序をみなぎらせ、イデオロギーを広め、官僚制を導入することは想像にかたくない。

〔マルクス主義的な問題設定から袂を分つこと〕

必然的に一方が他方に勝つことになっているのに、現行の二つの党の連合の解体を期待させるというのは奇妙な状況だ。政治的抗争という言葉を忌避すれば矛盾から解放されると思われるかもしれない。そしてこれがまさに私が最初に行なったことだった。しかし、少なくとも、この判断がもう一つの矛盾に行きついてしまうことを認めなければならない。というのも、一方の陣営に票を与えることは不可能であるように思われたとしても、選挙制度そのものの重要性を否定することはいっそう不可能だからである。つまり、真の歴史が社会の深層において作用している一方で、出来事が物事の表面において生じるかのようなふりをすることは不可能なのだ。あるいはまた、権力の行使のために周期的に組織される競争を神秘化へと還元することも不可能だ。

こうした類の確信をかつて補強していた議論がどのようなものだったかを思い出す必要はなかろう。マルクス主義的な問題系の枠内では、こうした議論が厳密さをもっていたということ、そしてレーニンがそれを和らげようとしていたが無駄であったということに私は同意する。よりよく言えば、私にとって、極左と名指された人々は、ボリシェヴィキも社会民主主義者もともに評価することのできなかった現象を見定めることができたという利点を有している。その現象とは、〈議会〉において〈革命〉の精神を具体化するとみなされた指導層への権威の委譲がさまざまな幻想を産み出すということである。しかし、関わりを断つべきは、マルクス主義的な問題系そのものなのだ。

その第一の理由は、次の点にある。

一つの階級が〈革命〉の担い手という形象を見定めることはもはやできないからだ。すなわち、生活条件、生産における役割、権利要求や闘争や組織化の様態の点によって、ほかの階級と区別され、新しい世界の到来を告げるような階級という形象を見定めることは（労働者階級が特殊な性質をもち、その闘争心がまだ冷めてはいないということが事実だとしても）できなくなっているのである。

さらに、第二の理由は次のとおりである。社会的創造性のすべてを一つの階級に駆り立てたり、〈歴史〉の進み方を一つだけであるとしたり、この〈歴史〉を〈主体〉に関係づけたり、さらに同様に、生産様式ならびにその変容の経験的な現実の平面に、あらゆる出来事、抗争、制度の意味や、政治、法、文化の意味をつなぎとめたりすること——こうした、問いかけ、解釈するというリスクから解放された絶対的な理解可能性の原理の保証を与えることにむけられたさまざまな操作——は誤りだったということだ。

さらに、すでに垣間見られたものだが、第三の理由は次のようなものである。全体主義の経験が伝えていることは、「形式的民主主義」の破壊が、民主主義そのもの——その現れかたはさまざまであれ——の破壊に対応していたということ、とりわけ〈革命〉のあいだに創出されたあらゆる運営機関や管理機関の破壊や、比較的最近獲得された個人的ないし集団的な諸々の権利の破壊に対応していたということである。この議論は次のことを考えてみると新たな意義をもつ。すなわち、反対派が——ポーランド、ハンガリーないしチェコスロバキアにおいて生じたように、反体制派の抗議であれ、大衆の蜂起であれ——、全体主義世界において形成されるとき、それが取りまとめるのは民主主義への希求なのであり、機が熟すならば、自由選挙の要求なのである。たしかに、労働者による〈評議会〉のための場を設けるような社会において、議会がどのような働きをすべきかについて議論もできよう。とはいえ、それでもやはり、そこでは、さまざまな対立しあう政治組織のあいだでの自由な競争や、権力の行使の周期的な問いなおしがあらためて確認されるのである。

〔マルクス主義以後に民主主義を新たに考えるための道筋〕

したがって、私が先に述べた矛盾に立ち戻ることにしよう。そこから抜け出すためには、形式的民主主義への攻撃を再開するだけでは十分ではない――民主主義の装置のいくつかの不正やそれを自らの利益のために用いる集団の行動を非難することがつねに正当だとしてもだ。認められなければならないのは、民主主義は、その機能がいかなる変遷をたどってきたとしても、権力の場を任意の者が占有することを禁じ、ただそれゆえに、社会的な諸関係の硬直化が妨げられるという、権力の場についての定義を含意しているということだ。そして、民主主義とは全体主義との対立において、つまり、全体主義によって破壊されてしまうが、同時にこの全体主義を破壊するという希望をも有した体制として現れるものであるがゆえに、社会的なものの制度化〔institution〕の様態を規定する象徴的な次元が浮き彫りになってくるような、新たなタイプの分析が探求されなければなるまい。

こうした分析をここで企てる代わりに、その方向性だけでも指し示しておこう。

マルクス主義による批判は、民主主義を政治的諸制度の総体に限定し、それを階級間の関係という現実的な基礎へと関係づける。この階級間の関係それ自体も生産様式によって規定されたものだ。この議論はあまりにもよく知られているのでここで要約するにはおよぶまい。この体制が、資本主義社会の構造にもっとも適した定式化をもたらすとされている点を思い起こしさえすれば十分である。それによれば、一方で、民主主義は、普遍的な法的平等の虚構のもとで、企業における生産手段の所有者と労働力の保持者とを対等なパートナーとする根源的な虚構を確固たるものにするものだとされる。他方で、この体制は、あらゆる社会階層の混合であり、そのようなものとして、共通利害を主張することに携わる人民に由来する権力の表象を信用させようとする。

要点をまとめれば、マルクス主義によるこうした批判は、民主主義とは諸階級の分割や特殊利害の分割といった社会的分割を隠蔽するのにもっとも適したシステムであるという主張に要約される。ところが、こうした主張こそ覆さなければならないのだ。実際はまったく逆であって、既存のあらゆる体制のなかで、民主主義こそが、社会的分割を隠蔽しようとするさまざまな表象にもかかわらず、この分割を垣間見させ、また分割の効果を発揮させる唯一の体制なのだ。

普通選挙という現象を今一度検討していただきたい。これは、現在の情勢においては、いっそうわれわれの関心を引く。このトリックは、諸個人が日常的に存在する現実の関係を解体することにある、と反論されてきた。というのも諸個人は、人民の意志が表明されると仮定されるまさにその瞬間に把捉されるからである。具体的な諸個人に抽象的な諸個人が代置されるというわけである。思い起こしておくと、こうした議論は、一九世紀のはじめには、保守主義の思想家によっても自由主義の思想家によっても、若きマルクスに勝るとも劣らないほど熱烈になされてきたものだ。抽象化への攻撃や、人民主権の基準としての数という虚構への攻撃は、その端緒はさまざまであるとはいえ、当時民主主義に対立していたあらゆる論者を団結させるものであったのだ。しかしながら、社会の政治的原子へと解体する作用――市民は、数えられる単位に変換され、その数を配分することで代表の形象が指し示される――が、社会的な身体とみなされるものを具現化しない権力を出現させるという効力を有しているということは、ほとんど言及されなかった。言いかえれば、投票という契機において、社会の極限状態への移行、その解体をみせかけるもの《シミュラークル》への移行があるということは、次のような権力の定義を確固たるものにするために必要だと思われる。すなわち、権力とは、それが行使される現実や、その機関のもつ物質性や、その保持者の人格においては、社会の一部ないしは全体としての社会がもっていると想定される現実性、物質性、同一性《アイデンティティ》とは合致しない、ということである。まるで、社会性のゼロ地点への準拠――各人が組み込まれているあらゆる規定の網の目の無効化――こそが、権力のゼロ地点への準拠を下支えし、それゆえ、権力はもはや、その偶発性についての暗黙の認識のもとでしか具体化できないし、行使もされえないようになる。

しかし、こうした言い回しそのものに欺かれてはならない。権力はそれを樹立する出来事――投票行動――に依存しつづけるということ、さらに、権力の創設はその再創設によって――つまり定期的に間隔をおいた投票行動の反復によって――宙づりにされることが明らかになるということ、こうしたことを述べるだけにとどまることはできない。また、権力を選挙装置の単なる産物とみなすこともできない。民主主義的権力は人民投票から生じるという判断にとどまるとき、それは法的行為の効果だということが忘却されているのだ。法的行為によって、社会はいわば社会それ自体から生じるのである。忘却されているのは、権力が社会総体の内部から生じるその瞬間に、この空間が市民たちからなる純粋な複数性のうちで炸裂するということである。そこで人々が見ないようにしているのは、権力そのものは創出されるのでなくただ再定義されるだけだということであり、そこで樹立されるのは、社会の同一《アイデンティティ》性と完全性を保証し支配権を握る審級と社会それ自体との新しい関係だということなのである。実際、そこでは、権力の樹立－再樹立の儀礼を超えて、もう一つの出来事が繰り広げられている。すなわち、かつて権力は、君主の人格と一体化され、結びつけられ、貴族制のうちにあっては密接に絡み合っていたのに対し、いまや自らの未規定性へと立ち戻らされる。言いかえれば、民主主義は、暗黙のうちに、権力の場を空虚な場とし、この場が、権利上〔en droit〕、誰にも属さないことを明らかにするのだ。したがって、〈権利上〉ということを強調しなければならない。というのも、政治の再定式化の可能性が開かれるのは、まさに〈権利〔Droit〕〉への依拠によってなのであり、〈権利〉がなんであれ事実上の権力に対する全面的な独立のうちではじめて肯定されるまさにその瞬間においてなのだ。

人民の意志の発露とか主権の具体化といった観念に人々がとどまろうとするとき、それらの観念は民主主義において働いている否定の論理を見定めることを妨げる。否定の論理とは、政治的原子、すなわち市民という資格のほかに一切の資格をもたない個人が産み出されることによって、社会の実質的な現実が否定されるということであり、さらに、権力を行使する者たちが権力そのものと同化することはできないという不可能性によって、権力の実質的な現実が否定されるということである。それゆえ、権力と社会とが同一の実質をもつという考えが退けられるのだ。

なるほど、社会は権力の働きゆえに秩序立てられるのだが、そうした権力への準拠が民主主義においてつねに働く一方で、〈主権者〉としての人民の準拠が設定されるようになる。しかし社会の総体と関連した権力の外部性という点で権力を見たとき、権力は現実的に外部に固定化されるということはありえない。権力は、社会が自らに対しても つ外部性を形象化するだけであり、自分自身の空間を眺めたり、名づけたりすることのできる潜勢的な中心を社会に与えるだけなのである。さらに、同様の理由から、人民と権力との同一化は生じえない。権力は、人民の意志が凝縮するような内的な機関として固定化されるからだ。それゆえ権力は、人民の内部性、つまり、社会が、そのさまざまな分割にもかかわらず、自分自身とのあいだにもつような親密な関係を形象化するだけである。こうしたイメージをあえて用いてよいならば、社会的なものの外部も内部も、現実的な規定としては捉えることはできないのだ。

この意味で、民主主義は社会的なものの制度化の謎を解くことを可能にしてくれる。ところが、ここでもう一度述べておけば、全体主義が覆い隠そうと躍起になっているのは、まさしくこの謎なのだ。その企ては次のような射程をもっている。それは第一に、象徴的なものの秩序に由来するものを現実的なもののうちへと落とし込むことだ。そして第二に、人民の十全な同一性を認め、同時に、権力に十全な内実を与え、この権力を指導的な機関や指導者のうちで幻想的に現勢化することだ。こうした二つの試みは、われわれがすでに示唆したように、切り離されることはない。すなわち、純粋な内部性（実体的な社会や〈一なる人民〉）への運動は、純粋な外部性（人々から乖離し、全能となった権力）への運動をともなう。しかしながら、ここで確認されるのは、第二の動きは第一の動きのもとに隠される傾向がつねにあるということだ。というのも、権力は、投票という試練から逃れ、社会から張り出した場所に自らを位置づけつつも、自らを人民の権力として絶えず呈示し、あらゆる分割原理を否認するからだ。こうした否認こそ、全体主義システムに本質的な性質として備わっているのである。

逆に、民主主義は、逆説的に思われるかもしれないが、権力がそれに服従する人々から隔たったところに設定されることはないという意味において、社会的分割を出現させる。実際、民主主義の外部性は、〈神〉、神々、超自然的な存在といった社会外部の制度的な源泉を指し示さないというだけでなく、人民と同一化しないという点で、社会的分割の否認に加わることもない。すなわち民主主義の外部性は、すでに述べたように、社会と社会それ自体との分割を確証するということだ。お望みであれば、社会が社会それ自体と合致することが不可能だと言うこともできるし、社会が社会それ自体に関わるためには、純粋に政治的な要素になるものと純粋に社会的な要素になるものとのあいだの内的分裂が必要だと言うこともできる。

ところで、この分裂が諸々の制度の働きのなかでどのように感じられるようになるのか、また、どのようにして階級の分割、利害の分割、より一般的に言うならば、社会的なものの内的分化をもまた感じられるようにするのかについては容易に観察しうる。

投票行動や、新たなタイプの権力の構成のためには、政治的舞台が整えられることが要請される。それは、言いかえれば、政治的権威の（直接的であれ間接的であれ）行使をめざす諸々の行為者のあいだの競争が規則的な仕方で展開される――あたかも社会の内部にあるかのような――特殊な空間である。舞台とわれわれが言うのは、この競争がすべての人の眼前で現れるものとみなされていることを強調するためだ。こうして社会のなかで、単に事実的にあるだけではなく、そこに定義上含まれているさまざまな不調和からなるスペクタクルが組み立てられる。普通選挙が確立されないかぎり、議会体制が存在し、政治的競争が行なわれたとしても、社会的なものの象徴システムは必ずしも全面的に改変されることにはならない。非政治的な基準にもとづいた市民権の定義をもった共和主義や立憲君主主義なら、有機的に階層化された社会モデルにいまだに満足することはできるだろう。しかし政治的舞台が普遍化されるやいなや、社会は、これを媒介として、社会の統一と分割という二つのイメージを同一の表象のうちで組み合わせることになるのである。

加えて、政治的競争は、民主主義が創設されたり生きながらえたりするためには欠かせない一連の諸条件を必要とする。思い起こすまでもないことだが、政治的競争がとりわけ前提にしているのは、言論の自由、結社の自由、集会の自由、人々および思想の交通の自由が法によって承認され、保護されていることである。さらには、一度議会が選出され、政権が樹立されれば、少数派も代表制に参与し反対意見を述べる手段をもつこと、また多数派のほうは、自らの利益のために国家に対する強制手段を手にすることもできるようになるということなど、政治的抗争の制度化を支えるさまざまな措置が取られることを前提としている。

ところで、この抗争は社会的抗争を反映していないとみなすこともできるだろう（たとえば、諸政党が政治システムにおける自己保存と自らの立場を堅固なものとすることに大方没頭し、政治システムによって与えられる機会に応じて行動するというのは確かである）。しかしそれ以上に重要なことは、この抗争は置換をするということ、もう少しうまく言えば、事実上の抗争を権利上の抗争へと転換し、抗争が社会を構成するものであることを承認させるということに目を向けることである。とすると、われわれの第一の結論は次のようになる。民主主義権力は、象徴的なものと現実的なものとのあいだの隔たりを維持することによって、政治的な空間と社会的な空間の分割、政治的な空間のただなかにおける分割、さらには、政治的な空間によって生じる内的な社会的分割を解釈させることなしには、自らの機能を果たすことはない、ということである。

さらに、権力とそれを保持する人々とのあいだに必ずなければならない隔たり、権力に属するものと社会において生じるものとのあいだにつねに維持されている区別、抗争を行うことに必然的に結びついた政治に特有の活動様式の境界画定——これらのことが、社会的なものの制度化をただ一つの源泉に重ねあわせることの不可能性を証言するのである。つまり、正しいものとそうでないもの、善と悪、許可されたものと禁止されたもの、真と偽等々の区別の基準は、それぞれ別個のものであると同時に、各々が異なる場から定式化することが可能であり、社会化の様態や個別的な活動様態に結びついているということだ。支配的な準拠システムの最終的な信頼性はたしかに問題を提起するが、ここでは検討する必要はなかろう。われわれの議論にとって重要なのは、権力の秩序に属するものは、法の秩序や知の秩序に属するものと合致することはないということだ。重要なのは、社会的秩序を超越的に保証するものについての表象が不在のところでは、またそればかりでなく社会の実体的な統一性についての表象（共産主義の見せかけのもとで全体主義が合成するイメージ）が不在のところにおいても、法の土台も知の土台も保証されず、法や認識プロセスの際限なき変化の可能性、原理や目的をめぐる議論の可能性が開かれているということだ。いっそう重要なのは、権力あるいはより一般的に政治は、社会の場に境界を定められているが規定しえないがゆえに、統治者が我が物とすることのできない正当性と真理とを求めるような問いかけと批判に開かれているということだ。

さて、以上の考察からいかなる一般的な帰結を引き出すことができるだろうか。形式的民主主義と実質的民主主義（ちなみに後者は、器官なき社会的身体という幻想のうちに消え去る傾向がある）というマルクス主義的な発想を受けた対置のために、われわれが民主主義の内部にある対立から目を逸らしてしまうということがないとするならば、どのような帰結を引き出すことができるだろうか。この民主主義の内部にある対立というのは、一つの社会的秩序を真理、正義、必然として完全に認めることを禁じるとともに、政治のなかで対立を上演することによって対立の解消をみせかけるという二重の傾向をもつものである。

〔民主主義と国家〕

たしかに、われわれが国家という現象を考慮すると、もう一つの展望が開けてくる。さて、この現象をどうして無視できるだろうか。政治権力が、機能を多様なものとし、市民社会の空間全体へと介入する能力を異様なまでに増大させている組織体と絡み合っているということを考慮しないような議論にどうして満足することができるだろうか。しかしながら、繰り返すが、マルクス主義的な批判の用語にとどまるとあやまちを犯すことになるだろう。というのも、民主主義体制における国家がもっとも強力な利益集団の影響を受けやすいということ、生産システムにおける搾取の諸条件に対抗することのできる勢力や、任意の集団が市場において獲得した地位を脅かすことのできる勢力を挫いたり積極的に抑圧したりするために国家の拘束手段が用いられるということ、こうしたことを認めなければならないとしても、国家の役割を支配的階級の代理人という役割に縮減することはできないからだ。国家は一九世紀にはそのようなものではなかった。われわれの時代においては、民間資本の保護のために課された限界内においてではあるが、国家の自律性は、財源を拡大することによって、さらに、信用を管理したり、よりいっそう精緻なものとなる経済調整のメカニズムを用いたり、さまざまな行為者に多額の所得を分配することを通じて市場に影響を及ぼしたりする力を獲得することによって、最後に、自らを生産手段のもっとも強力な保持者にする国家の企業家的な諸機能によって、絶えず増大してきた。

ところで、こうした自律は、教育から公衆衛生まで、科学研究の組織化から人口の警察的管理まで、あらゆる領域における国家の規制力の拡大をともなっている。一般的に言うならば、そこに生み出されているのは、公的イニシアチブが民間のイニシアチブにいっそうとってかわり、中央行政が社会生活のあらゆる側面に影響を及ぼすような決定権を独占するという新たな状況である。国家の行動領域が拡大する一方で、自らの拡大をめざす官僚制が発展している。そこでは、技術的効率性という基準にもとづき、また組織化の論理に応じて――都市および農村部での旧来の生活様式の破壊が引き起こしたあらゆる抵抗について、上層部では軽視、下層部では無理解というかたちで――社会が理解されるのである。

加えて、金融界や産業界からの圧力に対する高級官僚の従属よりもおそろしいのは、国家の技術家官僚支配体制と民間企業の相互浸透が現在進んでいることだろう。こうした技術的合理性の神話の形成は、上からの、つまり、それぞれの管轄の関係者に課されていた「権限外」という軛から解放された権力による社会変革の統御への信仰をもたらす。

なぜこうした国家の進化ゆえに民主主義システムの評価を修正せざるをえないのか。それに対する答えは以下のいくつかの考察のなかに含まれている。権力は、空虚な場をもはや指し示さず、国家のうちに根を下ろすようになったように見える。先に述べたように、民主主義のすぐれた点をつくり出すのは、それがだれのものでもない権力〔pouvoir de *personne*〕として打ち立てられる点にあった。これに対し、国家が非人称的なもの〔*Impersonnel*〕の最たるものだとすれば、この特性は誰か一人の〈主〉を否定しているのではなく、むしろ、身体の十全な肯定を指し示しており、この身体の運動が社会総体の歩みを決定する（あるいは決定する傾向を有する）。このような永続的かつ不動の身体は、絶えず力を増大させることで、あらゆる者の眼前から必然性と偶然性の区別を奪いさる。というのも、この身体の組織化は、その成員が目に見えるようには見えるのではないのだとしても、それでも単なる準拠先ということをはるかに超え、社会生活の一部始終を定義する原理を与えるのだ。

すでに見たように、民主主義における権力の中心は規定されていないため、それは実際に統治する人々からは区別されている。そして、これと同様の理由で、占有しえず、形象をもたないこの外部を起点に結集した社会もまた未規定である。というのも社会は、この他性、内なる他性の試練を経るからである。言いかえれば、社会は、自ら逃れさるもの、予見不可能なもの、統御不可能なもの（心性、振る舞い、新たな制度など）の試練を経るからである。これに対し、国家権力のほうは〈包括者〉であって、あらゆる部分でまとまり、秩序立てられ、境界を画定されるような一つの社会というイメージを惹起し、未知のもの、異なるもの、還元しえないものからの脅威をはらいのける。同時に、政治はもはや、権利上非政治的な地位を有するものとの距離で境界画定されることはなくなる。政治が技術的合理性の口実のもとであらゆるものに浸透することになるからだ。

そうすると、ここで見定められるのはもう一つの対立、すなわち民主主義と官僚制との対立である。この対立は、われわれが民主主義化のプロセスとは異質なものとして官僚制化のプロセスを考えることができないだけにいっそう探求するに値する。官僚制化のプロセスのほうが歴史的に先行しているにもかかわらず、それが発展する条件は、人民主権から正当性を引き出すと考えられている権力の唯一の源泉が形成されることによって整えられるのだ。

とはいえ、国家から独立したものになるという幻想に傾くことにはなお警戒しておかねばならない。というのも、国家官僚制は、自分自身の基盤から力を引き出しているのではないからだ。このことを納得するには、もう一度全体主義システムについて考察してみれば十分である。なるほど、われわれは全体主義において国家による市民社会の吸収のプロセスが最高度に推し進められるのを目にすると思っている。しかし全体主義は、このプロセスの帰結なのではなく、むしろこのプロセスを差配するものなのだ。官僚制の拡大とその諸機関の増殖が生じるのは、政治的なものの秩序に到来したある変異、つまり人民の一体性の具体化を唱える全体権力の形象化による。そして、一度新たな社会編成の特徴が定められると、組織機構の頂点にいる政治的権威と官僚機関それ自体とのあいだの裂け目が産み出され、同様にして、官僚機関の内部においては、その成員のそれぞれが、さまざまな機関の指導層、最終的には、最高権威の独裁に従うようになったのである。

全体主義国家に比して、民主主義国家は新しい奥行きを獲得する。実際、政治権力の制度化のされ方や、市民社会が権利上存在しているということが、民主主義国家の構造と機能に対してどのような効果を及ぼしているかを無視することは不可能だ。頻繁に侵犯されることがあるにせよ、（もっとも広い意味での）公的機能と政治的権威との分離という原則が維持されることで、国家官僚制が一枚岩のものとして接合されることを妨げるのである。そして官僚機構の各部門は、市民社会においてそれに対応する部門に源泉を有する規範や表象を考慮する必要がつねにある。各省庁や各部局にとっては、それが有する規制権力は、度合いはさまざまであれ、自分たちの権利や利害とみなすものを守ろうとする頑強な社会階層が突きつけてくる抵抗によって限定されている。したがって国家は、社会を自らに従属させるわけでもないし、自閉してゆくことになるのでもない。国家は、その手段の増大にもかかわらず、行政の対象となるあらゆる種類の階層からの圧力をかわすことは困難なのであって、そこで自らのうちに分割を認め、経済の領野や文化の領野を貫くさまざまな抗争の一部が自らの境界のうちにも書き込まれているのを目の当たりにする。加えて、改革案が世論からの反対によって現政権と与党の信頼を低下させるような場合には、決定を下す際の技術的基準が文字通り政治的な基準に衝突することになるのである。

国家の即自的決定論という幻想に屈することを禁じる理由はもう一つある。いまこそ次のことを思い起こさなければならないときである。すなわち、国家の機能として、強制や規制や技術的合理化だけしか取り上げないことは、国家の発展の原動力そのものを見誤ることなのだ。この発展が可能だったのは、国家が、社会的要求への応答として、人々により正当とみなされた要求を担うことを可能にしたからにほかならない。トクヴィル以来何度も言われているように、国家は後見勢力〔puissance tutélaire〕となった。これは、主人の手中に自らの運命を委ねつつ、彼に教育、健康、雇用保障、障害者への扶助、さらには休暇の保証やその調整などまでも期待した者たちの従属条件を示すにはよい表現である。しかし、国家が新たな機能を活用することで自らを強化してゆくことと、国家がこのようにして社会生活を統御する主人の地位をかつて獲得したこと、あるいは現在獲得していることとは別のことだ。後見国家というイメージは、真実の半分しか伝えていない。そこに並置すべきは、つねに脅威にさらされ、権利要求によって悩まされ、その影響を未然に防ぎ、反乱の火種を消したりあるいはそれを予防したりすることに駆り出され、さらにときには、国家が阻むことのできない願いを法の客観性のうちに書き込まざるをえないような、そうした国家のイメージである。

個人的な意志の放棄や集団的エネルギーの弱体化こそが国家に最大の力を与えるのだと何度も述べたがる者もいる。たしかにそれはそうかもしれない。しかし、こうした力は大多数の抵抗と願望ともはや妥協することはないだろうという仮説を立てた場合に、その力がそれでもなお維持されることになるのかは問うてみてもよいだろう。

以上、われわれが読者に提示してきた考察は、それがいかなる結論にもいたっていないだけにいっそう驚かせるかもしれない。この考察は、選挙の局面のなかで政治的立場を鮮明にするために行なわれたものではない。われわれが欲しているのはただ、左派連合のレトリックのもとに埋もれたさまざまな問題を明るみに出すことを試みたかっただけだ。結局のところ、社会主義者たちが全体主義を考えていないこと、彼らが民主主義を考えていないこと、そして彼らが政治的なものを考えていないこと、これらは同じことを言っている。彼らは長らく国家の観点に囚われており、人民の力の統一という美辞麗句のもとでそのことを覆い隠しているように思われる。共産主義者たちと同盟を結んだとしても、彼らは失敗ないしは疑わしい結末を余儀なくされるだろう。もちろん、この判断から帰結するのは、任期満了の与党に投票するということではない。そうではなく、既存の体制の批判のための新たな基礎を探し、官僚制支配の批判を資本主義の批判と再び切り結び、最後に、ますます陳腐化しますます知性を失った駆け引きが政治の舞台に現れることによって及ぼす社会闘争のダイナミズムへの影響を懸念することなのだ。

【要約】

本章の冒頭でルフォールは自らの足跡を振り返りながら、全体主義を考察するようになった背景を語る。メルロ＝ポンティの影響を受けてマルクスを読み、またトロツキスト系の運動に関わるという政治経験を経て出てきたのが、身体のイメージという観点から全体主義に接近するという方法である。

エルンスト・カントーロヴィチが明らかにしたように、旧体制下では王国は王の身体のイメージと一致していた。しかし、旧体制の崩壊によって、王の首が落ちると同時に、王の身体に見出されていた政治体のイメージもまた解体される。王国の共同体から個々人が「脱身体化」されて抜け出ることにより、各人が計算可能な単位となる。「民主主義革命」の始まりである。王の身体から切り離された権力は、今や空虚な場として現れる。

全体主義とは、民主主義によって始まる政治体の脱身体化に抗して、身体の一体性をふたたび取り戻そうとする動きである。全体主義は人民の内部の分割を否認し、人民の内と外の分割を深め、〈一なる人民〉のイメージを作り出す。そして、共産党はこの〈一なる人民〉と同化し、一体性を危うくするあらゆる脅威を押しつぶす。全体主義は政治体の脱身体化という民主主義に特有の不安定な経験への反発として現れるという意味で、民主主義からしか生まれえない民主主義の変異体である。

脱身体化によって特徴づけられる民主主義は、これをふたたび身体化しようとする全体主義と背中合わせの関係にある。ルフォールはこうした揺り戻しの危険を知りつつ、民主主義をその不確かさとともに擁護するのである。

第五章　身体のイメージと全体主義[1]

　一部の聴衆の好奇心を見越して、まず導入のための話題をいくつか提供するのがよいだろう。次に、私がこれまでたどってきた知的道のりをしるすいくつかの区切りについて指摘し、その後に全体主義という問題に関心をうながすことにしたい。全体主義という問題はずっと以前から私の思索の中心にあったが、この問題は政治的なものについての新たなアプローチを必要とするように思われる。この語が脚光を浴びるようになったのは最近のことであり、少なくとも「社会主義的」と呼ばれる体制に適用されるようになって以来のことである。すでに二〇年あるいは二五年も前から、ハンナ・アレントやレイモン・アロン、そして私自身を含むほんの少数の人々だけがこの用語を用いてきたというのは確かである。そこでは、この語はより広い意味で理解され、そして全体主義がかたちを変えて現れた社会主義におけるそのさまざまな形態に対しても、あるいはファシズムにおけるそのさまざまな形態に対しても、この語が用いられてきた。各人はそれぞれ独自の観点に立っていた。私はと言えば――一九四八年以来――官僚制批判のためにいくつかの論文を執筆した後に、一九五六年刊行の「スターリンなき全体主義」[*1]と題する論考で、いっそうはっきりと政治的なかたちで全体主義を概念化することに努めたが、そのときにはハンナ・アレントのことをまだ知らなかった。だが、ソビエト連邦を全体主義と名指すことは顰蹙を買うことであったし、ほんの数年前でもあいかわらずそうであった。いまとなっては全体主義の語ではもはやだれも驚かない。この語は意味をもつ前に使い古されたとすら言えるかもしれない。この語は何を指しているのか。社会全体に国家の暴力が襲いかかるような体制、強制が全般化し、また細分化したシステム……。これ以上は列挙しないが、これでは、新たな政治的思考についても、近代社会の歴史やより一般的な〈歴史〉を新たに解読するに際しても、何らの支えにもなるまい。それゆえ、私はもう少しで自分の主張を「ヌーヴォー・フィロゾフ」と呼ばれる人々の〔全体主義批判の〕合唱と一緒くたにしてしまうのではないかと恐れていたのである。しかし、結局のところ私はあまりにも昔から全体主義を現代の重大な出来事とみなし、そして全体主義が政治社会の起源の再検討をせまる一つの謎を提起すると考えてきたために、〔ヌーヴォー・フィロゾフによる全体主義批判の〕流行に乗り遅れるのではないかという不安に屈することはなかった。

〔全体主義研究への道〕

官僚制に関する私の初期の仕事に言及したところで、私の思索がまずはマルクス主義の地平のうちで鍛えられたことを思い起こして欲しい。カストリアディス*2はソ連における新たな社会編成のさまざまな特徴に早くから気づいていたのだが、私は彼と緊密な協力関係を結びながら、ロシア革命後に生まれた階級の分裂や、官僚制という支配階級と結びついた国家の特質を明らかにすることに専念してきた。官僚制の力の源は私的所有にあるのではなく、官僚制は国家権力および生産手段の全体を手にしていた国家‐党に集団的かつ堅固に従属することによって、その力を得ていた。この官僚階層は堅固であり安定していたことが明らかだったにもかかわらず、トロツキー主義者の思想ではこの点が見逃されていた。彼らは単一の特権階級が一時的に寄生していると考え、そうした階級が社会主義的な下部構造の上に重ねられているだけだと思い込んでいたために、農民やプロレタリアートといった住民の大多数を犠牲にする支配と搾取の新たな様式が樹立されているのを見損なっていた。

ブルジョワジーと官僚制の比較を通じて、私は官僚制が階級として堅固に構成されていることと、その成員の立場が脆弱であること——彼らは序列や権威にかかわりなく政治権力に一律に従属するために、つねに全滅の脅威にさらされる——のあいだに、特筆すべき対照が存在する点を指摘した。スターリンによる大粛清は、理念的には官僚制こそがすべてであり、官僚たちのほうは無であるということを明らかにしていた。数千人あるいは数万人規模の官僚の定期的な排除は、官僚制の利益に反するどころか、官僚制の力を証明するもののように思われ、また個人の不運の次元を超えるように思われた。私はこうした分析を、私にとって真正なマルクス主義と思われたものの旗印のもとで展開していた。それはマルクス自身のマルクス主義であるが、私の見るところではそれは自らを正統だとするあらゆる流派のマルクス主義者たちによって完全に変質させられていた。そうしながらも、同時に私は当時プロレタリアートの役割を固く信じていた。私の眼にはプロレタリアートこそ〈歴史〉の特権的な担い手と映っていたのである。つまるところ私は次のように考えていた。産業社会という近代的状況が官僚制に有利に働いた〔のが事実だ〕としても、官僚制が作られて発展し、歴史的な力となりえたのは、労働者階級が自らの組織化や解放を求めて数世紀来繰り広げた闘争のさなかに分裂して互いに対立してしまい、労働者階級が支配階層を生み出したためである。さらに、〈執行部〉という姿へと労働者階級が疎外され、つまり結局のところ自らの利益のためだけに働いて労働者階級にとって異質な力であることが判明した権力へと疎外されたためである、とこのように考えていた。そして、弁証法の名において——その原動力は十分すぎるほど知られている——、私は次のように結論づけていた。すなわち、私的所有を含むあらゆる社会的分割の廃止という要求が十全に認められるためには、究極の疎外であるこのようなプロレタリアートの自己疎外が必要であって、最終的にはプロレタリアートから官僚制が切り離されて対峙するという経験がプロレタリアート自身によって成し遂げられることが必要であるという結論である。分割から解放された社会という表象がこのようにして私の議論を導いていた。

しかし、いまになってみると、二つの要因によって私のマルクス主義的観点は行きづまり、さらにはこれらの要因ゆえに、私は〈歴史〉の創造性をプロレタリアートの創造性へと還元するような考え方に完全には同意できなかったのだと思う。二つの要因は見たところまったく異なる部類のものである。一つには、私が社会的な分割の撤廃を思い描き、プロレタリアートに〈歴史〉の良き導き手の姿を見出していたときですらも、私のマルクス読解の実践は、問いに対して格別の鋭敏さを要求した。私はもともと社会学者でも政治学者でもないということを思い起こして欲しい。私は哲学を専攻した。私がまだ高校に在籍していたとき、私はメルロ＝ポンティに哲学を学んだ。彼は確実だと思われていたさまざまなことを打ち崩し、人が単純化しようとするところにこそ複雑さを持ち込む才能をもっていた思想家であり、主体と客体の区別を拒否し、本当の問いは答えのうちに汲みつくされるものではないこと、そして問いは私たちから生まれるばかりではなく、私たちと世界、他者、さらには存在そのものとの交渉を指し示すものでもあることを教えていた思想家である。それゆえ、マルクスに惹きつけられ——どのように言ったらよいだろうか——魅了されながらも、私はメルロ＝ポンティの哲学が私に課した水準の要求を満たすことなしにはマルクスを読むことができなかった。マルクスの著作に関わるときにも、つねにそのことを問いかけながら著作を読んでいた。どこから来たのかを名指すことはできないが、おそらくはそれは私のうちなる欲望に呼応するものであっただろう。とはいえ、それはたいした問題ではない……。確かなのは、私をマルクスに結びつけていたのがマルクスの両義性であり、さらに言えばマルクスに抗するマルクスであったということである。つまり、彼の最良の著作群においてさえも、一つの著作からほかの著作へと移ることで思想が自分自身を逃れるということであり、体系として現れるものを脅かす未規定性が存在し、またこれをテーゼへとまとめようと、ときにマルクス自身が著作のなかで語る言説をも脅かす未規定性が存在するのである。

たとえば、私は非常に早い段階から、マルクスにおいて〈歴史〉の連続性の観念と非連続性の観念が対立すると感じていた。生産力の発展によって規定された不可抗力の運動があり、これがある生産様式から別の生産様式へと移行を促すという観念は、あらゆるかたちの前資本主義的生産様式と近代資本主義の切断という観念と対立すると思われた。また、あらゆる偏狭な社会関係の解体という観念は、資本主義にいたるまで構造の持続性を保証するとされる維持力や反復のメカニズムという観念と対立すると感じていた。一例を挙げるなら、〔マルクスにおいては〕あるときには社会生活およびその進歩の物質的基礎だけしか知ろうとしない解釈があり、またあるときには社会的な想像物の重みそのもの、つまり現在にとり憑く亡霊の役割やフェティシズムの役割を発見するような解釈——一方ダーウィン的な解釈と他方のシェイクスピアから着想を得た解釈——が存在するのであって、私はこれらのあいだで解釈が揺れ動くことにこのうえなく敏感であった。要するに、私はプロレタリアートや階級なき社会の理論に惹かれていた一方で、マルクスの著作のなかにある把握しがたいものにも同じくらい惹きつけられていたということである。こうして知らず知らずのうちに、社会的現実および〈歴史〉の本質が絶対的に決定されているという理念に対して、マルクスの思想に固有の未決定性やマルクスの言明をあらゆる一義的な決定から免れさせるような動きを発見したことが、矛盾をきたすようになっていった。こうしたマルクスとの関係にあえて言及するのは、私がマルクスに完全に同意することも、あるいはまたその理論に安住することもありえなかったということを言うためである。私にとってプロレタリアートは社会的実践および〈歴史〉の保証人をもたらすものであったのと同時に、逆説的にもこの保証人の保証人たるマルクスの思想が私に問いかけという試練を与えていたのだから、なおさら完全な同意も理論への安住もありえなかったのである。私の最初の確信が崩れ去るような瞬間がやってくるのも必然だったのだ。

私が先に言及した第二の要因は、私がとても若かった時分の経験、とある小さな政治組織で活動していた経験に関係する。この経験に触れることで、私の以下の議論も分かりやすくなるだろう。実際、私は〔第二次世界大戦の〕終戦前にトロツキスト政党に加入し、およそ四年間籍を置いていた。周知のように、この団体はスターリン主義の糾弾を起点に組織されたものだ。この組織はマルクス‐レーニン主義の正統な遺産相続者であることを望み、パリ・コミューンが先取りし、ロシア革命が創始した責務を復活させると主張していた。各国の共産党については、その役割をかつて社会民主主義が演じた役割に——必要な変更を施したうえで——なぞらえることで、その反革命的な性格を非難していた。第三インターナショナルは第二インターナショナルがプロレタリアートの利益を裏切ったと主張したが、第四インターナショナルはこれにさらに第三インターナショナルの裏切りを付け加え、つまるところ起源への回帰を要求していた。トロツキスト政党は、創設の英雄であり、死んだ英雄であると同時に不死の英雄でもあるトロツキーを引き合いに出し、より一般的には一つの王朝を引き合いに出していた。〔この王朝では〕不朽性が栄光と結びついており、そのもとでマルクス、エンゲルス、レーニン、トロツキーが君臨していた。そしてこの栄光こそが革命主義者たちの身体の不朽性を約束していたのだった。逆にスターリンは王位簒奪者の姿を象徴するのだが、それは革命主義者たちの集団からは除名される。ところが、しだいに私にはトロツキスト政党が小さな官僚制として機能しているように思われてきた。セクト間の抗争――これは激しいこともあった――を可能にしていた民主集中制と呼ばれる規則があったにもかかわらずだ。執行部の力、指導者と実行者の分裂、集会の裏工作、情報の隠蔽、活動の細分化、諸種の支配的な言説のステレオタイプ、実践と理論を誤ったものにしかねない出来事に対する無関心――こういった無数の兆候から、私は共産党からはるか隔たったこの場所にもその小さな複製があると確信するようになった。私にとって重要なことは、この小さな官僚制には実際にはいかなる基盤もなかったということである。ごく少数の活動家が権力のある地位を占めることができたのは、ある種の知の独占や発言権の専有があったからであり、より正確に言えば、あらゆる内的なことや外的なことを神話‐歴史のうちに刻み込む能力があったからである。その特権的な枠組みを提供していたのはソビエトである。現在に意味を与えるような枠組みを成す聖なるエピソード――ソビエト共産主義の形成からスターリンの裏切りにいたるまで――をすべて数え上げるのは不可能だろう。この神話‐歴史の機能、自らの指示対象をこうした枠組みのなかに見出す言説の機能によってこそ、私は大いに惑わされたのであった。いずれにせよ私もまたこのようにして党のなかである程度の権力を行使していたのである。

私たちが直面していたのは官僚制の問題だけには限られないのであり、全体主義のいくつかの要素がそこには見出されるように思われる。とはいえ、自分が属していた小さな党を私が全体主義の萌芽と考えているなどとは思わないで欲しい。そうではない。ちなみに、この小さな党はそのための手だてを欠いていた。そうではなく、私が党員であったときからすでに私を驚かせ、そしていまでも驚くに値するのは、科学的とされる言説によって守られることで、党を外部から閉じておくことができたことである。同様に驚かされるのは、現実の合理性を語る〔と主張する〕この言説は、起こったこと、すでになしたこと、すでに考えたこと、すでに見たことについての表象によって隅から隅まで縛られていることである。それは根本において無謬の言説である。この言説は実際には誤りを免れないし、修正されたりすることもあるが、原則としてはそうはならない。言説はテクスト——偉大な著者たちのテクスト、より広くはひとつの過去を創設するテクスト——に現実のしるしを刻み込み、またこうしたしるしで偉大なテクストの読解を絶えず肉づけする。そして、これに劣らず驚くべきことだが、この言説が閉じていられるのは、この言説がだれの言説でもなく、革命にとって理想的な身体である党の言説であるからであり、これが党の成員の各々によって受け継がれるからである。各人はわれわれのうちに巻き込まれ、外部から切り離される。人々が語る世間の事柄のほとんどは、党が受託者を務める〈歴史〉の想像的な囲いの内部に照らしあわせられることによってしか理解できなくなる。そして活動家が党によって体内化される一方、このようにして偽造された現実もまた党への同化を余儀なくされるのである。

私が言及した二つの経験は、結局のところ、互いに異質なものではない。一方の経験が理論の領域に限定され、他方が実践の領域に限定されるということではない。というのも、政治活動は知とのある種の関係を前提とするからである。どんな共産主義者も知識をもった人間であり、そのアイデンティティは、テクストおよび物事の把握を可能とする知の場に根を下ろす。解釈という行為に関して言えば、それもまた権力との関係を含むことは誰も無視できないだろう。著作を読むこと——私としてはマルクスよりもマキァヴェッリに触れることでこれを試みたのだが——、それは、あなたが他者に対してとる絶対的な距離の指標や、主体と客体、能動と受動、話すことと聞くことの区別を支える指標を失うこと（解釈とは読んだことを書くことへと変えてゆくことである）を受け入れ、過去と現在の差異といったさまざまな時間のあいだの差異（この差異は相殺されたり、飛び去ったりしないだろうが）を支える指標の消失を認めることであって、要するに、著作の空間と著作によって開かれる世界とのあいだの区別の指標を失うことを受け入れることなのである……。このようにしてさまざまな道を経て——これらの道は交わり、しかも幾度も交差したのであったが——私はマルクス主義に対する確信の中心にまで問いかけをおし進めるよう徐々に導かれていった。

〔全体主義と〈一なる人民〉〕

以上、私がいかにしてここまでたどり着いたのかを大まかに示したのだが、これによって私がそもそも提起したかった問いにようやく着手することができる。全体主義はなぜ現代の重大な出来事であるのか。なぜ全体主義によって、私たちは現代社会の本性を探るように導かれるのか。

全体主義の根底には〈一なる人民〉という表象が見出される。分割が社会をかたちづくり、そしてその一部をなすということが否定されるということである。社会主義と呼ばれる世界で分割があるとすれば、人民とその敵のあいだの分割だけだろう。それは内と外の分割であって、〔人民〕内部の分割ではない。革命の後、社会主義は階級なき社会の到来を準備すると見なされていたばかりか、同質性と自己に対する透明性という原則をもった社会をすぐにでもはっきりと目に見えるものとしなければならなかった。

そこには次のような逆説がある。分割が否認される一方——私がまさしく否認されると言うのは、新たな支配階層がことさらに目立つようになり、国家装置は社会から切り離されるからである——、この否認と並行して〈一なる人民〉と〈他者〉のあいだの分割が空想の次元で肯定される。この〈他者〉とは外部の他者である。この表現は文字どおり理解されなければならない。〈他者〉は古い社会（富農、ブルジョワジー）に由来する勢力を代表する者であり、外国や帝国主義世界の密使である。ちなみにここでは以上の二つの表象が結びつく。というのも、古い社会の代表者はつねに外国の機関と結託するとみなされるからである。〈一なる人民〉を構築するためには敵をたえず産み出すことが必要になるということがこうして理解されるだろう。体制の実際の敵対者や反対派を空想の次元で不吉な〈他者〉へと転換することが必要とされるばかりでない。そうした〈他者〉の姿は発明されなければならないのだ。

しかしながら、こうした解釈だけにとどまらないようにしよう。ある一定の期間続く排除と追放の攻勢、すなわち〈恐怖政治〉が社会体の新たなイメージを明らかにする。人民の敵は排除すべき寄生者ないし異物とみなされるようになる。ソルジェニーツィンが集めた資料——ちなみにその一部はかなり以前から知られていた——は、この点に関してきわめて示唆に富む。人民の敵の追跡は社会的予防という理念の名のもとに行なわれるのであり、しかもレーニン〔の時代〕以降ずっと続く。

問題とされるのは、いつも身体の一体性である。身体は異物を排除することによってあたかも自らの同一性を確保しなければならないかのようであり、あるいはまた、外部から逃れること、異質な要素の侵入がもたらす脅威を払いのけることによって、自分自身のうちに閉じこもらなければならないかのようである。したがって、制度の機能不全を理由として、排除メカニズムの監視の目が弛んだり、攪乱分子の攻撃を知らせることができなくなったりすることなどあってはならない。敵の排除攻勢は熱を帯びる。熱狂は好ましい。なぜならそれは社会の内部に戦うべき悪がいることを知らせているからだ。

全体主義イデオロギーにおいては、〈一なる人民〉の表象と党の表象が少しも矛盾しないということは、あらためて指摘しておく必要がある。党は人民およびその精髄であるプロレタリアートから切り離されたものとして現れることはない。党は社会のなかの個別的な現実なのではない。党はプロレタリアートと等しいという意味において、プロレタリアートなのである。どういうことかと言うと、党がプロレタリアートの導き手であると同時に、レーニンが言っていたように、プロレタリアートの意識でもあるということである。あるいはまた、古い政治的隠喩――これについては後で立ち戻る――をふたたび取り上げるなら、党はプロレタリアートの頭であるとも言えよう。そしてまた、〈一なる人民〉という表象は全知全能の権力という表象と矛盾をきたすことはなく、ついには、この権力の最終的な姿である――ソルジェニーツィンの言葉をふたたび取り上げるなら――〈エゴクラット〉という表象とも矛盾しない。社会全体から切り離されたこの権力はすべてを凌駕し、党、人民、そしてプロレタリアートと混ざり合う。権力は全身体と混ざり合う一方で、その頭でもある。

ここではさまざまな表象が数珠つなぎになって出てくるのだが、このつながりの論理を見逃すわけにはいかない。すなわち、人民がプロレタリアートに同一化し、プロレタリアートが党に同一化し、党が指導部に同一化し、指導部が〈エゴクラット〉に同一化するのである。一つの機関はそのつど全体であると同時に、全体をかたちづくってこれを定着させる部位でもある。この同一化の論理は身体のイメージによってひそかに決定されているのだが、そのことが今度は権力の原則、法の原則、そして知の原則のあいだでなされる凝縮を説明する。社会的分割の否認は、社会を構成する象徴的な区別の否認をともなう。権力を社会に合体させ、社会を国家へと合体する試みは、言ってみれば社会的なものの外部も、あるいは社会的なものから離れたところからこれを形象化する機関の外部についても、これらが実際にあることを示すような指標が何もないということを意味する。法の次元や知の次元はそこでは消えてゆくことになる。周知のように、法や知の次元は社会的に認識可能な事柄の次元にあるのではなく（あるいは心理的に認識可能な事柄の次元にあるのでもない）、経験的な意味での社会的なもののうちに見出すこともできず、人間の社会性の条件そのものを打ち立てるものなのだが、そうした次元が消えてゆく。全体主義国家に寄与するべく立法および司法は活発に働くが、そのなかでは一種の法の実定化がはっきりと生じるようになる。またイデオロギーも活発に働くが――イデオロギーはあらゆる領域における知の最終的な基盤を生み出し、これを固定化しようとする空想的な試みとなる――、そこでは一種の知の実定化がはっきりと生じるようになる。実際、そこで観察されるのは、社会生活の原則や最終目的に関する法と知識を、権力が自らの手中に収めようとするという点である。ただし、こうした表現でもなお十分ではない。というのも、〔このように表現するとき〕私たちは誤って権力に度外れの自由を与えてしまい、ここでもまた専制権力と全体主義権力を混同することになってしまうからである。たしかに権力があらゆる手段を使って法規や「観念」を操り、意のままにするというのは事実である。しかし、権力がイデオロギーにとらわれていることもまた見なければならない。言説の権力が完全に確立する一方で、真の言説が権力の言説になる。実定化された法は社会主義の法則へと堕落し、権力を規定するようになり、そのとき権力は自分自身にとってすらかつてなかったほどまでに不可解なものとなる。

以上の解釈はあまりに足早であり、また素描にすぎないが、この解釈は全体主義にとっての望みだけを扱っているということはよく理解して欲しい。現実の社会が〔ここで描いたのと〕本当に同じ状況に陥るのかという点を問うつもりは私にはない。もしそのように望むなら、この〔全体主義の〕企てに対する抵抗——私はここでは断固とした政治的な抵抗についてではなく、権力の支配を免れるような社会関係について語っている——のあり方を一つ残らず分析するよう努めなければなるまい。さらに官僚制の世界の病理的な過程をすべて分析することも試みなければならないだろう。なぜなら、体制への同意がないとき、あるいはそうした同意がすでに失われたときであってさえも、権力、法、知の機能の倒錯は社会生活全体にさまざまな影響を及ぼすということは、われわれの目には明らかだからだ。なかでもアレクサンドル・ジノビエフ[*3]がこの病理についてのもっとも辛辣な分析家である。

私にとって〔全体主義に対する抵抗の分析と比べて〕よりいっそう重要なのは、全体主義における政治体のイメージを明らかにし、これを読者の問いかけへと委ねることである。このイメージは一方では不吉な〈他者〉の排除を要求し、同時にそれは全体のイメージと全体に取って代わろうと欲する部分のイメージに分解される。そしてこの部分は、〔不吉な〈他者〉を排除したことを考えると〕逆説的に思われるかもしれないが、別の他者の形象、すなわち全知かつ全能で恩恵をもたらす闘士にして指導者である〈エ、ゴ、ク、ラ、ッ、ト、〉としての他者の形象をふたたび導入するのである。この他者が自らをスターリン、マオ、あるいはフィデルと呼ぶとき、この他者は自らに個人的な死せる身体を与えるのであり、またこの身体をあらゆる徳で飾り立てる。この身体は死せる身体でありながら同時に不死身とみなされ、あらゆる力と才能を自らのうちに凝縮し、超人的なエネルギーによって自然法則にも抗わんとするのである。

実を言うと、私はここでただ一つの解釈の道筋しか導き出していないということは承知している。この点について詳細に語ることはできないが、全体主義の表象のもう一つのあり方を探らなければならないということには注意を促しておきたい。それは組織である。あるいは、全体主義の表象の不調和をもう少しはっきりと意識させてくれる言葉を用いるなら、私は身体のイメージは機械のイメージと組み合わさると言いたい。

科学技術モデル、合理的分業によって支配された製造工場のモデルは、西洋資本主義から持ち込まれただけにはとどまらず、社会全体をいわば支配するようになった。社会主義とともに、自らのあらゆる部分と調和した社会という図式が、少なくとも理念上は重きをなすように見える。〔一般的に言って〕システムでは、さまざまな部門がそれぞれに固有の規範に従い、そうした部門の相互依存関係も市場の浮き沈みに従うことになるのだろうが、この調和した社会はそういうシステムにつきものの機能不全から解放された社会だ。新たな社会はミクロな組織のネットワークを包含するたった一つの組織として現れる。さらにこの社会は、「巨大な自動機械」として現れるのであり、逆説的なことにそれはマルクスが資本主義生産様式において明らかにしたと主張していたものである。

こうした表象が次のような二重性をもつことは指摘しておくべきだろう。社会的なものは、その本質において、一方では組織するものとして定義され他方では組織されるものとして定義される。第一の観点からすれば、社会主義者とは組織のうちに織り込まれた組織のなかの人間であるが、第二の観点からは、彼は〔社会的なものに対して〕絶え間なく働きかける組織する側の人間であり、社会のエンジニアである。しかし、とりわけ重要なのは、身体と機械という二つの鍵となるイメージがどのように関係するのかを見定めることである。たしかにある意味ではこれら二つのイメージは一致する。というのも双方が同じ種類の両義性を含むからである。第一の場合〔身体のイメージ〕では、政治的な行為主体は、われわれのうちに溶解する。このわれわれは行為主体を通じて語り、聞く――現実を解読する――のであるが、その結果、行為主体は一方では党および人民の身体へと同一化し、それと同時に他方では、この同一化そのものによって、自らが人民の身体の頭であると思いなし、意識を我がものとする。もう一つの場合〔機械のイメージ〕では、同じ行為主体が一方では機械の一部分や一装置、あるいは――頻繁に用いられる隠喩によれば――伝動ベルトであると同時に、他方では社会の機能と生産を決定する機械の操作者であり推進者であることが明らかになる。しかしながら、これら二つのイメージを混同してはならないだろう。より正確に言えば、身体のイメージが機械のイメージと接触することで変質するのである。機械のイメージは同一化の論理と矛盾するのであって、共産主義の「われわれ」それ自体が解体されることになる。組織の概念がたとえ〔自らに対応する〕組織者の概念を生み出すことがあるとしても、この概念は政治体の実質を脅かすのであり、そのとき社会的なものは組織化されないものとすれすれのところにまで追いやられるのである。

〔民主主義の変異体としての全体主義〕

いまやあえて次の問いを提起してみよう。全体主義という冒険はどこから生じるのか。それは無から生じるのではない。それはある政治的な変異の兆候である。では、それはどのような変異だろうか。この変異を資本が究極的に集中したことの結果とみなし、生産様式の枠組みのなかで捉えようとしても無駄だと思われる。だが、一部の人々が好んでそうするように、この変異を、白紙状態から世界を作り直そうとした一七九三年のジャコバン派の営為を完成させる革命主義的な知識人の幻想の産物とみなすこともまた無駄であろう。私が思うには、全体主義と民主主義が結ぶ関係を理解することができたとき、全体主義ははじめて解明される。全体主義は民主主義から生まれるのである。全体主義が社会主義という装いをまとって根を下ろすのが、まずは〔前近代から〕民主主義への移行が始まったばかりの国々であるのがたとえ事実だとしても、全体主義はそれでもやはり民主主義から生まれるのである。全体主義は民主主義を転覆させると同時に、民主主義のいくつかの特徴を横領し、それらを幻想としか言えないほどにまでに拡張する。

　全体主義はどのような点において民主主義の転覆を示すのだろうか。政治体のイメージについての先の手短な考察がこの問いに答えるための道筋を示してくれるだろう。実のところ、近代民主主義は、こうしたイメージが消失してゆく体制である。私は体制と言う。この言葉を通常の意味で理解するなら不十分である。私がこの言葉で指し示したいのは、歴史的に決定されたさまざまな政治制度の体系にはとどまらず、長い時間をかけて継続した過程、すなわちトクヴィルが民主主義革命と名づけたものである。トクヴィルはこの民主主義革命が旧体制期のフランスに現れたことを目撃していたが、この革命は彼の時代以降も続くことになった。この革命の原動力をトクヴィルが条件の平等化に見出したことは知られている。ただ、この条件の平等化という現象がどれほど重要だとしても、これは私たちに多くを教えるわけではなく、次のような本質的な変異を隠してしまう。すなわち、旧体制期の社会は一体性を表象し、一つの身体のような同一性を表象していたことである。

　ここでの身体とは王の身体にその具体的な形象を見出すような身体、言いかえれば王の身体に同一化する――他方では同時にその頭へと結びつく――ような身体である。このような象徴体系が中世に入念に作り上げられ、またそれが神学政治的な起源を有することを見事に示したのは、エルンスト・カントーロヴィチ[*4]である。死すべきものであると同時に不死であり、個人的でありながら集団的でもあるというこの二重の身体としての王の身体のイメージは、当初はキリストのイメージに支えられていた。私たちの議論において本質的なこと――私はこの表象のさまざまな歴史的変遷を実際には分析することはできない――、それは、王政の象徴儀礼のさまざまな特徴が消えてからずっと後になっても、王が自らの身体に王国の共同体を具現化する力を保っていたということであり、この共同体はこれ以降も神聖さを備えたまま、政治的共同体、国民的共同体、神秘体を具現化することである。

この表象が一八世紀に大幅に侵食されたこと、そして、個人主義の飛躍やトクヴィルが語るような条件の平等化、国家行政の進歩などの影響を受けて、新たなかたちの社会性が広まるようになったことをわれわれは知らないわけではない。実際に国家行政の進歩は、独立した非人格的実体としての国家を生み出す方向へと進んだ。とはいえ、こうした変化が起こったにもかかわらず、君主が身体と頭を同時に形象化するような、王国の有機的かつ神秘的な統一性という観念は存続していたのである。社会の流動性の高まりや、行動、風俗、意見、規則の画一化は、伝統的な象徴体系を弱めるどころか、逆説的にもこれを強める結果をもたらすとすら見ることもできる。旧体制は、個々人に対し同一化のための手がかりを与える無数の小さな団体によって構成されていた。この小さな団体は巨大な想像的身体の内部に配置されるのだが、王の身体こそ、この巨大な想像的身体の複製であり、その一体性を保証するのである。

王の身体が破壊されるとき、政治体の頭が落ちるとき、そして同時に社会的なものの身体性が解体するとき、長いあいだひそかに進行していた民主主義革命が爆発的に拡がる。そのとき、私があえて〔王国の共同体からの〕個々人の脱身体化〔désincorporation〕と呼びたい現象が現れる。これは途方もない現象であって、その帰結たるや、一九世紀前半においては、保守主義者のみならず多くの自由主義者の眼にも、不条理で恐るべきものと映ったほどだった。すなわち、政治体にこれまで認められてきた普遍的《ユニヴェルセル》なものに取って代わろうとする普遍的な選挙〔普通選挙〕において、こうした個々人が〔一人につき一票をもつという仕方で〕数えるべき単位になってしまうのだ。普通選挙の理念に対する激しい憎悪があるからといって、それはもっぱら階級闘争によって説明されるというわけではない。ここから導かれる最良の教えとは、普通選挙を社会的なものの解体とは別の仕方で考えることは不可能であるということである。数の脅威、それは大衆が政治の舞台に介入する脅威以上のものである。数の観念はただそれだけで、社会には実体があるという観念に対立する。数が一体性を解体し、同一性を無化するのである。

しかし、個人の脱身体化について語ることが必要だとしても、これまで王の身体と不可分だったはずの国家の外部へと市民社会が抜け出たことを見定めることも同様に必要なことである。あるいはこう言ってよければ、単に経済的なばかりではなく、法的、教育的、科学的といったそれぞれ固有の目的をもった社会関係が出現したことを見定めることも必要になる。さらに、政治体の同一性が失われてからは、権力の審級、法の審級、知の審級のあいだで諸審級の絡み合いが失われるのだが、この諸審級の脱錯綜化をより正確に突きとめることも必要である。もはやいかなる権力も身体とは結びつかなくなったというこの変異によって、私たちは近代民主主義革命が起こったことをもっともよく確認することができる。

権力は空虚な場として現れ、権力を行使する者も、この場を一時的に占めるか、力ずくかあるいは策謀に頼らずにはこの場に居座ることができない一介の死すべき人間となる。いかなる法も固定化したものではなくなり、条文に異議が唱えられることがなかったり、その根本が再検討されないような法は存在しない。さらに、社会には中心を示す点もあるいは中心に対して周縁を示す点もなくなる。一体性は社会的分割をもはや消し去ることはできない。民主主義によって始まるのは、捉えがたく、抑制しがたい社会という経験だ。そこでは人民はもちろん主権者と呼ばれるだろうが、この人民の同一性はたえず問いに付されるのであり、その同一性はつねに潜在的なものにとどまるのだ……。

私は捉えがたい社会の経験と述べた。このような社会は自然の秩序にも超自然的な秩序にももはや刻み込まれなくなるために、そこでは社会を把握しようと試みるさまざまな言説が生まれるのであり、そういった意味では社会が対象として現れるというのは、たしかに本当である。しかし、〔以下のような〕ブルジョワ・イデオロギーとみなされうるような言説が、社会それ自体が解体するかもしれないという脅威にさらされた民主主義の黎明期に鍛えられたという点は注目すべきことであるように思う。〈所有〉、〈家族〉、〈国家〉、〈権威〉、〈祖国〉、〈文化〉といった制度や価値が標榜され、これらが野蛮に対する防壁であり、〈社会〉や〈文明〉を破壊するかもしれない外部からの未知の力に対する防壁であるとされたのである。言説によって制度を神聖化しようという試みが現れるのは、社会の実質が失われ、身体が解体されたからである。ブルジョワジーによる秩序の崇拝は、権威そのものおよび権威がとりうるさまざまな形態の肯定や諸々の規範の言明がまずあり、さらには、主人、所有者、教養人、文明人、正常な人間、成人といった立場を占める人々と他者とのあいだに設けられるしかるべき距離などがあってはじめて成立しうるのだが、こうした崇拝はいずれをとってみても、確かな規定を失った社会にうがたれた深淵を前にしたときに感じる眩暈を表している。

しかしながら、私が先ほど述べたように、われわれは変異のもう一つの側面にも注意を向けなければならない。民主主義とともに到来するのは、社会がそれ自体としてあるというイメージである。その社会は人間の手によって作られたために純粋に人間的な社会であるが、それと同時にその性質を知るためには客観的な知識が必要とされるという一種独特な社会である。それはまた原則として均質化された空間のイメージである。正統な君主制の源泉が破壊され、個々人の身体からなる骨組みが破壊されたことによって、この均質化された空間のイメージが生まれるのだが、〔今度は〕この空間が知および権力による解読のために差し出される。それは、全知かつ全能の国家、匿名の国家であると同時に、トクヴィルの言葉によれば後見的国家のイメージでもある。さらにまた、条件の平等という枠内で不平等が許されるがゆえに、善と悪、真と偽、正常と異常に関して大衆が最終的な審判を下すというイメージであり、それは至高の世論というイメージである。つまるところそこに現れるのは人民のイメージなのであって、私が指摘していたように、このイメージは一方では確かな規定をもっていないにもかかわらず、他方では〈一なる人民〉のイメージとして幻想としか言えなくなるほどに明確なものとなり、また現実化されうることもまた認める必要がある。

〔ふたしかな民主主義を引き受ける〕

以上の見地からすると、全体主義は民主主義がもたらすさまざまな問題に対する一つの応答として、さらには民主主義のさまざまな逆説を解く企てとして理解できるのではないだろうか。実際のところ私には近代民主主義社会とは権力、法、知が根本的な未規定性にさらされた社会であるように見える。それは制御しがたい冒険の舞台となるような社会であり、この社会では設立されたものはけっして確固たるものにはなりえず、既知のものは未知のものに脅かされつづけるのであって、現在は〔その〕同時性のうちに互いにずれたさまざまな社会的時間――あるいは未来という唯一の虚構からさかのぼったときにだけ名づけることのできるさまざまな時間――を含むがゆえに、これはどう名づけていいかわからないものとなる。この冒険においては、同一性を追求したとしても、それによって分割の経験が厄介払いされるわけではない。

ここで問題になっているのは、すぐれて歴史的な社会と言うべき社会である。この点に再度立ち戻るなら、民主主義の逆説のもとに凝縮されているように思われるのは権力の地位であり、というのも、権力は今日の愚かな言説が繰り返すのとは反対に、単なる支配のための機関なのではなく、正当性と同一性の審級だからである。ところが、権力が君主から切り離されるように見え、誰のものでもない権力として現れ、また、繰り返し述べてきたように、潜在的な源泉――人民――を指し示す一方で、抗争が激しくなって社会が分裂寸前まで追いやられるときには、権力はそうした自らの象徴的な機能を失ってしまい、現実的なものや偶然的なものの次元にある諸集団の集合表象にまでその価値を落としてしまうおそれがある。政治権力は〔諸制度を〕制定するものであると同時に、社会のなかに局所化されて限定された権力であるがゆえに、特殊個別なものへと落ち込む危険に曝されるのであり、またマキァヴェッリが憎しみよりも危険であるとみなしていた侮蔑の感情を招く危険に曝される。それは、権力を行使したり権力を切望したりする人々が、自分たちの欲求を満たすことばかりに心を奪われた個人ないし一団のような姿に陥りやすいのと同様である。

全体主義とともに確立されるのが、こうした危険を退けようとする仕組みである。権力と社会をふたたび結びつけ、社会的な分割のあらゆる徴候を消し去り、民主主義の経験につきまとう未規定性を退けようとする仕組みである。しかし、このような企ては——私はこの点を示唆することしかできなかったが——それ自体が民主主義的な源泉に由来する企てであり、それは〈一なる人民〉の観念、自らにとって透明かつ同質的で、自らについての知をもつ〈社会〉そのものという観念、この上なく規範的な大衆世論という観念、そして後見的国家の観念を完全に肯定するにいたる。

民主主義〔の到来〕以来、このように民主主義に対抗して身体的なものが再建される。ここで再建されるものは、かつて解体したものとはまったく異なるということを明言しておこう。

君主制社会にかたちを与えていた身体のイメージは、キリストのイメージに支えられていた。この身体のイメージのうちに、見えるものと見えないものの分割の思考、死せるものと不死のものへの二重化の思考、媒介の思考、産み出されたものと産み出すものの差異を消し去ると同時に回復するような誕生の思考、身体の統一性の思考とそれとは反対の頭と四肢の区別の思考というような、これらすべての思考が託されていた。君主は自らの人格のうちに権力の原理、法の原理、知の原理のいずれをも凝縮させるのだが、しかしまた同時にそれより上位の権力にも従うとみなされていた。君主は法から解放されていると同時に法に従属し、正義の父であると同時に息子であると自称していた。君主は賢明さを備えていたが、理性に従っていた。中世の警句によれば、君主はおのれ以上であり以下であった〔major et minor se ipso〕。

こうしたことは〈エゴクラット〉やその代理人である指導的な官僚層の立場には当てはまらないだろう。社会が自らと一致すると想定されているように、〈エゴクラット〉もまた自らと一致する。〔社会という〕身体を〔〈エゴクラット〉が体現する〕頭のなかに吸収することはできないし、逆に頭を身体の一部へと吸収することもできないことも明らかになる。全体〔を取り戻したい〕という誘惑が、今度はこれを細分化したいという誘惑と切り離せなくなる。かつての〔君主制社会がそなえていた〕有機的な構成がひとたび消えると、全体主義の閉じられた想像的かつ画一的な空間において死の衝動が鎖を解かれるのだ。

以上が、政治的なものについての問いかけの方向性を示すために、私が聴衆に委ねたかったいくつかの省察である。聴衆のなかには、これらの省察が必ずや精神分析の問題系を取り入れているにちがいないと指摘する者も、おそらくはいるかもしれない。こうした指摘には一理ある。しかし、こうした指摘がそもそも意味をもつためには、フロイトの思想がどのような炉床からその火を燃え上がらせたのかをまず問う必要がある。というのも、次のことが事実であるように思われるからである。すなわち、〔フロイトが後にそうしたように〕主体の分割の試練を主張するためには、また一者と他者を区別するための指標を揺るがし、権力と知の保持者からその地位を奪うためには、民主主義〔の到来〕によって始まった経験、つまり政治体が実体を失っていたことによって生じる未規定性という経験がすでに存在していなければならなかったのである。

第Ⅱ部　新たな兆しを読み解く

【要約】

本章はもともと、一九六八年五月のパリの出来事に続いて一九七三年に生まれたフランスの日刊紙『リベラシオン』に掲載された記事である。そのため、論考自体は短く、分析のための四つの手がかりを示すだけにとどめられている。第一に、反体制派は、特定の社会階層を指し示すのではなく、全体主義社会から排除される対象となる「他者」を指し示す。第二に、民主主義とは根本的に社会のかたちを規定するものであって、それはまた別の仕方で社会のかたちを規定する全体主義権力とはあいいれない。第三と第四に民主主義的自由を希求する反体制派の運動は、歴史的にも地理的にも――一九七〇年代のソビエトに――限定されることはない。というのも、歴史的かつ地理的な限定を超えて、反体制派が明らかにするのは、社会的分割を拒否し、権力、法、知の区分をなくし、市民社会を国家へと一体化させる全体主義社会と、そうした分割や区分を肯定し、個人や集団の権利要求を認める（あるいは原理上認めざるをえない）民主主義社会との差異だからである。本章は、短いながらも、ソビエトの反体制派という個別事例から出発して著者の属する当時のフランス社会（おそらく現代の日本社会を含めた西洋世界一般）にも通じる、民主主義と全体主義の関係を考える際の出発点を指し示している。

第六章　ソビエトの反体制派とわれわれ（1）

詳細な分析はできないが、その代わりにいくつか分析のための手がかりを示しておこう……。

第一の所見。反体制派を、知識人階層や、あるいはその一部である非順応主義的な知識人階層といった、一つの社会階層に限定することはできない。とはいえ、おおっぴらにであれ、こっそりとであれ、人々が試みているのはそうした限定である。われわれのあいだでも名の通ったソビエトや東欧の反体制派のほとんどが知識人であることは確かである。それはなぜか。知識人たちは教養を備えているがゆえに、海外のジャーナリストたちに語り、書き、発信し、あるいは書いたものを外部へと流通させることができるからである。しかし、弾圧は多くの人々に対して行なわれている。それは一部では、監獄産業を肥やすためである――そして不運な者たちがその犠牲となる。しかし一部ではまた反乱分子、偏向分子、攪乱分子を排除しなければならないためである。そしてこうした者たちが監獄や収容所を満たすことになる。それゆえ、語ることができた者の証言を聞こうではないか。たとえば、マルチェンコ[*1]（彼は労働者でもある）、ブコフスキー[*2]、ソルジェニーツィンだ。『収容所群島』（ほとんど満場一致の沈黙の対象となっている）の第三巻は、たくさんの抑留者の手紙にもとづき、収容所の現在の状況について疑問の余地のない情報を提供している。とりわけ次のような手紙がそうである。「誰が今もこんな植民地、こんな奴隷の洞穴にいるのか。社会のただなかから投げ捨てられた、われわれの人民の一階層をなす熱く妥協を知らない者たちだ……。官僚集団は、一度社会的諸関係の理論で身を固めると、生涯にわたってあまりに危険とみなされたこの熱血な若者を深淵に追いやったのだ」[*3]。そして書き手は付け加える。「収容所の囚人たちはプロレタリアートの子供たちである」。実際のところは、第五八条のもとでのかつての受刑者は、普通法と呼ばれるものによって置き換えられ、犯罪に対する戦いという口実のもとであちこちで逮捕される犠牲者となった。それでもやはり、マルシェやエレンシュタイン[*4]が抑圧を言論犯罪に帰着させても、その主張があいかわらず聞き入れられているのだ。

加えて、監獄と収容所の存在ゆえに見通しが塞がれてはなるまい。そこに抑圧の縮図が存在するのは確かだが、抑圧は社会全体に及んでいるのだ。ソビエト連邦にはどれだけ自由を奪われた人々が存在しているだろうか。ブコフスキーは二億人と答える。かくして彼は左翼が是が非でも無視しようとするものをわれわれに理解させてくれる。すなわち、大衆が官僚制による支配の素地とならないような社会組織の基本単位も、労働の場（とりわけ社会主義が確立される場）も存在しないということである。それにもかかわらず、人々はこの体制について、あたかもそれを若返らせ、それに人間の顔を取り戻さなければならないかのように語りつづけているのだ。したがって反体制派とは、その社会的地位やその言葉づかいがなんであれ、彼らが全体主義社会の〈他者〉を具体化しているという唯一の理由により、抑圧されたあらゆる階層の代表者なのである。

第二の所見。われわれは民主主義的な権利を社会的現実の一つの個別的な領域に限定することはできない。社会主義に民主主義を注入すればすべてはうまくいくだろうと言う者がいる。しかし、権力が党‐国家に凝縮され、官僚制の支配者たちの全能が全知に結びつき、法を所有するところでは、民主主義が欠如している場所をどのように特定すればいいのだろうか。実のところ、諸々の権利を主張するための、言いかえれば個人であれ集団であれ主体的決定の正当性の源を存在させるための行動はすべて、システムの原理への侵害となる。言論の自由、思想および人間の交通の自由を主張する行動はすべて、官僚制の鎖の輪をひとつひとつ揺さぶり、それをあらゆる社会的な権利要求に対して脆弱なものにするのである。

第三の所見。われわれは反体制の現象を歴史の一局面へと限定することもまたできない。なるほど、対立が形を変えることはありえるだろうし、一時的に抑えつけられるということもありえるだろう。しかし、この対立が示しているのは、全体主義が厄介払いすることのできないような抗争の兆しがあるということなのである。官僚制は、その不気味なまでに英雄的な段階を経て新たな段階へと移行するが、そこでは官僚制は住民の欲求を考慮せざるをえないし、その欲求を満たすために西洋の経済力に依存しなければならないため、自らの第一の律法体系たるイデオロギーを奪われることになる。このイデオロギーの崩壊の後も官僚制のシニズムは生き延びるが、しかしそれに対して、もはや根絶することのできない対立が生じてくる。そこで、発作的にスターリン主義へ回帰するだろうか。たしかにこれまでもそうした回帰が見られたし、これからも見られるだろう。しかし官僚制には自らの古びた皮膚を再生する余地はない。そして官僚制は自由化の道に進むこともできないし、そこから急速な後戻りもしてはならないために、致命的な矛盾にはまりこんでいるのである。

第四の所見、われわれは、われわれが語っているこのフランスという場所から、反体制派の問題をソビエト世界の境界内へと閉じ込めることはできない。ところが、それこそが人々がさまざまな陣営で躍起になって取り組んでいることでもあるのだ。

われわれの政府陣営の動機は明白であるように思われる。しかし、ジスカールがアマルリクを受け入れるのを拒否したことを目の当たりにしたとき、〈国家理性〉という（しかも公式に用いられている）命題にとどまっていた人々は誤りであった。たとえ〈国家理性〉という言葉によって商業上の〈国家理性〉を理解したとしても、この命題は本質的なことを語ってはいない。経験から証明されるのは、公然と敵対する大国のあいだで大口の契約がたしかに交わされることであり、一般的に言って、ソビエト連邦は、国際的な舞台での罵倒を諦めていなかったということである。この点で注目せずにいられなかったのは、自らを基礎づけるとみなされている諸々の価値をこの〈権力〉自身が尊重することができないというその無力さである。旧来のブルジョワ的な正当性が消え去っているために、功利主義の哲学が用いられることになる。そしてこの功利主義は効用にとどまらず、ブレジネフ、ガイゼル、イランのシャーに対して、現実主義の自己満足のほかにはどんな利点ももたらさないような恭しい態度を生じさせることになる。この空虚を探ることをしない者は（火消し役を担ったドゥブレ風のもったいぶった宣言はここでは効かない）、体制と社会の状態を思考していないのだ。

左派連合の陣営でも、動機は部分的には同じだ。覚えておられるだろうが、社会党に限っても、ミッテランはジスカールと現実主義者の愚かさを競い合っていたのだった。しかし状況はより複雑である。なぜなら、ここでは民主主義的社会主義の価値が称揚されているからだ。理解しておくべきは、社会党の再建と拡大が可能であったのは、社会党が共産党を変えるという考えを広めたからにほかならないということだ。ずっと以前から、社会党の駆け引きは、自らを民主主義的社会主義の自由主義版だとし、共産党をその権威主義版だと見せることにあった。東欧の問題に関しても、社会党は共産党よりもつねに少しばかり先んじていた。こうした絶妙な駆け引きは、結局のところ効果的だったが、とはいえそれは嘘を含んでいる。というのも共産党は、全体主義政党のままだからである。共産党はかつて、あるときには革命主義的な政策や（プチ・プルジョワジー的、愛国主義的、民主主義的といったさまざまな傾向をもった）統一と協調をめざす政策を代わる代わる打ち出し、またあるときにはこれらふたつの政策を同時に掲げていた。新しいのは、一方では、現代におけるわれわれの社会の風俗の変化によって、他方では、ソビエト連邦の神話の廃絶によって、フランス共産党が、イタリア共産党に倣って、東側で起こっている抑圧への批判を少しずつではあれ行なうよう促されていることである。それ以外には、共産党が二重の政治を行ないつづける手段、要するに自らを保ちつづけることはすなわち、支配と搾取の関係がなくなるはずの世界としてソビエト世界を擁護するということである（この点に関してイタリアの党といささかの違いもない）。われわれが先に問うたのは、左派連合において、反体制派についていかなる表象があるのか。その答えは、共産党こそが反体制派を統御しているというものだ。公式の非共産党的な左翼とそれを支持する巨大な報道機関は、共産党の「民主主義的な」宣言を誇張することで、余計なものを生み出している。それは、共産党が許容しうると同時に、共産党と距離を保っておくためには必要なものである。つまりそれは、ソビエト連邦および共産党の性質に関する虚偽のことである。もちろん、部分的にはたしかにそうだ。しかしそれは盲目的になされていることでもある。社会党は（全体主義的な性向をもっていないとしても）、国有化にあまりに忠実であり、国家の拡大に物質的に結びついた階層にあまりにも深く根を下ろしているので、官僚制の論理を考察し、自らの大義が東側の反対派の大義と同じものだとすることができないのである。

最後に、真のマルクス主義にもとづいた〈革命〉の名のもとで、あるいは〈平民〉による永続的な〈抵抗〉の名のもとで、左翼よりも左に自らを位置づけようとする人々については何と言ったらいいだろうか。一部の者たちが東側の反体制派に見出すのは、東側に特有の問題への解答だけである（そのうちの大部分の者にとってはそうなのだが、これはブコフスキーを軽視することになる。なぜならば、彼は政治を行なおうと欲しないからである）。結局のところ、人権の要請は、ロシア人、ポーランド人、チェコ人、あるいはその同胞にとって大事だが、彼らがそれ以上遠くまで見通すことができないのは情勢ゆえである。われわれのもとでは、民主主義はあいかわらず、私的所有を覆うブルジョワ民主主義と混同されている……イツマデモ〔In saecula saeculorum〕！　現在新たな考えを普及させている者たちは何を大声で唱えているのか。たしかに彼らは、反体制がわれわれの問題ではないと述べているのではない。反体制はあらゆる時代、あらゆる場所での抵抗の様式となる。しかしそれゆえ、抵抗の道徳を除けば、そこから学ぶことのできるもので、いまここでわれわれに関わるものはなにもない。民主主義と全体主義との差異を考えさせてくれるものはなにもない。つまり〈権力〉、〈法〉、〈知〉が階級、集団、個人の抗争にさらされることで、これらの硬直化が妨げられているシステムと、社会的分割をなくし、市民社会を国家のうちに飲み込むように作られたシステムとの差異を考えさせてくれるものはなにもないと言うのである。

（グリュックスマン[*5]的な形態の）反全体主義の旗印のもとでは、〈歴史〉のはるかかなたから、つねに増大する力でもって平民に襲いかかる権力という表象が生まれる。（フーコー的な形態の）客観主義の旗印のもとでは、支配の総体的な統一性という幻想が非難され、いたるところから、そして下から、到来する権力という考えに信が置かれる。

なんと、ソ連がわれわれに発見させるものとはそういうことなのであろうか。そうであるとしたら、〈権力〉の問題が力関係の問題へと還元されるために、われわれは何というイデオロギーの泥沼にはまりこんでいるのであろうか。そうした還元が行なわれるのは、いままさに、われわれが、全体主義国家と呼ばれる支配の総体的な統一性において、〈権力〉、〈法〉、〈知〉の関係とそれらの脱分化の効果を解読することができるときであり、また、いままさに、官僚制という現象の試練を受けているわれわれの社会の致命的な傾向を見定めることができるときであり、さらには東側の反体制派が、われわれに対し、正義、自由、真理――彼らが用いるこれらの語は、（打倒啓蒙の）ヌーヴォー・フィロゾフによって追放されるのだが――は十全な政治的意味をもっていること、つまり、彼らが戦っているのは、権力に対してではなく、権力を超えるものの名においてであるということを見せてくれるときなのである。

【要約】

革命の観念は、全体主義的表象とひそかにつながる部分をもっている。だが、そのような批判をもって、革命について語るのを終わらせてもよいのだろうか。それが、本章での問いである。

ルフォールによれば、〈革命〉の観念は近代的な国家の観念と結びついている。加えて、それは、大衆の蜂起なしには形成されない。革命の本質は大衆が、国民の一体性と同一性を保証する国家の権力に衝突しその正当性を否定する点にある。つまり革命とは、象徴的な意味をもった「脱中心化」の動きなのである。それは様々な場から立ち上がってくる複数的なもので、大文字の〈革命〉の観念から生じるものなどではない。

このような観点に立つとき、東欧に見られるような反‐全体主義的革命の可能性についてはじめて考えることができるようになる。一九五六年のハンガリー革命は、多様な拠点を介した複数的革命であり、複数の権力を組み合わせながら、国家装置が市民社会から遊離してゆくことを禁じる新たな政治的モデルの探求の場であった。それは、全体主義を復活させる危険を意識しながら、社会主義的民主主義を追求するものであった。それゆえハンガリー革命は、社会の全般的構成という政治的問題に踏み込み、社会的なものの減圧の兆候を制度的空間の中に刻む、反‐全体主義的革命という性格を帯びたのである。

それゆえ革命について問うのならば、その観念だけでなく、この経験について考えなければならないだろう。

第七章　革命の問題(1)

この討論で、フランソワ・フュレ[*1]とマルク・リシール[*2]は、とりわけ〈革命〉の観念について論じた。フュレは革命という事実について問うことをあえて避けた。リシールは、観念から話をはじめ、〈革命〉は現実において不可避的に全体主義への道を切り開いたのだと主張するにまでいたった。リシールは、少なくとも〈革命〉が暴力を用い、「実践的超越」を体現するということを自らの目的としたときはそうであると、はっきり述べていた。私はこの点には同意するが、しかしそれは、〈革命〉がその観念と一致したときはそうである、ということの言いかえにすぎないようにも思われる。

彼らの意図は理解できるもので、ある意味では私もそれを共有している。フュレが糾弾しているのは、フランス革命において歴史を根源の地点にまで立ち返らせ、自然、すなわち〈理性〉の命ずる計画に従って社会を構築しなおすことを思い描いた当事者たちの幻想である。彼はさらに、諸々の出来事の論理を描き出すと言い張りながら、当事者たちに自己同一化し、彼らの幻影に与し、それゆえ、彼らは断ち切ったと信じていた連続的な発展過程について盲目のままであった歴史家たちの幻想をも糾弾している。リシールのほうは、別の観点から、〈革命〉の企てのなかに致死的な衝動を見出している。この衝動は、自分自身の形象を知の究極的な対象とする、いまここで完成し透明な存在になることができる社会、という表象と結びついたものである。彼らは、われわれの同時代人の多くが抱いている革命的幻想をその根のところで絶とうとしているように思われるのだが、その点では、先に述べたように、彼らの意図を理解できる。実際、近代社会の歴史は諸々の大革命の進行に要約できるものではないし、こうした大革命は普遍的〈革命〉の諸々の逸話をなしているわけでもない。それぞれの革命のあいだに〈その時に広まっていた様式に従うかたちで〉支配と搾取からなる社会関係の再生産しかなされていないと想定するのだとしたらそれは常軌を逸したことだ、と言っておく必要はあるだろう。さらに、人間が完全に制度を支配し、その活動とその目的について全体にわたって互いの合意がなされている世界、あるいは、〈権力〉が集合的決定の流れのなかに、そして法が諸々の意志の流れのなかに融解し、紛争が取り除かれた世界、こうした世界を創設する絶対的な出来事として革命を考えるのならば、そのような革命の観念は、全体主義的表象とひそかにつながる部分をもっている、ということも言っておく必要がある。すなわち、有機的に、つまり全面的にその内側から秩序づけられた社会への信仰は、完全に外的な準拠先を参照することになるということ、全体を包み込み、この全体を〈一なるもの〉〔l'Un〕として構成するような大文字の〈他者〉という地位を参照することになるということだ。

とはいえ、批判をここでやめてしまってよいのだろうか。

第一の考察――革命の観念にこだわるならば、この観念がどこから生じたのかを問わなければならないのではないか。それは、ジャコバン派の当事者たちの頭のなかにすっかりできあがったものとして生じたわけではなく、また好んで繰り返されるように、ルソーの言説によって種が蒔かれたわけでもない。フュレが正しく指摘したように、もしそれが古いものと新しいもののあいだの断絶の観念、同時に、善と悪、合理的なものと非合理的なもののあいだの分割といった観念、あるいはさらに、自らで物事を成し遂げる人類という観念を含みもっているものだとすれば、こうした観念はすべて、ヨーロッパにおいてもっと以前に現れていたもので、思うに、一五世紀初頭、フィレンツェに最初に現れたものである――そしてそれはすでに政治的な意味を強く帯びていたのであった。ついでに、ジャコバン派はルネサンス期の英雄たちを、すなわちローマ人、スパルタ人、そして古代の立法者たちや暴君の殺害者たちを引き継いでいると言うこともできるだろう。つまりフィレンツェの「市民的ヒューマニズム」は、あるいはフランスにおける一六世紀中頃の、そしてイギリスにおける一七世紀のそれは、〈革命〉の観念を生み出してこそいないとはいえ、それを告知するものであったということだ。ところで、その市民的ヒューマニズムの飛躍的な発展が見出されるのが、新たな型の社会、一体化、均質化され、一つの土地への人々の共通の帰属によってその範囲を定められた社会、国家としての同一性《アイデンティティ》を獲得し、一つの象徴的空間のなかのさまざまな内的分割にももちこたえる社会、さらに、全般化された強制力の審級かつ正当性の究極的源泉たる国家権力が出現し、〈伝統〉の所与をすべて覆したり問いに付したりすることで、国家権力の影響下で秩序が立てられる社会においてであるというのは偶然ではない。〈革命〉という新たな観念が、国家という新たな観念から切り離されうるとは私は考えない。この国家の観念は創設をめぐる観念なのだが、これはある権力の出現、つまり、社会に対してその一体性や同一性を保証する権力の出現、社会の産物とされながらも同時に、ある個別の機関、事実上〈君主〉の人格と混同されるような機関――すなわち破壊することが可能な機関――としてその姿を現すおそれのある権力の出現、という観念から生まれたのである。

　ところで、この二つの観念（〈革命〉の観念と国家の観念）の結びつきを認めることは、革命的言説のうちに認められる想像的なものに対する批判をもう一度取り上げ、それを、近代における国家権力の位置づけがもたらす、想像的なものに対する批判へと結びつけなおすことにつながるだろう。そのことはさらに、かつてはありえなかったような仕方で社会生活の細部においてまで国家の観点が浮かび上がるわれわれの時代に、〈革命〉の観念が消えてゆくことがありうるのか、あるいは少なくともそれを単に幻影に帰すことができるのか、と問うことにつながるだろう。

第二の考察――革命の観念にこだわるかぎり、あるいは、よりうまく言いかえれば、〈世界史〉の使命を担う者として振る舞い、〈革命〉は自分たちの口を通じて語られるのだと言い張る当事者の表象にこだわるかぎり、われわれは革命について問うことはできない。革命家たちの言説やこの言説の旗印のもとで成し遂げられる行為から引き出されるような〈革命〉の観念は、大衆の蜂起なしには形成されないだろうし、あるいは有効性をもたないままにとどまるであろう。この蜂起を反乱〔révolte〕と呼びたければ、そう呼んでもよい。だがその場合でも、革命を反乱へと結びつける臍の緒を断ち切ることはできないということは認めておくべきだろう。

私としては、次のような慣習的な区別に異議を申し立てておきたい。それによると革命は、戦う者たちが自分たちの目的についてもつ意識によって特徴づけられることになる。まるで人々が、蜂起する際に、自分たちを支配と搾取から解放してくれる新たな秩序についての明瞭な概念をすでに有していたかのようにである。だが、革命にその特殊な性格を与えるもの、それは、革命が展開されることになる社会のあり方である（こうして私は第一の論点にまた合流することになる）。つまり、大衆が、その当初の要求の対象が何であれ、国家に衝突する、つまり国民の一体性と同一性を保証する権力に衝突するということであり、さらには、大衆が、国家の暴力に対して暴力を対置することで、国家の正当性を否定し、同時に政治体の完全性に打撃を加えているということなのである。そこから、一見すると局所的な暴力的行動が象徴的な影響力を得て、それ自体として没交渉の複数の拠点からの多様な蜂起を引き起こす、という事実も理解されるだろう。

革命が階級闘争の到達点だということは十分に言われている。ただ、さらに言えば、この階級闘争は、階級の分割が社会の総体と国家との分割に結びついているようなある枠組みにおいてなされるはずであり、また市民社会のなかで積み重なってゆく抗争のすべては政治的対立および支配の原理の観念に関係づけられうるはずである。さらには、

〈上〉と〈下〉とのあいだに全般的二極化が生じるための諸条件がなければなるまい。そのような諸条件が揃うことで、〈権力〉が弱体化した場合には、通常においてはその〈権力〉に結びつけられているもの、すなわち〈権威〉が、それに対するあらゆる憎しみを結晶化させ、しまいには、それによって、支配‐被支配関係が反復される場であった諸階層が突如として一まとまりに〈下〉へと吸い寄せられ、それに敵対する極とみなされたものに対して蜂起する、ということが社会全体にわたって生じるわけだ。

革命の現象がそれとして名指されるのは、社会化を担うあらゆる部門に拡大し、あらゆる象徴的ネットワークに影響を及ぼそうとする転覆的な動きの兆候によってである。ところで、この革命的転覆というのは、ロベスピエール的であれレーニン的であれ、〈革命〉の観念には一切負うところがないし、あるいはリシールが「実践的超越」を体現する意志と呼ぶものにも一切負うところがないという点は明確にしておいたほうがよい。その点を考察するならば、フュレの巧みな表現がいうところの「単数形で、定冠詞のついた」〈革命〉、あるいは大文字の〈革命〉については、語ることすらできないのである。

この出来事はなんら一様ではなく、問題になっているのはむしろ、このように言ってよければ、複数的革命なのである。どのような歴史的実例をとってみても、そこで目の当たりにするのが多様性であるという点では同じだ。ロシア革命だけでも思い出していただきたい。工場に、オフィスに、街路に、田園に、軍隊に、大学に、作家や芸術家からなるサークルに、無数の革命の舞台があり、そこではたちまちのうちに諸々の制度のあらゆる規範が問いに付されることになったのだ。その当事者たちの動きを規定するような演出家などいなかった。見る者を驚かせたのは、多様な集合体を突き動かしていた自己‐組織化の情熱であり、ソビエト、工場委員会、地区委員会、農民委員会、兵士委員会、自警団といったあらゆる種類の協同団体《アソシエーション》の創造の情熱である。そしてまた、自分たちが経験している事柄についていまここで決定する権利、すなわち、人々が告発する政府の法令に具現化されるような抽象的〈社会〉を放棄しつつ要求される権利が、集合体各々によって繰り返し主張されていたことである。

それゆえ、単に〈下〉が出現するということではないのであり、転覆というイメージはある部分、不適切なものである。社会はぐらつくと同時に脱中心化され、さまざまな社会関係からなる織物が思いもかけない生を得て、〈国家権力〉の拘束から身をはなしつつ、自らをそこから差異化してゆくのである。

人は次のように言うだろう。そうかもしれない、だが経験が教えてくれるのは、そのような複数的革命が失敗するということ、こうした革命をなすがままにしておけば、それは国民共同体の解体をもたらすだろうということ、現実において〈革命〉は単数形のものとして浮かび上がってくるということだ、と。もし〈革命〉について語るのであれば、したがって、それがその後どうなってゆくのかに関心を向けたほうがよい、というわけだ。それに対して私はすでに次のように答えておいた。革命の事実ははっきりとその定常点を示すもので、それなしには革命の観念も形成されないのであるから、そうした事実についての分析なしにすますことはできない、と。そこで今度は、私のほうで一つの問いを提起したい。次のような点について考えること、すなわち〈革命〉がその後どうなってゆくのか――ジャコバン派やボルシェヴィキによって衝き動かされることでそれがどうなっていったのか――を考えることで、そこから、われわれの時代における革命的蜂起の仮説についていかなる教訓も引き出すことはできないと断言できるのだろうか。あるいは別の、もちろんより好ましい言い方をすれば、問いはこうなる。ジャコバン主義やボルシェヴィキ主義の影響を自らの構造のうちに取り込んだ社会においてもし革命が勃発したとすれば、この革命は、官僚制という現象についての経験を利用し、可能なものと不可能なものについてまったく新たなイメージを生み出すのではないか。

こうして、私は第三の考察へと導かれる。これは、リシールが〈革命〉と全体主義とのあいだに認めた連関に関わる。もしそのうちの一方がいやおうなく他方を生み出すと主張するならば、われわれは、反‐全体主義的な革命というものはありえないか、あるいはあったとしても既存の体制を強化する以外には役立たないだろうと結論づけなければならなくなる。それはおそらく、リシールの考えるところではないだろう。というのも彼は、ジャコバン - ボルシェヴィキ的な〈革命〉の観念のみを標的にしているのであって、全体主義に働いている矛盾についても自覚的だからである。しかしそれならば、革命の神話の批判、「よき社会」という幻影の批判、分割なき社会の批判は、〈革命〉の問いを開かれたままにしておくということを明瞭に述べたほうがよいだろう。

私はアコシュ・プスカシュの発言を聞くまで[*3]、東欧、とりわけハンガリーがその舞台となった蜂起がまったく参照されないことに驚いていた。彼の発言が貴重なのは、彼が反 - 全体主義的革命に特有の点に注意を促し、その革命が、革命的イデオロギー（革命主義と彼が呼ぶもの）のもつ破壊的効果に対する新たな感性を示しながらも、あらためて反乱と（なぜこの語が結局のところ適切とは思われないのかについては述べたが、ここではそれはあまり重要でない……）結びついている、ということを示そうと試みているからである。ここはハンガリーで起きた現象について長々と述べる場ではないが、とはいえ、手短にその二重の側面を強調しておくべきだろう。

一方で、この革命には私が述べた諸々の特徴が示されている。すなわち、それは多様な拠点を介した複数的革命であって、工場、大学、さまざまな文化部門や情報部門で発展し、工場委員会、地方ソビエト、多様な協同団体《アソシエーション》、政党、議会等の数の急速な増加をもたらす。この自然発生的〔sauvage〕な過程は、今世紀の最初の二五年間に起こったことすべてに類似している。労働者運動に固有の組織形態および闘争方法は、自発的に「再発見される」。国土の全体にわたる諸々の自主的行動の連携がソ連軍の存在ゆえに阻まれていただけに、こうした自発性はいっそう人目をひくものである。

とはいえ、新しい非常に注目すべき事態とは、複数の種類の権力を組み合わせることで国家装置が固定化され市民社会から遊離してゆくことを禁じる新たな政治モデルの探求が、あちこちで見られるようになっているということである。人々が求めるのは、まず普通選挙で選出された国会であり（その有効性は競合する複数の党の存在によって保証される）、さらにこの国会によって選出され、その統制下にとどまる政府である。人々はまた、国民レヴェルの経済問題を指揮する複数の労働評議会の連合体を求める――当然そこには、政治的役割が与えられる。さらには、社会主義の指導機関に対し、すなわち政府および評議会それ自体に対し、労働者の特殊利益を守る民主主義的な労働組合を求める。同時に人々は、司法、報道、教育、および各文化部門をそれぞれ自律したものとすることを求める。要するに、探求されているのは、ブルジョワ的民主主義がそうであったよりもはるかに広汎な社会主義的民主主義の定式なのである。

私の目からすれば、ブダペストの中央評議会・憲法制定議会の際の、労働者評議会の役割をめぐる議論ほど、ハンガリー革命のインスピレーションをよりよく教えてくれるものはない。優勢だったのは次のような主張である。評議会は、国民レヴェルの政治的責任を当面は引き受けつつも、未来の体制では権力すべてを要求することのないようなものでなければならない。そうでなければ、共産党による独占状態を破壊した後、全体主義の条件を再構成する危険にふたたびさらされることになってしまう。私には、この労働者議会において、官僚主義の危険に対する理解が最高度に達しているように思われる。この議会は議員の代表能力の問題に最大級の注意を払っており、全体として民主主義と代表とを混同することを拒み、民主主義が権威の源泉の差異化とさまざまな特殊な権利の駆け引きを前提としていることを認めるのである。

以上のような指摘はたしかにあまりに性急なものであるが、私が示しておきたかったのは、ハンガリー革命が、自発的で複数的な革命としてただちに社会の全般的構成の問題に行き当たることになったという点である（法の次元が否定されていた体制を前にして法律的な問題への関心がどれほど本質的なものであったにせよ、ここで構成〔constitution〕というのは法的な意味〔憲法という意味〕で使われているのではない）。別の言い方をすれば、ハンガリー革命はただちに政治的問題に行き当たったのであり、それは、自身の運動がもたらす社会的なものの減圧のさまざまな兆候を制度的空間のなかに刻み込み投影しながら、その問題に答えようとしていたのである。もし革命について問うのならば、この経験について深く考えねばならない。革命の企てをイデオロギーに帰すだけで満足するのではなく（そうしたならば、イデオロギーの支配のもとに、あるいは革命主義の補足的な位置に、問題を残したままとなってしまうだろう）、新たなものの形象について考えることに取り組まねばならない。

【要約】

本章は一九五六年のハンガリー動乱についての考察である。事件の直後に執筆された熱気を感じさせる筆致で、ルフォールはブダペストのデモに始まったハンガリー共産党政権への抗議が全国に広まり、最終的にはソビエトが軍事介入でこれを鎮圧せざるをえなくなった事件の推移をたどる。そして、民衆の蜂起がハンガリー共産党とその背後にあったソビエト共産党に正面から対峙したことの意義を強調する。

まず、蜂起の中心にあった労働者の運動は、評議会というかたちで現れる。政権が官僚制によってハンガリーを支配してきたのに対して、労働者は工場を自らの手中に収め、これを労働者からなる評議会によって自主的に管理することで対抗する。この評議会が全土で相互に連携し、評議会の〈共和国〉を生み出した。

それと同時に、この蜂起は労働者だけの運動ではなく、学生、中産階級、農民といった多様な勢力からなる国民横断的な蜂起である。自由選挙、単一政党の廃止、報道の自由、農地の分割といった民主主義的な要求が生まれたことで、労働者と並んで多様な勢力が結集することが可能となった。この蜂起はハンガリーの大きな勢力であった農民を取り込むことにも成功していた。

しかし、フランス共産党とその支持者はこの蜂起の重みを理解できなかった。ハンガリーの動乱はハンガリーとソビエト共産党の官僚制支配に反対する民衆蜂起だったにもかかわらず、これをソビエト連邦に対する反革命とみなしたり、ハンガリーの指導層の単なる交代劇へと矮小化したりしたのである。

第八章　ハンガリーの蜂起(1)*1

一二日間の闘争の真実

一〇月二三日から一一月二日までに正確には何が起きたのか。

この点について、ハンガリーの新聞およびラジオが伝えた情報にできるかぎりもとづいて、すなわち、不偏不党性が疑われる証言を参照することなしに述べてみたい。私たちが用いる情報の大半はフランスの報道機関によっても報じられているが、これらはブルジョワ的な報道機関として機能した。つまり、プロレタリアートの行動を隠蔽したり過小評価したりしようとし、これとは逆にハンガリー動乱を国民的反乱だとすることができるものなら何でも前面に出そうとしてきた。政治的要求や国民主義的要求はすべて強調されているし、とりわけ「蜂起した人々」一般が先導した戦闘についても語られてはいるものの、戦っている社会勢力がどのようなものなのかは説明されなかった。きわめて多様な勢力が現れたことを告げたのは、本当に最終段階になってからにすぎなかった。評議会の存在やその要求はときおり言及されただけだ。こうした策略のおかげで、報道機関はすでに最初から革命の特徴を完全に歪めることとなった。実際のところは、最初の三日間にブダペスト・ラジオから流された放送の大半は、工場での活動に関してだったのであり、ブダペストの街区――チェペル、ラーバ通り、ガンツ、ルンツ、エトワール・ルージュ、ジャック・デュクロ――の工場とミシュコルツ、ジェール、ソルノク、ペーチ、デブレツェンといった地方の産業中心地の工場に関するものだったのだ。

　これらの放送から明らかになったのは、全住民がはじめから蜂起したブダペストを除くと、革命闘争がもっぱら工場労働者を頼りとしていたということである。工場労働者はいたるところで「評議会」を結成して革命的な要求を表明し、武器を奪って多くの場所で激しく戦っていた。

　周知のように、すべてのはじまりはペテーフィ・サークル、つまり学生と知識人が組織した一〇月二三日のポーランド人への連帯デモ[*2]にあった。このデモは当初は禁止され、その後、最終段階になって政府によって認められたのだが、工場や職場を離れた大量の労働者や被雇用者がこれに加わった。デモはおおむね平和裏に広がった。しかし、夜になってゲレー[*3]の演説が火をつけた。デモ参加者たちは政府が重大な譲歩をするものと期待していたのに、彼らが耳にしたのは、ハンガリーとソビエト連邦の友好関係はいつまでも変わらず、騒擾を引き起こそうと望む攪乱分子は制圧されるだろうということ、そして中央委員会を一週間後の一〇月三一日より前に召集するつもりがないということだったのである。ゲレーに続いてナジ[*4]がいくつか好意的な約束をし、落ち着きを取り戻すように求めた。デモ参加者はゲレーの演説を挑発と受け取った。一部のデモ隊はラジオ局へと向かい、自分たちの要求を伝えるために突入しようとした。「ラジオはうそばかりだ！　われわれは自分たちの望むことを知らしめたいのだ」。そのとき、保安警察がデモ参加者に発砲した――この瞬間から戦闘が町に広まった。数時間後、動転したゲレーはナジを内閣に呼び戻した。しかし、指導者の首をすげ替えるだけでは満足せず、根本的な要求を主張する蜂起した人々の態度は、それでは少しも変わらなかった。

　したがって、怒りに火をつけたのはゲレーの演説である。しかし、もしナジを即座に権力へと復帰させることをデモ参加者に告げようとしていたなら、参加者たちは聞き分けよく家に帰っただろうと考えるのは危ういだろう。かなり前からブダペストではたいへんな熱狂状態が続いていた。私たちは、数多くの集会で政府の政策とソビエトの役割をいつも激しく非難していたペテーフィ・サークルのデモのことだけを念頭に置いているのではない。また、ライク*5の葬儀や、さらに共産党のかつての党員や官吏――大衆は時折彼らの粛清と名誉回復を同時に知ることとなった――の葬儀が引き起こした異様な雰囲気のことだけを考えているのでもない。党内では数ヵ月前から強固な反対派の潮流が力をつけていた。民主化とソビエトによる支配の限定が執拗に要求され、体制の罪と欠陥がおおっぴらに非難されていた。ポーランドでの出来事〔ポズナンの反政府運動〕によって動揺は絶頂に達する。党の中間管理職と下部組織の活動家の大多数が、後に蜂起した人々の側につくことになったのは、こうした状況によって説明される。だが同時に、工場でも大きな動揺が現れていた。

同年〔一九五六年〕の七月以降、党の機関紙はこうした動揺を伝え、労働者をなだめるための緊急の改革を求めていた。そのため、このとき政府は大衆の生活水準の二五パーセント上昇を約束し、強制公債〔給与の一〇パーセント天引きに相当していた〕の廃止を発表しなければならなくなった。しかし、この約束では十分ではなかった。しかも、以前の法案では週四二時間労働を予定していたのに、これを〔正規の労働時間で〕四六時間とする法律が成立したために、約束に対する信頼が薄くなっていた。いずれにせよ、労働者はごくわずかな譲歩では満足しないと心に決めていた。労働者は政府によって生産リズムを課されたり、卑屈な工場長と同じくらい卑屈な国家の手先である労働組合や党に命令されることをもはや望んでいなかったのであり、ラーコシ体制の悪行が紙面に並ぶことで体制に属する組合や政治の指導者たちが日ごとに信用を失っていただけに、彼らに対してなおいっそう声を張り上げていた。

一〇月二三日に労働者たちは路上に出たのだが、ナジの復帰を要求するためだけにそうしたのではなかった。彼らの念頭には別のことがあった。彼らの態度は、その二日前に共産党青年団の機関紙に発表されたチェペル大工場のある旋盤工の宣言に要約されるかもしれない。「いままでわれわれは言葉を発してこなかった。この悲劇的な期間にわれわれが学んだのは、黙ってこっそりと進むことだった。ご安心を。これからはわれわれもまた発言するつもりだ」。

二三日から二四日にかけての夜、保安警察はデモ隊に発砲を続けた。しかし、ハンガリー軍兵士はデモ参加者と連帯し、兵舎では武器を与えて労働者が兵舎を占拠するときにも抵抗しなかった。軍需工場の労働者が武器を運搬し、配分した。翌日はとりわけ議会前で激しい戦闘があったが、ラジオ・ブダペストは議会前にソビエト軍の戦車と飛行機が介入してきたと伝える。この二四日の水曜日に労働者が果たした役割については疑いようがない。労働者は激しく戦った。先頭に立って反乱の中央委員会を作ったのは、チェペル工場の労働者たちである。「革命主義的学生・労働者」が発行したビラはゼネストを呼びかけた。同日、国営ラジオは地方の工場で暴動が発生したことを報じた。ラジオはハンガリーの工業地帯で起こったデモの現状を知らせる公式発表を絶えず流した。夜になって、同局は地方のいくつかの工場で平穏が戻ったことを知らせ、労働者に翌朝から仕事を再開するように執拗に求めた。木曜日、政府は労働者と公務員に仕事に戻るようにという命令をあらためて出した。このことが示すのは、ストライキが続いているということである。

政府は幾度も状況を掌握していると思い込み、また実際にそのように発表する。それはつまり、政府が国内全土で起きていることをはっきりとは理解していないということだ。労働者評議会がほとんどいたるところで結成されてはいるものの、たいていの場合ナジに対する信頼を表明しているだとか、ストライキは全国的であるがナジに反対してはいない、といった具合だ。たとえば、すぐさまもっとも重要な役割を演じることになったミシュコルツの革命評議会は、二五日には「何よりもまずハンガリー的であり、われわれの国民的伝統と非常に古い過去を尊重すると同時に、プロレタリアートの国際主義の原則にも忠実な共産主義者が席を占めるような政府」を要求しているのにもかかわらず、政府はいまだ状況を理解していなかった。

評議会がハンガリー全土に広まり、木曜日以来、ソビエト軍を除けば評議会の権力が唯一の現実的な権力となった。水曜日、政府は脅迫と懇願を交互に繰り返す。蜂起した人々は鎮圧されることになると告げ、恩赦と引き換えに武器を捨てることを提案した。しかし、木曜日の午後以降、ゼネストおよび評議会に対しては何もできないことが明らかになる。午後三時から四時のあいだに、ナジとカーダール[*6]はソビエト軍撤退のための交渉を約束する。その夜、愛国人民戦線はラジオで次のように宣言した。「政府は蜂起した人々が誠実であることを知っている」。ハンガリー共産党の機関紙『サバド・ネープ』はすでに同日に、運動が反革命的行為にすぎないのではなく、「労働者階級の苦痛と不満の表現」でもあることを認めた。このような反乱の部分的な承認は、周知のとおり数時間のあいだに起こったさまざまな出来事によって乗り越えられてしまい、政府は反乱のすべてを合法的だと認めざるをえなくなった。翌日の朝、治安部隊の司令官はラジオを通じて蜂起した人々に呼びかけ、彼らを「若い愛国者」と呼んだ。

したがって、木曜日に一種の転機がある。蜂起が勝利し、政府が譲歩したように思われる。だからナジは政府を再編して、この変化に承認を与えることになったわけだ。小地主党の元書記で、ソビエトに「スパイ行為」の嫌疑で投獄されていたベーラ・コヴァーチ[*7]や、同じ党に属し、戦争直後に共和国の大統領を努めたゾルターン・ティルディ[*8]にナジは協力を要請した。政府のこの変わり様はきわめて意外であった。狙いは世論を満足させることにあり、というのも、この変化が示しているのは、共産党がいまや他の政党と協力する用意があるということだからだ。同時にナジは自分がソビエトと対峙することを約束するのであって、なぜなら、つい最近モスクワから追放されたばかりのナジの新たな協力者たちは、彼がソビエト連邦との関係を改める要求を出すことを助けるだろうからである。しかし、この改革では労働者評議会は満足しなかった。評議会は国家の独立と民主主義をたしかに要求したが、反動的なうえにすでにロシア人と協力したこともある政治家を望んではいなかった。かつての「小地主党」の指導者たちの政権復帰は、一部の農民とブダペストの小ブルジョワジーをおそらく満足させるだろう。だが、それと同時に、この改革はこうした社会階層に自信を与えるのであり、いままでの革命的な戦闘がもっぱらプロレタリアートの双肩にかかっていたのに対して、今度は彼らが自分たちの要求を表明し、舞台の前面に躍り出るようになったのだ。

さて、一〇月二七日土曜日の日付に立ち戻ってみよう。そして、革命の進展を探る前に、はじめの四日間の労働者蜂起を考察しよう。

ミシュコルツの評議会が例となるだろう。

評議会はすでに二四日に形成されていた。評議会は、政治的な立場にかかわりなくミシュコルツ工場の全労働者から民主的に選ばれた。評議会は交通、電力、病院の三部門を除いたゼネストを即座に命じた。こうした措置は、地域を治め、住民に公的サービスの維持を保証しようとする評議会の配慮を示している。これと同じくらいかなり早くから（二四日あるいは二五日に）評議会はブダペストに代表団を送ったが、それは首都の蜂起した人々と連携し、彼らに地方からの積極的な支持を与えて、ともに行動するためであった。評議会は次の四項目からなる綱領を公表する。

——ソビエト軍の即時全面撤退
——新しい政府の設立
——ストライキの権利の承認
——蜂起した人々全員に対する恩赦

政治に関しては、評議会は二五日の木曜日に立場を鮮明にした。評議会が占拠したラジオのおかげで、ハンガリー全土がその立場をすぐさま知ることになった。これについてはすでに触れたが、評議会はプロレタリアートの国際主義とハンガリーの国民主義的共産主義に同時に賛同するという立場である。二つの観念の組み合わせは、共産主義者の原則に照らすと、混乱したものと映るかもしれない。しかし、現在の状況でならまったく納得のいくことだった。評議会が国際主義的だというのは、世界中の共産主義者と労働者とともに戦う準備があるということである。他方で、国民主義的だというのは、ソビエト連邦に対する隷従をすべて拒否し、ハンガリーの共産主義が自ら望むように自由に発展できることを求めるということである。

ちなみに評議会はナジに反対していなかった。評議会はナジが率いる政府を提案してもいる。だからといって、ナジの要求と反対のことを評議会が行なわないということではない。ナジが蜂起した人々に対し武器を捨てるようにと懇願し、とりわけ労働者に対しては仕事に戻るよう懇願しているときに、ミシュコルツの評議会は労働者の民兵組織を結成し、ストをつづけてさらに拡大し、中央権力から独立した地方政府のような組織となっていった。それも単にソビエトを追い出そうとし、ナジをソビエトの捕虜とみなしていたからばかりではない。評議会がナジを支持する用意があるのは、ナジが革命綱領を実施する場合にかぎられる。だからナジが政府に地主党の代表者を入閣させたとき、評議会は激しく反対したのだ。評議会は二七日土曜日の二一時三〇分にラジオで流した「特別公式発表」において、特に次のことを宣言する。評議会は「ボルショド行政区全体の権力を掌握した。われわれの戦いを人民の意志および権力に反する戦いと呼ぶすべての者を厳しく非難する」。さらにこう付け加える。「われわれはイムレ・ナジを信用しているが、ナジ政府の組閣には賛成しない。ソビエトに買収されたあらゆる政治家は、政府に入閣してはならない。平和、自由、独立を」。

この最後の宣言は、先に述べたように評議会があたかも自律した政府のように行動するという点もまた浮き彫りにしている。ボルショド県全域で権力を握るのと同じ日に、評議会は前体制の名残である機構、つまり共産党の全組織を解体した（この措置は日曜日の朝に評議会のラジオによって発表された）。評議会はまた、県の農民がコルホーズの責任者を追放し、土地の再分配に着手したと発表した。

翌日、ラジオ・ミシュコルツはついに全地方都市の労働者評議会に対して、「唯一の強力な運動を生み出すことをめざして力を合わせること」を求める訴えを流した。

以上述べてきたことによって、次のことは十分に明らかになっただろう。ブダペストでの蜂起がはじまった翌日からプロレタリアートの運動が現れ、評議会を創設することで運動はその適切な表現を見出したのであり、そして地方で唯一の現実的な権力となったということである。ジェールやペーチ、またそれ以外の多くの大都市でも、状況はミシュコルツと同じだったようである。すべてを指揮していたのは労働者評議会である。戦う者たちに武器を与えて補給網を整備し、政治的かつ経済的な要求を提示した。ブダペストの政府はこの間、何も代表していなかった。政府は動揺して矛盾した公報を出し、労働者を脅したと思えば今度は武器を捨てて仕事を再開するように懇願していた。その権威は地に落ちていた。

評議会の前にはソビエト軍しかおらず、いくつかの地域ではソビエト軍は応戦しなかったようである。特にミシュコルツ県ではソビエト軍は慎重な構えを見せ、たいていの場合ソビエト軍兵士は友好的だったと指摘されている。似たような事実がジェール地方でも報告されている。

これらの評議会が表明した要求のすべてが正確に知られているわけではない。しかし、セゲドの評議会の例がある。この都市にいたザグレブの新聞『ヴィエスニーク』のユーゴスラビア人特派員によれば、一〇月二八日にセゲドの労働者評議会の代表者会議があり、そこで可決された要求とは、スターリン主義の地方当局の交代、労働者による自主管理の採用、そしてソビエト軍の撤退だった。

さまざまな地方で自発的に生まれた評議会が、ソビエト軍によって一部は孤立させられながらも、即座に連盟を結成しようとしたというのはまったくもって特別なことである。革命が始まって一週目の終わりには、多数の評議会からなる〈共和国〉が形成されようとしていた。

このような情報に依拠するならば、労働者たちが国民的反乱にただ参加しただけにすぎないというブルジョワ的な報道機関が作り出したイメージは、明らかに作為的である。繰り返し言おう。人々が居合わせていたのは、プロレタリア革命の第一局面だったのである。

この革命の目的は何であったのか。

二六日、つまり蜂起の開始から三日後に発表された、ハンガリーのいくつもの労働組合が参加した決議によって、その目的を知ることができる。決議はきわめて射程の広い一連の要求からなる。

一　戦闘が停止され、恩赦が発表されること、そして青年層の代表者との交渉が行なわれること。
二　イムレ・ナジを大統領とし、労働組合と青年の代表者を含む広範な政府が組織されること。国家の経済状況を正直に開示すること。
三　これまでに生じた悲劇的な戦闘における負傷者および犠牲者の家族に援助が与えられること。
四　秩序維持のために、労働者と青年からなる国民部隊によって警察と軍が増強されること。
五　青年労働者の組織が労働組合の支持のもと結成されること。
六　新しい政府はハンガリー領からのソビエト軍撤退を視野に入れた交渉に即座に着手すること。

経済に関しては以下のとおりである。

一　全工場における労働者評議会の結成。
二　労働者による経営体制の確立。経済の計画化システムおよび国家による経済の指導の根本的な転換。八〇〇フォリント以下の給与の即時一五パーセント引き上げと一五〇〇フォリント以下の給与の一〇パーセント即時引き上げによる給与の見なおし。月給の上限を三五〇〇フォリントに設定。労働者評議会がノルマ維持を求める工場以外での生産ノルマの廃止。単身者および子供のいない家族が払う四パーセントの税金の廃止。完全に不十分な年金の増額。家族手当の増額。国家による住宅建設の促進。

三　労働組合はさらに、平等の原則にもとづく互恵的な経済関係の確立を視野に入れて、ソビエト連邦政府および他国との交渉を開始するとしたイムレ・ナジの約束が守られることを要求する。

結論として、ハンガリーの労働組合が一九四八年以前のように機能しなければならず、また呼称を変えて今後は「ハンガリー自由組合」と呼ばれなければならないだろうと述べられている。

以上の要求リストにはハンガリー労働組合の評議会委員長の署名があるが、これがさまざまな労働者評議会が出した要求を取り入れ、体系化したものであることは疑いない。

これらの要求をより詳しく考察しよう。もちろん最大限に社会主義的な綱領とはなっていない。なぜなら、そのような綱領であれば、労働者が形成する民兵が支え、評議会の代表者が構成する政府を第一の項目とするだろうからである。もしかすると、「〔評議会の〕首脳クラス」の宣言に比べてすでにかなり先んじていた多くの労働者が望んでいたのは、こうした政府の姿だったかもしれない。あるいはそうではなかったかもしれない。この点についてわれわれは知る由もないが、いずれにせよ、理論的に正しいと考えうることが、革命に参加し、限定された状況下にある人々が考えたり述べたりすることと一致するとは限らない。

労働組合の綱領それ自体は非常に進んだ内容であった。綱領は一方で、ナジが青年および組合の代表とともに統治することを求める。青年は革命の前衛だった。他方では労働組合もまた変化しなければならず、自由な組合となり、階級の真の代表とならなければならない。組織は民主的に選出されなければならない。こうして、要求は革命政府を求めることに帰着するわけである。

第二に、この綱領は労働者と青年からなる常備軍を想定しており、軍および警察とともに政府の支えとなるとされる。

さらに、決議が全工場での評議会の設立を求める点が重要である。このことは、労働者が〈評議会という〉自律的な機構のうちに、普遍的な意義をもつ権力を見出していることを示す。労働者は、実際にはそのように口には出さず、また自分たちがなしうることをもしかすると意識してはいないかもしれないが、多数の評議会からなる一種の〈共和国〉へと向かう。労働者は評議会の〈共和国〉に関して、政府が自分たちに代わってすべてを決定するようにこの〈共和国〉の運営を任せるつもりは一切なく、反対に自分たち自身が社会において手にしている権力を強化し、拡大することを望んでいる。

しかし、運動がどの程度まで革命的に成熟したのかを示すのは、生産組織に関係する要求である。これらの要求はブルジョワのジャーナリストの理解を明らかに超えるのだが、というのも、こうしたジャーナリストは、物事の表面、つまり政治という狭小な場面で起きることしか見ないからである。しかるに、社会的勢力の闘争を現実において規定するのは、生産のただなかにあり、企業の中心にある諸関係なのである。

たしかに労働者は、自分たちが信頼を寄せ、また善良な意図でもって動く人々を政府に迎えることはできるだろうが、もし労働者が日々の生活や日々の仕事において、指導機関が機械に対するのと同じように下す命令の単なる実行者にとどまるなら、何も獲得したことにはならないだろう。評議会についても、もし自らの責務が生産組織を手中に収めることにあるということを理解しないなら、評議会自体もついには有効性を失い、消滅してしまうことになるだろう。

ハンガリーの労働者はこうした点に気づいていた。そして、これこそがハンガリーの労働者の綱領に広い射程を与えていたものである。スターリン体制が工場の管理に労働者が参加するのを拒む一方で、同時に労働者が企業の真の所有者であると絶えず主張していたのであるから、労働者はなおさらこうした点に意識的であった。言ってみれば、この点についてはスターリン体制は自らの転覆に貢献したわけだ。というのも、ほかのどこにもましてスターリン体制によってこそ、労働者は次のことをよりはっきりと理解することができたからである。すなわち、私的資本家がいるから搾取があるのではなく、より一般的には、搾取は工場内ですべてを決断する者とそれに従うほかない者とが分断されることから生まれるのである。

それゆえ、労働組合の綱領が取り組むことになるのは、根本的に革命的な問題である。この綱領は〔生産組織について記した〕同じ項目で、「労働者による経営体制の確立と、経済の計画化システムおよび国家による経済の指導の根本的な転換」を求める。この根本的な転換はいかに行なわれるのか。労働者は自分たち自身による指導を通じてどのように計画化に参与することに成功するのだろうか。それについては書かれていない。反乱から三日後のいまだ戦火のなかにあり、原則だけを確認した文書においては、そもそもそうした点を書くことなど不可能だった。しかし、要求がまだ十分に定義されていないとしても、その精神については疑いをはさむ余地はない。労働者は自分たちと無関係に生産計画が作られることや、国家の官僚制が命令を下すのをもはや望んでいなかったのである。労働者がもっとも関心を寄せていたのは、指導部が全国的な規模で何を決定するのか、どのように生産の指針が決められるのか、どの部門にもっとも力を注ぐ計画なのか、またその理由は何かといった点である。さらには、各分野でどの程度の量が達成されなければならないのか、こうした目的が生活水準、週あたりの就業時間、労働のリズムに対して及ぼす影響がどれほどのものかといったことである。

綱領の「経済」に関する項目の詳細な検討を続けるなら、労働者が原則的な要求にとどまっていないということが最終的に明らかになる。労働者が行なう要求はきわめて明確で、工場の生産組織に即座に並外れた影響を与えるものである。彼らは評議会が生産ノルマの維持を要求する工場を除いてノルマの廃止を求める。これはつまるところ、労働者は自分たちで好きなように仕事を組織する自由をもたねばならないということである。調査員からストップウォッチにいたるまで、人間の労働を機械の労働に合わせようとし、さらには人間の労働に課された狂ったテンポに機械の労働をますます連動させようとして、その結果として機械が吹っ飛ぶこともいとわないような官僚制を丸ごと追い出すことを望むのである。

労働者は、場合によってはノルマの維持が必要なことを否定しない。しかし、ノルマを決定する資格があるのは、評議会を通じた労働者だけだと明記する。

こうした要求は、明らかに〔労働者自身による工場の自主的な〕経営管理のプログラムの第一歩であり、もし状況がこの要求にさらなる発展を許したのなら、こうしたプログラムにいたるほかなかったはずであったろう。というのも、人間の労働の組織化を生産全体の組織化から分離することはできないからである。企業の経営者はこれまでこれら二つの組織化を分けることをけっして認めてこなかったし、すべてが現代的工場において絡み合う現在では実際のところ認めることはできないだろう。人々が自分たちの仕事を自分たちで決めることができるようになれば、彼らは企業のあらゆる問題を自分たちで検討するようになるからだ。

最後に、労働組合の綱領から給与に関する要求を取り出してみよう。非常に特徴的なのは、こうした要求が〔労働者間の〕給与の差を縮めること、つまりヒエラルキーに反対することをめざしている点である。八〇〇フォリント以下で一五パーセント引き上げ、八〇〇から一五〇〇フォリントでは一〇パーセント引き上げ、そして上限は三五〇〇フォリントである。ところで、ヒエラルキーは資本主義の武器であると同時にスターリン主義の武器でもあった。というのも、いずれの場合においてもヒエラルキーによって、一方では現行の体制の支えとなる特権的な社会階層を生み出すことが可能となり、他方では報酬に差をつけて労働者を分断し、互いに孤立させることが可能となるからである。ブダペスト、ビヤンクール、デトロイト、あるいはマンチェスターのいずれで働いていようとも、ヒエラルキーに対する闘いは、今日世界中の労働者にとって根本的な問題である。アメリカでも、イギリスでも、あるいはフランスでも、労働組合と無関係に自然発生的なストライキが起こるたびに、ヒエラルキーに対する闘いが前面に出てくるのを目の当たりにする。この闘いが労働者にとってなおさら自明であるのは、技術的な発展が仕事をますます均質なものとしつつあるからである。こうして、生産の観点からすると、給与の極端な差別化は不条理と映るのであり、こうした差別化が正当化されるのは、差別化を通じて執行部が政治経済的な利益を引き出すからにすぎない。

数日後（一一月二日）にハンガリーの全国労働組合評議会が発した声明では、給与の新しいシステム、つまり前体制が人為的に差をつけた等級の改定が求められることになる。

こうした闘争の初期の日々から織りなされるイメージとはどのようなものであろうか。全住民が立ち上がり、共産党の独裁にもとづいた体制を一掃しようとしたというイメージである。労働者階級はこの闘争の前衛だった。労働者階級は「国民的運動」には解消されなかった。労働者階級は次のような独特の目的をたずさえて登場した。

第一に、労働者は自分たち固有の権力である評議会を自発的に組織し、評議会をただちにできるかぎり広げようとした。第二に、労働者はソビエト軍とその装甲部隊をある局面では後退させ、また別の局面では無力化するほどの軍事力を前代未聞のすばやさで作り上げた。第三に、企業という枠組みそれ自体においては、労働者の状況を完全に変えることになる要求を提示することで、搾取をその根元から攻撃した。

闘争に参加する社会勢力の多様性　民主主義的かつ国民的な合言葉

中断していた出来事の経過に話を戻そう。先に二五日の木曜日に状況は転機を迎えたと述べた。政府はまず蜂起の正当性を認め、ソビエト軍の撤退についてまもなく交渉すると約束し、非共産党員（小地主）に大臣の職を与えた。政府はこうした点をもとに、蜂起した人々に対し最終的に武器を捨てるよう求めることができるだろうと踏んでいた。しかし、闘いは続く。ブダペストでは、二六日金曜日の午後すぐに、ソビエト軍戦車との戦闘が熾烈を極める。政府はこの状況を理解しなかった。政府は自分たちがすでにかなり譲歩していると考え、そしてとりわけ労働者評議会が政府を支持するだろうと確信していたのだった。というのも、繰り返すように、労働者評議会はナジを信任すると宣言しているからである。そのため武器を捨てよという最後通牒が、二六日金曜日の二二時前に出された。翌朝も闘争は続き、公式ラジオは闘いを続ける者は「悪者」であり、それ相応の扱いを受けるだろうと主張した。蜂起した人々はあらためて「西側のスパイ」とみなされたのである。

ふたたび拡大する戦闘（とりわけ土曜日の夜から日曜日にかけて、ブダペストの監獄が攻撃を受け、ラーコシ体制の警察長で一連の犯罪の責任者である二人のファルカシュ[*9]が処刑される）を前にして、そして地方では革命評議会が数を増し、いまやあらゆる社会階層を巻き込んで拡大するという事態を前にして、政府は再度の譲歩を迫られた。日曜日の朝、状況は非常に混乱していたように思われる。一方ではブダペストの学生代表との交渉が休戦協定にいたったが、他方ではこの休戦協定にもかかわらず戦闘が続いた。もっともありそうなのは、蜂起した人々のうち、武器や銃弾が尽きたり、あるいは不利な態勢に追い込まれたりした一部の組織が交渉を受け入れた一方で、兵士から武器の補給を受けた別の組織が戦闘を継続したり再開したりしたということだろう。

いずれにせよ、二八日日曜日の午後になって、政府の二度目の後退があった。それは同時にソビエト軍の降伏でもある。一二時から一三時のあいだにナジは軍隊に戦闘を中断するように命じたと発表した。一五時にラジオ・ブダペストがこう宣言した。「まもなく戦闘は終わるだろう。軍隊が殺しあった。街は沈黙に包まれている。死の沈黙だ。この残酷な殺戮の理由を考えるべきであろう。スターリン主義とラーコシの残忍な錯乱がその真の原因である」。一六時三〇分にナジはソビエト軍が「即座に」退却すると宣言した。

周知のように、ソビエト軍は実際にはブダペストから撤退しなかった。ソビエト軍は蜂起した人々が武器を捨てるのをいわば待っていたのである。蜂起した人々のほうも武器を捨てるのを拒否し、ミシュコルツとジェールの評議会がこれを後押しした。こうして戦闘は再開された。ソビエト軍の撤退が確実になるように思われたのは、ラジオ・モスクワが公式にそう認めた火曜日の夜になってからにすぎない。

革命の第二週目については、もはや事件の経過をこれまでほどに詳細にたどる必要はないだろう。第二週に関しては、これを概観するなら、主要な特徴を明らかにすることができるだろう。とはいえ、革命運動の進展を理解するためには、政府、政治全般、そして軍の各側面から何が起こったかをまず指摘しておく必要がある。

――政府について。ナジは一連の妥協を行なった。これはある意味では民主主義的な性格をもっているが、別の意味では小ブルジョワジーの力を再評価することとなった。ナジは単一政党体制の終焉（三〇日の火曜日）と、一九四六年の政府に似た国民的な連立内閣への復帰を続けざまに発表し、普通選挙による自由な選挙を約束した。また新しい政党である社会主義労働者党を創設した。さらに、ハンガリーの中立的立場とワルシャワ条約の破棄を打ち出した。ナジは新たな政府を組閣するが、この政府では共産党には二つの大臣職しかない一方で、それ以外の職（ペテーフィ・サークルの新しい党の代表者に与えられた一議席の例外を除けば）は、国民主義的な農民、小地主、社会民主主義者のあいだで分配された。

――政治について。以前の党派が急速に再結成された。地方では農民からなる政党、社会民主主義政党、小地主党の支部が増える。しかし、蜂起から新たな組織も生まれた。社会主義にはっきりと足場を置いた革命主義的な青年たちによる党が現れる。いくつもの新しい新聞が発行された。

——軍について。状況はソビエト軍の存在によって左右された。ソビエト軍は二八日の日曜日に出発するのを受け入れたかのように見せかけるが、実際に出発する代わりにブダペストで蜂起した人々を攻撃した。また二九日月曜日の夜には撤退すると予告し、部隊の大部分は首都を離れたのだが、しばらく経つとふたたび結集し、一一月一日から大量の兵員をともなってハンガリー領内に侵攻した。

まさにこのような雰囲気のなかで大衆運動が進展したのである。さて、この運動はいまや新たな社会階層を含んでいる。大衆運動はまず主として工場から始まった運動であった。思い起こしておけば、労働者の側に学生、被雇用者、小ブルジョワジーがいたブダペストは別である。大衆運動は評議会の登場として現れる。しかし、政府の最初の後退（木曜日）と連立政府の成立（金曜日）は、あらゆる社会階層の人々に蜂起する自信を与えた。勝利がすぐ手の届くところにあるように思われたからである。ミシュコルツやジェールでも、町や県に評議会がつくられ、舞台の前面に現れた。労働者ではない人々、とりわけ農民が民主主義的かつ国民的な要求に何よりもまず敏感であったのはしごく当然である。ところで、これらの要求が労働者階級のうちにも大きな反響をもたらしたのは、こうした要求が古くからある全体主義国家を解体することにつながるからである。ソビエトによる搾取からハンガリーを独立させ、スターリン独裁と一体をなしていた単一政党体制を廃止することに、労働者は賛成していた。さらには反対派にも表現の権利を与える報道の自由にも賛成していた。労働者は自由選挙にすらも賛成していたのであり、というのも彼らの目には、自由選挙が「共産」党による政治の独占を壊す手段となると映ったからである。

その結果、勝利に酔いしれたある種の満場一致が生まれることとなった。しかしこれは、やはりある種の混乱と表裏一体であった。

この混乱はソビエト軍の脅威によっていっそう高まる。というのも、ソビエト軍に対しては、全員が同時に国民的独立の旗を振りかざさざるをえないからである。

ナジの政治が混乱を助長する。ナジは労働者階級の自律的な組織を認め、そこに自らの足場を置くことを決意したと宣言しながらも、現実には右派に譲歩するだけだった。

ふたたびミシュコルツの評議会の活動に立ち戻るなら、政治状況の動揺についてのおおよその理解を得ることができるだろう。二九日の日曜日以降、ミシュコルツの評議会は以下のような綱領を発表し、これをジェール、ペーチ、デブレツェン、セーケシュフェヘールヴァール、ニーレジュハーザ、ソルノク、マジャルオーヴァールおよびほかのいくつかの地方都市の評議会に委ねた。

「われわれは政府に要求する。
一　自由で独立した主権を有し、民主主義的かつ社会主義的なハンガリーの建設
二　自由な普通選挙を定めた法律の制定
三　ソビエト軍の即時撤退
四　新たな憲法の作成
五　A．V．H．（政治警察〔Allamvedelmi Hatosagnom〕）の廃止。政府が依拠するのは国民軍と一般の警察という二つの軍事力のみであること
六　武器を手にした人々全員に対する全面的な恩赦とエルネー・ゲレーおよびその共犯者の取り調べ
七　複数政党が参加する二ヶ月以内の自由選挙の実施」

この綱領がミシュコルツの工場労働者の意志のみならず、ボルショド県全体の人々の意志を反映しているのは明らかである。

第二週目に入ると、政治の局面では、一方で共産主義を（あらゆる仕方で）攻撃する者の声がさらに大きくなる。他方でプロレタリアート権力のために闘う者はあまり意見を公にはしなくなる。ジェールでは二九日の日曜日から、労働者評議会の公式発表が、状況につけ込もうとする非共産主義的な撹乱分子に用心するようにと警告を発した。一一月二日、幾人かの特派員が共産党員の権力がジェールでは脅威にさらされていると報道した。ブダペストでは反動的なデモがいくつか起きたようである。

しかし、真の反革命運動が力をつけつつあると考えるのは、愚かなことだろう。そうした運動は基盤を欠いているからだ。労働者階級の獲得した成果に異を唱えるような要求はどこにも現れなかった。政府の「右派」分子は過去に戻ることはできないとわざわざ宣言しなければならなかった。たとえば、小地主たちの指導者ティルディは一一月二日にこう述べた。「農業改革は既成事実である。コルホーズは当然ながらなくなるが、土地は農民に残されることになる。銀行、鉱山は国有化され、工場は労働者の所有となるだろう。われわれが行なったのは復古や反革命ではなく、革命なのである」。

ティルディが自分が述べたように実際に思っていたかどうかはここでは重要ではない。支配的な趨勢が革命的であるために、ティルディはこのように言うほかはなかったのである。

ブダペストで蜂起を起こしたのは労働者と学生だったのであり、その後も変わらない。一一月二日の青年連盟による最初の呼びかけが大変に分かりやすい。「われわれはホルティ将軍[*10]のファシズムへの回帰を望んでいない。土地を大地主に返したり、工場を資本家に返したりすることもない」。

地方では、プロレタリアートを除くと、真の社会勢力は農民であった。農民の要求や態度が混乱したものでありうるとしても、それでもやはり土地の分割に対する農民の闘争が革命的な性質をもち、また農民にとってコルホーズの指導者たちを追放することが大地主の追放と同じくらい重要なのは明らかだった。

実のところ、ハンガリーの農民は一度も土地を所有したことがなかった。農民は土地を奪うことで、後退したのではなく一歩前進したのである。農民はホルティ体制下ではその大多数が農業労働者であり、当時の人口の四〇パーセント以上を占めていた。農民は戦争直後の農業改革の恩恵を受けたが、すぐさま自分たちの新たな権利を奪われることになり、強制的集団化の憂き目にあった。協同組合を指導し、農民を犠牲にして豊かになっていた官僚制に対して農民は憎しみを募らせたのだが、この憎しみが古来からの搾取者である土地の特権階級に対して農民が抱いていた憎しみにほとんどそのままとって代わったのである。

そのうえ、周知のように、一〇月二三日以降の土地の再分配が一部の地域でしか行なわれなかったのに対し、そのほかの地域では農民が自らの手中に収めた協同組合が機能しつづけていた。このことは、前体制のもとでは集団労働が搾取に結びついていたにもかかわらず、一部の農民階層にとってはこの集団労働の利点がはっきりと感じとられていたということを示している。

それゆえ、農民が反革命勢力であると主張するのは単純すぎるだろう。宗教的伝統や家族的伝統と結びつき、またミンツェンティ枢機卿[*11]の復帰を言祝ぐ「小地主」党の代表者に対して、たとえ数多くの農民が信頼を寄せる傾向があるとしても、農民はあいかわらず被搾取階級の一員であったのであり、社会主義を目標に掲げる闘争においてプロレタリアートに合流する用意があった。

われわれは先に七項目にわたるミシュコルツの綱領を引用し、そこにあるのは民主主義的で国民的要求だけであることを示した。今度は、ミシュコルツの綱領といわば対になるマジョロバールの綱領を引用することができよう。農民たちが率いているのが明らかな「自治体執行委員会」は、国際連合の管理のもとでの自由選挙、農民の職業組織の即時再建、小職人と小商人の職業選択の自由、教会に対してなされた深刻な不正の補償請求など、一連のブルジョワ民主主義的な要求を表明しているが、それと同時にあらゆる階級間の差異の廃止も求めている（第一三項）。

われわれの考えでは、農民の運動ほど両義的なものはない。というのも、とりわけロシア革命がそうであったように、農民の運動においては、保守的な要素と民主的な要素がつねに共存するからである。

労働者の闘いは続く

蜂起が起きた二週目の終わりから大きな反革命運動が起こったとか、労働者の勝利が一掃されつつあると信じ込ませようとする者たちがいた。カーダールは後にこの嘘を否定しなければならなくなり、それは反動的集団による単なる脅しにすぎず、政府はこれらの集団の活動に対して先手を打つ必要があったのだと宣言しなければならなかった。しかし、これも嘘だった。というのも、事件のその後の推移が証明したように、労働者階級はハンガリー全土で激しく戦い、ストライキがふたたび全国に広がり、工場がもう一度蜂起の砦となったからである。こうした労働者による新たな勝利――労働者評議会と労働者の武装――こそ、ソビエトにとって我慢ならないものであり、ソビエトはこれを傀儡政府の手を借りて粉砕しようとしたのであった。

ラジオ・ブダペストは、蜂起がはじまった当初、労働者に訴えかけるための番組を流していたのだが、第三週にいたっても同じ番組を繰り返すことしかできなかった。労働者に対して、政府を信じて武器を捨て、仕事を再開するようにという訴えである。

実のところ、ソビエト軍の装甲車による攻撃の前から状況は流動的だったのであり、ハンガリー社会の未来は――

あらゆる革命においてそうであるように——、さまざまな社会勢力がほかの勢力にいかにして自分たちの目標を認めさせ、多数派を自分たちに従わせることができるかにかかっていた。

いずれにせよ、ホルティのような体制への回帰や大地主制および私的資本主義の復権は問題外であった。なぜなら、こうした復権を支持しうる肝心の社会階層がまったく存在しなかったからである。

これとは逆にありそうだったのは、議会に依拠して警察および常備軍を用い、生産においては官僚主義型の指導集団の利益をふたたび体現するような国家機構が再建されるというシナリオであり、あるいは、労働者の民主主義の勝利、評議会による工場の掌握、青年労働者および学生の武装というシナリオであって、要するに運動のさらなる先鋭化のシナリオであった。

後者の場合には、まちがいなく前衛が急速に再組織化されることになっただろう。前衛はブルジョワ的、官僚主義的な政治綱領に対し、労働者政府の綱領を対置しただろうし、評議会が一致して行動したり社会の指導を引き受けたりすることを可能にしただろう。

これら二つの道が可能だったわけだが、ほかの東欧の人民民主主義諸国で当時さまざまな出来事が起きたなら、〔ハンガリーが〕いずれの方向へ進むかという点について、こうした出来事が強い影響力を及ぼしたであろうことは疑いない。一方では、孤立させられた革命がハンガリー国内で拡大して勝利をおさめることができたかというと、それは疑わしい。もう一方で、程度の違いはあるにせよハンガリーの労働者がようやく解放されることになった搾取と同等の搾取を受けつづけていたチェコスロバキア、ルーマニア、ユーゴスラビアの労働者階級に対して、〔ハンガリーの〕プロレタリアートの運動がなんらの効果もおよぼすことなしに存続しえたかということも同様に疑わしい。また、この一月のあいだポーランドの官僚制にもソビエトの官僚制にも度重なる譲歩を強いていたポーランドの労働者運動に対して、この運動が大きな活力を与えることなしに存続しえたかどうかも疑わしいだろう。

革命がはじまるとき、もちろんその結末は前もって保証されていない。ハンガリー革命ではプロレタリアートは孤立していなかった。プロレタリアートに味方した農民、知識人、小ブルジョワジーが、あらゆる人々を搾取し抑圧してきた官僚制の独裁と戦ったのである。第一局面であらゆる人々を結集させたのは、民主主義的で国民的な要求である。こうした要求にもとづきつつも、事態が移り変わった結果、評議会から切り離されてこれに対立する国家装置や、農民や小ブルジョワジーの支持を得ることができるような議会制「民主主義」が再建されるようになるということも、理論的には可能であった。革命の第二局面でこうした要求の矛盾した内実が現れる。このとき、ブルジョワ型の民主主義かそれとも評議会か、強制力の行使に特化した団体としての軍隊および警察かそれとも労働者階級の武装組織かという選択については、他方を犠牲にしていずれか一方の解決策をとるべきであったかもしれない。出発点においては、蜂起はそれ自体のうちに、まったく異なる二つの体制の萌芽を含んでいたのである。

しかしながら、その後の出来事は、労働者階級の力がどれほど強力であったのかを示している。プロレタリアートではない集団が蜂起の第二週に果たした役割については、先に詳述したとおりである。しかし、この状況下でこうした集団が有していた現実的な影響力を誇張してはならないだろう。独裁体制が終わったときに、あらゆる政治勢力が現れ、古くからの政治家が監獄を出るやいなや集会を開いて演説をし、新聞記事を執筆して綱領を作成すること、さらに聴衆は共同の勝利に酔いしれて、自由への愛を謳うフレーズを口に出す者なら誰にでも喝采をおくりがちであること、こうしたことは避けがたいことだ。だが、このような政治勢力が体現する脅威は、いまだ社会における組織的な力にはなっていなかった。

この間、労働者評議会は存続していた。労働者は武器を手にとどまっていた。こうした評議会や労働者は――ソビエト軍を除けば——国内における唯一の現実的な勢力であり、唯一の組織された勢力だったのだ。

ソビエトの官僚制がどうしても許容できなかったのはこの勢力である。ソビエト軍は、ティルディ派、コヴァーチ派、ミンツェンティ派とすらも妥協し、譲歩をしながら統治することはできるだろう。ソビエトの官僚制はハンガリーでも東欧のほかのあらゆる人民民主主義の国家でもすでにこうした妥協を図ってきた——またフランスでは、一九四五年から一九四七年にかけて、トレーズ[*12]とその一派が、ビドーの組閣した複数の政府に平然と参加していた。しかし、武装した労働者が評議会を組織することは官僚制の完全な敗北を意味する。ソビエト軍が「反動の危機」という口実をでっちあげ、一一月四日の日曜日に評議会に対抗して装甲部隊を投入したのはそのためである。評議会が勝利しようものなら、その反響はすさまじく、ソビエトの体制そのものを転覆してしまうおそれすらもあった。

そのとき起きたのはまったく信じがたいことである。蜂起した人々は六日ものあいだ圧倒的な戦力の軍隊に対して抵抗したのである。ブダペストで組織的な抵抗が止んだのは、ようやく一一月九日の金曜日になってからである。しかし、軍事的な抵抗の終焉が革命に突然終止符を打ったわけではまったくなかった。ゼネストは続き、国を完全な機能停止状態に陥れたのであり、カーダール政府が人々の支持をまったく失っていることをはっきりと示したのである。しかしながら、カーダールは自身の綱領のなかに、蜂起した人々の要求の大半——なかでも労働者による工場の管理——をすでに受け入れていた。とはいえ、ハンガリーのプロレタリアートは、ソビエトの装甲部隊の力を頼って自分の権力を打ち立てようと望む裏切り者によっては、当然ながらだまされるはずがなかった。一一月九日から一六日の週にかけ、カーダール傀儡政権は、脅迫、懇願、約束の呼びかけを次々に繰り出し、そして——口先だけでは——いつもさらなる譲歩をした。実際には何もなされなかったのだが。そうしてカーダールは、一一月一六日の金曜日には、評議会——ブダペストの労働者の中央評議会——と交渉することを余儀なくされた。カーダールはこのように交渉に応じるというまさしくそのことによって、自身が権威を失っていること、国内における唯一の真の勢力が労働者にあることを認め、そして、彼らが労働を再開するためには唯一の方法しかなく、それは評議会がそのための命令を下すことであると認める結果となった。労働者の代表たちは、一連の要求が速やかに満たされなければならないという厳しい条件と引き換えにして、さらにはその他の点についても「読点一つ（あらゆる些細な事柄の意）」もおろそかにしないと公言することによって、ラジオを通じてようやく同志たちに仕事を再開するように求めることができた。

思い返してみると、こうした事実は、ハンガリー革命におけるさまざまな勢力が相対的な重要性しか有していなかった一方で、労働者評議会が並外れた力をもっていたということを示すばかりではない。こうした事実は、ソビエトの軍事的「勝利」の後においてすらも、ソビエトの官僚制が完全に敗北したことを白日のもとにさらすのである。民衆の運動を打ち負かすために、大規模な弾圧に頼り、二〇師団を動員するという事実それ自体が、社会主義を標榜せざるをえないソビエトの官僚制にとって、すでにきわめて重い政治的敗北であった。しかし、これはソビエトの官僚制がいままさに身にしみて経験しつつある敗北とは比べものにならない。ソビエトの官僚制は、カーダールの手を借りて人々を無益に虐殺したのであり、ハンガリーに自らの権力を再興できなかったこと、そして、ソビエトの二〇師団を手にしながらカーダールは結局のところ労働者評議会と歩み寄らなければならないということを認めざるをえないのである。

ハンガリー革命は終わらない。国内で二つの力が対峙している。ソビエトの装甲部隊と評議会に組織された労働者たちである。カーダールはきわめて大きな譲歩をして支持を得ようとした。しかし彼の現況に希望はない。この文章を執筆した一一月一九日月曜の前日になっても、評議会が下した労働再開の命令が実際に守られるかどうかは不確かである。多くの労働者は、自分たちの代表がカーダールと労働の再開を約束したのはまちがいであるとみなしているように思われる。カーダールはまたも失敗を犯したところである（もっとも、そうせざるをえなかったのだが）。というのも、労働を確実に再開させるためには、カーダールには労働者を飢えに追い込むという唯一の方法しかなかったからだ。それゆえカーダールは、政府とソビエト軍の許可なしに農民がブダペストに食料を供給することを禁止し、労働者が工場以外で配給手帳に手を触れることを禁じたわけである。このこと自体によって、カーダールはハンガリー労働者の目に自らの実際の姿——すなわち銃殺刑の執行者にして飢えを強いる者——をいっそうはっきりと見せることになり、自身と労働者を隔てる溝を深くした。その間、労働者は何よりもまず、ソビエト軍の撤退を執拗に要求しつづけている。ソビエト軍が撤退したときのカーダールの運命は容易に想像がつく。

労働者が対峙した体制

ソビエト軍による弾圧があまりに桁外れで、労働者の闘いがあまりに自明であったのだから、真実は自ずから明らかになるはずだった。フランス共産党員たちは、自分たちの指導者とソビエトの指導者が結託して殺人に及んだという点に気づくべきだった。しかし、「社会主義」国家に対する幻想がまさに消えようとしていたために、また『ユマニテ』一派への信頼が消え失せる瞬間が近づいていたために、ハンガリーでの出来事の真の姿を隠すためなら、彼らはなおさら手段を選ばないのである。嘘がどれほど大きくなろうとも、フランス共産党にはそうするほかに選びようがなかった。容疑者が自分の罪を少しでも白状したなら「尻尾を出し」てしまわないか恐れるのと同じように、共産党はすべてをまるごと否認した。共産党は、労働者階級が蜂起したことも、ソビエト軍の機甲部隊が労働者階級を粉砕したことも否認した。共産党は蜂起がファシストのクーデターだったという殺人者たちの説にしがみついた。ちなみにこれ否認したのだ。人々がモスクワの独裁を追い出そうと望んだことや、ナジが共産党員のままだったことすらはカーダールの説ですらなく、というのも、カーダールは蜂起した人々の要求がかなえられるだろうと絶えず主張していたのだから……。

フランス共産党は説得力に欠けており、こうした虚偽が問題を引き起こすことはわかっていた。党員とシンパは、闘争のなかで主張されたスローガンが基本的にブルジョワ的で、したがって反動的だとか、ソビエト連邦に対する敵対行為はナショナリズムの現れだと言ったり、ソビエトの介入なくしては体制は必ず資本主義の再建へといたるはずだなどと繰り返すだろう。ほとんどの場合、このように語る者は、人々がいかなる状況下で立ち上がったのかという点や、どのような体制と戦わなければならなかったのかという点を理解していない。

一〇年来、ハンガリーは人民民主主義と呼ばれる体制を経験してきた。それ以前には、二〇年以上のあいだ、ホルティ摂政の独裁を頂点とする半封建的で半資本主義的な体制下にあった。中欧や東欧の他の国々と同じように、農民が人口の多数を占めており、また、貧農——ハンガリーの場合には農業労働者であるが——が彼らだけで全人口の半数近くに及んでいた。プロレタリアートはいまだ弱いが、（チェコスロバキアを除く）隣国よりは明らかに成長しており、外国資本が多額の出資をする工場で働いていた。都市では中産階級が発展していたものの、彼らの望みは地主の貴族制に強固な土台をもち、外国が支持する独裁権力と真っ向から対立していた。さらに、ほかの低開発国と同様に、体制の安定は一部のブルジョワジーの加担と農民の無気力に支えられていた。ブルジョワジーは革命的な展望に恐れを抱き、農民は極度の貧困と大地主への完全な従属によって政治的意識の覚醒を妨げられていた。

実のところ、ハンガリー国家は一九一八年に樹立されたにすぎなかった。ハンガリー人は、東欧において最初に民族意識と国家を手にした人民の一つであるが、かつては数世紀にわたってオーストリアの支配下にあった。それゆえ民族独立の問題は、とりわけ一八四八年から急激に重要度を増してゆくことになった——一九四五年以降はソビエトの支配によって、あらためてその重要性が増すことになる。

トリアノン条約（一九一九年）によるオーストリア帝国の解体は、ハンガリーの民族問題に名ばかりの解決をもたらしたが、この社会が抱える他の諸問題にはいかなる解決ももたらさなかった。まず、土地の問題である。少数の貴族が土地を所有する一方、農民は、かたちはどうであれ内実は封建的な搾取を受けていた。次に、政治的民主主義の問題である。これに手をつけることができなかったのは、ハンガリーの圧倒的多数の農民が政治的に意見を表明することができるようになれば、農民は即座に土地の分割の問題を申し立てるはずだからである。

帝政ロシアと同様に、成長の遅いブルジョワジーは、こうした問題に取り組むことができなかったし、また取り組もうと望んでもいなかった。大衆がひとたび動き出せば、社会体制全体が危うくなるのではないかと恐れていたからだ。そしてロシアのように、プロレタリアートは数のうえでは少数派でありながら互いに寄り集まり、また政治的には成熟しており、社会の危機はプロレタリアートにこの危機に対する自身の解決策を提示するよう後押ししていた。一九一九年のベーラ・クン率いる共産主義革命は、クンの指導の誤りに加え、三国協商の強国による軍事介入によって敗北に追い込まれた。ホルティ体制が確立されたのはこの敗北によってである。すでに見たように、以前の状況を力でもって維持するだけだった。

ホルティはヒトラーに与して〔枢軸国側で〕戦争に参加した。しかし、戦争終結間際には、ハンガリーをドイツとの同盟から切り離そうとする動きがあった。ドイツ軍はそのときハンガリーを占領して真の恐怖政治を布き、左派活動家を追放して虐殺し、四〇万人のユダヤ人を強制収容所に送った。ドイツ軍はソビエト軍に敗れるまでブダペストに立てこもり、街路の一つ一つをめぐって交戦し、後に残されたのは荒廃した街だけであった。

〔ドイツに続いて〕今度はソビエト軍が恐怖政治を布いた。ブダペストに国民政府が樹立されるまで、略奪、強姦、つるし首が続いた。

共産党が率いたこの政府は当初からかなりの困難を抱えていた。この政府は占領軍が作った代物であり、崩壊状態の国のただなかで作り上げられたのであって、ハンガリーの時代遅れの構造に支えられて、ホルティの後見のもとでようやく生きながらえてきたからである。共産主義者の権力の実体は、一九四六年の選挙の際にはっきりと知られることとなった。共産主義者が投票数のわずか一五パーセントしか獲得できなかったのに対して、小地主の政党、国民主義的な農民の政党、社会民主主義政党が選挙民の残りを分け合ったのである。

しかし、共産党は重要な切り札をもっていた。一方では、ソビエト連邦の支持が共産党に支配的な立場を保証し、他方ではとりわけ過剰搾取されたプロレタリアートおよび農民の存在によって、共産党は革命的なイデオロギーを急速に広める可能性を有していた。ハンガリー人民の圧倒的多数は貧しい労働者によって構成されており、彼らは断固とした革命政治を理解して支持する準備ができていたのである。

してみると、共産党とは何であったのか。共産党は土地の分割と銀行および工場の国有化を行なうことで、かつての支配層の敗北を決定づけようとしたのだが、それと同時に、新たな国家の官僚制を作り出すためにこの階層の構成員を利用しようとした。ホルティ体制の代理人であった技術者、活動家、さらに政治家さえ（たとえばコヴァーチ）、新たに国有化された工場、新しい軍隊、新しい警察の幹部となり、党へと流れ込んだ。それゆえ、一方には目覚ましい改革があり、土地が分割され、国有化が農民やプロレタリアートに利益をもたらすように思われた。それに対して、もう一方では指導階級と搾取される人々とのあいだにふたたび厳格な分離が確立されることになる。搾取される人々にとって、権力はホルティ体制の時代とかわらず異質なものでありつづけていた。

工場では、ソビエト連邦で支配的だった労働条件にならって、きわめてきつい労働条件が確立された。ソビエト連邦や他の人民民主主義諸国と同様に、生産性を向上せよという絶えず繰り返される命令が組合を通じて伝えられた。労働者は頻繁なノルマの引き上げを受け入れなければならず、さもなければ怠業者とみなされた。給与はきわめて低い水準に据え置かれ、というのも、労働者は「社会主義」の建設のために身を捧げなければならなかったからである。ストライキは国家反逆罪として禁止された。

地方では、土地が分割されるやいなや強制的な集産化が行なわれた。農民には国家への生産物の販売に際して公定価格が課せられ、わずかな収入と引き換えに協同組合での労働が義務づけられることによって、農民の生活水準はホルティ体制下とほとんど同じだった。

同時に共産党組織が作られた。実働人員は一九四六年の時点では非常に少なかったが、加盟者は八〇万人という途方もない数に達していたようである。その目的は、指導集団の意志に完全に従い、あらゆる水準で国家の決定が実行されるように目を光らせるような社会を指導するための機構を作ることにあった。ソビエト連邦やほかのあらゆる人民民主主義諸国と同様に、この目的が達成しえたのは、党の内部においても外部においても、あらゆる反対勢力を力づくで黙らせたからにほかならない。したがって、あらゆる公的な政治表現は統制され、報道は口を封じられて知識人は服従を強いられることとなった。非共産主義政党との協力が必要だった段階が終わると、ハンガリー共産党は単独で統治することができた。一九四八年以降、党の規律、警察と軍幹部の力によって、共産党は民主主義の外見に頼る必要がなくなっていた。

党がこのように変質したのは、ラーコシが政策を誤ったからなのだろうか。

当然ながらそうではない。私たちが集産化の行きすぎや重工業発展に偏重した計画についてこれまで語ってこなったのには理由がある。というのも、仮にこうしたことに言及しなくても、体制の全体主義的性格はすでに明瞭だからである。ライクとナジが指揮をとろうとも、あるいはラーコシが指揮をとろうとも、共産主義政治は大筋においてはそれほど変わらない。独裁の要となる保安警察を作ったのは、一九四九年まで内務大臣を務めたライクである。保安警察のおかげで、政府はそれ以降大衆に意見を求めずに統治することができた。

共産主義政治のあり方をめぐって、ライクやナジがラーコシと異なる意見を持つことはありえなかった。ナジは重工業への投資のテンポが生産を混乱させたり、生産性の向上を望むことができないほどにまで大衆の購買力を低い水準に留めたりするおそれがあると考えていた。言いかえるなら、ぼろをまとったプロレタリアートが製鉄所を申し分ない仕方で建設することなど不可能であると考えていた。また、ナジはソビエト連邦が強制的な集産化によって陥った恐ろしい危機を記憶していたために、集産化を急がないようにと命じていた。しかし、ナジにしてもライクにしても、生産の組織化について労働者や農民の意見を聞くような計画はただの一度も考えたことはなかった。労働者評議会を計画の策定に参加させようと提案することもなかった。さまざまな分派がそれぞれ団結したり、意見を公然と表明したりする権利を認めるような党の実質的な民主化を求めて、ナジやライクが努力することなどけっしてなかったのである。

悲惨な生活水準、搾取の強化、社会生活および知的生活に対する警察の統制、これらが一〇年間にわたるハンガリーの民主主義の特徴である。体制はホルティの独裁から新たな独裁へと代わり、新たな任務（急速な産業化、農業の集産化）へと向かうのだが、この体制は先の独裁と同じくらい大衆と敵対していたのだった。

こうした状況に気づいていれば、「共産主義」権力の弱体化を示すほんのかすかな兆しが見えるやいなや、なぜあらゆる社会階層の人々が団結して立ち向かったのかが理解されるだろう。

「民主主義的」要求の意味

労働者、農民、中産階級、若者、そして知識人のあいだの団結は、歴史上稀にしか目撃されない。団結が見られるのは、全人民を抵抗へと追いやるほどまでに専制政治が押し進められる時代である。このような団結がロシア帝政に対するロシア革命の勝利をもたらした。ロシア革命においてもハンガリー革命においても、とりわけ知識階級とプロレタリアートの例外的な融合が生まれ、そして変化の渇望を内部にはらむ若者の熱狂が同じ様に見出される。

このような状況下では、民主主義的なスローガンは爆発的な効果をもつ。自由選挙、単一政党制の廃止、報道の自由、労働者のためのストライキの権利、農民のあいだでの土地の分割——これらの要求はすべて、一歩後退ではなく、大きな前進の一歩となる。なぜなら、要求が全体主義国家の機構を破壊する結果をもたらすからである。

実のところ、こうした要求だけが唯一の前進ではなかった。いたるところで労働者評議会がさらに徹底的で、プロレタリアートに固有の要求をいくつも提起していたことはすでに指摘したとおりだ。いまここで強調したいのは、ハンガリー蜂起の民主主義的なスローガンそれ自体が進歩的な意味をもつということである。このようなスローガンはホルティ体制下ではけっして実現されなかった。ハンガリー人は、封建資本主義独裁に対してもスターリン独裁に対しても同様に背を向けていたのである。

労働者はブルジョワ・イデオロギーのために分別を失っていたのではない。民主主義的要求を支持していたとき、労働者は自分たちの大義のためにも闘っていたのである。なぜなら、民主主義的要求は、独裁によって口を塞がれていた人民大衆の全体にふたたび声を取り戻させたからだ。

プロレタリアートは、党が候補者リストを押しつけたり、あらかじめ結果が決まっていたりするような選挙をもはや望んでおらず、自分たちの代表を選ぶことを望む。おそらく近い将来には、プロレタリアートは、自分たちの声をあらゆる社会階層の声のなかに埋もれさせてしまう〈議会〉を通じて影響力を及ぼすのはもはや不可能だということを知るだろうし、勝利を望むなら自分たちの評議会を〈議会〉に対置しなければならなくなるだろう。とはいえ、さしあたっては労働者は既存の諸制度に則って、それらに活力を与えようと努める。プロレタリアートは全体主義に対する政治的自由一般を要求しているのであって、次の段階でその自由がどのようなものであるべきかをより正確に定義しなければならないとしても、まずはそうするのである。

プロレタリアートが単一政党の廃止に賛成するのは、一つの党による排他的な支配が、国家が課す規範から外れた意見や集団の形成をすべて禁止することに帰着するのを知っているからである。プロレタリアートは組織する自由を欲する。彼らは完全に正当な革命政党が複数あることと、社会主義体制を脅かしうるブルジョワ政党が複数あることをたしかに区別しなければならなくなるかもしれない。それでもやはり、彼らの現在の反応は根本的に健全である。同様に、プロレタリアートが報道の自由を求めるときにめざしているのは、国家の支配下にある諸組織を破壊することなのであり、そして、仮に反体制派の意見であっても、意見を公然と表明する権利を主張することなのである。

土地の分割と強制的集産化

あらゆる民主主義的要求のなかでもっとも典型的なのは、土地の分割に関する要求である。いくつかの地域で協同組合が維持されていたことはすでに指摘しておいたが、この点には立ち戻らない。農民の圧倒的多数が土地を奪取したのが事実だと認めよう。〔けれども〕このような振る舞いはどうして反動的だと言えようか。

フランスのスターリン主義者は憤慨する。脱集産化は社会主義にとって恐るべき後退であり、脅威だというわけだ。しかし、今度は私たちが問う番だ。集産化の社会主義的な長所はどこにあるのか。

私たちはその長所が次の点にあると考える。農民は協同組合に集うことで、資源を共有して強力な農業機械を手に入れ、生産性を上げることができるし、そしてこのような進歩のおかげで、生活水準や文化水準を向上させることができる。さらに、共同作業によって精神性を変えることにもなる。農民たちは彼ら共同の計画において問題に直面することを通じて、社会のほかの人々と活発に交流し、さまざまな生産部門のあいだに存在する関係を理解するようになり、ますます積極的に経済組織の全体に参加するように導かれるだろう。

ハンガリーの集産化は強制されたものであったのだが、集産化はこのような社会主義的な美徳にもとづいて進められていただろうか。

もし農民が協同組合で働くように無理強いされるなら、もしそこで自分たちの仕事を共同で決定するのではなく、労働しない役人の命令に従わなければならないなら、もし生活水準が上がらないなら、そしてもし農民の収入と官僚の収入の違いが大きいのならどうだろうか。こうした状況下では集産化がまったく社会主義的ではないのは自明のことだ。その場合には協同組合の官僚に対する農民の憎悪は、農民が地主に対して抱いていた憎悪と同じくらい健全である。土地を所有し、自らの仕事に責任を持ちたいという農民の望みは、一〇年前と同様に正当である。革命派の労働者は、集団的な生産の利点を農民が少しずつ理解するようになると期待することはできる。なぜなら、これらの利点は実際に計り知れないからであり、農民自身が協同組合の優位を認めないのなら社会主義は安泰とはならないからである。しかし、さしあたって労働者は、農民を犠牲とする抑圧と農民自身が戦うのを助けることしかできないのである。

『ユマニテ』は大地主が土地を取り返すかもしれないとほのめかして揺さぶりをかけた。しかし、当然のことだが、他所とまったく同じように、農民にとって大地主を呼び戻すことなど思いもよらぬことだろう。このスターリン主義の機関紙は、エステルハージ公爵が釈放されたと報じることで満足した。たしかに公爵は釈放された。というのも、監獄は空になったからである。しかし、公爵は何をしたのか。生まれ故郷を足早に巡ったのち、オーストリアに逃げたのだった。

ソビエト連邦によるハンガリーの搾取と国民的要求

国民的な要求は典型的に反動的な要求だと言われることがあった。ところで、こうした要求を正しく評価するためには、要求が現れた状況をあらためて考える必要がある。

事実は以下のとおりである。一〇年来、ソビエト連邦はハンガリーを搾取している。私たちは統計やブルジョワジーによる証言からこのことを学んだのではない。ラーコシの敗北以来（つまり〔一九五六年の〕七月以来）、ソビエト連邦によるハンガリーの搾取を白日のもとにさらしたのは、ハンガリーの進歩的共産主義者たちである。

ソビエト連邦はまず、すでに弱っていた国家財政に非常に重くのしかかる戦争賠償金を要求した。一九四六年には国の総生産の六五パーセントがこの戦争賠償金に割り当てられた。一九四七年には国家予算の一八パーセントが当てられた。

次に、ソビエトはあらゆる人民民主主義諸国においてと同様に（そしてこのことはチトーとの絶交の主たる原因であったのだが）、ハンガリー人に対し、ソビエトには農作物を国際市場で予想される価格よりも低価格で販売するよう強いて、間接的な搾取を行なった。ソビエトは取るに足らない保証金と引きかえに、ついにはウラン鉱床を取り上げる手はずまでも整えていた。

そのうえソビエトの支配はこうした経済的な側面だけに限られず、社会的、政治的、そして文化的な生活のあらゆる分野に現れていた。

ハンガリー共産党内のあらゆる派閥の命運が、モスクワにしっかりと握られていることはよく知られたことだ。たとえば、〔ゲオルギー・〕マレンコフの時代にナジが台頭し、その後マレンコフの失脚ゆえにナジが失墜したことは、ソビエトの政治局の〔ハンガリー共産党に対する〕指導的役割をはっきりと示している。

作家、哲学者、芸術家にはソビエトのモデルが押しつけられ、あらゆる独立した表現の試みはすぐさま抑圧された。こうして、たとえばハンガリーの哲学者でありマルクス主義者でもあるルカーチは、マルクス主義の分野でスターリン主義のロシアがかつて生み出したあらゆる成果をはるかに凌いでいたにもかかわらず、不名誉な自己批判を行なわなければならなくなり、優れた文学と哲学はただ一つしか存在しないこと、つまりモスクワで実践される文学と哲学しか存在しないことを認めざるをえなくなった。学校ではロシア語の授業が義務づけられた。この一覧表にソビエト軍の常駐を付け加えるなら、ハンガリーとソビエト連邦がどのような関係を結んできたのかについてはすでに明らかだろう。この関係は、実は植民地主義的な性質の搾取を表していたのである。

ところで、もしもあらゆる植民地国家で民族独立の願望が大きくなると仮定するなら、元来豊かな民族的過去をもつハンガリーのような国では、外国の搾取者に対する憎しみはさらに強くなった。外国人の振る舞いが反動的であるとき、外国の搾取者に対するこの憎しみを反動的と形容するのは常軌を逸しているだろう。

たしかに、民族的な要求はつねにナショナリズムへと堕しがちである（植民地国家においても同様である）。私たちは、コシュートの紋章を振り回したり、あるいはハンガリー国旗から赤い星を切り取った〔ソビエトを象徴する五芒星をハンガリー国旗の中心からくり抜く行為〕人々のうち、かなりの数の者が純然たる排外主義に陥っていたことは疑いえない。小ブルジョワジーがこの排外主義の格好の的であることも十分すぎるくらい知られている。私たち自身も、反ロシア感情の爆発が、農民のあいだに父祖伝来の憎しみを呼び覚ますことになったと考える。しかし、大事なのはそのことではない。国民的な要求のなかには健全な側面もまたあった。ソビエト軍の即時撤退を求め、ハンガリーの主権と独立を宣言することを求めていた革命的な若者と労働者評議会は、ソビエト帝国主義による圧制を非難していた。彼らは外国の全体主義国家とハンガリーの全体主義国家の双方と戦っていたのである。

そのうえ、ソビエトに対する闘いが典型的に国際主義的な振る舞いをしばしば伴っていたことを示す証拠もある。ソビエト軍の兵士は、住民から交わりを結ぶことを求められると、実際に住民と交歓した。こうした意思表示があまりに広がったために、モスクワの官僚制は一部の軍を呼び戻し、住民に同調することのない、より信頼のおける部隊を送り込まなければならなかったというのは、ほぼまちがいない。蜂起した人々が自分たちに対して引き金を引くのを拒否した兵士を歓迎することで示した友好的な態度は、兵士にハンガリーへの亡命権を与えるように求める決議によってでも裏打ちされている。

フランスのスターリン主義者の姿勢を非難する必要があるだろうか。第二次世界大戦終結時に彼らが「ドイツ野郎」と名づけた人々を前にして自分たちこそ排外主義に陥っていたのにもかかわらず、フランスのスターリン主義者は厚かましくもハンガリーの蜂起した人々のナショナリズムに憤るのである。

ソビエトの官僚制とハンガリー革命

ナジが蜂起の勝利とソビエト軍の撤退を同時に発表したとき、ハンガリー革命の第一幕は閉じたと信じた人もいた。しかし、幕間はなかった。幕が下りたと思うと、戦車の轟音とともにふたたび上がり、ハンガリー領に押し寄せた戦車はブダペストを包囲し、橋と道路を占拠し、ハンガリーをほかの世界から切り離したのだ。

私たちはソビエト連邦がハンガリーへの侵攻を敢行するとは予想していなかった。半年前、スターリン独裁は正式に断罪されたからだ。ソビエトの指導者たちは警察による恐怖政治の終わりを約束し、幾度も信頼回復を狙った振りをして、社会主義国家間の関係を定めるにふさわしい平等の原則についてチトーと署名を交わしていた。ほんの一月前には、ポーランドの革命の動きに対して譲歩していた。五日前には、ソビエトの指導者たちは長い決議文を公表し、これによれば中欧および東欧諸国からのソビエト軍撤退が検討されており、人民民主主義諸国が自国の政策を自由に決定する権利が認められていた。さらに攻撃の四八時間前には、ソビエトの国連代表団が、ソビエト軍はハンガリー在住のソビエト国民が出発する際の安全を確保することだけに努めると断言していた。

しかし、二四時間のうちに、譲歩は撤回されて宣言は取り消され、約束は反故にされて民主化は一掃された。ソビエトの指導者たちは、ふたたびスターリン主義の忌まわしい顔をすすんで取り戻す。自分たちに対する信頼を回復しようと、彼らはそれまでスターリン主義を案山子に仕立てあげて攻撃していたにもかかわらず、いまやそうするのをためらわないのである。

人類の歴史はたしかに血なまぐさい例に満ちており、政府の嘘や裏切りに満ちているのかもしれない。しかし、共産主義を自称する国家が、一国の全人民に対抗し、もっとも残虐な弾圧を引き起こすとは誰も想像できていなかった。

人々はソビエト体制の本当の性格については意識していたし、スターリン主義がこの四半世紀来、あらゆる労働運動において担ってきた反革命的な役割のことも知っていた。あるいは、ソビエト連邦ではどのような反対派も容赦なく弾圧されたことを記憶しているし、集産化の時代に数百万人単位で強制収容所に送られた人々がみなどのような運命をたどったのかについても記憶している（フルシチョフは最近、第二〇回党大会でこの点を認めている）。それにもかかわらず、ハンガリーの場合にかぎっては、ソビエト連邦――つまり、その政府のことだが――が全世界を前にして、そしてあらゆる国家の労働者とあらゆる国の共産主義者を前にして、住民の全社会階層が参加する蜂起を数千の戦車によって押しつぶすという愚を犯すなどとは誰も考えていなかったのだ。

これが実際に起きたことだ。私たちはクレムリンを過小評価し、クレムリンの人をあざむく力、冷笑主義、そして人民大衆に対する憎しみを見くびっていた。フルシチョフ、ミコヤン、ブルガーニンのような人々は、スターリンに過去のあらゆる悪事と残虐行為を負わせることに熱中し、自分たちが望んでいなかった恐怖政治の無力な傍観者であるかのように装っていた。この一味は数ヵ月以来、自分たちのことを「善良な人々」に見せかけようと、世界のさまざまな首都で道化を演じていたのだが、彼らはその残虐さにおいてスターリンを超えたのだ。実際にスターリンにはこのような殺戮〔ハンガリー革命の弾圧〕の機会は与えられなかった。この殺戮を消し去ろうとこれまで無数の言葉が費やされ、またこれからも費やされるのだろうが、それでもなお、彼らの行為が消えることはないだろう。そうした言説が彼らを労働者の銃殺者だとして告発することはあるかもしれないが、それが同時に告発するのは、個人としての彼らの手が届かない一つの体制、すなわち官僚主義的資本主義なのである。

この体制はいかなる改革によってでも変えることができない。体制が民衆的な基盤を取り戻そうと、しばしのあいだ自由主義的になることはあるかもしれない。だが、脅威にさらされるやいなや、体制は反体制派——仮に人民全体が反体制派だとしても——をたたきつぶすという自らの論理に即して行動する。

ソビエト連邦の新しい進歩的な官僚制を歓迎する用意があった者はみな、この官僚制が戦闘の際に見せた忌まわしい顔をいまとなってはよく観察して欲しい。廃墟、おびただしい犠牲者、そしていまや世界から孤立し、ふたたび抑圧のもとに生きることを強いられている蜂起した人々の惨状を見て欲しい。少なくとも理解して欲しいのは、選択しなければならないということだ。しかも、スターリンかフルシチョフか、フルシチョフかマレンコフか、いわゆる強硬派か穏健派かという選択ではない。全体主義的な官僚制と、この官僚制に唯一反対することができ、また搾取を受けながらも唯一社会主義に意味を与えることのできる者たちとのあいだで、根本的な選択をしなければならないのである。

フランスのスターリン主義の駆け引き

パリとモスクワの共産党指導者の嘘に傷ついた者は今日では数多くいる。しかし、彼らは身動きがとれないと感じている。私たちが語りかけるのは、とりわけそうした人たちに対してである。私たちに向かって次のように言う者がいるかもしれない。「ブルジョワジーが大喜びするのがわからないのか。共産党を攻撃することで、ブルジョワジーを助けるということがわからないのか」と。

こう答えよう。「たしかにブルジョワジーはハンガリー革命を利用して点数を稼いだ。しかし、ソビエト連邦が西側陣営で起こる対立をつねに利用するのと同じように、ブルジョワジーはソビエト陣営で起こる対立をいつも利用するということは、はっきりさせておかなければならない。フランスで『フィガロ』紙と『ロ－ロール』紙がライバルの〔ソビエトの〕帝国主義の困難を大げさに喜ぶのは当然のことだ。それでも労働者は、彼らが支持するハンガリー革命が自分たちの階級の敵が引き合いに出す革命ではないということを知っている。もし、ブルジョワジーの新聞がソビエト連邦に反対する論拠をハンガリー革命から引き出しているというただそれだけの理由で、この革命について言うべきことがないと感じるなら、東側の国で起きる労働者による革命をけっして支持しないということになってしまうだろう」。

さらにこう言われるかもしれない。「ハンガリーの蜂起は多種多様な勢力を生み出し、小ブルジョワジー分子のみならず反動分子に対してすらも、危険な権力をふたたび与えることになった」と。

このように答えよう。「第一に純粋な革命などありえず、さまざまな勢力が現れるのは必然である。ロシアの偉大な二月革命も周知のように純粋ではなかった。労働者と貧農には小ブルジョワジーも味方し、さらには皇帝ではドイツとの戦争を勝つことができないと憤慨したがゆえに、労働者の戦いに加わった者たちすらもいた。さまざまな勢力を分裂させて対立させ、こうした勢力間の衝突に対して最終的な決着をつけるのは闘争の力学である。ハンガリーでは、運動はソビエトがこれを押しつぶすことを決心した一二日前からすでに分裂していたが、未来は彼ら運動の目前にあったのだ」。

「次に、人民民主主義諸国かあるいはソビエト連邦で今後起こるであろうあらゆる革命では、力関係はきわめて複雑であることを理解して欲しい。全体主義があまりにも反抗の感情を引き起こした結果、誰もが全体主義に対抗して手を結ぶ準備ができている。はじめの時期には、蜂起する人々すべてが自由という共通の目標を持つ。しかし、その時期が過ぎると、一方では民族の過去、祖先の宗教、かつてのわずかな利得、廃れた習慣の復活などを望む者も出てくるし、他方では社会を根本から変革し、ついには社会主義――その到来が告げられながら、同時にこうした声は押さえつけられてきた――の樹立を望む者も出てくる。小売店主は税の支払いが軽くなり、価格を上げることができるようになることを神に感謝するだろうが、労働者は工場の管理を求める評議会を結成するだろう」。

「あなたがすべきは、小売店主が『アメリカ万歳！』と叫ぶのではないかとか、あるいは農民が枢機卿の足元に殺到してひれ伏すのではないかなどと考えて思い悩むことではない。あなたがすべきは、プロレタリアートが何をなしているか、何を求めているか、いかに団結するかをあらゆる機会に訴え、プロレタリアートへの支援を訴えることである」。

後記――一九五七年七月から九月　ハンガリーの反革命

ハンガリーでは、反革命の仮借ない論理が発揮されている。数千人がすでに処刑され、また連日新たな逮捕者が出ている。〈権力〉はあらゆる反対派を叩きつぶすという計画を思い描いていたのだが、この計画をまずは体系的かつ偽善的に、次いで冷笑的に遂行している。〈権力〉は労働者評議会の要求の正当性を認めるそぶりを見せたと思うと、もっとも勇気があり、もっとも意識に目覚めた者たちをすぐに工場から一人ずつ引きずり出して、牢獄に放り込んだ。数ヵ月来、〈権力〉は彼らを虐殺しているのだ。反革命の〈恐怖政治〉――それがティエール[*13]の仮面をかぶろうとも、あるいはカーダールの仮面をかぶろうとも――はいつも真っ先に労働者に襲いかかる。労働者とは、完全に服従しないと許されない大衆なのである。昨日まで労働の現場で無名であった労働者は、今日はその死において無名でありつづける。社会は彼らの労働なくしては存続しえず、また、彼らの闘いと彼らの命という犠牲を通じてようやく社会が時おり変革されるにもかかわらず、彼らは依然として無名でありつづけるのである。社会にほんのわずかの人間性を取り戻させようと望んだことと引き換えにして、絞首刑に処せられたハンガリーの一般工や仕上げ工について、歴史がその名を記憶しつづけることはないだろう。

知識人はしばらくのあいだ、体制を支持することを求められたのだが、今度は彼らが容赦ない迫害の犠牲者となる。少なくともそうした知識人たち――ティボル・デーリ、〔ヨージェフ・〕ガリ、自殺に追い込まれたイムレ・ソース――の名前だけが私たちのもとに伝わっている。彼らの名はカーダールに対する抵抗があったことを示しており、彼らの名には〈革命〉の粉砕を前にして無力なまま立ち会う人々の怒り、連帯、希望が結びつけられるだろう。

新たな体制が行なった恐怖政治に関して、これと一一月の革命の日々についてよく言われるところの行きすぎを天秤にかけるべきなのだろうか。人々がラーコシ体制の警察官をつるし首にしようと街頭で追いかけ回したことや、共産党員さえも攻撃したことに対して憤慨する声も聞かれた。しかし、たとえ盲目であったとしても、抑圧者に対して爆発する大衆の怒りと、人民の内部のあらゆる反対派を封じ込もうとする集団の計算された暴力のあいだには、いかなる共通点があるだろうか。

別の角度からすると、進行中の反革命を目撃するとき、革命があまりに弱腰だったと思いたくなるのではないだろうか。労働者評議会の活動家や左派知識人を監獄に放り込む警察官、死刑判決を繰り返す多くのためのさまざまな措置を命じたり正当化したりする政治家およびジャーナリスト、こうした連中があまりに多いという事実を目の当たりにすると、革命が自分たちにとっての敵をほとんど全員生か﹅し﹅て﹅お﹅い﹅たという寛大さに感銘を受けざるをえない。

『ユマニテ』の記事を読んで憤慨したふりをしていた人々が、反革命に対して抗議するだろうなどと期待しても、当然ながら無駄だろう。彼らが沈黙し、そして沈黙することに少しも居心地の悪さを感じていないのは、ブダペストで勢力を握っているのが彼らの政治だからである。しかし、少なくともこの政治によって、ソビエトの二度目の介入の後になっても、依然として何としてもこれを信じようとしないでいた一部の人々の目を覚まさせることができるかもしれない。彼らは悲劇について語り、民衆蜂起の背後でひそかに計画されていたファシストのクーデターを打ち破るためには、カーダールは蜂起を血の海に沈める必要があったと語っていた。彼らが引用していたのは、ナジの綱領を引き継いで評議会の支持を得た統治を宣言していたあのカーダールであり、ソビエト軍と撤退の交渉をし、戦闘員に特赦を与えると宣言していたあのカーダールである。彼らによれば、こうしたことは、カーダールはおそらく悲しき救世主だったかもしれないが、彼がともかくも救世主だったことを示しているのではないか、そしてカーダールのおかげで、〈党〉が存続して社会主義の未来が可能でありつづけたことを示してはいないかというのである。一一月の反乱の輝きがかき消され、彼らの狂った想像力がカーダールという人物に投影していた悲劇が何も残っていないいまになって、彼らは茫然自失となり、ラーコシ体制を復活させた臆病な独裁者〔カーダール〕の陰鬱な顔をながめるばかりなのである。

　しかしながら、カーダールはなにも変わっていなかった。党を救ったのと同じ日に、カーダールは今日私たちの目前で繰り広げられている政治を引き受けたのだった。党を救うこととはこのこと、つまり大衆から切り離され、憎まれる全体主義〈機構〉を再確立することである。この〈機構〉は恐怖政治を通じてしか統治しえず、革命的な労働者や知識人を全滅させることによってしか統治しえないのである。カーダールの神秘などない。むしろカーダールは、自らが置かれた極限的な状況において、われわれの時代の真実を述べている。それは、もし〈革命〉が勝利しなければならないのなら、官僚主義的な〈党〉を破壊すべきであるということである。

　私たちは半年前に、ハンガリーの蜂起はさまざまな勢力を含んでいると述べた。ソビエトの介入がなかったら革命がどうなっていたのかは誰にも言うことができない。労働者評議会の途方もない運動が私たちの希望のすべてを表していた。それと並行して、小ブルジョワジー党と国民主義的政党が再結成されたために、これらの党と労働者評議会の運動は必ずぶつかり合ったであろう。革命は始まってから数日しか経っておらず、成熟する必要があった。未来は開かれていた……。唯一確かだったのは、ソビエト軍の戦車が切り開いた反革命という道だけだった。この反革命がたどった道筋について、今日の時点から考えを巡らすことはできる。カーダールと彼のソビエトの指導者たちを留保なしに早急に弾劾することが必要だったときに、ハンガリーにおけるブルジョワの反動の危険に関して、長々と論じることに時間と名誉を費やした人々は、〔いまさらになって〕たしかに次の問いを立てることができるだろう。「現行の体制よりもひどいものなどあるだろうか。〔あるいは〕いかなる基準を考慮するならブルジョワジーの反動の可能性よりも、スターリン独裁の実在性のほうが望ましいと判断できるのだろうか」。

もし、少なくとも共産主義の労働者たちと彼らに連帯する知識人がハンガリー革命の失敗を奇貨として、〔共産主義という〕彼らの仮面の下に隠れた自分たちの敵のすべてを区別することを学ぶのなら、また、もし彼らが仲間うちの争いのために自分たちの力をけっして犠牲にしないことを学ぶならば、この失敗は途方もない結果をもたらすだろう。

ハンガリーラジオの放送原稿は以下に再録されている。『ハンガリー革命——ハンガリーラジオが伝えた一九六五年一〇月から一一月』（*La Révolte de la Hongrie : d'après les émissions de la radio hongroise, octobre-novembre 1956*, préface de F. Fejto, Paris, 1956）。

ハンガリー革命について最良の知識を得るためには、以下の著作を挙げよう。フランソワ・フェイト『ブダペスト蜂起一九五六年——最初の反全体主義革命』（F. Fejto, *Budapest 1956*, Paris, coll. Archives, Julliard, 1966）〔いわなやすのり訳、窓社、一九九〇年〕。バラスィー・ナジ『一九五六年ブダペスト労働者中央評議会の形成』（*La*

Formation du conseil central ouvrier de Budapest en 1956, L'Haÿ-les-Roses, Les Impressions Des Roses, 1961)。ガヴォール・ケッシス「労働者評議会について」『社会主義か野蛮か』二三号、一九五八年（« Sur les conseils ouvriers », *Soc. ou Barb.*, n° 23, 1958）。パノニクス「ハンガリー革命の労働者評議会」『社会主義か野蛮か』二一号、一九五七年（« Les conseils ouvriers de la Révolution hongroise », *ibid.*, n° 21, 1957）。ピエール・ブルーエ、ジャン＝ジャック・マリー、バラスィー・ナジ編訳『ポーランドとハンガリーの一九五六年』（*Pologne-Hongrie 1956*, Paris, Études et documentation internationales, 1966）。情報を一点だけ訂正しておく必要があるように思われる。われわれは右傾化がジェールで始まっただろうと指摘したが、この点については、ピエール・ブルーエ「ハンガリー革命の証言と考察」『アルギュマン』四号、一九五七年（P. Broué, « Témoignages et études sur la Révolution hongroise », *Arguments*, n° 4, 1957）が異議を唱えている。ブルーエは、事件当時にジェールにいたピーター・フライヤー『ハンガリーの悲劇』（P. Freyer, *Hungarian tragedy*, Londres, Dennis Dobson, 1956）〔高田秀二訳、日本外政学会、一九五七年〕を引用している。

最近刊行された以下のすばらしい著作を参照することも可能だろう。ミクロス・モルナール『ある敗北の勝利――ブダペスト一九五六年』（Miklos Molnar, *Victoire d'une défaite, Budapest 1956*, Paris, Fayard, 1968）である。

【要約】

前章の「ハンガリーの蜂起」は、日本では「ハンガリー動乱」として一般的に知られる世界史的な出来事について、それが起きた一九五六年の時点でいわばリアルタイムに書かれた論考をもとにしている。それに対して、本章は同一の主題についておよそ二〇年後に書かれているため出来事の記憶が自ずと議論の俎上に載せられている。というのも記憶のされ方が出来事の評価に直接関わるからである。

一九五三年のスターリンの死から三年後になされたフルシチョフによるスターリン批判や一九七三年に仏訳が出版されたソルジェニーツィンの『収容所群島』第一巻におけるソ連の抑圧体制の告発、そして一九六八年の〈プラハの春〉を主とする東欧諸国で生じた反体制派の運動へのフランスの知識人の共感にもかかわらず、ハンガリー動乱の「革命性」はなぜ集合的な記憶のなかからこぼれ落ちるのか。ルフォールは、この政治的出来事が、フランス共産党知識人、毛沢東主義者、トロツキー主義者、社会党などの非共産主義に属する左派、サルトルのような代表的な知識人の目にどのように現れていたのかを多角的に検討する。そして、本章の後半（二二六頁以下）では、そうした議論のなかで把握されてこなかったハンガリー動乱の政治的な「新しさ」を「反官僚主義革命」として提示する。

第九章　もう一つの革命(1)

〔フランスの左派がハンガリー革命のなかに見ないもの〕

ハンガリー革命が、歴史的記憶のなかに永久に刻み込まれることになる数々の出来事の一つであることに疑いはない。全体主義という建造物に入った最初の亀裂はこのハンガリー革命にはじまる。それは、一九五三年六月の東ベルリンでの反乱や、その三年後のポズナン暴動、さらにポーランドの大規模な騒乱がもたらした亀裂よりも深いものである。こうした反乱の結果そのものが、ブダペストの反乱者たちの挫折によって悲劇的なかたちで修正されることになったのだ。請け負ってもいいが、未来の歴史家たちは、不幸な結末にもかかわらず「世界を震撼させた」一九五六年の一〇月から一一月におよぶ日々を長きにわたって問うことになるだろう。自由の獲得に燃える人々も同様に、偉大なる革命的なエピソードの思い出から自分たちの信念の糧を得るために、こうした日々を問いかけることになるだろう――少なくとも、知への欲望と自由への欲望とが未来の社会のなかで沈黙させられることにならなければの話だが。

しかし歴史的記憶と集合的記憶とは別のものである。集合的記憶のほうは、さまざまな集団のなかで、またそうした集団間の結びつきのなかで作り上げられる。しかしその際、集団は自らの現在の表象にふさわしいものだけしか過去から記憶にとどめない。しかも、われわれの時代においては、集合的記憶は、このような表象を流布する手段をもっている少数の人々によっていっそう執拗にかたち作られる。伝統を権威づけるために追想に満ち満ちた演説を行なう政治的指導者、模範的な過去を演出することに精を出す知識人、時代の支配者が好む情報だけを選り分けるのに長けた大小のメディアの情報操作者たちがそうである。ところが、この集合的記憶を探ってゆくと、ハンガリーの反乱の帰趨には強い衝撃を受けざるをえない。集合的記憶によってハンガリー革命は葬りさられたのだ。なるほど、〔ハンガリー動乱から二〇年を経た〕今年こそこの革命を呼び覚ます機会であった。メディアは死亡告知文といくつかの記念日を祝う欲求と嗜好くらいはもっているからだ。しかしここでも、五六年のハンガリーについての自発的な忘却ないし抑圧がなくなることはなく、反対に強調されたのである。なんという沈黙がハンガリーに投げかけられたか。

　私が思い起こしているのは西洋の左翼のことだ。右翼について問うたところで何になろう。あるいは、右翼は、利害によって命じられれば、敵である超大国の弱みにも配慮したり、あるいはその欠陥や矛盾の兆しを利用して現行の政権の政治を正当化したりもするだろう。右翼がハンガリー革命を消し去ったとか、あるいはソビエト帝国主義への批判の口実をハンガリー革命に時おり見出しているなどといって、どうやって彼らを非難できるだろうか。しかし左翼ときたら……。とりわけ、左翼が大きな影響力をもち、ラジオやテレビがその大物たちに発言の機会を与え、その機関紙が幅広い公衆の目に触れるフランスにおいてはどうだろうか。中国の文化革命やプラハの春へはかくも多くの言及があるのに、なぜハンガリーについては沈黙するのか。問題はより生々しい過去なのだと言いたいのか。しかし、たとえば、スターリンの恐怖政治によって惹起された大量の解説を見てもらいたい。それは、収容所からの脱走者たちの物語によって、とりわけソルジェニーツィンによって最近発見されたのだといまだに言いたいのだろうか。たしかに、『収容所群島』は、一連の反論の余地のない証言と情報から、この恐怖政治の特徴、規模、持続を明らかにしてくれた。しかし一九四九年以来、収容所の抑留者の数に関して経済社会評議会において明らかにされた新事実は、広く人口に膾炙してきたし、フランスの非共産主義左翼の知識人たちを驚愕させ、サルトルやメルロ＝ポンティから体制への非難を引き出してきた。彼らは、ソビエト体制はおそらく社会主義の名を横領するものでしかないと言うまでにいたったのだが、だとすれば、なぜいまになって二五年以上も前に学んだことを発見するというのだろうか。実際のところは、かつては新奇で、前代未聞で、考えられないものと思われたことが、しだいに集合的記憶の暗がりのなかに隠し埋められていったのだ。受け取られた情報はしっかり保存されたのだが、表象から排除されたというわけだ。もし現在それが忘却から舞い戻るとすれば、その情報が理解可能なものになったということである。とすると、この変化の理由は何だろうか。かつてはこうした情報は左翼の社会主義への信仰を危険にさらしたが、今日では同じ情報がそうした信仰を再建するのに貢献しているのではないか。人々は社会主義の仮面の下に全体主義を見てしまうということや、この全体主義が新しい特徴とともに存続していることを認めなければならないということを恐れて、スターリンのイメージのなかに〈悪〉の部分を投げ入れることによってこの危険を払いのけている。こうした変化がさまざまな歴史的状況に結びついていることの検討はここでは重要ではない。私がこの現象に関心をもっているのは、それがハンガリー革命の運命について教えるところがあるからにほかならない。

この出来事が生じたとき、それは、西洋の左翼の大多数にとって、新奇で、前代未聞の思いがけないものであるように思われた。それは当時誰の目にも明らかだった。しかしこの出来事が人々の心や精神に与えた動揺は長くはつづかなかった。その後人々はそれについてはもはや思いを巡らせないことを選んだのだ。たしかに、この出来事は一部の人々に癒し難い傷跡を残した。しかしこの傷跡についてはたいていの場合誰も何も知ろうとはしなくなった。当時のきわめて著名な共産党知識人のなかの幾人かの例は、この点についての何よりの証拠だ。私は一九五六年の一一月にパリでアルジェリア戦争に反対する知識人の団体の集会が開かれたことを覚えている。この団体は、共産主義者、トロツキー主義寄りの人々、進歩的キリスト教徒、サルトル主義者、そしてさまざまな傾向の人々を含んでいたが、その多くは組織されていたわけではなかった。この集会では例外的に何百人もの人々が集まっていたのだが、そのときに、人民は自分たちのことは自分たちで決めることができるという権利を引き合いに出して、フランスのアルジェリアへの介入とソビエトのハンガリーへの介入を同時に非難するという動議が提出された。共産主義者の小集団が怒鳴りはじめた。彼らは動議を支持した人々へ、「このごろつき、裏切り者め」と叫んだのだった。壇上のエドガール・モランが自分の話すことに耳を傾けてもらおうとしつつも、罵倒に動揺する姿を思い出してしまう。ところが、そこにいたソビエトの強烈な擁護者たち（わたしはその顔を忘れていない）は、それから何週間か何ヵ月もしないうちに、これまでの長い活動家としての経歴にもかかわらず、党を離れたのである。実のところ、フルシチョフ報告が露わになったことで、彼らに衝撃がもたらされたわけだ。さらに、アルジェリア戦争に対するフランス共産党の日和見主義が彼らの規律を過酷な試練にさらすことにもなった。だが、彼らの真の動機は何だったのだろう。ハンガリー事件は彼らを打ちのめした。この件は彼らにとってタブーのままであったのだ。もちろん彼らの確信は崩れ去り、かつての敵対者たちをごろつき呼ばわりする趣味ももう失った。そのうえ、彼らはソビエトへの信仰さえも失ったのである。しかし、ハンガリーは反革命に陥ったという不条理な信仰は生き延びたし、おそらくいまなお生き延びているだろう。不条理と言ったが、というのも、もはやハンガリーの体制やソビエトの体制が革命的な性質をもっているなどと信じていないときに、どうしたら反革命を信じつづけることができようか。そこに彼らの秘密がある。この秘密は彼らのもののままにしておこう。

むしろ彼らの振る舞いを一九六八年のチェコスロバキアの出来事を前にしたガロディ*1のような振る舞いと比較していただきたい。ガロディは、フランス共産党の偉大な理論家と長らくみなされていたが、当時チェコスロバキアの人々との連帯を大声で叫ぶことになったのだ。ガロディはチェコスロバキアの人々の権利要求を知らしめ、自分たちの法律を東欧に押しつけようとするソ連の主張に激怒し、さらにソ連の軍事介入を強い調子で非難した。ガロディは、フランス共産党との決裂によっても沈黙させられることはなかった。彼はロシア流の権威主義的な社会主義に対して、チェコ流の社会主義を「人間の顔をもった」社会主義の象徴とした。今日、新聞の紙面やテレビの画面において、彼はどのような応対を受けているだろうか。ガロディと彼の先達者たちとを対照してみると驚くべきものがある。しかし、この自由・民主主義的社会主義の体現者が一九五六年の記憶を呼び覚ますことを差し控えているのを見ると、いっそう驚かされる。彼は、親愛なる党がハンガリーの反乱者たちを苦しめるために行なったあらゆる中傷にかつては自分自身が加わっていながらも、自らの立場を撤回するための言葉を持ちあわせていない。ガロディはいまやソビエト連邦の党派主義、教条主義、それに対する無条件の支持を非難しながらも、ブタペストを思い起こす際には、スターリン主義的な衣装を身にまとっているのだ。ガロディの言葉によれば、日は〈プラハの春〉に昇るが、ハンガリー革命のほうは〈暗黒〉の時代に投げ返されるというわけだ。

ところで、ここ二〇年祖国から一人また一人と離脱してゆく共産主義者たちの冒険は彼らのみに関わっているのではない。多くの場合、非共産主義的左翼は同様の振る舞い方をしている。社会主義の指導者たちは――右寄りと呼ばれる者たちも左寄りと呼ばれる者たちも――、ブダペストを思い起こすことなど歯牙にもかけない。逆に、〈プラハの春〉を想起する機会であれば無駄にすることはしない。彼らの政治的意図は何だっていい。あるときは、同盟者である共産主義者を当惑させようとし、社会主義諸国の問題へのソビエトの介入に対する彼らの「驚き」から結論を引き出すよう命じるだろう。またあるときは、ソビエト連邦に対してフランス共産党が示す留保を利用して、世論は最終的に国民的な共産主義の存在に説得されるだろうという希望をもって、左派連合が信頼に足るものであることを示そうと躍起になるだろう。いずれにせよ、このような左派にとって、歴史の大転換は一九六八年にある。ドゥプチェク[*2]こそが、現代的で、独立した、自由主義的な共産党の指導者像を体現する対話の人であり、そうした特徴を人々に広めなければならないというのである。

〔プラハの春とハンガリー動乱との比較〕

読者は私の比較考察の意味について勘違いしないでいただきたい。この比較は、チェコスロバキアで展開された改革運動に対する過小評価を少しも含まない。全体主義社会においては、民主主義的かつ自由主義的な発想に導かれた改革はどれも、その規模がどれほど限定的であれ、単にそれ自体として有益であるばかりでなく、元来想定していなかった変革を可能にすることもある。国家の権威が党の権威と混じりあうところで、また、国家が党を媒介としてあらゆる活動領域やあらゆる社会化の領域に触手を伸ばすことによって市民社会が飲み込まれようとしている――ところで、国家と党のあいだの隔たりをもう一度導入しようとするプロセス――あるいは飲み込評価できようか。こうしたプロセスは、同時に、党の内部にさまざまな分化の条件をつくり出し、政治的なもの、法的なもの、経済的なもの、文化的なものの至上命題を区別しはじめているのである。こうしたプロセスがチェコスロバキアで着手されたこと、それを展開せんとする要求が公的に承認されたこと、こうした要求が社会の全幅にわたって集団的なエネルギーを結集させるようになったこと、以上のことは、一九六八年春の出来事に託された希望を正当化するのに十分である。付け加えておけば、東欧の諸々の体制の絡み合いがきわめて強いために、チェコスロバキアでの改革の成功が隣国にその影響を波及させると思い描くことも権利上は可能であろう。

とはいうものの、ハンガリーとチェコスロバキアの運動の相違を見誤ることもできない。二つの運動の類似は、その帰結においてだけである。革命の特徴を有していたのは前者だけであり、後者は、大衆の動員をもたらしたのにもかかわらず、改革の旗印のもとで展開することとなった。ハンガリーの運動のみが下から生じたのであり、チェコスロバキアの運動は啓蒙的なエリートの主導で開始されたのである。ところが、こうした相違は、なぜ一方が忘却ないしは抑圧され、他方の記憶はかくも積極的に涵養されたのかを説明できるものであるように思われる。しかもこの相違についてよりよく考察しようと望むならば、不意に訪れた一切の変化にもかかわらず、進歩的な左派の界隈で支配的な解釈のメカニズムが、新たな装置を利用しつつ、あいかわらず作動しつづけていることが明らかになるだろう。

〔フランス共産党の理論家、トロツキー主義者、毛沢東主義者の場合〕

この解釈のメカニズムはかつてどのように機能していたか——かつてというのは、先の戦争に先立つ一〇年間、さらにとりわけそれに続く一〇年間のことである。当時、社会主義世界と資本主義世界のあいだには大きな分割線が引かれていた。資本主義世界において、搾取と圧政は構造的な特徴として現れており、それに対して革命か改革の積み重ね以外のオルタナティブはないとされた。その帰結は、生産様式の根本的な変革、要するに国家権力の廃棄と私的所有の廃絶であっただろう。これとは逆に、ソビエト連邦（後には東欧諸国）が提示していたのは、ポスト革命社会のイメージ、すなわち、農業の集産化と生産手段の国有化が社会主義の土台を作り出すという社会のイメージであった。人々はこうした社会の土台について語っていたのであり、しかもそれは単にトロツキー主義者の側から語られていたわけではないのだ……！　たとえば、ソビエトのモデルに対して距離を保っていたトロツキー主義者自身にとって、支配階層の特権、給与格差の拡大、政治的反対派の抑圧、統治手段としての恐怖政治の活用などと彼らが呼んでいたものに対する不安が現れていたが、こうした害悪は、副次的なものに思われていた。あるいは、そうした害悪は、社会がブルジョワ革命の段階をすっとばし、民主主義的伝統を欠いていたために、半アジア的な専制主義の遺制から解放されるのに時間がかかった影響のためだとされたり、あるいは、国際的な力関係の帰結——ソビエト連邦が、資本主義諸国による封じ込めに対し、〈十月革命〉の獲得物を守り、自国の安全保障を確立するために、経済の領域においても政治の領域においても、悲劇的な選択を行なうよう追いやられたこと——のためだとされたりした。もう一度繰り返すならば、ソビエト連邦における、あるいは一般に東欧における圧政と搾取を示す特徴は、認知されていながらも、社会主義の表象を問いに付すものではなく、逆に社会主義の進歩が歴史的状況によって妨げられたと解釈されてきたのである。

当然のことだが、こうした議論はまったくなくなってはいない。それが、少し前から、フランス共産党の理論家たちによってもう一度取り上げられるようになってきていることは特筆すべきことでさえある。彼らは、ソビエト体制への批判や、その最高指導者の政治への批判の一切を排除し、さらには、たとえば、強制収容所の存在を端的にまったく否定したあとで、躊躇せずに、――歴史家のエレンシュタインのように――トロツキー主義的な視座からスターリン現象について語ったり、あるいは――哲学者のアルチュセールのように――スターリン的偏向（アルチュセールの発見によれば、レーニン主義に対する社会民主主義的な経済主義という死後の報復）を非難したりしている。しかし、党の集まりの外では、一連の出来事によってソビエト社会主義を理想化する土台が少しずつ掘り崩されている。すなわち、フルシチョフ報告の流布、政治裁判の不正に関する情報、元抑留者の証言、いくつもの大衆民主主義を覆した抗争、中国という新たな正統性の中心を出現させることになった共産主義世界の大分裂などがそうであるし、さらには、別の項目に属するものであるが、とりわけ六八年以降のフランスやイタリアのような国において、伝統的な労働組合の官僚主義や政治的な官僚主義の主導権や統制に収まらない新たな闘争方法や闘争目標の出現があるだろう。

　ところで、社会主義世界と資本主義世界とのあいだの分割という考えが、少なくとも発言権を独占する左派エリートの次元では維持されているというのは大いに示唆的なことである。毛沢東主義者に関して言えば、彼らの立場はよく知られている。彼らにしてみれば、ソビエトの指導者は改良主義者だ。ソビエト連邦において新しいブルジョワジーが再建されている一方で、中国において社会主義が具現化されているというわけだ。新たなトロツキー主義者の世代は、たしかに、かつての世代より厳格ではないように見える。新たな世代は体制批判やソビエト帝国主義の批判をいっそう推し進めるつもりだが、それは分析が進展したためというよりも、理論的一貫性の欠如のためだ。毛沢東主義者もトロツキー主義者も、固有の論理を備えた新たな支配システムが存在していることを見てとることができない。このシステムにおいて官僚階級が国家装置と党を中心に強化されるのだが、このシステムこそが自己保存という至上命題のもとで作動しているのである。毛沢東主義者やトロツキー主義者が想像できるのは、ロシアの体制が、社会主義の名高い土台を防衛するよりも、資本主義陣営と協定を結び、ブルジョワ・イデオロギーを再建するということくらいである……。彼らは、一連の出来事に照らして、新たな社会編成の特性をどのように解読しようとするだろうか。反全体主義的革命の意味をどのように理解し、階級としての官僚制の発展にどのように関心を寄せるだろうか。一方の毛沢東主義者は中国についての問いかけを繰り延べざるをえないだろうし、他方のトロツキー主義者は、官僚的国家と官僚的党の構成においてトロツキーとレーニンが果たす役割を吟味せざるをえないだろう。たしかに、これら二つの事例は、ハンガリー動乱との関連で、混同されてはならない。少なくともトロツキー主義者は、ハンガリー動乱の大義を守るという利点をもっていた。それというのも、実際彼らは、革命の争点を見定めることはなかったが、労働評議会の創設がプロレタリア闘争のもともとの条件への回帰を証言していると確信していた。いずれにせよ、彼らは潜在的に善である社会と潜在的に倒錯した社会とで世界が分かたれているという考えに囚われていたのだが、彼らがハンガリー動乱に対する沈黙や忘却のことで非難することはできない唯一の組織された集団であったことにかわりはない。加えて、こうした世界の分割という考えは、トロツキー主義者に関しては明白なので、われわれは彼らの思考のシステムを認識するためにハンガリー革命に依拠する必要はないのである。反対に、ハンガリー革命は、毛沢東主義者の精神性を明らかにするかたちですでに機能していた。彼らはソビエト体制への厳しい批判（幾人かは「赤いブルジョワジー」を非難するまでにいたったではないか）をしているが、本心を打ち明けさせれば、彼らとてブダペストの粉砕をまちがいなく正当化するだろう。ちなみに、この点においては、毛沢東主義者は、一九五六年の蜂起に対する弾圧を利用して圧倒的な力を課してきた偉大な〈舵取り〉の政治への忠実さを示すばかりである。だとすれば、さきほどわれわれが党から追放された共産主義知識人の例を挙げて行なったように、彼らの一貫性の欠如を語るよりもむしろ、彼らの表象に一貫性があることを認めるべきではないだろうか。国家装置および指導者の党に反対してあらゆる人民勢力を動員し、民主主義を現実のものとして実現した革命であるハンガリー革命は、（毛沢東はまさにこのことを間違えていなかった）官僚制的秩序の土台――この秩序が根づく場と、それが提示する形象がどんなものであろうとも——を瓦解させるおそれを有していたのである。

〔社会党の場合〕

毛沢東主義者の信条は、一旦イデオロギーの中核部分から解き放たれると、彼らの狭い領域を超えて広く流布される（とりわけ善良な中国という神話がそうだ）ということは明記しないわけにはいかないが、ともあれこうした小集団は放っておこう。むしろ（非共産党系の）公式左翼を考察しよう。というのも、事態を明らかにするわれわれの現像液が適用されるのはまさしくこの事例においてだからである。公式左翼の代表者の大半は、かつてのようにソビエトモデルを手放しで賞賛することはいまや控え、賛辞を送る際にもその「欠陥」への批判を添えるようになってきている。社会主義は人権の尊重と切り離すことができないとか、計画化は権威的であるかぎりは正しいものにも有効なものにもなりえないとか、分権化が望ましいという声も耳にする。さらに近頃では、自主管理という言葉の効力を発見することもしたようだ。要するに、あたかもすべては歴史的に樹立された肯定的な極への準拠がなくなっているかのように進んでゆく。つまり、社会主義はさらに構築すべきものだとされるのだ。そこにはもはや、資本主義およびそれに結びついたブルジョワ体制の、こちらも歴史的に樹立された否定的な極しか残らないだろう。しかし、彼らのハンガリーに対する沈黙は、彼らの思考様式が存続していることのきわめて明白な兆しの一つである。というのも、世界のこちら側とあちら側を震撼させた、あるいはこれから震撼させるかもしれないような諸々の革命的な出来事に直面して、伝統的な二分法が再建されたからである。革命的な出来事は、西側で生じている、あるいは生じる余地があるのか、それとも東側でそうなのかというかたちで（断っておかなければならないが、東側と西側といった概念は地理的なものではなく象徴的なものである。たとえば日本は西側に属し、中国は東側に属している）、暗黙のうちに二つのカテゴリーに分けられる。第一の仮説においては、革命は必然かつ正当で、望ましいものである。第二の仮説において、革命は必然性を欠いており、正当ではなく、望ましくないとすら言われうる。ここでは革命はステータスを有さないものとして現れる。人は革命の到来を願っていないだけでなく、革命が勃発して喜ぶこともない。彼らにとって、革命は、ある人がなんらかの場所に居合わせるのがふさわしくない、そこにはその人のしかるべき場所がないというときに用いられるような意味で、好まれざるものなのである。こうして、肯定的な極（ソビエト連邦における社会主義）が消えたとしても、幻想を抱いてはならない。公式左翼による社会主義の再発明という主張は見かけだけのものにすぎない。彼らは、それを名指すことも、正当化することもできなくなっているが、ソビエト体制への結びつきは保っているのだ。

〈プラハの春〉が彼らの熱狂をかり立てたのは、彼らにとってそこで開花したものが変革や改革の欲望だけだったからだ。東側では改革だけが良きものだ。革命は西側の空間を離れてはならないことになっているからだ。はっきり述べる必要はないだろうが、この区別はきわめて教えるところが多い。というのも、われわれの左翼が革命の名のもとで夢見ているものは、効率的で柔軟で、専門家と警察に監視された自主管理にほんの少しだけ場を譲るとされている良き官僚制の設立のことだからである。この意味で、ハンガリー革命は、現代の政治思想のための試金石となるように思われる。

〔ハンガリー動乱に対する当時の反応とその両義性について（回顧的に）〕

こう反論する向きもあろう。二〇年前、ソビエト体制の理想化がまだ強く残っていた時代に、ハンガリーの反乱者は、それでもやはり、非共産党系左翼の重要な分派に連帯感をかき立てたし、他方でソビエト連邦の軍事介入が激しい非難の対象となったではないかと。それはたしかにそうである。とはいえ、こうした議論の両義的な性格のことは思い起こしておくべきだろう。この両義性は忘却を準備することとなった。まず注意すべきは、ソビエトの第一の介入は第二の介入よりも率直に非難されたことだ。第二の介入は、いかに嘆かわしいものであろうと、必要なものとみなされることすらままあった。実際、初期の感情の高揚が静まると、良識が戻ってくる。右派勢力の再興を告げる二ュースがどれも誇張されるようになる。資本主義の復興がありうるという考えに対して不安が広がる。情報は巧妙に操作され、混沌とした状況への逸脱もありえるという印象が与えられるようになる。思い起こすまでもないが、反動的な潮流の重要性を伝えるような証拠は何ももたらされなかったのにだ。ホルティ体制への回帰を祈願したり、無秩序を利用したりする人々、あるいはまったく単純に西側のような民主主義の樹立を望む人々が存在するということはなにも驚くべきことではない。革命はどれも、多様な権利要求をともなっているのであり、もっとも反動的な権利要求も存在する。そして、なされた事柄すべての信用を落とすために、山師や略奪者といったいかがわしい人物など、革命の裏側にある反動が数世紀も前からずっと口実にされてきたわけだ。ハンガリーにおいて、右翼的な人々や小集団は聴衆をもたず、出来事の流れに影響力を与えるような手段は有していなかった。再建されたどの政党も、その綱領において、土地を大地主に返却したり、工場を民間資本の手に戻すことをめざす措置を推奨することはなかった。明らかに、労働者の動員、事業者協議会や地域評議会の発展によって、そうした計画の実現はもとより、それを述べたてることさえできなかったのである。混沌とした状況の切迫性に関して言えば、それを告げる兆しはいかなるものでありえたか。政治警察の官吏の簡易処刑執行については、広く喧伝されたが、局地的なものであり、その数もきわめて少ないものだった。政府が市民を服従させることができなくなった時期、ストライキが全般化し、闘争が多様化した時期に、世論を驚かすことになったのは、労働者たちが、迅速かつ効率的に、住民の要求を引き受けると同時に局所的に武装した抵抗組織の役割をも引き受けたことである。ハンガリーの大工場には、選挙による評議会があったということはわれわれも聞き知っているし、一〇月二九日と三〇日の停戦時には、いくつもの中央評議会が、都市全体の労働者を、あるいは県全体の労働者さえも代表していた。こうした組織は、とりわけ、ミシュコルツ、ジェール、モションマジョローヴァール、ペーチ、そしてブダペストのいくつかの周辺地域にまで知られることとなった。それらの組織は、ラジオの地域放送を使って、自分たちの権利要求を伝えていたが、それは社会主義への彼らの希求とさまざまな観点の驚くべき一致とを証言するものであった。

最後に、ナジ政権の公式声明があっても、さらにはソビエトの二回目の介入の後のカーダールの公式声明があったときですら、労働者の反乱の規模の大きさについては疑いの余地がなかった。フランスで『社会主義か野蛮か』誌が即座に十分な情報（新聞およびラジオの情報源からのみとられた）を収集し、労働者の組織と目標のイメージを与えるハンガリー蜂起についてのパンフレットを緊急出版したのはそれゆえである。時を隔ててみれば、こうしたイメージは多くの補足や修正を必要とするものであるが、そのことは重要ではない。こうしたイメージは、歴史家、とりわけ亡命したハンガリー人の歴史家らの仕事によって確証されるし、いくつかの点では大いに補強されるものである。それでもなお、左翼的な世論は、評議会の役割を十全に評価することができたにもかかわらず、さまざまな政党の再編ないし設立によって自分たちの判断を鈍らせ、反動という亡霊を揺り動かすほうを好んだのだった。最終的に彼らは、フランス共産党によって認められた事実の解釈を拒絶するほどまでに大胆になった。つまり、労働者の蜂起への参加や、スターリン主義者の権力を打倒したりその回帰を食い止めたりしようとする彼らの意志を告げることとなった。彼らは、ハンガリーに反革命が展開しているという見解をまず果敢に否定したが、とはいえ革命の現象を見てとることができなかった。そして革命という語が発せられたときでさえ、この語は内容を欠いたものにとどまっていた。というのも、革命が打倒している体制に対し名前をつける可能性が失われたままであったからである。それゆえ、最終的に、人々は反革命の潮流の発展について語るにいたり、ある者によればこれが革命に脅威をもたらしたとか、また別の者によればこれが革命を飲み込んだとか言われることとなったのだが、この革命そのものについてはけっして認めることはなかった。またそれゆえ、人々は最終的にソビエトの二回目の介入は必要であったとみなすことになったのだが、官僚制の防衛こそが、すでに一回目の介入のときからの唯一の動機であったことが理解されることはなかったのである。

実際、左翼の両義性は蜂起が起きた最初の時点ですでに明らかであった。一〇月二三日の反乱の知らせが引き起こしたのは熱狂ではなかった。見誤らないようにしよう、弾圧の知らせによって引き起こされた憤慨は、悲劇と思われたものへの悲しみの感情をともなっていたのだった。そう、デモ参加者の希求は正当であるように思われていたし、彼らに向けられた暴力は非難されるべきものであるように思われていた。だがそれはなぜか。なぜなら、この反乱はスターリンの死後、政府との妥協がどのようなものであれ、不当にも政権に残りつづけていた悪しき指導者や側近の誤謬、不手際、犯罪によって生み出されたものであるように思われたからである。あるいはまた、この反乱は、ソビエトの指導者層の誤謬、不手際、不正行為に帰すべき経済的危機によって生み出されたものであるように思われたからである。その指導者たちこそが、創始者である国家、すなわち彼らからすると社会主義陣営の一致団結を保証することができる唯一の国家の利害に東欧諸国の利害を従わせてきたのだ。要するに、出来事は、ソビエト連邦の性質についての伝統的表象を考慮しない解釈図式に従えば、特殊的、偶発的ないし回避可能な原因へと結びつけられていたのである。

先に私は悲劇と言った。ハンガリー革命はまさにそうしたものとして現れたからだ——それは、古典的な意味での悲劇の現代版だ。そこでは、心のなかにある社会主義の掟と制度のなかにある社会主義の掟とが対立しあっている。もちろん、諸々の制度は歴史の変遷によるし、またこの変遷によって要請される事柄はレーニンのような才覚をもたない人々によって解釈されてしまったわけだから、自由を取り戻すことや自分たちの生活条件を改善すること、そして、国家の独立を承認させること、こうしたことのために戦った人民の失望した気持ちを、人々はしっかり理解しようとしたのだった。しかし、高ぶる心は必然性に盲目になるものだから、人々は制度そのものが滅びないかと恐れたのである。だからこそ、われわれの左翼の思想家は、サルトルを筆頭にして、ハンガリー人民には武器を捨てるよう、ソ連には自分たちの国に帰るよう、ナジには〈党〉を救済し、ワルシャワ条約を尊重し、そして有効な改革を発表するよう懇願しようとしたのだろう。実のところ、彼らが目の当たりにしたのは、プロレタリア国家の神話が突然炸裂するところだったのだ。彼らが目にしたのは、一方ではハンガリー国家が粉砕され、ハンガリーの軍事力がソビエトの装甲車両の力に飲み込まれる様であり、他方では武装した人民たちの姿であった。悲劇が上演されたのは、彼らの幻想の舞台においてである。この出来事それ自体が彼らを動揺させることはなかった。というのも、彼らは自分たちが思考不可能になっていたということに思いいたることができなかったからである。彼らを思考不可能にした出来事とは、反官僚主義革命のことである。

〔サルトルの場合〕

いま、サルトルについて触れた。ここ四半世紀にわたって西側の左翼の精神を彼ほど体現した者はほとんどいない。五〇年代の初頭にはスターリン主義の峻厳な理論家となりながらも、それでいてフランス共産党への入党を差し控え、続いて人民民主主義のなかでソビエト連邦の政治の監視役となり、まもなく、フルシチョフ的な改良主義の信奉者、ファノン*3の支持者にして第三世界革命の代弁者となったが、その後は、若い毛沢東主義者たちの庇護者となり、もはやなんと形容していいかもわからない人物となった（そして進歩的な大新聞の論壇に毎度現れるようになった）。そのサルトルは、自分が放棄した命題をけっして否認することなく一つの立場からまた別の立場へと移行するという芸当をやってのけた。巷談では、サルトルはブダペストの反乱者たちに賛同の立場をとったとされる。実際には、サルトルがこの反乱者たちの権利要求を正当なものとしたのは、彼らを改良主義的な意志という限界内に連れ戻すためにすぎなかったし、革命についても、ナジ——歴史の理性がゴムウカ*4の役割を与えていたナジ——の帰還を妨害したゲレーの執拗さの不幸な帰結として提示しただけであった。歴史の脱線、これこそが当時サルトルが諸々の事実について下した解釈だ。彼の言うところを信じて、その誤りの原因が機械の操縦者や鉄道の転轍手にあるのならば、労働者評議会の壊滅という痛ましい代価をはらってでも社会主義をもともとの路線に引き戻すことが必然として命じられたということになる。クロード・ロワは最近、著書『要するに』のなかで、一九五六年の夏の次のようなサルトルの打ち明け話を思い起こしている。それによれば、われわれは沈黙によってソビエトを助けなければならない、と言ったというのである。(2) サルトルは、『スターリンの亡霊』のような果てしないおしゃべりを好んでいたことを確認しておこう。この物語はハンガリーの破局を引き起こすことになった諸々の偶発事を想像力のなかで再構成するものだが、これは、社会主義を破壊してしまうところにまで反動的勢力の主張を巧みに真実味のあるものとするものであった。しかし、実際には、サルトルは必要なときに沈黙する術も知っていた——この沈黙は、親愛の情をもってモスクワを訪れた者にとってきわめて有益なものであった。そして、今日でもなお、見たところ一通りの歩みをたどってきたのにもかかわらず、一九五六年の確信をかき乱すような追憶は見られない。ここにこそ左翼思想の驚異がある。かつてもそうであったように、今日この確信を正当化するのには難があるだろうが、とはいえこの確信は手つかずのまま残っている。そして、いくつもの意見の相違、さらには意見の転換があったとはいえ、つねにそこにこの確信が付随しているわけだ。

歴史の流れをスターリンに結びつけるにせよ、フルシチョフないしブレジネフに結びつけるにせよ、毛沢東、劉少奇、林彪に結びつけるにせよ、ドゥプチェク、フサーク[*5]、ゲレーに結びつけるにせよ、ラーコシ、ナジ、カーダールに結びつけるにせよ、われらの自称マルクス主義者たちを魅了してきたのはつねに権力の場である。そして、彼らにとって、社会主義の運命はこの場から決定されていたのである。

スターリン主義、修正主義、反主流派、自由化、民主化、人間の顔をもった社会主義——こうしたものが左翼の言説の優れたカテゴリーだ。しかし革命が突然起こると、こうした言説は崩れかねない。

〔ハンガリー革命の新しさ〕

したがって、過去における社会主義の悲劇的なエピソードが何だったかを言いあてる今年度〔革命二〇周年〕の機会は、ハンガリー革命が何を賭金としていたのかを評価することができなかった者、そうしたくなかった者、それを忘却しようと、あるいは忘却させようと腐心していた者に委ねておこう。葬り去られた事実や捏造された事実を明るみに出すという重要な仕事さえも別の人々に委ねておくことにしよう。私としては、本質的なのは、この革命における新しさを祝福し、問うことであると思われる。この新しさとは、革命の失敗とともに消え去ることのなかったもの、前代未聞の策謀を利用したハンガリーの官僚体制の再構成とともに消え去さることのなかったものであり、そして、その意味がわれわれの背後ではなく、いまなおわれわれの前にありつづけているものである。

先に述べたように、反乱を起こしたという特権を有しているのはハンガリー人だけではない。東ベルリンの暴動は、人民民主主義のうちに多数の反対派がいることを、つまりイデオロギーによって日常的に隠蔽され、実質的には警察機構によって無力化された反対派がいることをすでに明らかにしていた。東ベルリンの暴動はまた、幹部層の脆弱さをも明らかにしたのだった。実際、政治的責任者や組合の責任者の一部が自らの階層から突如離脱し、反乱者の側へ移ったのだ。ポーランドでも、それから一二年後のチェコスロバキアでも、程度の違いはあれ、国民的かつ民主的な権利要求に向けて動員された集団行動の力が露わになった。近頃ソルジェニーツィンが『収容所群島』の最終部においてわれわれに教えてくれたことだが、一九六二年にソビエト連邦の産業都市ノヴォチェルカッスク（ドン川流域に位置する）の全住民が三日間にわたる暴動を開始したということを付言しておくのはいまもって重要である。ここでの労働者の抗議運動の起源に東ベルリンの抗議運動を引き起こしたものと類似した事柄があること、また、ハンガリーの場合と同様の筋書きに従って、そこでの騒動が軍隊の介入ゆえに加速させられ、住民のほとんど満場一致の賛同を得て、党からの地方支部の離脱を引き起こし、そしてソビエトの指導者たちが新たな軍隊を用いた第二の弾圧作戦を企てる前に彼らに明白な譲歩を強いたこと――こうしたことは東欧の反乱のいっそう深い共通点を示す徴である。

しかし、それでも新しさが浮かび上がるのはハンガリーにおいてである。つまり、動乱の規模、その持続期間、権利要求の徹底性、革命家たちが示した組織化の方向性ゆえに、また国家装置と〈党〉の機構の瓦解と並行して、ハンガリーにおいてこそこの新しさが浮かび上がるのである。そこではじめて全体主義の矛盾が十全に現れるからだ。全体主義体制において国家は市民社会を自らのうちにのみ込み、どの部門で活動していようとあらゆる住民に同一の規範、同一の規則、同一の表象を押しつけ、階級の内的分割を否認し、さまざまな差異を人民民主主義あるいはプロレタリア国家という美しき統一体のうちへと吸収させることによって、自分自身の働きをいわば不可視のものとする。しかしその一方、そこで同時に働いているのは、権力が途方もなく遊離し、その枠内において、支配の手段が少数の支配者の手中に途方もなく集中するという作用である。そしてその結果、逆説的なことに、歴史的に規定された諸条件ゆえに、また権威の弱体化ゆえに、社会全体にわたって抗争が広がることになる。こうした権力に対し、程度の違いはあれども、なんらかのかたちで圧政を体験した大多数の住民が団結する。ここにこそ、ハンガリー危機の最初の帰結がいかなるものだったかが示されている。つまり、危機の前夜でも堅固に聳え立っているように見えたヒエラルキー、新しい支配システムから生じたあらゆる区分は、国家‐党と社会総体との分裂にくらべて二次的なものであることが突如露わになったのである。それゆえ、かつて遍在的で不可視的であろうとしていた権力は、突如として、強制機関、虚偽の言説の中心として自らの外部に再度連れ出された。そしてその一方、小役人の各々に指導者の力を通常授けていた同一化作用が働かなくなっていた。大部分において官僚層は解体し、その一部は自らの機能の幻想から解放されて、蜂起した住民のなかへと合流していった。繰り返すならば、革命の失敗もこうした真実を消し去ることはできない――この真実を幾人かの理論家たちは捉えることができたが、しかし、これは経験のうちに書き込まれることで、何百万の人間たちにとって具体的なものとなり、感じられるものとなったのである。その真実とは、全体主義はきわめて効率的な支配システムを構築するが、しかし同様にきわめて脆弱だということである。こうした出来事の後に、次のように考えることができるだろう。すなわち、もしなんらかの危機が全体主義という建造物の中核に、すなわちソビエト連邦に達するならば、全般化した制御不可能な反乱が勃発し、よそではどこにも見られないようなむき出しの権力を生じさせるだろうと。

しかしわれわれはこの新しさを東側の体制の空間にとどめておくことはできない。どうしてそうすることができようか。全体主義の発展は、西洋世界の歴史と無縁な現象ではないのだ。部分的には全体主義は西洋世界から生じている。ソビエト連邦におけるプロレタリア革命（その諸条件はこの国の西洋化に由来している）を踏襲しつつ、資本主義的生産様式とブルジョワ民主主義の批判から生まれた社会主義イデオロギーの旗印のもとにおいてである。実際、ハンガリー革命が普遍的な射程を帯びているのは、それが全体主義を破壊するという任務を引き受けようと試みながらも、その転覆の対象をなしていたもの、つまりブルジョワ革命を再興しようと望まなかったからである。そして同時に、生産手段の国家所有を破壊しようとしながらも、私的所有の再興を望まなかったからである。労働者評議会によって提示されたすべての提案、そしてまた、学生、知識人、作家、ジャーナリストら多様な組織から支持を受け、革命の最中に練り上げられた綱領（私はとりわけ、ペテーフィ党の指導者の一人であり、ナジの内閣の閣僚であり、ポピュリスト、農本社会主義者としてのピボーの綱領を考えている）の萌芽が物語っているのは、歴史的に前例のない企て、すなわち反資本主義的かつ反官僚主義的な企てである。この企ては、たとえ西洋を統べているものとは異なる特殊な条件の産物であるとしても、それでもやはり、その最終的な着想においてまでハンガリー的であるというわけではない（同様に、東欧的な革命的企てというのでもない）。それはわれわれのものでもある歴史的経験の教訓を凝縮している。すなわち、個別的な支配様式を超えて、近代的な支配システム全体の基礎を問いに付すのである。

ところで、現在われわれの注意を引いているように思われること――二〇年前に私はこれを誤認していたわけではないが十分評価していなかった(3)――、それはハンガリーの革命家を鼓舞していた探求の独自性である。実際、官僚制と対峙してプロレタリアートは、かつて大資本やブルジョワ国家との闘争という革命的状況のなかで鍛えられたさまざまな闘争の方法――ゼネストや、評議会などの組織化――を無意識に再発見したと強調するだけでは十分ではない。また、経済的にも文化的にも帝国主義的な圧政を被り、結社の自由、表現の自由、情報の自由、思想と人々の交通の自由の廃止が国家の全能のために役立てられているような国における、国民的かつ自由民主的な権利要求の正当性を認めるだけでも十分ではない。こうした言葉づかいにとどまっていては、新しい側面をなお見落としてしまうだろう。評議会において組織された労働者たちを筆頭に、ハンガリーの革命家たちは、単に、一九一七年やそれにつづく歳月における少数の先達のように、社会の命運に影響をおよぼすあらゆる決議をとりまとめる権力が危険を胚胎しているという想念を有していただけでない。彼らが有していたのは、（たとえこの権力がナジ政権の「信頼できる人の手」に委ねられていたとしても）そうした権力の危険性についての表象である。そのうえ彼らは、彼らのきわめて濃密な創造的な時期に、つまり、ソビエトの二回目の介入の後で、自分たち自身の権力の発展に由来する危険について、まったく新たな考察を示したのである。

バラージュ・ナジが描いたようなブダペストの中央評議会の形成の歴史はこの点で範例的である(4)。そこには、執行機関が労働者階級から分裂しないようにする共通の意志の最初の兆しが見られる。たとえば、ウーイペシュト評議会（ブダペストのもっとも重要な労働者地区の一つの評議会）の主導で招集された最初の連絡会議への代表者の指名方法である。代表者は、各人がもっている情報に従って関連する工場のなかから選ばれるが、その際に選出するのは工場の評議員ではなく労働者全員である。この現象が表しているのは、直接民主主義の枠内で革命的方針を維持しようとする方策である。一般に、注釈者が述べているように、「ハンガリーの労働者およびその代表者は民主主義精神に〈評議会〉の最大の価値をみた。ここで民主主義精神というのは、代表者たちと労働者全体を緊密に結びつけ、代表者たちを労働者の意志の担い手かつ執行者にほかならないものとするような関係性のことである。こうした評議会の運動において、労働者は自分たちの委任の原則から乖離した代表者をしばしば更迭することがあったということは指摘すべきである(5)」。指摘すべき二つ目の兆しは次のものである。一一月一四日にエッジスルト・イソーの工場で会議が開かれた際——中央評議会はここから生まれることになる——、参加者たちは、自分たちの代表としての資格の問題に専心しており、バラージュの指摘によれば、ヴェルサイユ宮殿での儀式を司るのと同じくらい厳格な「民主主義の礼儀作法」にいたく熱心だった。この問題が重要なのは、かれらは全国的な労働者評議会の創設を断念したことにある。そのような組織がいかに便利であるように思われたとしても、代表者たちの大半が判断したのは、自分たちの委任はブダペストの評議会の創設に限定されており、代表者たちのいない地方の評議会をも拘束するような決定を採用することはできないということである。効率性の基準と民主主義の基準とを対立させるこの議論は特筆すべきものだが、こうした議論の末に軍配が上がったのは後者の方だ。ちなみに、この選択が好ましいものであったのは、すでに知られているように、つづく日々において、この選択ゆえにいくつかの地方評議会の新しい中央機関への自由な加入が促されたからである。とはいえ、ここで問題になっていたのは、新しい体制における評議会の機能を問題にする根本的な議論のうちの意義深いエピソードにすぎない。

労働者の権力を創出しようとする欲望が現れると同時に、実際には、人々が交渉相手としながらもその正当性を認めていないカーダールの非妥協性のために、この欲望は現実のもののうちに刻みつけられる。つまり、中央評議会は真の政治権力と規定される。このことと同時に、全面的に労働者の手に委ねられた新しい革命権力という考えは認められなかった。というのも、この権力は全体主義的な性向をもつからである。なるほどそこには矛盾がある。しかし、バラージュが示唆するように、この矛盾は実りあるものである。加えて、この矛盾は、実践的要請と理論的要請との対立として要約されるものではない。実際、明らかなのは、評議会のために、今後の経済を指揮する役割を要求することで、代表者たちが政治的な性格をもった権力を要求しているということである。というのも、単に生産ノルマ、給与の分配、各所での労働条件を決定するだけでなく、全国規模での投資について決断し、一国の経済を指揮する能力は、政府としての責任を含むからである。したがって、代表者たちは、単に今だけ、不承不承、政治的責任を引き受けることに同意しているのではない。彼らはすでに、こうした責任を手に入れることを望みつつ、同時にその責任が限定されることを望むことで、将来の矛盾に立ち向かっていたのである。彼らが描いていたのは、こう言ってよければ、政治を担当する政治機関と経済を担当する政治機関とのあいだで権力が分割されるという新たな権力分割のモデルである。すなわち、ブルジョワ的民主主義システムにおいて未知のものであり、唯一社会主義のみが可能にするような新たな権力分割のモデルである。

もちろん、このモデルは、それが存続しうるかいなかを判断することができるほど十分には練り上げられなかった。しかしその着想を見誤ることはできまい。この考えは、もともと異なるものだと公然とみなされているいくつかの権威を結合させることにある。この考えは、中央評議会が発し、さらに多くの地方評議会の綱領においても見てとることのできる三つの権利要求のつながりのなかから浮かび上がってくる。三つの権利要求とは、労働者評議会の連合、結社の自由と表現の自由によって正当性を保障された普通選挙によって選出された議会、労働者の利害の擁護に特化しストライキ権を有する下からの労働組合の再構築である。ある意味で、三つ目の権利要求は矛盾を増大させることになる。というのも、この要求は、評議会それ自体は労働者の全代表を構成しないということを含意しているからである。しかしこの矛盾もなお実り多いものである。真正の労働組合への欲望が前提とするのは、自らと合致した社会も、内的対立から金輪際解放された社会も存在しえないということなのだ。さらに、この欲望が前提とするのは、生産の枠内でも、民主主義がもっともよく機能するところでは、たとえば、評議会とそこで代表されているにすぎない労働者たちとのあいだ、あるいは、不利益を被っているいくらかのカテゴリーの労働者とその他多数の労働者とのあいだに亀裂が生じうるということ、あるいはさらに、いくつかの生産部門もしくはいくつかの地域間での発展の不均等性から抗争が生まれうるということである。暗黙のうちにこのモデルが認めているのは、労働者が少なくとも三つの異なる社会化のネットワークに巻き込まれているということであり、さらに彼らは一体性という虚構を乗り越えなければならず、自らのうちに宿っている社会的差異を認めなければならないということである。ここでいう社会的差異とは、市民としての労働者、生産者としての労働者、潜在的に組合に加わりストライキに参加することのできる労働者の差異のことである。すなわち、同じ一人の個人のうちにある、全般的な集団的決定のうちに組み込まれる運動と、そこから引き離され、特殊な集団行動に結びつくような運動との差異である。

繰り返せば、こうした表象は全体主義の批判から生じたものである。この全体主義は現実的に破壊すべき単なる体制として現れるのでも、あるいは既存の国家ないし〈党〉の特徴をともなった可視的な形象を有する外敵として現れるのでもない。それは社会主義の内的可能性として現れてくるものである。この意味で、一一月一四日の討論におけるシャンドール・バリ*6の発言以上に示唆的なものはない。これは議会が抱いていた感情を忠実に表現したように思われる。評議会が、新しい政党や労働組合が創出されることを期待しながら、目下政治的・経済的な役割を担っていることを認めた後で、彼は次のように述べている。「われわれは、労働者評議会がこれから国家の経済の支配的機関となることを知っており、それこそまさにそうであってほしいとわれわれが望むものである。われわれは過去において党が犯した過ち、すなわち、党が一国の主人であると同時に工場の主人であり、労働者の利害を代表する唯一の組織であると考える過ちと同じ過ちを犯すことを望みはしない。もしわれわれがこの過ちを犯すのであれば、われわれはあいかわらず同じところにいることになるだろう。われわれは評議会がこの国の経済的問題に関して指揮を担うこと、労働組合がストライキを行なう権利および労働者の利害の保護に関するあらゆる問題について指揮を担うことを望む(6)」。

ここで問題となっているのは、ハンガリー革命の部分的な側面しか明らかにしないような些細な事実ではない。私の眼には、それこそが革命の賭金が何であったかを示している。たしかに、この革命は労働者階級の動乱に還元されるものではない。断じてそんなことはない。とりわけ、そのはじまりにおいて、いかなる役割を学生や知識人が果たしたのかについては周知のことだろう。学生たちはまずセゲドで集結し、次にブダペストで集結し、彼らの行動は、ペテーフィサークルの知識人たちによって開始された異議申し立てのプロセスを加速させ、徹底させることになった。彼らは、ポーランドの出来事に熱狂し、ライクの名誉回復の後ですべての政治裁判の見なおしと恐怖政治の責任者の訴追とを要求することを決意し、国家社会主義の諸々の利点を結びつけるとともに企業の自主管理にもとづいているように見えたチトー主義のイメージに魅了されたのだが、その彼らにこそ、一〇月二二日の大集会（ミクロス・モルナールの喩えでは、一種の革命準備議会）および蜂起へと変わった二三日のデモの主導的役割は帰せられるのである(7)。

ところで、それだけでも特筆すべきは、この集会のときに——つまり、労働者大衆が介入してくる以前に——決められた権利要求の綱領こそ、後に主張され明らかになる民主主義的な意志を証言しているということである。「ポリーの一四箇条」*7には、党大会の緊急招集やイムレ・ナジ政権への復帰だけでなく、とりわけ以下のことも掲げてあった。「平等にもとづいた新しい総選挙、秘密投票、国民議会への複数政党および新規立候補者の参加」、産業における労働者に課されたノルマの見なおし、工場における労働者の自律の創造、全面的な表現の自由と複数の雑誌の創刊によって保障される報道の自由である。革命期を通じて、常ならぬ高揚感が、労働者階級の外の住民の心をとらえ、さまざまな委員会の創設となって現れていた。自律の要求は増大し、評議会によって模範を与えられて活性化していった。大学、情報機関、大きな公共機関、知識人および作家の連合体が、社会主義を樹立する手段をめぐる絶えざる議論の中心となった。こうした立役者たちにとってこのことが意味しているのは、全体主義を根元から断ち切るということだったのだ。西側の観察者が所有の問題に判断を曇らされていたままであったのに対し、ハンガリーの革命家たちは明らかに所有という観点からではなく権利の観点で考えていた。たしかに、彼らは生産手段の私的所有の再興という考えをはっきりと拒絶していた。しかし、彼らが打ち立てようとしていたのは、自由と安全を保障する権利なのであり、真理への権利なのである。この権利とは、形式的なものではなく、各人が、集団としても個人としても党－国家の権力から免れていること、自らを法と知の唯一の保持者とする権力から免れていることを前提とするのである。

自由と真理。このことが具体的に意味しているのは、各々の領域で――すなわち、教育、情報、知的創造および芸術的創造の領域で――新たな制度を創設するということだ。集団的な自己組織化が行なわれると同時に、さまざまな表象＝代表の複数性が承認され、差異と闘争の正当性が認められるような制度だ。安全についていえば、これが具体的に意味しているのは、警察権力の横暴の廃止であり、裁判官が自ら下した判決について公的に説明しなければならず、被告人が弁護されることが可能になるような法的保障である。こうして、次の両極を起点にして、民主主義的意志がきわめてはっきりと現れる。この両極とは、この意志が廃棄されないかぎり互いに切り離されることはないのだが、その第一は、集団的組織化にある。これは、行為主体が制度のなかに含まれていることを前提とする（これは、下から上への権限委譲のシステムとしてだけでなく、決断を下す者に課される説明の義務、意見を異にする者に与えられる異議申し立ての可能性、そして情報の流通としても理解されなければならない）。第二の極は、社会的分化である。これは、政治的、経済的、法的、教育的、科学的、美学的領域のようなそれぞれの領域の特殊性が承認されることを前提とするものである。

ここに社会主義モデルとブルジョワ民主主義のモデルとの抗争の兆しを見出すとはなんたる誤認だろうか。あるいは、最良の場合でも、ハンガリーの革命家たちによって熱狂的に主張された諸々の権利が、全体主義的経験が終わる際に一時的にしか意味をもちえなかったと考えるとはなんたる誤認だろうか。そこに告げられていたのは、良き社会、つまり共産主義への移行などではない。市民社会に最大限の活力を与えることのできるもの――権力が関係を硬直させたり、法律が支配者の利益のためのものに落ちぶれたり、知がイデオロギーへと解消したりすることを妨げることのできるもの――、それは社会主義だけなのだということが見出されたとき、社会主義は紛れもなく生きはじめていたのである。

マルクスはパリ・コミューンについて、それが最終的に見出された社会主義の形態であると述べたが、われわれとしては、ハンガリー革命がわれわれに解決策を与えたなどと主張する過ちに陥るつもりはない。ハンガリー革命は、評議会の存在のためばかりでなく、権力の制限、しかも自分たち自身の権力の制限を見出したことによっても――さらに、集団的エネルギーの動員とそれがほとんど融和した状態を創出したためばかりでなく、差異をめぐる新しい経験および欲望を有したことによっても――、社会主義という問いに意味を与えたのである。

【要約】

ここに記されているのは、一九五六年〈一〇月の春〉後のルフォールのポーランド滞在記録、インタヴュー、およびそれをふまえた進行中のポーランド情勢の考察である。ポズナン暴動を経て、共産党指導部からスターリン派が追放されたポーランドは、スターリン主義に抗する人々の希望となっていた。実際、人々の暮らしには思想や表現の自由が戻ってきたように見え、労働者評議会の形成のような注目すべき傾向も見られた。他方で、ソ連による圧力は弱まっておらず、ソ連によるハンガリー革命弾圧という前例は、ポーランドの人々に重くのしかかっている。

こうした状況において、体制に批判的な新聞のジャーナリスト、ポーランド共産党の幹部、党機関紙の編集者といった人々はそれぞれの立場から、スターリン主義の失敗やゴムウカの政治、あるいは評議会について検討し、ポーランドの未来を描こうとしている。彼らの思考は明晰である。他方で彼らはゴムウカや党について判断するのにはためらいを見せている。

ルフォールは、それに対しソ連との緊張関係の中で党を掌握し権力を集中させたゴムウカが、官僚制を再構築し、スターリン派を復権させ、そして〈一〇月〉の勝利を維持しようとする人々を追放していった点を強調する。このゴムウカの政治を、単にソ連に強いられたものとみることはできない。このポーランドの状況が示すのは、全体主義的制度、とりわけ党が解体されないかぎり、スターリン的体制との真の断絶はもたらされないということなのだ。その点を明確にしてはじめて、本当の意味で対抗勢力を組織化する可能性が生じるのである。

第一〇章　ポーランドからの帰還(1)

ポーランドという言葉は、数か月前から希望を表すものとなっている。この希望は、ポズナンの反乱[*1]がもたらしたものだ。それは、スターリン主義のなかには歪曲された社会主義の特徴ですら見出そうとはしない、あるいはもはや見出そうとはしないすべての人々――おそらく多数ではあるが孤立していたすべての人々――の希望である。それは、すぐさま圧殺された東ベルリンのデモ参加者[*2]の声が世界のどこかで反響することを待ち望む人々、スターリン主義が社会主義の看板で飾られた抑圧と搾取の体制を作っているという事態を、プロレタリアが露わにすることをひたすら待ち望んでいた人々の希望である。

ポーランドは希望の国でありつづけている。ブダペストは破壊され、ハンガリーの活動家は殺害され、逮捕され、亡命あるいは沈黙した。労働者評議会は解体され、警察が絶対的支配者となった。脅かされた権力の憤怒を証明するこれらすべての行為は、スターリン的世界のなかに秩序を回復させるには不十分であった。ワルシャワでは、一〇月のあの日々[*3]から生まれた体制が存続している。慣習的に、あるいは嘲笑を込めて「ソビエトの」と呼ばれつづけている鉄〔のカーテン〕に囲われた世界のただなかで、耐えがたい体制に囲まれながら、ポーランドの人々は一日一日彼らの自由を守っている。

しかし、どれほどの時間続くだろうか。ソ連による圧力は弱まってはいない。それに抵抗する政府は、その政府を生み出した革命派勢力をまったく拠りどころとしない権力を再興する方向へと向かっている。無数の兆しが、たった一年前には人々が想像しようとも思わなかった再生を物語っているが、無数の兆しがすでに国家の、党の、政治思想の硬直化を示している。実際のところ、これは奇妙な脱皮である。破れ、はがれた古い皮膚が、新しい皮膚のすき間で生を取り戻しており、時は同時に二つの方向へと向かっている。変容はすでに消し去りがたい諸形式を定着させているが、しかし活動中の諸力は、その関係を絶えず変化させている。

この目で見たこと

私がまず証言しなければならないと感じるのは、再生についてである。警察の独裁が消え失せ、政治的理由で拘留されていた人々が監獄からすっかりいなくなったこと、高級官僚の特権は廃止されたこと、党やジャーナリズムにおいて意見が表に出るようになり、人々の会話に軽蔑と恐怖の色が一切見られなくなったということは、パリにいながらにして聞き及ぶことがあるかもしれない。だが現地ではそれどころではなく、一瞬ごとに自由のしるしを目の当たりにすることになるのである。自由はそこで長きにわたって圧殺されていたがために、それだけいっそう輝きを増している。

友人たちと私は車でポーランドへと入った(2)。数キロ進むだけで、私たちが東ドイツから「実際に」どれだけ隔たったところにいるかを測るのには十分であった。ここでは、警察は見当たらない。ここでは、通りがかる人も私たちを避けるのではなく、私たちに話しかけ、問いかけ、そしてスターリン主義から勝ち取った勝利について、ロシアの脅威について、先行きの不透明性について、率直に話すのだ。

国境のすぐ近くで、私たちはある小さな村に立ち寄ったが、そこで私たちは、新しいポーランドの最初のイメージを得ることになった。ある女性が少年を連れて戸口におり、敵意の色を帯びた無関心さで私たちの車を見つめている。

「カフェ〔*Kawiarnia*〕か？」と尋ねてみるが、彼女は答えない。この人たちはいったい何者なのか、ロシア人か、ドイツ人か、チェコ人か（フランクフルト－ワルシャワ間の道すがら出会う旅行者といえば彼らだけであった）。だが、私たちが「フランス人〔*Franzussi*〕」と叫ぶなり、彼女の顔はぱっと輝いた。熱のこもった様子で温かく、彼女は自ら小さなバラックの入り口まで案内してくれた。静寂のなか、私たちはおどけたような身振りと表情でビールを頼んだ。その後あらためて私たちは、フランス人という私たちの素性について述べることとなった。「ジャーナリストなのかい？」「いや、共産主義者です。訪ねてきたのです。スターリン主義者ではありません」。その後二〇回、いやそれ以上、同じシナリオを演じ、二〇回同じ場面を繰り返さなければならなかった。身振りで、ポーランド語あるいはドイツ語の片言で、あるいは幸いにも私たちの言語を知っており、傍で通訳の役目を引き受けてくれるような話し相手に出会ったときはフランス語で、私たちがワルシャワの友人たちに招かれていること、今、つまり一月にここに着いたのであって、つまり一〇月より後だったということ、以前はポーランドに来ることはできなかったし、来ようとも思っていなかったこと、そして私たちは反スターリン主義の共産主義者であることを説明する。そうすると、人々の顔は明るくなり、私たちを取り囲んで、私たちに話をする悦びをわれ先にと競い合うのである。そして、私たちが到着した最初の夜がそうであったように、人々はまず「ロシア人〔Rouskis〕」について語る。それは、彼らがもはや支配者ではなく、ゴムウカが彼らを撤退させたこと、彼らを完全に追い払ってしまいたいということを言うためである。身振りは雄弁なものだ。人々は親指を地面に向けて振り下ろし、扉を指し示し、そして大げさに腕を動かして、頭に思い浮かべた敵を掃き出すのである。「ロシアの〔Rouskis〕共産主義者だって？」人々は笑って言う。「スターリン主義者さ、決まってスターリン主義者だよ」。フルシチョフ、スターリン。みな互いに言葉を継ぎながら、彼らが何者なのかを私たちに言う。スターリン主義という語は、罵倒を呼び起こす。前体制のなしたあらゆる不正義、そして未来を思い浮かべることで喚起されるあらゆる恐怖が、この語（後にワルシャワで学んで唖然としたことであるが、この語は、検閲によってあらためてタブーとみなされるようになっていた）に凝縮されているように思われる。そのうえ驚いたのは、フランス共産党について語られるのを耳にしたことである。人々は、フランス共産党がポーランドの革命に反対していたことを知っていて、それを、ロシア共産党と同じ悪魔へと捧げている。私たちの状況は奇妙なものである。脱スターリン化できなかったということで私たちは同情を買っている……。ゴムウカの名はつねに話題に上る。その人気は明らかである。彼は解放を体現する英雄である。未来に関して言えば、そこには多くの危険が待ち構えている。すなわち、ハンガリーでの「一撃」の焼きなおしが起こる、という危険である……。

ポズナンからワルシャワまでの道中、ワルシャワからクラクフへの道中、そしてプラガやワルシャワ周辺で、経験することはみな同じだ。ポーランド人たちは、お互いの前で自由に語り合う。彼らは打ち明け話を共にし、自分たちに共謀関係があることを楽しみ、私たちともこうした大っぴらな共謀関係を結ぶ。それはあたかも、私たちの共通の敵たるロシア人かスターリン主義者が、扉の背後に、あるいは往来にいて不吉な計画を企んでいるかのようである。ポーランドでは、街路の人の意見というものがあり――それがまさにフランスにおいては存在しないものであるが――、ある種の憎悪とある種の希望についてほぼ普遍的な了解が存在している。この事実を認めないことなどどうしてできようか。スターリン体制とロシアによる占領はあまりにも重く住民にのしかかってきたので、彼らはある共通の心性をつくり上げることとなったのだった。すなわち、彼らは国家の独立を欲し、自由を要求し、厚かましくも自らを社会主義者として通していた旧体制によって生み出された不平等と貧困を糾弾したのである。

ワルシャワにおいて、道中の印象は立証され、確認されることとなった。自由と誠実さを帯びた同じ空気が、別の場でも見出されたのだった。念入りに組み立てられた議論も、とりとめのない会話と同じ性質を帯びていた。私たちの対話者は、たいていは知識人であり共産主義活動家であったが、彼らも屈託がない。これらの人も、私的な言語によって〔心のうちで〕とりあげた諸問題について口に出して言い、ためらうことなくスターリン主義に非難を浴びせ、それとともに公式の議論あるいはクリシェを糾弾し、かつて自分がもっていた幻想を笑い飛ばすのである。その思想は動いている。それは探求される。その探求は口にされる。私たちが命令による沈黙、脅迫による誘導、疑いの視線を感じ取ることは一度もない。要するに、フランスでの議論においてスターリン主義知識人の指標となるようなもの、つまり都合の悪い議論を前にした卑怯な逃げ、より高尚な、だが伝達不可能な動機への示唆、神聖なる書への退避、懐疑に対する返答としての道理なき大言壮語、尋問者による誘導といったものはそうした人物には一切ない。それどころか、そうした人物はむしろ、私たちの国の進歩主義者（ブルジョワ体制に特徴的な類の人たち）の立場からさほど遠くないところにいるのである。彼は毎日のように全体主義を経験したのであり、いまやそのラディカルな批判者となろうとしている。彼は、スターリン主義が一連の誤り、出来の悪い計画、過度な官僚主義的特権、はびこる警察などというものではなく、革命のイデオロギーの装いのもとで、人間の、つまり労働者、農民、知識人、また芸術家の疎外を完遂するある全体的システムなのだ、ということに意識的である。彼は、共産主義の未来がスターリン主義あるいは新スターリン主義の完全なる敗北を経るものだと確信している。たしかに社会生活のすべての側面を網羅する新たな理論はもち合わせていないかもしれないが、このような理論が作られねばならないということは承知しており、すべての偏見から解き放たれた状態でそれを語ろうという姿勢はもっている。

思想が自由であり、思想の交換が自由であるということ、それは敵対者あるいは非順応主義者に対していかなる脅威も降りかかっていないということである。警察が見当らないということについてはすでに述べた。実際私は、選挙の当日に制服の警官隊を探してみたが無駄で、腕章をつけた民間人が通りをたいへん穏やかに歩いているのに出くわすだけであった。自警団であろうか。得た情報によれば、それは酔っ払い（それが多数いるため、酒はその日は禁止されていた）が公道をふさぐことのないように自発的にそうしていた人々であった。[*4] 大使館や官庁のある辺りの建物に見張りはいない。伝令兵がツィランキェヴィチの住居の前を行ったり来たりしているのみである。公安省の巨大な建物は人気がないように見えたが、付き添ってくれていたポーランド人たちは、そもそもそれは公安省ではなくなっているのだと言っていた。一年前にはまだ鉄条網によって建物の前の通路への立ち入りは禁止されていて、通行人はそこに沿って進むよりも、通りを横切ってゆくほうを好んでいたのだった。こうした変化は、ポーランドの人々にはまったく自然なことのようである。私たちを迎え入れてくれた人の一人は、選挙の夜にBBCを聞き、友人と電話しながら、イギリス人が高い投票率に関心を向けているということについて盛り上がったりしていたのだが、それもまた自然なことのようである。「BBCについて電話口で話すのは危なくはないのですか」。相手は、この質問に対していくぶん眉をひそめたように見える。「かつて、これほど自由にそうしたことをするのは許されていたのでしょうか」。彼は、今度は驚いている。かつて自分の電話線は盗聴器へとつながれていた。しかし過去は過去、今日ではまったく違うのだ。

ポーランドの友人たちが、このもう終わってしまった過去の遺物を見せるためにワルシャワの街を案内したのは、いくぶんの誇りと、そしてまたいくぶんの皮肉があってのことである。実際、官僚制国家の栄光のために建てられたこれらの巨大な建物ほど、その国家の物質的存在感を私たちに与えることのできるものはない。すでに触れたが、コート・ダジュールの極上ホテルの様式で建てられた公安省。そしてとりわけ、町の二つの動脈の交差点に聳え立ち、その規模はシャイヨー宮[*5]を思わせるが、おあつらえ向きに圧迫感のあるその全体は、絶対的権力の超近代的要塞のようなものを連想させる党中央委員会の建物。最後に、どこにいても見えるランドマークで、銃眼とさまざまな装飾を備えた気取りのある摩天楼、文化宮。しかし、この建物の用途はずっと決められないままで、いまだにそれは半ば空である。実体を失ったスターリン時代の象徴であり、時代錯誤的な要塞。それが「民主化」と官僚制内部での経費削減の時代に呼び起こすのは、ある別世界であった。

しかしながら、この世界は目と鼻の先にある……。もう一度言うが、それは観察すればわかることである。

ポーランドの友人たちは、「政府系」地区の突端、ポーランド政府の旧所在地であったベルヴェデル宮〔Bervédère〕の下方にあるロシア大使館にまで連れていってくれた。大きな庭園に囲まれたこの目立つ宮殿は最近建造されたものであるが、その規模の点から、単にほかのすべての大使館だけでなく、大半の公共建造物の存在を霞ませるものであった。ポーランドの人々はこの宮殿を、それらの建物の「超 - ベルヴェデル宮」と名づけ、ポノマレンコ*6をそれらの指導官〔gauleiter〕*7であるかのように話していた。しかし現在、このユーモアはもはや苦々しさや恐怖なしには受け取れない。建築に体現されたスターリンの権力は過去に属するものではない。何度も何度も耳にした表現にしたがえば、ロシアの権力は、ワルシャワで国家権力からは独立して支配を行なっているのである。一〇月の運動の手ごわい敵であるポノマレンコ、ツィランキェヴィチがポズナンでの出来事は労働者の蜂起であったと認めたときですら、それはファシズムの産物であったのだ、と記者たちに言い放ったポノマレンコ、さらに一〇月のかの有名な日々のなかで、青年の代表に向かって「今あるのは無秩序だが、明日には秩序が回復するだろうから、手遅れにならぬ前に選択せよ」と言い放ったポノマレンコ、新たな体制に対して全面的な敵対心を抱きつづけていたあのポノマレンコが、ゴムウカの登場にもかかわらず君臨しつづけているのである。大使館はポーランドにおけるスターリン主義の司令部でありつづけているのであり、その塀のなかでこそ、モスクワの号令でワルシャワのジャーナリズムに向けた日常的な攻撃が準備されるのだ。

ところで、ポーランドでロシアが示す存在感と結びついたこの脅威が人々に耐えがたいものと感じられていること、それが「解放」から来る熱狂をしぼませること、希望をふさいでいること、可能なもの、そしてそれゆえ真実であるものに関する不確かとなった思考そのものを禁ずることを、私たちは日々確かめることになった。私たちの印象は、ここでもまた、文字どおりの政治的な議論と同様、街中での会話からも引き出される。

先ほど触れた行き当たりばったりの出会いのなかでも、私たちの相手はやはり必ずロシアの脅威について語ったのだった。その脅威は現時点ではひとまず遠ざかっているように思われるし、ハンガリーでの抑圧の再現は想像できないと私たちが言っても無駄だった。彼らはそう判断していなかった。私の頭のなかには、何度も聞いた次のような考えが残っている。「もしロシアがわれわれを攻撃してきたら、ハンガリーで起こったことがまさに起きるだろう。ひょっとしたらドイツ人たちが蜂起するかもしれない。しかしほかの国民は、ソ連圏においても西側世界においても、一つとして動かないだろう。アメリカ人は、戦争の拡大を防ぐために、二つのドイツのあいだの国境に軍隊を駐屯させるだけだろう。ソ連はわれわれを壊滅させるのに十分な時間をもつことになるだろう」。

もし「前例をつくる」という表現が意味をもつことがあるとすれば、それが見出されるのは、そして、少なくとも短期的に見てロシアによる抑圧が有効であると感じ取られるのは、まさにポーランドにおいてである。ハンガリーの前例は、すべての人々の心にとり憑いている。「ハンガリー人は終わった」〔Hongrois Kaput〕[*8]と、キュストリン地方のある労働者は言っていた。そしてポーランドの人々がまだなすべきことを示すために、つま先立ちして歩いたのであった。

私たちが議論した多くの知識人は、もう少し粗野でないもの言いでその感情を吐露していたが、その感情自体は変わらなかった。彼らの過去に対する批判は、すでに述べたように徹底していたが、それと同じ程度に、彼らの未来に対する見通しは不確かであった。目下推し進められるべき政治について、また党を根本的に変革する必要性、スターリン主義者の責任者たちを厳しく糾弾する必要性、組織やジャーナリズムにおける言論の自由を法制化する必要性、そして最後に、企業評議会に最大限の権限を与える必要性といった点について、彼らが曖昧な態度をとっていたというわけではない。しかしながら、彼らの考えは次のようなものであった。なさねばならぬはずのものは、まさにスターリン主義者による包囲によって危険にさらされ、おそらくは不可能になっている。もしゴムウカが革命派の諸々の社会勢力に是が非でも依拠しようとするのであれば成し遂げねばならぬはずのものは——政府はそれに対立して民主化の局面はもう終わったと宣言しており、また、政府がスターリン主義とそれに立ち向かう新たな体制に対して同時に戦う必要があることは明らかだったから――、まさに企てることが難しくなっている。

このような状況においては、希望と熱意はすぐに倦怠へと変わってしまう。イデオロギー闘争に深く関わっていた多くの若き共産主義知識人が、近い将来フランスで数ヵ月を過ごすことを夢見ているというのは示唆的なように思われる。この逃避の意志は、おそらくインテリゲンチャの病、すなわち、それが直面すべき客観的状況の枠組みのなかで彼ら自身の問題を解決することができないという病を示している。

それと比較しえないほどはるかに深刻な問題と思われるのは、多くの知識人が、こうした空気のなかでまたしても労働者階級から孤立してしまうという事態である。たとえば、彼らが評議会の運動に対して示した支持というのは、たいてい、工場で何が起きているのかを知ることによって啓かれたものではなく、それゆえ彼らの要求は、それがいかに正当なものであろうとも、純粋に「政治的」な特徴を保つことになる。つまり彼らの関心は、もっぱら党内部の党派闘争に向けられるのである。

もし私が正しく判断できているとすれば、人々をすくませるロシアの介入に対する恐怖には、大衆のあいだに広まった西洋の魅力が付け加わる。とりわけワルシャワのある工場で、人々は何度も、フランスでの生活条件、衣服や食料品の値段、ルノーの一部の労働者がもつことのできる物的特権（自動車、テレビ、冷蔵庫……）、そして労働法制について、賞賛の入り混じった好奇心をもって尋ねてきた。明に暗にポーランドの生存条件との比較がなされているのであった。おそらくこのような短いやりとりを元にして、ポーランド人が西側について正確にどのような表象をつくり上げていたのか知ることはできない（そしてそれは、相手について私たちがたいていは何も知らなかっただけに、いっそう難しい）。だが、スターリンの独裁は、その諸々の嘘に対する反動というかたちで、西側の体制についてのいくらかの幻想を引き起こしていたように私には思われた。たとえばフランスで、多くの労働者が東側の生活条件について正反対の幻想を抱いていたことを考えれば、それはたしかに逆説的な状況である。だが、この状況は大衆の混乱ぶりを証言するものとなっている。

最後に、人々のあいだに広がった貧困から、スターリン時代より引き継がれた困難について、見たかぎりでざっと判断することができるであろう。高級官僚の諸特権が廃止され、富を見せびらかすことがおそらくは危険なものとなった今では、「グリザイユ」〔のような灰色の色調〕が覆い尽くしているという印象を非常に強く受ける。医者や弁護士、知識人が通うカフェでは、人々の服装に何か洗練されたものを、そして女性のあいだには何か優雅さ（それらは細心の注意を払って保たれた社交の場での人付き合いと対になっている）を見てとることができる。しかし、街中では貧困が顕著である。一般大衆がきちんとした身なりをすることはできない。もっとも不遇な階層では賃金は七〇〇から八〇〇ズウォティ、最多数を占める労働者階層で一〇〇〇から一五〇〇ズウォティであるのに、靴一足のためには四五〇から七〇〇ズウォティ、そこそこの質のスーツあるいはオーバーのためには二〇〇〇ズウォティを払わねばならないからである。そのうえ、食料品が低価格であるとはいえ、日常での消費の域を出るあらゆる製品（そして、その選択肢はひどく限られている）は大半の人々の手の届かないところにある。加えて、デパートに足を踏み入れさえすれば、家庭用器具が、そしてより広くは先進国の生活を特徴づける大企業のこまごまとした製品が、希少であり貧弱であるということを確かめるのには十分である。

最後に、住環境はとりわけ厳しい。私たちが会った大半の知識人は、明らかに特権的と言える階層（ジャーナリスト、あるいは批評家の賃金はおよそ二五〇〇ズウォティであり、その仕事のほかに文書を公刊したり翻訳したりする機会があればその額はかなり増え、それが倍になることもある）に属するのにもかかわらず、たいていはたった一部屋しかない、きわめて小さなアパートを住まいとしている。労働者、下級のサラリーマン、あるいは下級の役人といった大衆層について言えば、彼らは時として、たった一世帯分のアパートをいくつかの家族で共有することで満足しなければならず、またしばしば、ただ一つの台所を複数の世帯でやりくりしなければならない。

貧困は、首都よりも地方においていっそう目につく。しかし、ワルシャワにおいてすら、街の雰囲気は経済的困窮を物語る。自動車はまばらで、街灯は必要最小限しかなく、店のショーウィンドウはすっかり魅力を欠いたものとなっている。それはまさに、占領下のパリのもっとも暗い日々を思い起こさせる。

たしかに、貧困のすべての責任をただスターリン体制にのみ押しつけることはできない。首都の再建がいまだに成し遂げられないままだということは、戦時中に被った損害の大きさがどれほどのものだったかを十分に物語っている……。それでも確かなのは、終戦から一二年経って、世界全体が、そしてとりわけロシアの産業がすさまじい技術的発展を遂げたにもかかわらず、ポーランドはスターリン主義の過失によって嘆かわしい経済的状況にとどまっている、ということである。

議論

これらが、私がこの短い旅から得た最初の印象であった。それが政治的・社会的状況の判断を可能にするものでないことは言うまでもない。しかしそうした状況は見えないので、知るしかない。それゆえ、私がしようとしたのは、共産主義活動家とのあいだでもつ機会のあったいくつもの会話から私が学んだことについて別にページを割くことであり、そこに得られた情報を加え、それと突き合わせることであった。けれども、これらの情報を体系的に提示するより、むしろ私が行なった議論の実際の枠組みからそれらを切り離さずにおくほうがよいように思われる——対話者の思考のありようは、伝えられた事実と同じくらい興味深いように私には思われるからである。それゆえ私は、別のところで収集し詳細な情報を提供するのは断念することにし、私の手元にあるもののうちもっとも完全であるように思われ、ポーランドの共産主義者の一定数がもつ心性についての正しい観念を与えてくれる四つのインタヴューを選んだ。高級官僚であったDを例外として（彼のことについてはまた後で論じる）、私たちが長時間にわたってインタヴューを行なった人物はすべて、ポーランドの大手新聞、『トリブナ・ルドゥ』、『ノヴァ・クルトゥラ』、『ポ・プロストゥ』[*9]等の執筆者であった。さらに指摘しておくならば、以降のページについて、私は対話者の発言内容を文字どおりに伝えるというよりも、対話の動きを再現しようとした。結果として私は、私自身の発言、私の考えが議論を明確にすると思われる場合には、それをあえて伏せはしなかった。

Aと

Aは共産主義者であり、知識人の世界およびジャーナリズムの世界で主要な役割を果たしている。私が理解したと思われる範囲では、彼はその大半の仲間とは異なり、かつて一度もスターリン主義者であったことがなかった。厳密、厳格で、幅広い政治的教養を備え、左派の現在の状況に入り込んでくるさまざまな要素に対して最高度に敏感であったAは、フランスの進歩的新聞の特派員たちがその信用を失墜させるためにつくり上げようとしている共産主義知識人のイメージと、ほぼ正反対のイメージを与える。

表現の自由について

私たちは、まず作家とジャーナリストのおかれた状況について話した。彼らは、少なくともロシアの存在およびそれが押しつけてくる脅威による制約の内では、公表したいものを公表できるようになったのだろうか。そんなことはない、とAは言う。以前よりははるかに多くのことを書けるようになったが、しかし、自由に書けるというわけではない。しかも、検閲はふたたび厳しくなってきている。ひょっとすると政府が警戒しているのは選挙の時期だからかもしれないが、それも定かではない。もっぱらの関心事は、ロシアへの挑発を避けること、あるいはただ単にそれと衝突するのを避けることである。こうして『ノヴァ・クルトゥラ』は、ここ最近たびたび検閲の犠牲となった。そして編集者たち自身が、こうした状況のなかで検閲を受けるおそれのない記事を書こうとしだいに気を遣うようになってきている。彼らは自己検閲を、あるいは予防的検閲を行なうようになってきているのである。まずは受け身に、それから共謀にいたる、沈黙あるいは用心の論理があるのだとするこの答えは、私たちを不安にさせる。しかし、この問題においてAに教えるべきことは何もない。彼は、私たちよりも近くでこの論理が働いているのを見たのである。彼が私たちを非難することはできないが、私たちはあまりに性急にその用心を糾弾してしまい、時間をかけて諸々の困難を見積もることをしなかった。脱スターリン化のために闘っていたいかなる知識人も、その批判を緩めることなど受け入れなかったし、ましてやそれを放棄するなどということはなかった。編集者たちは検閲と闘っているし、可能なかぎり多くの物事を「通す」ようにと模索している。そして、もし検閲が厳しくなってくるとすれば、それは批判が広がっているからでもある。けれども状況が、正面切って検閲を攻撃することを許さないのである。

Aが私たちに語っているとき、私は、自由‐隷従の対立は現時点では定式化できないものだと考えていた。Aは隷従が生み出される過程を知っており、それを憎んでいるが、しかし彼は、完全な自由を要求することのできない境遇に置かれている。このような要求が突き当たる外在的な障害とは別に、彼はそれを現在において望ましいものと判断していないように思われる。たとえば、公式の検閲が彼を妨害するものであれば、彼はそれを批判するし、彼自身や彼の党派の友人が書き、発禁となった記事を引き合いに出して、スターリン的精神が反スターリン主義者の用心という装いのもとで再構成されていることを認めるが、しかし彼は検閲を敵としては語らない。敵はソ連、そしてまた、あらゆる機会を利用して脅迫的な言葉で新たな事態のなりゆきを非難する、ポーランドにおけるソ連の代表者である。政府の人間、検閲官、高位の知識人は、好むと好まざるとにかかわらずこの脅威に対して一致団結している。かつて検閲は共産党の意志と一体化していて、その意志はソ連の意志の一様態にほかならなかった。誰であれ検閲と対立状態に入った者は、その意見を変えないかぎりは全体的システムの敵対者として人々の目に映ることになり、その者自身、自らをそのようなものと捉えるようになるのであった。今日では、少なくともかなりの場合において、検閲はジャーナリストまたは作家に向かって次のように言う。「あなたは正しいし、私もあなたと同じように考えている。けれどもあなたの言っていることは危険なことなのだ」。もはやイデオロギー的な検閲はないが、半ば軍事上の検閲がある。そのうえ、その軍事上の検閲を検閲官は控えめにしか行なわない。というのも、彼は自身の役割を恐れているからであり、また人々から民主化を阻んでいると非難されるのを恐れているからである。検閲官は、それゆえ（しばしば）単に彼が作家の考えを共有しているのだということを説くだけではなく、彼がその表現を禁じることでその考えを救っているのだと説くのである（後になって知ったのだが、そして、その情報は私たちを啞然とさせるものだったのだが、検閲官はスターリン時代の検閲官と同じだった）。

Aは、私がその後会った他の共産主義知識人たちと同様、検閲官がその「犠牲者」とのあいだに作り出そうとしていた共謀関係をあっさり信じ込んでしまうほど馬鹿正直ではなかった。その共謀関係を受け入れていたなら、彼はそれを限りに自らの思想の運命を機構の手に委ね、破棄しようと望んでいた旧来の依存した地位にふたたび落ち込むことになっていただろう。とはいえ彼にとっては、検閲官がよそ者の権力機関であるとももはや考えられなかった。というのも、その検閲官の論法というのは、彼が書いているときすでに彼自身表明していたものだったからである。彼はその論法を単に別様に見積もっているだけである。現在の党の組織の混乱状態に対する批判は、ゴムウカに対抗するものとしてナトーリン派[*10]に利用される可能性があるということ、あるいは党の役割の批判は『プラウダ』[*11]によって清算主義の兆候とみなされるということを彼は知っている。だが彼は、自分が敵側の反論を誘発する可能性はあるものの、しかし共産主義思想の進歩は促さなければならないとみており、そのうえでこの危険を冒したのである。検閲官は論理のこの二項を逆にしているにすぎない。彼は、批判することができるということを認めているのだが、危険は回避しなければならないと主張するのだ。

Aの場合において注意を引くのは、彼が極度に明晰なようでありながら、同時に、事実上の矛盾のなかに閉じ込められているようでもあるという点である。その思想は未来を予測することに慣れているマルクス主義者の思想であり、その態度はその日その日を生きている者の態度である。検閲と必死に闘っている点について私たちが賞賛するときは、彼は私たちの賛同が彼には迷惑かのように、曖昧な態度になる。実際そうであるよりも大胆だと判断されることを恐れているのか、あるいは彼が立ち向かっているあらゆる困難に対して私たちが盲目であるように映っているのか、どちらかである。私たちが言葉による「政治」の実践につきまとう危険、観念に計算を適用することがもたらす危険を彼に示すときとなると、彼はまるで、このような実践を支持して言ったすべてのことは、いかなる理由によってもある命題へと組み上げられてはならないと言わんばかりに、また、問題はまさにこの行動を理論へと変換しないということにあると言わんばかりに、機先を制して話を進める。

私たちはまず暗黙のうちに、自由な表現は危険であることを認めてはいた。しかし、私たちの一人が、危険な主題と無害な主題を人々が区別しえないという点に驚いたのはもっともなことであった。ソ連の体制あるいは政治を批判することは、もちろん反撃に身をさらすことである。ポーランドの状況を自由に分析すること、あるいはその実践上の影響がすぐには気づかれないような理論的問題を提起することは、同じ性質のイデオロギー対立を引き起こさないに違いない。それゆえ人々は、「用心の領域」なるものの境界線を引くことができるであろうし、思想はその外側であれば権利を回復することができるはずである。

Aはこの点に同意した。実際、この区別はポーランドの知識人みなに馴染みのあるものだろう。だが、それはソ連によって異議を差し挟まれているだけに、人々が考えているよりも実効性がない。彼は、それは確かだと言う。ロシア人はすべてに口出しをするのであり、彼らにとっては無害な主題などないのだ。経済の組織化について話すにしても、労働者評議会の役割について、党の構造について、あるいはマルクスの哲学について話すにしても、人々は同じように『プラウダ』の非難を呼び起こす。『ノヴァ・クルトゥラ』のこれこれの編集者が、記事を出版した翌日にロシアの機関から清算主義であるとの非難を浴びても、その考えが引用されたり真面目にコメントされたりするわけではない。こうして、最終的訴訟に向けての証拠の集積のような反ポーランドの書類が作成される。それゆえ、話題がいかなるものであっても、人々は電気を帯びたような空気のなかで生活し、常時警戒態勢で書き、自由な表現が引き起こす日常的な砲声に注意を払うことになるのだ。人々は、発したあらゆる言葉が大使館の壁の内側に反響するということ、モスクワがワルシャワのなかにあるということ、二つの法が混じりあっていて、そのうちの一つが勝利を謳ってはいるが瀕死の状態にあるということをわかっているのである。

それならば、今度は「ゴムウカ的な」検閲がすべてに口出しようとすることにどうして驚くことがあろうか。Aは最近の例を挙げた。当局は青年マルクスの考えに関するもので、スターリン統治下でのその歪曲を指摘する哲学的記事を発禁にした。その批判は用心を欠いていたというのだ……。

それは、イデオロギー戦略がすべてのレヴェルに及んでいるということである。それはまた、もし知識人たちが圧殺されたままにとどまっていることができないのであれば、日常的な闘いもまた同様にすべてのレヴェルでなされねばならないということである。というのも、もしその攻勢が倦怠によって一時でもやめば、過去に起こったものに似た死後硬直が新たな体制を襲うことになるだろうからである。

だとすれば、ジャーナリズムと政治指導部のあいだの、それらとソ連のあいだの、恒常的な緊張のほかには可能な未来はないのだろうか。Aによれば、もしジャーナリズムがある地位を得て、政府に対する独立が保証されることになれば、大いなる進歩がなされたことになるだろう。このような計画は練られている段階である（私は、さまざまな作家がそれを繰り返し話すのを何度も聞くことになったが、彼らはそこにすべての希望を託していたのだった）。それは、確立されれば新たな状況を創り出すだろう。というのも、そうなればもはや、ポーランドの非常に小さな雑誌に載った非常に小さな記事によって、ロシアの面前でゴムウカが危うい状況に置かれるなどということはなくなるからである。モスクワの政治執行部にとっては、新たな基準をもとにポーランドについて検討することが必要となるだろう。

この時期、トルキスタン地方の非常に小さな町で反政府的記事が公表され、それがフルシチョフによって蜂起のシグナルとみなされることになった。というのは、ソビエト連邦最高指導部の思想と地位ある活動家の思想のあいだに乖離があってはならないというのは明らかだからである。それと同じような見地から、そして〔ゴムウカとジャーナリズムが〕相互に結びついたものであるからという理屈によって、ゴムウカはポーランドの新聞および雑誌に書かれたものすべてに責任を負うものと考えられている。もしそれらの独立が認められれば、書かれたものはもはや国家の政治の直接的表現ではなくなり、それゆえ少なくとも部分的に、彼は、いま背負っている爆薬のような危険な荷をおろすことになるだろう。

私にとって示唆的と思われるのは、Aがこの計画についてある留保をつけたうえでしか話さないということである。そのことは、彼がまず、その計画ができあがるということに疑念をもっており、それが表現の自由の問題を解決するということについては、よりいっそうの疑念をもっているということである。一方で、人々は、いったいどのようにしたらこれまであるとされてきたあらゆる緊張のさらに上位にあるソ連との緊張を、この計画が引き起こさずに済むのかわからない。というのも、ソ連が抗議しているのは、自律したポーランドの政治生活という考えであり、ポーランドにおいて社会主義の構築に関して議論が設けられうるという考えだからである。ゴムウカが、たとえば『ポ・プロストゥ』の極左的傾向を目立ったかたちで糾弾することでソ連にすでに与えた保証は、彼が、イデオロギー対立の可能性を正当なものと認め、原則のレヴェルでそれに立ち向かうことを期待させるものではまったくなかった。

他方で、ジャーナリズムの地位の問題が党の根本的変革の問題を伴わないとは想像しがたい。『トリブナ・ルドゥ』、『ポ・プロストゥ』、『ノヴァ・クルトゥラ』、あるいは『トフルチョシチ』[*12]の編集者は、大半が共産主義者である。彼らに対してジャーナリズムのなかで自由に表現する権利を認めることは、党のなかでの民主主義の原理を承認することに等しい。ところが、もし民主主義がいまも事実上は機能しているとしても、それはいまだ地位を得ておらず、（もし得られるとしても）それは多大な困難を伴うことでしか得られないだろう。

ゴムウカの政治について

私たちはこのように自然の成り行きで、表現の自由の問題を条件づける政治的状況について話すことになった。最初のうちAは、ゴムウカが直面している困難について理解させることに注意を払っていたようだった。だが、その批判のほうが徐々に重みを増してゆく。

私たちはまず、ゴムウカが選挙戦の最終局面で介入したことに懸念を示した。選挙を国民による一種の信任投票に変えてしまうという発想は、もしそれがスターリン的な誘導に終止符を打とうという配慮によるものであったとしても、やはり新しい計画とは反対のものなのではないか。人々は、少なくとも一定の制限のなかで自分たちの代表を選ぶようになることを最初は約束されていた。最後になって、人々は政府によって出された名簿を承認するように命じられ、選択という行為はゴムウカに対する敵対行為であるとされたのだった。Aは私たちのこの意見を共有している。彼は、もしゴムウカが成功したならばその介入は「巧みな」ものであったことになる、と考えているが（議論していた時点で、私たちはまだ選挙結果についてのいかなる情報ももってはいなかった）、しかしこの巧みさそれ自体を危惧しているようである。事実、この誘導は、同じく懸念材料となっている一連の戦術的措置の総仕上げとなった。

Aはとりわけ候補者名簿作成の方式について嘆いていた。旧体制解体の過程で主要な役割を果たした革命分子はしばしばリストの最後に置かれるか、あるいはそこから除外され、戦術的理由から、あまり信頼できない非‐共産主義者のほうが好まれたのだ。政府の人々はこうして、これらの非‐共産主義者を政府による政治のもとに結集させることを望んだのである。要するに、彼らは国民の統合という札に賭けようとし、前衛活動家の一部を犠牲とすることを受け入れた。

そのうえAが言うには、これらの措置はある一まとまりの戦略のなかに位置づけられる。登場してすぐに、ゴムウカは彼を権力へと押し上げた運動に歯止めをかけることを何よりも考えている、ということが明らかになった。党内のスターリン主義者の一掃を進めようとするどころか、ゴムウカは彼らに対し、今後心配は無用であると説得し、彼らの協力を得ようとしたのである。その目的は、自らの周囲に機構の構成員たる人々を集結させ、党が差し障りなく新たな使命へと向かうようにすることだった。スターリン主義者は――ナトーリン一派は――主導権をふたたび握るいかなる可能性も（ソ連とポーランドのあいだの戦争を誘発しないかぎりは）ないことを悟っており、また実際に狼狽してもいたから、暗黙のうちに彼らの政治の敗北を認め、新たな政治に仕えることで彼らの地位を守る以外に展望を見出せなかったのだろう。こうした展開はおそらく、主導的地位にいたほぼすべての人々が最後の最後まで「スターリン主義者」にとどまっており、ゴムウカ主義に転向したのは一〇月危機の最中か、またその前夜でしかないということからして、よりいっそう実現可能なものとして現れたのである。ゴムウカとノヴァク[*13]のあいだのつなぎ目は、オハプ[*14]とツィランキェヴィチによって堅固にされた。

ゴムウカを突き動かした動機について、まちがいのない論証をするのは難しい。とはいえ、彼の最初の反応が、なによりもまず策を弄する「政治家」のそれであり、さらに機構が十全に機能することに最大の関心をむける官僚のそれであったと考えないわけにはいかない。しかし、全体を見渡す「戦略的」考慮が主要な役割を演じていたこともまた疑いえない。ナトーリン派を弱体化させせたうえで徐々に彼らと妥協するということ、それはソ連からポーランド攻撃の根拠を奪うということであり、ゴムウカ主義は無視することのできない国民的事実である、とクレムリンを説得することであった。

それがどのようなものであれ、こうした策略はある必然的帰結をもたらす。それは、脱スターリン化の勝利をもたらした人々であり、いまは党が浄化されること、大衆組織が公式に民主主義化されること、そしてより一般的には、革命委員会および労働者評議会が国民レヴェルの政治生活へ活発に参加すること等々を待ち望んでいるすべての人々――労働者、学生、知識人――の熱狂を冷めさせる、ということだ。あらゆる労働者評議会に対しては、党の指導部を信頼するよう要求がなされた。すなわち、道のりの途中には多数の落とし穴があるが、ゴムウカこそ何をすべきかを知っているのだから彼の行動を妨げてはならない、と。要するに、かつてスターリン主義者が不満分子に対して用いた議論がふたたび持ち出されたのである。それはたしかに別の精神、別の理由にしたがっていた。だが当局は以前のように指導者への信頼、規律および権力の集中をふたたび訴えはじめたのだった。

ワルシャワでも地方でも、あちらこちらで出現していた委員会は、政治的イニシアチブを発揮していた。それらのなかで、多くのものが恒常的なかたちで権力と結びつこうとしていた。ゴムウカは、労働者委員会が厳密に経済的な役割、つまり共同経営の地域的機関の役割しかもちえないという点を、それらに対し強く主張した。政治はもっぱら党の管轄にとどまっていたのである。

一〇月の日々のなかで、労働者の代表と学生の代表とのあいだの連絡委員会がつくられた。この委員会は政治において中心的役割を果たすことのできるものであった。ゴムウカは、それを解体させるために介入した。

大学それ自体の内部でも、会合や討論は増えつつあった。人々はきわめて多様な問題の解決法について投票を行なった。党の支部は学生の行為を厳しく批判し、彼らを秩序のなかに引き戻そうと、彼らに対して絶えず圧力をかけたのだった。このゴムウカの戦術は、加えて、以前のシステムの崩壊によって生じた混乱を利用していた。というのも、新たな自由の枠組みのなかではあらゆる性質の批判が表明されており、そのなかに社会主義をそれ自体として標的とするものもあったからである。それゆえあらゆる声を一まとめにし、革命の側からの抗議と反動との混合物をつくり上げ、批判全般が体制に災いをもたらすと糾弾するのはたやすいことであった。

このような空気のなかで、ハンガリー蜂起は結局、権威主義的方策を強化することにしかならなかった。Aは、ソ連に対するあらゆる挑発を避ける必要があるということに反論はしないものの、政府の態度によって引き起こされた失望については強調する。そしてこの失望は、ゴムウカがロシアでカーダールの正当性を承認する文書に調印したとき、（ハンガリーにおける抑圧の暴力が、冒されたリスクを見積もらせ、革命の熱情を和らげたにもかかわらず）さらに大きなものとなった。

スターリン主義者たちの抵抗と党内の状況について

現時点で判断できるかぎりにおいて、一〇月以来の政府の政策は失敗に終わったように思われる。ゴムウカは目指していたようには状況を安定化させられず、むしろ新たな危険が生み出されたということ、それは認めなければならないとAは言う。スターリン主義者たちは、党内での彼らの地位を強固にするにあたって、まちがいなく与えられた機会を捉えたのである。ゴムウカが彼を権力に押し上げた諸勢力を自ら攻撃したがゆえに、そして若い革命活動家たちを暴力的な表現で糾弾し、『ポ・プロストゥ』の編集者を口をきわめて非難し、評議会の特権を削減したがゆえに、スターリン主義者たちはその歩みのなかで語気を強め、〈一〇月〉に由来する無秩序を嘆き、若い共産主義者たち——彼らは無責任分子呼ばわりされた——に現在の経済的困難の原因を押しつけることができた。

スターリン主義者たちがこれほどの短期間でふたたび頭をもたげ、人々の少なくとも一部に耳を傾けさせうるまでになっていることに私たちが驚いているので、Aは、彼らが党の構造に助けられているという点を指摘した。

この党を考えてみてほしい。それは肥大化している。二七〇〇万の人口、そして投票できる年齢に達した一七〇〇万の人々に対して一五〇万の党員がいる。新たな指導部の最初の仕事の一つは組織の実人員を減らすこと、そしてとりわけ、特別な給与を受けることがいかにしても正当化されないような活動をしている多くの「専従党員」のポストを廃止することだった。ソ連においてと同様、また他のあらゆる人民民主主義体制と同様、この小官僚層は、指導部の唯一の関心に答えるもの、つまり指導部に経済的に依存した、体制の安定を保証する忠実な組織基盤を自らのために作りたいという関心に答えるものだった。Aは、ポーランドにおいてもし官僚とその家族の数を数えたならば、党機構への加入で給与を得ている人々がおよそ一〇〇万人はいるだろうと見積もっている。こうした人々は、少なくともその大半について言えばスターリン主義者ではない。おそらく彼らのたどってきた道は同じではない。ある者たちは、卑屈に、あるいはシニカルに官僚機構の指示に従ってきた。別の者たちは、体制が困難な道をたどりながら社会主義の建設を追い求めていると心から信じていた。さらに別のある者たちは、日々の活動のなかで麻痺してしまい、上司をその人物如何にかかわらず給与支払い人として見る雇われ人のごとくなっていた。多くが、共感をもって（その共感が不安を孕むことは避けられないにしても）〈一〇月〉にいたる運動の展開を見ていた。ソ連によるポーランドの搾取が、彼らにとっては人口の残りの部分にとってほどはっきりと感じられないということ、官僚制のばかげた規律が彼らに対しては犠牲を強いることなく作用したなどということがあろうか。しかし、その意見がどうであれ、これらの党職員の経済的運命は、一様に、党の機構が完全無欠であるということに結びついているのである。

専従党員は相当数削減されるべきであると述べるとき、ゴムウカはそれゆえ、ある階層に真正面から衝突することになる。それは危機によってただちに結束し、自分たちが生き残れさえすればかつての神々をふたたび崇めることも辞さないような階層であった。

小官僚にはほかにも不満な点があった。小官僚は、革命派あるいは進歩派の人々の側からの絶えざる批判の的となっている。革命派あるいは進歩派の人々は、このような地域のボスの無知、無能力、順応主義を糾弾する。小官僚からすれば、人々が今あるシステムのあらゆる欠陥を彼らに負わせているように感じられるのであり、また彼らは、スターリン主義のイデオロギーを少し前までは全面的に奉じていた分子が、それに対して、それがあたかも旧体制を体現するものであるかのごとく反旗を翻すのを見ていらだっている。それなのに、他方であいかわらず党のトップに君臨しているのは、ついこのあいだまで彼らの指導者であり今はあらゆる公の批判から守られている人々（オハプャッィランキェヴィチをはじめとする人々）なのだ。小官僚の理屈は至極明快である。「当局はわれわれをスケープゴートにしようとしている。上司を救うために従業員を犠牲にしている」。そして、こうした理屈は一部真実を含んでいるため、大衆のある部分に反響をもたらすことになる。一見したところ逆説的ではあるが、つい昨日まで党職員を体制の受益者、デマゴーグあるいは邪魔者とみなしていた労働者、サラリーマン、農民が、彼らの運命に対して同情を示さんとしている。党職員とは体制における賃金労働者でしかなかったのであり、かつての特権が廃止された今日ではその生存条件は多くの賃金労働者となんら変わるものではない、ということに気づいたからである。

スターリン主義者たちにとってこの状況を利用するのはたやすいことだ。彼らが公然とゴムウカを批判し、かつての体制を称揚するという行動に出るわけではない。そうではなく、新たな政治は党の「活動家」に担われることで築かれるものだと主張するのだ。Ａが言うところによると、選挙前夜に、彼らは各工場でビラを配り、そのなかで、党職員の地位を組織のトップにとどまっている指導者たちのそれに対置して、後者に旧来の政治の全責任をなすりつけたのであった。このような策略のおかげで、彼らはもしイデオロギー的な土俵の上に身を置いていたならば明らかに得られなかったであろう反響を得ることができる。それどころか、彼らは非常に巧みに、新旧の指導者グループのあらゆる差異を否定し、一〇月に現れた変化は主に私的な敵対関係の結果だという考えを流布させる。この点、彼らはゴムウカの態度に助けられている。ゴムウカは、新たな計画を促すことをためらい、その意向を表明するにとどまっているからである。

しかし、党内には彼らにとって好都合な状況のみがあるわけではない。国全体にわたって経済的困難が不安感を醸し出している。大衆の生活水準の回復が嘆かわしい状態にあるだけでなく、差し迫る刷新や合理化の措置によって、省庁や企業において大量の人員が解雇される。当局は彼らに、スターリン主義的官僚制が無用の役職を増やし、非生産的なものの真の増大をもたらしたのだと説明しうるだろうが、失業の脅威が自分自身にふりかかってくると感じている人々は、新体制に対する粗野な批判に、よりいっそう敏感に反応することになる。

Aの情報はすべて、ゴムウカの政治に対する大きな不安を呼び起こすものだと私たちはAに指摘する。その政治は、ナトーリン派に譲渡し策を弄することで反革命の危険を強めるものだからだ。だが、Aはゴムウカの政治を全体として判断することを明らかにためらっている。彼によれば、たしかに不器用さ、誤り、過剰な用心はあったかもしれないが、それは本当の意味で非難すべき政治であるというわけではなかった。ゴムウカはある実験をしたところである。彼は、スターリン主義者たちに対する戦術の失敗を認めるかもしれない。彼は、自分を権力へと押し上げた諸勢力に何としても頼らなければ、自らの将来をだめにしてしまうということを理解するかもしれない。選挙前夜に彼が望んだジェランの工場への個人的な訪問（一〇月以来、そのようなものははじめてである）は、こうした自覚の表れではないだろうか。

Aは最後に、彼によればゴムウカに決定的影響を与えずにはおかなかったであろう党内部の闘争のエピソードについて私たちに教えてくれた。ゴムウカは、考えを同じくする秘書官の立候補を応援するために、ある地方支部の会合に私的に赴いた。党内の新たな潮流を持ち上げる彼の演説は拍手喝采を受けたが、いざ投票する段になると、活動家たちは彼の推薦する候補者ではなく、地元を追われていたあるスターリン主義者を選んだ。彼は、私的な友人関係によってそこで選ばれたのだった。

このエピソードはゴムウカの進歩について期待する余地を与えるものだろうか。いずれにせよ、それは伝統的な党の機構の力を物語っている。

B、それからCと

Cや、さらには私たちが会った大半の人物と異なり、Bは党に加入していない。彼は、ポーランドのある新聞の主要執筆者の一人で、私が理解したと思われる範囲では、ほかの人々よりも体制に対して批判的であるとみられていた。実際には、いくつか些細な違いをのぞけば、彼の姿勢は私たちがすでに取材していたCやAの姿勢にきわめて近いものだった。

選挙の影響力について

私たちが会ったとき、選挙の結果はすでに大方知られていた。人口の大多数がゴムウカの指示に従い、多くがリストの上位者たちを承認するという判断を下したことを私たちは知っていた。Cは、私たちがワルシャワに到着して以来、ゴムウカの「信任投票的な」戦術を正当化するために手を尽くしていたのだが、その彼はゴムウカの戦術が華々しい成功を勝ち取ったのだと考えている。スターリン主義者たちが始めていた棄権を呼びかけるキャンペーン、そして他方で、組織的に共産主義候補者の名前を抹消しようという多数の呼びかけによって、その結果は新たな指導部に不信任を言い渡し、それをロシア人の容赦ない批判にさらす非常に危ういものとなる可能性があった。ゴムウカはその人気を利用し、国のほぼ全員を自らの背後に味方としてつけることができるのだと示した。それゆえ、いまや政治的計画の実行を可能にするうえで不可欠なある段階が越えられたことになる。

Bはこの評価に異論を差し挟まないながらも、選挙の影響力に関してはそれよりだいぶ慎重である。ゴムウカは目標を達成した。たしかにそのとおりだ。しかし、彼が得た支持は著しく曖昧なものだ。彼を選んだ人々は、事情をすべて知ったうえで政治方針や政治計画を承認したわけではなく、「統一労働者党の候補者の名を消すことは、ヨーロッパの地図からポーランドを消すことだ」と言った人物の呼びかけに答えたのである。ゴムウカは国家理性の体現として、現状において替えのきかない人物と映った。労働者と左派は彼に投票したが、一方でカトリック勢力、他方でスターリン主義者もまた同時に彼に票を投じたのである。言うなれば、すべての人から見て彼は――伝統的な表現によれば――最小悪を代表するということである。それはさらに、彼が現実のいかなる社会勢力も代表していないということである。ある人々は、彼が党を変革し、経済の管理において大衆組織に支配的役割を認めることを期待し、ある人々は農民の小規模土地所有の権利と小規模取引の権利を守ることを期待し、またある人々はポーランドを少しずつ人民民主主義者たちの陣営に組み込み、権威を旧体制の指導者たちに取り戻させることを期待している。そして正確を期すべく付け加えるならば、党の一部は、彼があれこれの党派に対していかなる妥協もすることなく、対立した諸党派のあいだでうまく舵を取りつづけることを望んでいるのである。それゆえ、もし選挙がある段階を画するものだとしても、未来は開かれたまま、対立の可能性に満ちたままである。

私たちの対話者〔BとC〕は、他のすべての事例以上にゴムウカの指示への恭順について示すある事例を挙げた。ゴジジクは首都の名簿の一つで第七番目に位置づけられていた。彼は人気があったにもかかわらず、投票者は当選するに足るだけのより上の順位に彼を動かすことはなかった。だが、ジェランの工場の党書記であったゴジジクが、〈一〇月〉の主な立役者の一人であることは知られていた。フルシチョフ訪問[*15]のあいだ、企業内の労働者を動員したのは彼であった。彼は新体制のなかでもっとも好かれた人物の一人として、「ワルシャワのアイドル」とあだ名された。けれども投票者は、党によって作成された名簿の順番を乱すよりも、むしろ彼を犠牲にすることを選んだ。

この例は二重に興味深い。それはまず、党指導部の策略に目を向けさせるが、というのも、ゴジジクが名簿上位者の一人に指名されなかったのは偶然ではないからである。Cほどに控えめではなかったBは、冶金工で評議会の発展に対する揺るぎない支持者という性格が、ゴムウカによってしだいに好まれなくなっていったのだろうと理解していた。私たちはさらに、ワルシャワの委員会がナトーリン派の標的になっていた時代に、その委員会の中道派の人々を攻撃したことで彼が激しく批判されるという出来事があったことを後になって知った。ゴジジクはどうやら、ゴムウカ的な用心の駆け引きへの参加を望まなかったことで制裁を受けたようなのである。

他方で、人々の行動も読めない。私たちはCとBに、もしそのジェランの書記の選挙区にいたならばどう投票したか尋ねてみた。一人は名簿の順番は変えなかっただろうと答えたが、もう一人はゴジジクをリストの上位者のなかに置いただろうと答えた。しかし二人とも、ゴジジクの敗北は有権者が受け身になっていることの兆しでは絶対にない、彼はたしかに国家理性のためにあえて犠牲にされたのだと言うのである。

国家理性について

私たちの対話者は、この表現を説明し、そして標準的なポーランド人がもつ感情を私たちに理解させるのに、非常に神経をつかっていた。ハンガリー蜂起の鎮圧以来人々の心性は変化したのだ、と彼らは言う。蜂起の最初の段階では、憤激が沸騰状態にあった。ポーランド人はハンガリー人に自らを重ね合わせ、あの手この手で共感をハンガリー人に示そうとした。赤十字の事務所の前には献血のためにやって来た人々が順番待ちの列を作っていたが、その列は政治的な抗議を表明していた。父親に連れられ、連帯のこの大きな流れに意に反して巻き込まれていた小さな子供たちの姿もそこにはあった。企業や大学では、蜂起した人々を支持する立場をとるよう人々が政府に要求していた。ある決議は、ワルシャワ条約に則ってポーランド軍をハンガリーに派遣し、ロシア軍の後を引き継がせるよう提案するところまでいった。だが、装甲車がブダペストを鎮圧したとき、ポーランド人は自分たちが同じような弾圧の危険にさらされていること、自分たちはソ連ブロックにおいてふたたび「独りぼっち」になってしまったこと、そして誰もハンガリーに救いの手を差し伸べなかったのと同じく、ロシアによる攻撃があった場合には誰も援護には来てくれないということを発見した。それ以来、ロシアの脅威という強迫観念はみなに共通のものとなり、そうした危険が訪れる可能性が低いときでさえも、何かしらの偶発事が爆発を引き起こしてしまう可能性があるということを、人々は意識するようになった。

国家理性の論法が幅広く聞かれるとすれば、それはこの論法が、自己保存のほとんど生物学的な意味と邂逅したからである。

とはいえCもBも、国家理性によって喚起されるイデオロギーを正当化しようとはしない。Aと同様、彼らはスターリン主義を再興するもっとも確実な道となるのが、ロシアの脅威によってすくんだままになっていること、体制の民主化を突き詰めることへの希望を放棄すること、そして批判を口にしないことにあると考えていたようだった。Aと同様、彼らも検閲に対して自分たちがたえず行なっている闘争について語るが、ここで私たちが学んだのは、発禁となった記事が最終的に政治執行部に集められることから、それらの記事が政治執行部のなかに左派対立派の考えの反響をもたらすのではないかという期待を、人々はもつことができるということである。だが、彼らの言語と私たちの言語のあいだにはつねに隔たりがあった。彼らは、私たちが闘争へのより強固な意志を、社会主義の未来へのより大きな希望を自分たちに期待していると感じている。そして私たちのほうでは、彼らが期待しているのは私たちが彼らの状況をよりよく理解すること、ゴムウカに対する彼らの関係をより慎重に評価することだと感じている。彼らは政府が言うような意味での国家理性を糾弾していたが、その観念はとっておいて、まさに政府に対する彼らの関係にそれを適用する。状況は、前衛的左派の活動を必然的に制限するように見えたのだ。

この隔たりは、ある場面ではっきりと浮かび上がった。それは、私たちのうちの一人が、ポーランドは二者択一を迫られた状況にあるとみて、そのことについて口にしたときのことである。彼は次のように言う。第一の選択肢。はじまった運動が過激化し、労働者たちが積極的に評議会へと再結集し、よりいっそう重要な権限を要求し、国家官僚制にのみ担われていた任務に少しずつ手をつけるようになる。他方で、共産主義の活動家、知識人は政治生活の民主化、より広くは文化的生活の民主化をめざして闘争を続ける。もう一つの選択肢。戦略上の要請という装いのもとで、そして政府の幹部レヴェルの策略によって、指導部による政治と大衆とのあいだの完全な分離が再登場し、国家と党をふたたび硬直化が襲う。

私たちの対話者は、この二者択一を認めない。というのも、もし彼らがポーランド単独での革命の開花は考えにくいと判断しているにしても、〈一〇月〉の勝利をなかったことにするというのもまた想像しがたいものだからである。彼らは、純粋な暴力がハンガリーでのように労働者と知識人を沈黙させることはありうる、と認めるかもしれないが、しかし官僚化の計画によってじわじわと旧来の状態へと引き戻されることはないとみていた。スターリン主義について、人々は全体的経験をした――それは単に、モスクワへの隷属の経験あるいは〈計画〉の非合理性の経験、すなわちひとまとまりの誤謬および強制の経験というだけでなく、思想と行動と完全な体系の経験であった。自らが〈歴史〉の無謬の仲介者であると党がふたたび宣言しうるなどということ、労働者は自らのものである国家に対して対立状態に入ることができないという理屈でストライキが禁じられるなどということ、作家あるいはジャーナリストが公式の真理を採用しそれを繰り返すことを命ぜられ、そうしなければ反革命扱いをされるなどということは、人々には想像のできないことである。ポーランドの人々からすれば、破綻をきたしたのはある政治、そしてそれを実行したあるグループなのではなく、政治というもののある表象であって、共産主義的な国家、党、真理が神聖なる権利の地位を獲得しうる、という考えなのである。

このような状況において、選択は、革命と反革命のあいだにはないだろう。というのも、もし社会構造を根本的に変容させるのが不可能だとしても、旧来の世界を再興することもまた同じくらいに（繰り返すが、ロシアの介入がなければ、ということである）不可能だからである。道を二つの中間に探し求めるべく定められたポーランドにとっての選択肢は、少なくとも世界に起こった新たな出来事が事態の展開の別の諸条件を創り出してくれるまで、ゴムウカ主義のヴァリアント――権威主義的なヴァリアントか民主主義的なヴァリアント――にしかないだろう。左派の人々のあいだで広まり、好んで使われたある言葉を持ち出して、Cは私たちに言う。ソ連は資本主義の包囲のなかで自らを構築しなければならなかったが、ポーランドは今日、「社会主義」の包囲のなかで自らを建設しなければならない、と。これはたしかに深みのある、機知に富んだ表現である。それは人々にとってのソ連の重みを示す。だがそれは、不安を呼び起こさずにはおかない表現である。というのも、包囲という状況のなかでソ連が建設しえたのは、社会主義ではなくてスターリン主義だったからである。たしかに、神秘化から解き放たれたポーランドは、真の社会主義の可能性を保ったまま生きつづけることのみを求めるだろう。だが、包囲という状況が要請するものは政治家たちの意図よりも強力なのではないだろうか。

反動的傾向と「資本主義の」危険について

CとBは加えて、社会状況のすべての側面を考慮に入れていないと私たちを非難する。彼らが言うには、ポーランドの社会主義の敵がロシアのスターリン主義とその仲介者たるナトーリン派の人々だけであるかのように考えることはできない。反対に、民主主義を完全なかたちで創設することの効果がいかなるものか、ということを問わねばならない。労働者階級は、人口のなかの少数派でしかない。おまけにこの階級は一部、決定的な政治的役割を有していた聖職者の影響下にある。加えて、スターリン時代にこの階級が拡大したにしても、階級内部の異質性はそれによってはっきり表れてくることとなった。というのも、産業のなかですでに時間をかけて鍛え上げられたプロレタリアと比べて、目下のところよりいっそうの搾取に屈し、より保守的だった農民層を、この階級は吸収したからである。農民層は、集団化と官僚主義的な搾取のもっとも残酷でもっとも非合理的な経験をしていた。その層は社会主義プロパガンダを、正当にも最大限の不信をもって受け取ることになろう。この層は、これまでそのプロパガンダの戯画しか見てこなかったのである。スターリン主義に対するその抵抗は健全なものであったから、それを全体として反動とみなすのはたしかに馬鹿げたことである。けれども、それが革命派勢力としての役割を果たしえないということは認めないわけにはいかない。Bは次のように言う。いくつかの地域において封建的搾取の体制から官僚主義的搾取の体制へと直接に移行した農民たちは、これら二種類の隷従の地位を比較する以外にはなんらなすべきことを知らないので、後者に対する憎しみから前者の有効性という結論を引き出したのだ、と。それゆえ農民たちは、彼らの元の土地所有者にそれを再所有するように働きかけ、また、協同組合の解体後には、元の土地所有者にその土地を分け合う許可を求めたのだった。こうした極端な事例は全般的状況のイメージを与えるものではないが、それでも、農民層における復古的傾向がどこまで進む可能性があるのかを示してくれる。

見てのとおり、CとBの論法は、フランスのスターリン主義者の論法と本質的に異なっており、後者のように人民民主主義体制におけるあらゆる体制自由化を糾弾するべく反動の危険を煽り立てたりしない。彼らにとって、そして私たちが議論したすべてのポーランド人にとって、共産主義に対して農民たちがもつ心境は、彼らが服従していたテロルの体制の直接的な効果なのだ。農民は敵ではない。それは、国家の独裁がもっとも激しい暴力でもって襲いかかった人々なのである。確認すべきことはただ、彼らは当面は理解することができず、彼らが社会主義の真実を発見するまでには時間が必要だということである。

だが、彼らの状況判断のまさにその枠内で、私たちの対話者はそれでも、一〇月以来の政府の政治の影響力について自問しているのである。一方で、ゴムウカの戦術はまず何より正当化されうる。たとえば、真に自由な選挙は農民が共産主義候補者を大量に落選させる機会を与えることになるだろうし、それゆえ、まず第一にこの危険を避けねばならなかったというのはたしかである。他方、農民の代表機関をプロレタリアの機関へ結びつけ、革命的基礎にもとづいて彼らが国家の政治生活へ参加することを保証するのは、労働者階級の徹底したイニシアチブである。新たな指導部があらゆる権限を奪取しようと考えたことで、労働者階級のさまざまな層のあいだの、そして労働者階級と農民とのあいだの分離がふたたびもたらされたこと、そしてそれが脱力感を引き起こし、反動的勢力に有利に働いたことは否めない。

それならば、ポーランドの状況にのしかかる唯一の、そして真の障害とは、ロシアの脅威なのだと結論づけることはできないだろうか。それがなかったとしたら、ただ一つの妥当な政治は、ただひたすらに社会主義的民主主義に向けて舵取りをしてゆくことだ、というのは明白なのではないか。しかし、私たちが投げかけたこの問いは、私たちの対話者が格闘している困難を明るみに出す。とりわけCは、反スターリン主義の革命の拠りどころだった人民民主主義の諸体制が西側の型の資本主義へ回帰する危険に直面しており、共産主義者にとっての大きな任務の一つが、民主化を指導するその地位を守ること、そしてこうした危険が含みもつその限界を定めることであると判断している。そしてこうしたことから自然と、現状におけるソ連の役割を見積もりなおすこととなる。自らの言明の逆説に自覚的でありながら、彼はソ連を、全面的にポーランドを搾取することで現在のその大混乱の根源となり、そしてまた殲滅の可能性をちらつかせることで解放をめざす諸勢力を脅かす反革命の権力として、同時に、資本主義へと舵を切るのではない社会変容のための庇護を与えてくれる体制として示すのである。

私の考えでは、そして実際私はそのようにCに言ったのだが、こうした推論は、伝統的な新スターリン主義的図式をふたたび持ち込むものだ。西側流の、すなわち私的所有にもとづく資本主義は絶対的な悪とされ、社会学的に不確定なソ連の体制はただ単に事実のうえで悪いものとみなされる。それによって、資本主義に有利に働くおそれのあるすべての行動、あるいはポーランドにおいて資本主義と結びついた人々は原則として排除されることになり、それに対してソ連、あるいはその仲介者たるナトーリン派に配慮するあらゆる措置は、ただ単に妥協、必要な策略、最小悪等々であると規定される。現実には、私的所有は本当にあらゆる社会的堕落の根底にあるものなのだろうか。ポーランドの人々は、その廃止が搾取の新たな方法の出現と一対のものたりうるということを、私よりもよく知っているのではなかろうか。彼らは、生産手段の似非社会主義化が、新たな支配的社会階層の源であるということ、そしてその社会階層の利益は、西側の体制におけるブルジョワジーの利益がそうであるように、労働者階級の利益から区別されるということを知っているのではなかろうか。さらには、反動的勢力の勝利が私的所有の再創設に、工場および土地の元の支配者の呼び戻しにいたるものであり、他方で、今日実現している経済の国有化は、古典的な資本主義体制におけるよりもはるかに豊かな物的資源の開発と人的労働の管理の可能性を提供するものであるなどと、彼らは信じることができるのだろうか。

Cが（あらためて言っておくが、彼は共産主義者であった）私とまったく意見を同じくし、ソ連の批判については私以上であるというのは驚きだ。単に体制の特徴を表現するにあたって国家資本主義という語を躊躇なく用いているというだけではない。比較のなかで、西側の体制は「議論の余地なく進歩的」なものであると、彼ははっきり述べている。純粋に経済的な観点から言えば、一方で、ソ連の並外れた拡大はその領土の資源の極度の豊かさによってのみ可能となったもの、また、進んだ資本主義国であれば実践不可能となっていたような労働者からの凄まじい搾取を代償としてのみ得られたものだということは明白である。他方で、その同じ経済的方法が人民民主主義体制において挫折したことも明白である。社会的な観点から言えば、労働者が自らを組織化し、要求を出すこと、さらにただ仕事を変えることさえをも不可能にし、また知識人が自由に表現することを一切禁ずるような全体主義的抑圧は、ある「反動的な」体制を示すものである。このようにCは言う。私が偏見につまずいていると思われるまさにこのところで、もう一度以下の点を確認しておかねばならない。私のポーランド人の対話者たちは、自分たちの経験から、すでに根本に関わる諸々の結論を引き出す術を心得ていたのだ、と。論証でのCの揺れはただ単に、こうした諸々の結論が頭のなかで突き合わされ組み立てなおされるところまでにいたっておらず、共産主義者に現在突きつけられている諸問題の包括的な定式化にはまだ達していないということをうかがわせるものである。そうではあるが、スターリン的全体主義への抗議のなかで日々作り上げられてゆく彼の批判的思考は、すでにあらゆるタブーを取り払っていたのだった。

Dと

私たちが会った人物のなかでDは、国家機構のなかの非常に高位の役職を担っていた唯一の共産主義者である。また同時に、現在の政治を手放しで支持しているように見える唯一の人物でもある。しかし、彼の支持はなんら型にはまったものではない。個人的な意見、必ずしも確定的ではない意見を表明しているのだということを何度も強調しながら、彼は非常に率直に私たちに語り、その役職を盾に取るようなことはけっしてなかった。決まりきった返答をしないように注意を払いながら、彼は私たちの批判、私たちの指摘についてイデオロギーの土俵上で議論する。ひょっとすると体制のもっとも重要な代表たちが集まるのかもしれない少しばかり厳粛な雰囲気の「幹部」室において、私たちがこのように自由に議論できるということは、指導者たちのあいだでも空気は変わったのだということを示している。

口を開いたDがまず私たちに言ったのは、ポーランドに突きつけられた問題の各々を新たな観点のもとに再検討しなければならないということである。単にスターリン的方法の失敗を確認するだけではいけない。マルクス主義の装いのもとで、社会生活のあらゆる具体的問題に対して原則上の答えをもたらすと主張していたドグマ的理論から解放されなければならない。具体例は何か。自分たちは階級闘争の理論を、それが資本主義が排除された国において何を意味するかを問うことなしに拠り所とし、学校での宗教的教育の実践を糾弾している。ところが、現実には大半の人口にとどまらず、大半のプロレタリアがこうした教育を要求している。今日それを再建しなければならないのであるが、こうした性質の問題はけっしてア・プリオリに解決されうるものではないという点には自覚的であらねばならない。もう一つの例は、農業における集団化である。社会主義は集団化を意味するものであると人々は主張している。それに反対するすべての農民を富農とみなし、それを受け入れている農民を貧農とみなす。現実には、農民の九五パーセントが集団化に反発している。こうした条件下で、地方での社会主義理論や階級闘争理論はばかげたものとなる。今日、農民が望んでいるからと、あちらこちらで協同組合を解体するだけではいけない。農民の現状やその要望を考慮に入れないようないかなる理論もつくり出すことはできないと認めなければならない。

国家と党の諸関係について

これら最初の考察から、Dはある本質的な考えを述べるところへと行き着く。私たちは、それが別の議論のなかで表明されるのをたびたび聞いた。すなわち、党は自らを国家と同一視してはならない、ということである。それらの役割の混同は、私がDを正しく理解しているとすれば、全体主義を生み出すものとされる。プロレタリアの真理が自らに体現されていると考えるようになった党は、国家として統治を行なう場合に、わずかな対立をも、つまりその教義からの隔たりを示すいかなるものをも許容しなくなってしまう。それゆえ、しなければならないことの一つは、人々の状況と要望によって提示される諸々の可能性にしたがって統治をする、独立した国家機構を再構築することなのである。この機構に対して党は非常に大きな影響力をもつことになるだろうが、権力にまつわる決定を行なうことはないだろう。

Dの告発する悪弊は、二つの機構の融合にあるだけでなく、それと同程度に党の内部を支配する全体主義によるものである。私たちはそのように指摘する。教条主義はその災いを、全体主義が国家の教義となったという点から告発するが、それはまずそれ自体として糾弾されるべきものだ。それゆえ、新たな民主化を発展させ、制度化しなければならない。さまざまな党派が認められ、それらが自由に自らを表現し、組織化の計画が本当の意味での議題となる等々のことが必要である。Dはそれに同意するが、しかし彼によれば、党の変革は非常に緩慢にしかなされえない。戦略上の要請は、ソ連の党に対峙する新たな種類の党をうち立てることを許さない。加えて、機構が統一されたものであるがゆえに生きながらえている「専従」活動家という大きな勢力に、真っ向からぶつかることは不可能である。一見したところ、Dは党の構造のスターリン的な概念に激しく対立しているようであったが、しかしそれが存在している以上、それを根本から変容させる見込み、その影響力を弱めることで、つまり指導部の諸権限を徐々に新たな国家機構に移行させることで経験的に前進する見込みがあるとはまったく考えない。

官僚制国家と労働者による管理について

だとすれば、機構〔appareil〕とは何なのだろうか。それはあらゆる水準で大衆の管理下に置かれるのだろうか。それとも、旧来の官僚制に対して優れたところがあるわけでもまったくない新たな官僚制を生み出すのだろうか。もし人々が民主制国家をつくり上げたいと思うのであれば、もし人民による管理を探求するならば、工場評議会、そして労働の場で創設されるそれに類する機関が権力の基盤を形づくる必要がある、と考えるべきではなかろうか。そしてもしこの目標に到達したいと思うのであれば、政府がまず、それとは反対に、その力の及ぶ範囲を厳しく制限しようとしたことを懸念すべきではないか。

Dは、現状において評議会が中心的役割を果たせるとは考えていなかった。彼が言うには、各企業内で、評議会はそれが代表している労働者たちの目の前の利益を守ろうとする傾向にあった。ところが、このような利益は退けられるよりほかはなかった。一方で、経済的危機が深刻であるため賃金の実質的上昇は不可能である。他方で、合理化の一連の措置が必要であり、それはスターリン的管理が非合理であったために、急を要するものとなっていた。完全雇用は、今日まで労働力の大いなる濫費のおかげで実現されていた。労働の客観的必要性については気にかけず、どれだけ低賃金であろうともとにかく各人に給与を与えるということが問題だったのである。また企業主にとっては、労働力を最大限に用い、〈計画〉によって強制されるノルマを最小限の費用で達成することが問題だったのである。企業管理を向上させるという今日の関心のほうは、労働者大衆の目の前の利益と衝突する大量解雇にいたりつく。加えて、設備を近代化するための新たな投資が必要であるが、これは賃金労働者側の犠牲を意味する。作業の合理化、労働ノルマの引き上げの可能性、投資の決定については、全体として生産の諸要求を検討することができ、これこれの産業部門やこれこれの労働者の特定の集団の局所的で日常的な利益を超え出ることができる権力機関が負うこととなる。Dは、労働者評議会に対して向けられた興味には、協同組合の理想への回帰のような復古的な関心があるとまで言う。

この批判に対して答えるのは容易であった。私たちが「評議会」という概念によって指していたのは（この概念が、ポーランドの共産主義活動家たちによって共有されていることを知って、私たちは満足を覚えたのであったが）、本質的に個別の企業の運営に結びつけられ、もっぱら「経済的な」権能を付与された機関（フランスにおける企業委員会の改良された形態）なのではなく、労働者全体の代表を構成している分子のことであった。その独自性は、その選出形態と罷免の可能性の形態によって、ほかのあらゆる機関よりも生産の具体的な場において結びついた人々の集合的意志をよく反映するという点、そしてそれらの評議会の連合によって、諸々の経済的・社会的問題の全体を扱うことができるという点にある。ところで、企業の組織化の作業に限定されることで、評議会は労働者の目の前の経済的利益を表現する傾向をもつことになるのではないか、との危惧が生じるかもしれない。だがそのかわり、一まとまりの政治的・経済的責任を前にして、評議会に由来する中枢機関は、社会全体の要求を、そしてその現在と同じようにその未来を考慮に入れた計画作成を推進できると期待しうるかもしれない。私たちは、過去にとりわけソ連で持ち出された独立した国家機構を評価するあらゆる論理が、人々が今になってその効果を判定しうるような官僚制の到来を助けたということを思い起こす。もし人々がスターリン的な古い図式をふたたび持ち出して、労働者階級は生産管理を確実に行なうほどに成熟していないのだと判断するならば、そこから、ポーランドにおいて社会主義は実現不可能だという帰結を引き出さねばならないはずである。実際、ひとたび創設された新たな国家機構が、どうしてその解消のために働くことがあろうか。国家機構の周りに集まる諸々の社会階層が、彼ら自身の基盤固めや、彼らによる指導への労働大衆の従属以外のものをめざすなどということがどうして起こりえようか。

見たところ、Dは社会主義か官僚制かという二者択一で考えるのを拒んでいるようである。彼にとっては、事実としてある状況が存在しており、根本的な変化への野心をもつことなしにそこから出発しなければならないのであって、またその状況のなかでのみ一定の変革は可能なのである。彼は私たちと同じように、大衆による国家機構のコントロールが決定的に重要なものと考えている。だが彼は、実質的権力をもった新たな国会の創設がすでに大きな一歩であるとみていた。そうなれば、政府が単独で決定をすることはなくなるであろう。彼らの計画はひそかによりいっそう入念に準備されたものとなるだろう。それは議論の俎上に載せられ、それゆえ、国全体に知られることとなるだろう。こうして、代議員を介した世論の圧力がふたたび作用するようになり、スターリン時代の指導部の驚くべき閉塞性はもはや不可能なものとなるだろう。Dは付け加えて、それと平行して市町村および地方の制度に活力を与えなおし、過去には虚構の権力になってしまっていたそうした制度が真の代表機関として再生し、最高決定の場において国会と同じ位置づけをもち、政府の権限に対してつり合いをとりうるものとするのがよい、と言う。

私たちは、議会代表制が評議会とは別の性質をもつこと、それは選挙民に対して、代表を間欠的に（四年ごとに）選ぶ可能性しか与えていないこと、委任期間にはいかなる手段も選挙民に提供しないということ、その労働の場から作為的に切り離された個人に発言権を与えるものであるということを強調することができる。私たちは、現時点で選挙組織がすでに議会代表制を侵害しているという点、つまり、指導部に足並みをそろえることであらゆる議論を無意味にしてしまう共産主義勢力に、作為的に過半数を保証しているという点に留意することができる。私たちの対話者は、この段階で私たちに何か反論を出してくる様子はなかった。彼は、意図的に自らを経験主義者として見せ、かつての全体主義を弱めるあらゆる措置を断固支持するが、しかしそれと同じくらいに具体的な政治をグローバルな理論とみなさせまいとするはっきりとした姿勢をとっていた。彼の位置取りが価値をもつのは、彼が似非マルクス主義的な作法のもとに自身の考えを隠そうとはしていないことである。たとえば、彼にこのように言うとする。「あなたの計画は社会主義的ではない」。彼はおそらくこう答えるであろう。「私は社会主義という言葉が、今日何を指し示すべきものなのか知らない」。事実上、問題と答えは遠回しに述べられたのである。

スターリン主義の正当な批判をしていた彼は、それでもやはり、自覚的にであれ無自覚的にであれ、資本主義体制の制度のなかに新たな対処法を探し求めることになるのだった。ところが、こうした対処法が伝統的な資本主義の構造の外で適用されるとき、その美点が再生するものかどうかと問うのは正当なことである。それを考えるためには、私的所有に基礎づけられた体制と生産のための財の社会化に基礎づけられた体制とのあいだに、本性上の違いがあるという想定をしなければならないだろう。たとえば議会制は、階級闘争によって引き裂かれた構造——そこでは特権を有する人々が、その力を優越させる無数の手段を保持している——のなかでは腐敗するとしても、人口すべてが生産的生活に組み込まれ、所有の独占のための条件がもはや存在しない場ではふたたび完全な有効性を獲得する、ということは肯定できるかもしれない。しかしこの命題は、「社会化」という言葉によって産み出される曖昧さに依存している。現実においては、もし「社会化」が企業の集団的管理によって、労働者の代表によって指導される計画化によって言いかえられるものでないとすれば、それは「私的」社会化に帰着してしまう。つまりそれは新たな指導者階層を画定するものとなり、彼らが自由に物的資源および労働力を用い、また自由にその特権を発展・確立し、自らの目的のために政治的・文化的表現方法を役立てることも意のままとすることになるのだ。それゆえ、社会の経済的および政治的組織に同時に関わる同一の二者択一に、結局のところつねに引き戻される。指導的な官僚制と実行者たる大衆のあいだの分裂、国家機構と多かれ少なかれ拡大された政治的権利を有する選挙民たる人々のあいだの分裂か、あるいは社会的環境〔milieu social〕——それは彼らが委任を受けた場であり、彼らがそこから切り離されることはない——による代表者たちの統制か、の二者択一である。

Eと

Eは、党機関紙において重要な役割を果たしている。私たちを彼に引き合わせてくれたのは『ポ・プロストゥ』の若い編集者であったが、彼の立場は、私たちが会っていたほかの左派の人々の立場とはかなり異なるもののように見える。彼はまず何よりも活動家として自己紹介し、「われわれ」という言葉を、党を指すのに使っていた。加えて、閉じた世界で生き、工場で起こっていることをよく知らずにいる知識人をかなり厳しく批判する。彼はゴムウカの戦術についてなんら隠し立てをしないけれども（候補者名簿の上位からゴジジクが除外されたことについて、もっとも妥当な解釈を私たちに与えてくれているのは彼である）、党の現指導部の政治を正当化することについてはほかの人々よりも気にかけているようである。彼が受けた政治教育は幅広く、その分析は鋭い。彼は、私が会ったなかでポーランドの状況についての理論的視点を持ち合わせていた唯一の共産主義者である。

社会における党の機能について

インタヴューの最初で、私たちのうちの一人が、現在見られる諸々の政治的潮流について集めることのできた情報を要約する。一方には、正面切っては闘わないが、あらゆる困難を、そしてとりわけ党の役人の不満を利用し、無政府状態による危機を糾弾し、事実上あらゆる変革に反対するスターリン主義者たち。その対極には、新たな体制の登場にもっとも積極的な役割を果たし、脱スターリン化の徹底、党内での党派形成の権利の承認、報道の自由の法制化、企業評議会の諸権力の拡張を望む人々。中道にはゴムウカ。彼は、かけ込みの同盟者に支えられながら、スターリン主義者を、その党派に衝突することなしに要職から排除しようと時機をうかがい、策を弄し、そして左派の人々を沈黙に追いやって、基本的に自らの権威のもとで組織機構の統一を再建する方向へと向かうように見える。

Eは、このような描写に留保つきでしか同意しない。彼は少なくとも、左派の政治とゴムウカの政治を区別することは時期尚早だと見ている。ゴムウカが革命派分子を犠牲にして党内の規律を早急に回復させようとしたという点は否定しないが、Cと同様、最初の段階の目標としては、一〇月のあいだに実現した国民的統合を確実にする以外にはあり得なかったと判断している。固有に政治的な課題の何たるかが明確に示され、結果、ゴムウカの態度が評価されうるのは、ただ選挙が終わってからである。

加えて、Eは党派形成の権利の要求が（そして、私たちの同僚の一人が挙げた複数政党の要求はなおさら）、今ある諸問題に答えるものではないと考えている。これらの問題は、本質的に社会の変容を求める。ところが、党における民主主義は社会における民主主義のほんの一面にしかすぎない。社会における民主主義は、労働者や農民が政治生活によりいっそう参加することを意味する。党における民主主義は、党がふたたび諸階級の生活のなかに組み込まれなければ、それが労働者の要望の媒体とならなければ、有効なものとなりえない。現在はそのような状況にはない。党は代表する存在ではない。それゆえ最初にしなければならないことは、党に現実の機能を与えなおすことである。しかしDと同様、ただ別の精神から、Eは党が国家と区別されないかぎり――そしてそのようなものとして現れてこないかぎり――こうした機能は回復されないと判断している。実際、党内の運営と党の大衆との結びつきは、それが権力を体現するのをやめ、その当初の方針にしたがってふたたび前衛の表現に、人々のなかでもっとも自覚的でもっとも有力な階層の表現になるという条件のもとでのみ修正されうるものである。この前衛は、そのイデオロギーを社会全体に広めある政治的計画のために闘うという任務をたしかに負っているが、社会を全体として代表する国家に取って代わることができるわけではない。

私の問いの一つに対する答えとして、Eは、社会主義社会（そして私たちは、この語を用いることでソビエト機関によって権力が行使されるような社会を定義づける、ということに同意する）において党は、なおさら指導的役割を維持することができないと明言する。しかし彼の分析は、何よりもスターリン時代終焉直後のポーランドの現状に向けられており、労働者の代表機関から独立した国家機構の存在を、つまり国家官僚制の存在を事実として認めていたのである。

私たちが対立したのは、この最後の点である。というのも、私のほうでは、党の役割の変容が国家それ自体の変容、つまり官僚機構の解体、あるいは少なくとも官僚機構と生産過程の中心に位置する大衆のあいだの新たな関係の構築と対にならないとは考えないからである。

Eは、ポーランドの革命の条件についての非常に悲観的な評価にもとづいて議論を組み立てていた。目下のところ、農民層と労働者階級の姿勢がそれだけであらゆる社会主義的展望を不可能にしているように見えるのだ。結果として唯一の課題は、プロパガンダのゆっくりとした作用によって、このような展望がふたたび開かれるようにすることである。

彼の分析の利点は、それがロシアによる包囲によって産み出された条件とは切り離されて有効性をもち、スターリンの独裁体制から出現した国の情勢を一般論として扱うという点にある。

スターリン主義の遺産について

Eが言うには、ポーランドのプロレタリアは経済的・イデオロギー的要因による危機を経験してきた。第一に、近年の産業化の政策は、大量の農民分子をそのなかに招き入れることになった。こうした時期にはつねに起こることだが、地方から出てきた大量の分子は、労働者よりも保守的で闘争の伝統はなく、労働者ほど政治化されておらずより従順であるため、意識の面で危険な不均衡をつくり出し、階級の闘争傾向にブレーキをかけるものとなった。

この第一の指摘に対し、私がポズナンでの蜂起を引き合いに出して反論したので、Eは、労働者がこの場面で闘争への大いなる意志を示したと認めた。しかし彼の意見では、それは本質的に貧困によって引き起こされた運動であって、近年、独裁が緩んだことで容易になったものだった。搾取を行なう官僚制がそれ自体として攻撃されたのだが、しかし非常に多様な政治的要求が提示されており、それは事態が大いに混乱していたことを証言している。この例が示すように、Eが疑っていたのは、結局のところプロレタリアがもつ闘争の能力というよりも、自身の行動を階級の行動として思い描く能力、そして革命的な目標へと向かう能力であった。

Eによれば、この危機はスターリン主義を出発点とすることによってしか説明できない。スターリン主義は敗れ去ったものの、社会的には原子化されイデオロギー的には動揺した労働者階級を残した。

労働者階級はまず、前衛がそこから離脱してゆくという事態を経験した。もっとも優れた共産主義活動家たちは役職へと推薦され、その役職によって大衆の残りの人々から切り離された。彼らは政治的な役人へと姿を変え、ときには技術職へと姿を変えて、あれこれのかたちで搾取の機構へと組み込まれていった。こうして大衆は、自らの一部だった前衛が自らと対立するという事態を経験する。彼らは、その指導者たちがよそ者となり、生産に彼らを縛りつけるのに一役買っているのを発見した。たしかに、多くの労働者は（それはときが経つにつれ、それだけいっそう多くなるであろうが）、彼らから離脱したこの人々を批判し、いっこうに終わらない搾取を非難するところまではいった。しかし、彼らの抱える問題の重みが彼らを押しつぶしていた。なぜ、共産主義は反対のものに姿を変えるのか。なぜ、もっとも優れた労働者たちが国家のもっとも優れた仲介者となってしまうのか。ほんの一部の人々だけは、革命の目標を、それをゆがめるものに抗してあらためて主張したが、しかし彼らも新たな計画や新たな方針を定式化するにはいたらなかったし、また、支配的組織がそれに対抗するあらゆる結社を禁じ、社会主義と称する教義をその支配組織自体が公言しつづける状況にあって、集結したり組織化したりするにはいたらなかった。それに対し、大多数の人々において体制への敵意や搾取への抵抗は、新たなイデオロギーの不在のなかでただ闇雲な反対という形態をとっていた。社会主義はそのようなものとなっていたので、それは日常的現実のなかでは嘘のかたまりとして、完成された強制権力の表現として現れていた。党のプロパガンダは、党と同時に共産主義の信用も失わせていたのである。

ときを同じくして、西側の体制の再評価が見られるようになった。人々はそれについて、それがもたらす生存条件が自分たちと比べてよりよいものであったということ、そして労働条件が自分たちと比べてそれほど過酷でないこと以外にはほとんど何も知らなかったのにもかかわらず、である。そして同じくそのポーランドで、スターリンのテロルに抗して表現の自由と個人の諸権利を守った社会勢力——その筆頭は、聖職者であったが——の再評価もまた見られるようになった。

プロレタリアがそのアイデンティティの意識を失ってゆくこのような状況で、スターリン主義によって意図的に推し進められた賃金の差別化の政治は、ほかの国々以上の悪影響を及ぼすことになった。諸階層、諸団体、諸地域が互いに対立しあい、ほかを押しのけて経済的優位を要求しており、それらの対立を乗り越えることは、階級の未来の見通しがかすんでいただけにいっそう困難なものであった。

しかしながらEは、労働者がスターリン体制の転覆において決定的な役割を果たしたということ、そしてそれゆえ、労働者たちが社会のなかで革命派勢力として存在感を示しつづけていることを否定しはしない。彼は単に、スターリン主義に対する闘争が必要で価値あるものであったとしても、社会主義的目標のための闘争と一致するものではないという判断を下していたのだった。彼が強調するには、スターリン主義は、それに抗するかたちで人口のすべての階層を結束させ、プチブル的なあらゆる要求に意味を与えなおし、それによってその要求を労働者の要求と分かちがたいものとした。それは混乱した対立を生み出し、そのなかでプロレタリアはしだいに消え去っていったのである。

けれども、このような労働者階級の消し去りはもっぱらイデオロギー的な意味にとられてはならない。さまざまな段階の搾取あるいは妨害を受けて、異なる社会階層は一種の平準化を経ることとなった。サラリーマン、貧困化したプチブル、知識人、農民が同じように抑圧された状況に置かれると、労働者はもはやある特殊な階級の一員として自らを表象することができなくなる。階級間のかつての対立軸がぼやけてくるのに対し、一方を官僚制、他方を人口の大多数とする唯一の境界線がうち立てられる。だが、もし官僚制が特殊な社会階層を構成し階級闘争を引き起こすとしても、この闘争はそれでも、プロレタリアが切り離された一つの階級として自らをみなすことを可能にするものではなく、それを伝統や気質において大きく異なる社会勢力と結びつけるものである。

それゆえ、こうした状況で、工場労働者によって選ばれた評議会がすぐには新たな国家の基盤となりえないのではないかと危惧するのももっともである。評議会が作られ、その数を増やし、よりいっそう大きな権限を要求するようになるのは重要なことだけれども、目下の状況において、つまりスターリン主義が生み出した脱政治化と不確かさの空気のなかで、それが社会における指導的機能を果たすための視点をもち、社会全体に労働者民主主義のモデルを課すまでにいたるということを期待してもだめなのだ。

ここ数年の農民の進歩を考慮に入れるならば、楽観主義はいっそう正当化しえなくなる。社会の平準化の効果は、また新たに顕著になっている。実際のところ、戦前は貧農大衆が自分自身の運命を意識し、大所有者および中規模所有者に対立することができた。今では彼らは、すべての農民と結びついていると感じ、みな同じに官僚制による搾取の犠牲なのだと感じるようになっている。その潜在的富、その過去の特権、その気質は依然として大所有者を貧農から区別していたけれども、彼らは税によって打撃を受け、その収穫物の大量の引渡しを強制されていたため、階級の敵とは思われなくなっているのである。

さしあたって、国家官吏という特権階層に対する憎悪が、伝統的な階級対立を覆い隠し、それゆえ搾取されている人々が自らの特殊利益を認めることを阻んでいるのである。こうした混同の兆しは、あらゆる形態の集団主義に向けられた敵意のうちに表れている。協同組合が農作業の組織への編入の過程とは別物だということ、それが小規模所有者の連携を通じて生産物を増大させる手段、そして大所有による競争に打ちかつ手段を提供するものだということを忘れた農民大衆は、細分化された搾取への回帰を闇雲に要求している。

集団主義への敵意がこのようなものなので、コルホーズを再建しようと望んでいる農民たちは、彼らの計画を議論するにあたって、周囲の人々に攻撃されるおそれからこっそりと集まらねばならない。

Eの分析は、おそらくソ連には適用できなかっただろう。この国では、二五年にわたる産業化および集団化が社会構造を奥深くまで変容させた。労働者階級は、大きな割合を占める農民層を同化した後、近代的な大プロレタリアへと発展を遂げた。時を同じくして、国家および党の上級役人、工場監督者、上級技術者層そして軍幹部からなる真の官僚階級が構成された。地方では旧来の所有者が完全に排除され、集団化の完成によって生産者大衆と指導者たる官僚集団のあいだに新たな分割がなされた。要するに、社会全体にわたって旧来の階級関係が廃絶され、新たな関係に取って代わられたのである。反対にポーランドは、そしてハンガリーやほかの人民民主主義体制も同様に、移行期の社会であって、官僚主義体制へと変容する傾向こそ見られるものの、まだ完成にまでは達していない。一方で、支配階層は真の階級を自認するにいたっておらず、その一体性は本質的に政治的なものにとどまっている。加えて、外部の帝国主義（すなわちロシアの帝国主義）への従属は、それが社会に根を張ることを妨げている。他方で、旧来の社会勢力は、どれだけ変質させられていようとも廃絶されたわけではない。そこから、錯綜した諸対立の――新しい諸対立と旧来の諸対立との――相互作用が生じることになり、明確な階級の政治と革命的目標はただちには引き出されえないことになる。

Eの結論は自ずから描かれる。新たな体制は階級闘争の諸条件を再建しなければならない。独裁の破壊と民主主義の創設は、一方で、小規模商業と農業において私的イニシアチブへと回帰することを、他方で、労働者評議会の企業管理への参加によって社会勢力が互いの関係のなかで自らをふたたび位置づけることを、そして共産党がその活動の場をふたたび見出すことを、可能にするものでなければならない。

結局Eは、ある経験主義的政治を定義しようとしている。それは、自由主義的な官僚制のもとで、ある形態の資本主義の復活（これは生産手段の社会化を維持することで限定される）と、ある形態の労働者による管理の構築を促す政治である。この体制に社会主義の名を与えるどころか、彼は率直にそれを過渡期的な解決として、スターリン主義から引き継がれることになった客観的条件によって強いられたものとして、結局のところ、現在の国際的な枠組みのなかでの唯一の可能性として提示するのである。

けれども、それがただポーランドの状況のみに適用されるのだとしても、彼の分析は次の問いを提起する。自由主義的な官僚制という仮説は認めうるものだろうか。官僚機構が統治することを欲し、政治的・経済的権威をその手に集中させるものだとすれば、それは本質的にすべての権力を、あるいはすべての敵対的権力の萌芽を無力化するものとなるのではないか。いずれにせよ、もしそれが二次的な部門あるいは農業で必要に迫られて資本主義形態の存在を認めることがあるとしても、そしてイデオロギー的に〈教会〉に歩み寄ることがあるとしても、それが経済生活の核心部分でその権限を制限するか、あるいはそれに抗する労働者の機関を許容することはないと考えるべきなのではないか。

労働者評議会

私はたびたびポーランドの労働者評議会について触れてきたが、それは実際、私たちのあらゆる議論の中心をなしていた。進行中でその広がりがいまだよく知られておらず、その意味については大きな論争の種となっているこの運動は、ポーランドのプロレタリアの主だった勝利の一つを画するものである。左派の定義が、とりわけその運動への支持にあることは疑いを入れない。私たちは、それについていくらかの情報をワルシャワの二つの工場において、つまりＷＦＭ（オートバイの企業）と自動車の大工場であるジェランにおいて集め、また前者の企業の数人の評議会メンバーに会うことができた。

前述の議論のなかで述べたように、これらの機関は〈一〇月〉以降、つまりスターリン主義との闘争の際に現れた革命委員会が解体した後に誕生したものである。それらは、公式に政府の同意を得て創設され、企業管理への労働者の参加の「実験」とされた。つまり、それらは一切政治的な権限をもたないものであるから、ハンガリーの労働者評議会との比較は、どのような点からしても誤りである。

しかしながら、それらの評議会に、新たな政府による作為的な創造物を見るのはやはり同じように誤りである。というのも、それは労働者階級のなかでずっと以前から出されていた要求に答えるものだからである。ＷＦＭで人々が言うには、ユーゴスラヴィアの評議会の例は、ポーランドの労働者にとって強い魅力をもったのであり（それは、ポーランドの労働者が概ねその現実の働きを知らなかったがために、おそらくよりいっそう強いものとなっていたのであろう）、そして昨春以来、生産の労働者による管理が、労働規律についての法律の廃止および賃金の引き上げと同時に要求されることになったのである。春から〈一〇月〉にかけての工場での大規模な騒擾の時期にその要求は明確になり、全般化した。それゆえ、こうした点で政府による措置が一切なかったとしたら、前衛の労働者のあいだに強い失望を引き起こしていたことは確かであろう。また、工場での新たな形態の組織の創設を政府が約束したからこそ、前衛の労働者は〈一〇月〉の委員会の解体を受け入れたのだ、ということも確かであろう。

少なくとも確実なのは、公式の語句が現実に即していないということである。政府は「実験」を試みると宣言した。WFMやジェランでは、当事者たちは、社会全般に広まらなければ衰退してしまうある運動の先駆けとして自分たちを捉えていた。この運動が党の指導部が予測していたよりも――そしておそらく、指導部の一部の人々が望んでいたよりも――はるかに速く広まったということは、早くも確かめることができる。評議会が一二月のはじめに創設されたジェランは、ポーランド各地から来た代表者たちを日々受け入れていた。彼らは、評議会の運営形態やそれがすでになし遂げた仕事について情報を得ようと、また企業間で常時連絡を取り合う提案をしようと訪ねてくるのである。

すでにいくつかの同業組合のあいだでは、ある連合が形成されはじめていた。人々がはっきり述べるところによると、電子技術の分野では評議会のカルテルがつくられ、それを前にしては中央の事務局――それは元々官僚制の砦であった――もその座を譲ることになったのだ。しかし、異なる産業部門の工場評議会のあいだでも関係が結ばれており、それらのものはあらゆる公認とは独立して力を発揮しているだけにいっそう興味深い。人々はまだそこにどうたどり着くかわからずにいたものの、当面は諸評議会の中心的機関の創設へ向かうという考えはすでに公言されていたのである。

ある戯画が、評議会の活動家と当局のあいだの見方の違いをよく言い表している。逆立ちして歩いているある人々の一団のなかで、二人の労働者が足で立っている。みなは彼らに尋ねる。「何をしているんだ」。「僕たちは実験をしているのさ」と彼らは答える。ジャーナリズムのなかでは一般的に、評議会についての二つの考え方がかなりはっきりとした対立を見せていた。いくつかの記事は、そしてとりわけ『ポ・プロストゥ』では、これら諸機関が生産関係の変容において果たしうる根本的な役割があることを主張していた。他方で、別の記事はそれらを、労働者を年ごとの利益へと結びつけ企業の収益を改善させることをめざした、単なる地域的な機関として説明していた（私たちの滞在中には、ある『トリブナ・ルドゥ』の記事が『ポ・プロストゥ』を激しく攻撃し、『ポ・プロストゥ』は評議会の実践的使命をわかっていないがためにその進歩を妨げているのだと非難した――これは古典的な偽善的態度である――のだった）。

ＷＦＭの評議会は最初に創設されたものの一つであった（それは一一月二〇日のことである。ジェランの評議会の創設は一二月はじめであった）。それは二四人のメンバーからなっており、一〇〇人の選挙人に対して一人の代表者がいることになる。その選挙は次のような条件で行なわれた。三人の候補者が公開投票を通して、挙手によって、与えられた各々の議席に対して選出される。その後、秘密投票によって代表者が指名される。代表者は少なくとも月に一度は（実際は、より頻繁に彼らは集まっていたのだが）集まることが義務づけられる。議長職は会合のたびに交代する。工場長は評議会の一員であるが、一人分の発言権しかもたず、議長職を占めることはできない。評議会は、三ヵ月ごとに工員の議会を前にその活動を報告する。それは工員の全体が出席しているところでのみ最重要の問題に関わる決定を、とりわけ利益の分配のような決定を下す。加えて、その会合それぞれは公開である。

それは任期二年で選出されるが、もし工員である第三者か、あるいは工場長がその不適格性を示した場合には、請求すれば委任期間の終了を待たずにそれを解散することができる。

その権限と諸々の職権の広がりは、大きなもののように見える。評議会は、大臣の承認のもとで工場長を任命する。それは企業の組織（土地の最善の利用の仕方、労働者たちの最善の配置）、技術的発展の向上を可能にするあらゆる措置（旧式の機械の撤去、近代的機械への投資、新しい製造プロセスの利用、等々）、財務勘定（工場長によって出される収支の分析）、そして最後に労働条件、とりわけ規範と賃金について検討する。

設置されて以来、ＷＦＭの評議会はすでに――ジェランの評議会も同様であって、その運営形態は類似している――大半のボーナスを基本給に統合することで、賃金体系の変容を進めていた。それは、企業の合理化に関するいくつかの措置も取っており、そのうえ非生産的人員の解雇も含んでいる。ジェランでは、評議会は大臣によって提案された流通部門責任者の立候補を拒否し、指導部から提案された行政上の再組織化計画を大幅に変更することで、その権限を誇示していた。

けれども、WFMの諸規定の吟味から、また私たちが評議会メンバーと行なった会話から、ある曖昧さが明らかになる。そのため、この機関の実際上の権限がどこまで広がっているのかを知るのは難しい。

第一に、以下のことが明記されている。企業の枠内での共同管理に役割が切りつめられた評議会は、「〈国家経済計画〉によって与えられた土台に対して」働きかけるものである、と。この点からすれば、評議会がこの〈国家経済計画〉の作成に共同であたる権力をもっているようには見えない。加えて、評議会には企業の年次計画に対する承認が求められるが、しかし、計画を拒否した場合に何が起こりうるのか、ということについてはいかなる措置も前もって規定されていない。問題はしたがって、〈計画〉が現場のイニシアチブを許容するだけの十分な柔軟性をもっているか知ることにある。そうでない場合には、評議会の諸権利、たとえば労働規範を決定するその権利は、純粋に形式的なものとなろう。

第二に、評議会と工場長の関係は明確ではない。もし工員からなる機関が工場長を任命するとしても、逆に工場長は「唯一、企業の活動を主導するものである」と規定は明確に述べている。加えて、各会合の際に評議会の仕事のお膳立てをするのは工場長である。彼は企業の全体的な運営について日常的に知識を得ることで、生産の進み具合を管理するために原則として月一度集合する評議会のメンバーに対して、かなりの優位性をもつことになるように思われる。

第三に、評議会の機能と労働組合の機能はうまく分かたれていない。賃金に関する決定および利益の分配も、社会問題、安全、工場内部の規則に触れる決定も、両方の機関の管轄下にある。

こうした留保にもかかわらず、ジェランの評議会はすでに非常に活発な活動を見せているように思われる。しかし、この事例は別の問題を呼び起こす。それは、評議会の成員の半分が技術職によって構成されるという特殊性をもっている、という問題である。工員の八〇パーセントが労働者であるとき、この割合はどう説明されるのか。おそらくそれは、選挙が作業場を基礎になされているわけではないこと、労働者が自分たちのうちから代表者を選び出すほどに十分な自信をもっていないことを同時に示しているのだろう。

最後に、評議会議員の委任期間（二年間）、そして機関の性質（それは会期と会期のあいだには法的に存在しない）そのものが、工場評議会が労働運動の歴史のなかで体現してきた表象と異なる種類のある表象をつくり出す。

実際、ポーランドの評議会の重要性を評価するには、労働者自身がそれをどう判断していたのか、そこに何を期待していたのか、また彼らはその働きを新たな仕方で受け止めていたのかどうか、といったことを知らなければならない。この種の問いに対する答えは、規定のなかには見つからない。私たちは、評議会のなかで技術者が果たす役割についてもまた知らなければならないだろう。スターリン時代は、中央の政治的審級の極端な権威主義と、経済面での大いなる無秩序によって特徴づけられた。この点では、あらゆる証言が一致している。こうした状況で、多くの技術者が、そして多くの工場長までもが、労働の合理化を見据えた相対的な脱集権化と、工員の協同の原理に好意的となったのは自然なことである。しかし、こうした管理職は、新たな運動を自由主義的な経済管理の内部にとどめつつそれを指導しているのだろうか。あるいは彼らは、労働者によって、生産の伝統的関係を転倒させるところまで引きずり込まれてゆくのだろうか。

ポーランドの評議会は今まさにその輪郭ができあがってきたものであるから、それについて過大評価したり過小評価したりしてはならない。それはユーゴスラヴィアの評議会とまったく別の性質をもつ。それが生まれた政治の場は、はるかに多くの可能性であふれている。もし運動が国民的連合への道をたどってゆくとすれば、評議会は、それが直面するだろう経済的使命の重大さによって、必然的に政治的特徴を帯びることになろう。しかしこうした観点からすれば、この運動が党指導部と衝突するということもまた疑いえない。党指導部の近年の行動は、敵対する民主主義的権力を許容しないことを明確に示している。

考察

すでに述べたように、滞在中に多くのポーランドの共産主義者が私たちに言った。「選挙は決定的な転回を画するものだ。ある局面、つまり国民的統合という局面は終結した。得た勝利を支えに、ゴムウカはいまや首尾一貫した政策を展開することができる。彼は党の変革を推進し、スターリン派を排除して、民主主義を制度化することができる。ソ連は、人口の九〇パーセントが彼に与えた支持を考慮しなければならなくなる」。

先月は、この希望の否定を強いるものとなった。左派共産主義者に対する闘争が一挙になされ、自由は党の規律と相容れないと糾弾された。新たな官僚主義的権威主義の兆しは増えてゆき、それが意味するところについてはもはや疑いの余地がなくなった。

スタシェフスキ[*16]は更迭された。彼はワルシャワの党委員会の書記長であり、スターリン派にとって厄介な敵で、〈一〇月〉の蜂起の数日間、人民の動員を指揮していた。人々が言うところでは、彼の人気はほぼゴムウカに匹敵するものだった……。同時期に、政治局はすべての党機関にある手紙を送付する。そのなかで政治局は、あらゆる変化に対立する保守主義者と、組織化の計画を白紙にし無政府状態を引き起こそうとする修正主義者を非難している。実際のところ、後者は革命左派の人々であって、彼らが真正面から公式に党派として攻撃されるのははじめてである。けれども、政治局はスターリン派と左翼主義者の勧告のあいだのバランスをとっている。上級技術者機関の会議の代表者三〇〇〇人の前で、ゴムウカはこう宣言した。「過去の誤りの批判を長引かせてはならず、それは日々の必要事によって定められる境界を越えるべきではない」。それは明確に、スターリン派に対する糾弾を終わらせなければならない、ということを意味している。指導部の闘争はもはや二つの戦線でなされるのではなく、もはやただ一つの戦線で、左派に対してなされるのである。

ほどなくして人々は、ゴムウカが、〈一〇月〉の際に彼を支持した大半の人々の反対を差し置いて、スターリン派の主だった代表者であったノヴァクの政府会議副議長への留任を受け入れさせた、ということを知ることになる。ポーランドの大手新聞の主要な編集者を呼び出し、党の規律に従わず修正主義を広めたかどで彼らを激しく非難したのもノヴァクである。『トリブナ・ルドゥ』の編集長であったマトフィン[*17]は辞職を強いられ、編集部の八人のメンバーは彼に連帯することになった（そして彼らのうちには、私が会った人物で、私から見て賞賛に値する厳格さ、党への愛着、状況の分析の綿密さをもつ人物がいた）。マトフィンは、一九四八年から一九五四年に、つまりスターリン時代に同職にあったカスマンに取って代わられる。

しまいには、労働組合の長に、労働者からはすっかり忌み嫌われていた名高いスターリン主義者がふたたび就くことになる。

フランスのある進歩主義者は――『フランス・オプセルヴァトゥール』で、あるいは『エクスプレス』で――、問題となっているのはゴムウカと「リベラル派」知識人のあいだの対立でしかないと信じさせようとしている。つまるところ、政治的なものと知性的なもののあいだの、責任倫理と心情倫理のあいだの永遠の対立の表現なのだ、と。彼らが言うには、ゴムウカは統治しているのであり、彼が前にしている状況の要請に従うことしかできない。権力について何一つ知らない知識人たちは、自由という絶対的なものの名のもとに抗議する。それならば、スタシェフスキはゴムウカよりも知性的であったのだろうか。マトフィンはスターリン主義者のカスマンよりも知性的であったのだろうか。政府から追放された冶金工のゴジジクはどうなのか。そして、ひと月前に私の前で知識人たちを激しく非難し、今日ではその新聞社を去ることを余儀なくされている活動家のような人はどうなのか。党指導部が敵意のこもった警戒心で監視している評議会の運動もまた、知識人の運動なのだろうか。

実情はむしろ、ゴムウカによって描かれた政治が、彼が登場し、党の機関を掌握し、権力を集中させたそのすぐ後で、官僚制の再構築へといたり着くほかなかったということである。実情は、絶えず勢いを増しつつ急速に拡大する対立が、決定的な社会的帰結をもたらさずにはいなかった、ということである。

次のことを述べておくのは意味のあることだろう。一年前、フルシチョフによる脱スターリン化の宣言を文面どおりに受けとり、共産主義の起源への回帰を喧伝していたあらゆる人々もまた、歴史のなかに統治者の顔しか見ないことに慣れてしまい、ゴムウカ主義をポーランド共産主義と同一視しようと躍起になっている。

しかし、もしソ連での近年の諸々の出来事から引き出すべき教訓があるとすれば、それは、第二〇回大会で表明された政治的変化が、革命的ないかなる意味ももっていなかったということ、脱スターリン化が全体主義への闘争の最初の兆しに対する暴力的な反動へと変わってゆくよりほかなかったということだろう。そして、それと平行して、もしポーランドでの諸々の出来事から引き出すべき教訓があるとすれば、それは、スターリングループの排除が現実的射程をもちうるのは、ただ以前の社会構造が変容するという条件のもとでのみであるということ、脱スターリン化が成し遂げられうるのは、それが社会革命となる場合のみであるということだ。

フランス左派が期待をかけた「脱スターリン化」は、新たな神話を生みつつある。まちがいなく、それは現実的な中身と爆発的な力をもつ。というのも、スターリン主義の糾弾は全体主義的な国家と党に対して大衆がもつ憎悪を表面化させ、活性化するからである。しかし、それがある政策を、つまり、官僚主義体制を変容させることなしにその「悪弊」を根絶することのできるような政府の措置の全体を指すかぎり、「脱スターリン化」とはまやかしである。スターリン主義は、おそらく官僚主義体制の極端な形式であるが、しかしその形式の一つでしかない。そしてもし形式が内容を超えるとしても、それはなお内容を非常に色濃く表現するものなので、形式を完全に否定することは不可能である。こうして、モスクワでＫ〔フルシチョフ〕が、散々こきおろした後にスターリンを再評価し、ワルシャワでは、かつてスターリン派の犠牲者であったゴムウカが、それを激しく非難しない方が好ましいと判断しすでに彼らをふたたび政治の舞台に導き入れている。独裁の自由主義的ヴァリアントがあちらこちらで権威主義的ヴァリアントにとって代わろうとしているが、緊張緩和の最初の兆しが、このような喧騒とこのような希望を引き起こしたので、描かれかけていた自由化は暴力へと変わってしまう。

ゴムウカがフルシチョフ同様の存在だと言おうとしているのではない。ゴムウカは実際に革命派勢力によって権力へと押し上げられたのであり、彼ははっきりと警察によるテロル、労働者および農民の搾取、計画立案者たちの無能力を糾弾することができた。彼はＫが権力の座にあるときに監獄に囚われていた。ゴムウカの反スターリン主義は、フルシチョフのそれとは別の基礎、そして別の力をもっている。この二人の人物のあいだではいかなる比較も不可能である。そのうえ、ポーランドの状況がハンガリーの状況のように進展したならば、ゴムウカがカーダールの役割ではなくナジの役割を果たし、反乱者に背を向けてロシアと結託するのではなく、むしろ党を（彼がその維持のために手を尽くした党を）叩き壊す選択をした、ということは大いにありうる。

それでもやはり、ポーランドの状況は第二〇回大会後のロシアの状況の分析から得られたものと同様の帰結を想起させる。つまり、もし諸々の全体主義的制度が解体されなければ、スターリン体制とのあいだに真の断絶はもたらされないということである。ソ連においては、一つとして革命は描き出されなかった。ポーランドにおいては、人民によるすさまじい蜂起によって指導者グループの一部を追放することができた。それは、投獄されていた指導者たちの権力への復帰を受け入れさせることになった。警察機構は暫定的に解体され、独裁は糾弾され、官僚は容赦なく批判され、その特権は廃止された。共産主義思想が目覚め、イデオロギー上の自由な論争が立ち上げられた。労働者組織が工場に出現した。しかし同時に、ポーランドの全体主義の本質的な制度は維持された。ロシアの脅威によってすくみあがっていた革命派勢力は、その行動の結果として恐るべき権力機構、すなわち党を解体することができなかった。

革命はそれ自身の統治形態を押しつけることができなかったため、スターリン主義によって作られた組織は、革命と対峙しても、社会における唯一の組織として、一貫性のある活動の発展が可能となる唯一の枠組みとして、中枢権力の決定を社会生活のすべての部門に伝えることのできる機構としてとどまりつづけている。前衛は春以来の闘争の過程で生まれたがいまだ分散していたため、「専従党員」層は——一時沈黙を余儀なくされたが——、前衛と対峙しても、新たな指導部の拠りどころとなりうる唯一の団体として据え置かれた。権力の集中、諸関係におけるヒエラルキー、それらの職務のあいだの閉鎖性、つまり党を特徴づけるあらゆるものが支配的形式として存在しつづけ、ゴムウカの政治もそこにはめ込まれることになった。

ポーランドでの事態の進展を、ハンガリーでのそれと比較できるというのは事実である。ハンガリーでは党の機構が粉砕されたが、しかしそこですぐさま訪れた帰結は、ロシア人による蜂起の弾圧であった。それは、脅威が決定的に過ぎ去ったわけではないから〈一〇月〉において革命的政治は不可能だったということ、またいまも不可能でありつづけているということの証拠となるのではないだろうか。それはさらに、批判を呼び起こしているとはいえ、ゴムウカのたどった道が唯一実践可能なものだったということの証拠でもあるのではないだろうか。

このようなかたちで提起された問いは、確かな答えを招来するものではない。ポーランドがハンガリーと同じ運命を甘受していた可能性もあったと証明するのに、あるいは反対に、二つの蜂起の出会いが世界の様相を変容させていた可能性もあったと証明するのに、私たちは際限なく議論することができるだろう。いずれにせよ、ハンガリーへのロシアの介入が、ポーランドの革命派勢力をすくみあがらせているというのは事実である。それは認めるよりほかはない（そして、大変結構なことだがそれを理解するしかない……）。しかしそこから、ゴムウカによってとられたすべての措置が必然的な性格を帯びていたということを導き出せるわけでもない。カーダールの政府を承認し、フランス共産党を手厚くもてなしたこと、一〇月の運動をもっともよく代表していた人々と対立し、名高いスターリン主義者たちにふたたび影響力を取り戻させたこと。これらが、ソヴィエトの介入という出来事によってやむを得ずなされたものだと誰が言うであろうか。その時その時において、もちろんすべてのことが可能なわけではない。しかし、可能なものの範囲については誰も知らないのだ。思い返すならば、一〇月二〇日、フルシチョフに中央委員会への入場を禁じさせ〔ソ連の介入を阻止し〕た大胆さはほとんど自然なものに見えたし、また、ソ連軍が兵舎を発って〔ワルシャワに向かって進軍して〕いたにもかかわらず人々が立ち上がったこともやはり自然に見えた。しかし、ポーランド人が実際に抵抗していなかったとしたら、こうした大胆さは狂気の沙汰と見られていただろう。

私たちは、ゴムウカの決断を規定する諸々の動機の重みについて判断することができない。しかし、重要なのはそのことではない。ゴムウカが実際にすること以上のいかなることも試みることができず、彼は本心ではその行動を嫌悪していたということが証明されるとしても、私たちはその分いっそうその政治に連帯できるというわけではない。というのも、たとえその政治が統治のための唯一可能な政治だと認めるにしても、それでもなお、それは反革命的論理を有したものであり、それでもなお、官僚制による独裁の復活をもたらすものだからである。

別の言い方をすれば、重要なのはスターリン主義に対して闘った革命左派の、そして労働者および知識人の前衛の姿勢である。然るに、こうした人々は、今日自分たちが少数派であること認めるであろう。彼らは、社会主義の目標が現時点で到達不可能なもので、それでもなおその使命はゴムウカの権威主義的な攻撃に地道に抵抗してゆくこと、独裁へと向かう流れに対抗し未来を準備することであるとたしかに認めるであろう。

私たちの考えでは、対抗勢力は、それが官僚主義体制下での革命の理論をつくることができると明らかにならないかぎり、それがとりわけ全体主義の最重要機関としての党が果たしている機能を見つけ出さないかぎり、そしてこの機構の解体の展望を描くのでないかぎり、効果的なものとはなりえない。このような明確化によってのみ、対抗勢力が自らを組織化する可能性が生ずる。というのも、このようにして対抗勢力は、党が唯一、可能な政治的任務の枠組みを提示するのだという伝統的な考えから解放されることになるだろうからである。加えてそれは、党に所属することで隠蔽された孤立状態から出ることを知識人たちに命じ、彼らが革命的再集結の可能な形態と民主主義的権力を保証できる諸機関を、プロレタリアのなかに探すように仕向けるものとなろう。

ポーランド滞在中、左派の人々は、その明晰さにもかかわらずゴムウカのたどる政治を描写するのに躊躇し、自らをそこから切り離された党派と考えることに躊躇し、そして党の役割についてはあいまいな考えのままであったように見えた。これまで述べてきたように、多くの人々が党の示す危険について「感づいている」のであるが、しかし彼らは、ある種の権力分立、〈議会〉および市町村の機関の再評価、現在ある工場評議会の拡大から、党の権限の漸進的な縮小を期待していたのであって、その際に、社会の先頭〔tête〕で、そしてその中心〔cœur〕で果たしていたその機能ゆえに、党は必然的にほかのすべての代表機関を自らに従属させずにはおかない、ということを見なかったのである。

事態の展開が、この左派の自覚を促すことはまちがいない。いずれにせよ、計り知れない価値があると最初に述べた〈一〇月〉の勝利が少なくとも維持されるかどうかは、彼らにかかっている。もしその圧力が緩んだとしたら、すぐさまスターリン的、あるいは新スターリン的秩序が、ふたたびワルシャワを席巻することになろう。

評議会の活動については、次の文献を挙げておきたい。A. Babeau, *Les Conseils ouvriers en Pologne*, Paris, 1960.〔アンドレ・バボー『ポーランドの労働者評議会』〕そしてE. Morin,（même titre）, in *La Vérité*, 15 février 1957.〔エドガール・モラン『（同じ書名）』、『ラ・ヴェリテ』紙一九五七年二月一五日所収〕

第一一章　要約

初出が一九八一年一月の本章は、論文集という体裁をもつ本書のなかで最も新しい日付をもつ。そして、その主題は、一九八〇年代を通じて世界の大きな注目を集め、ポーランドの「連帯」として知られることになる民主化運動である。本章は、今日の中東情勢を考えるうえでも大きな影響を残した一九七九年のソビエトのアフガニスタン侵攻の直後に生じたこの世界史的出来事の初期に書かれたものだが、本章の意図は、東欧諸国での反乱と伴走しながら執筆されたほかの多くの論考と同様に、その行く末を予言することにあるのではない。

ルフォールが示そうとするのは、連帯の運動が自国の抵抗の歴史を参照しながら掲げる民主主義への要求が全体主義システムの歴史を明るみにしているということである。とりわけ、ルフォールはその考察を展開するにあたって障害となる認識を除去する。その認識とは、資本主義の支配から解放された理想世界という表象と対をなす完全な恐怖政治を確立した暗黒世界というソビエトに付される表象である。こうした全体主義の表象は、それに対する抵抗をおしなべて不可能なものと断定する。しかし、それは全体主義の論理にかんしても、それに抗して新たに生まれつつある民主主義の「発明」にかんしても、誤った評価しか与えることができないのである。

第一一章　可能性の限界を押し広げる(1)

〔ポーランドの大衆運動の状況とその意味——一九八一年一月〕

ポーランドの共産主義体制を震撼させた大衆運動の行方が今後どうなるかについてはわからない。その行方は、いま書かれているこの文章が書き終わる前に、ソビエトの軍隊がワルシャワに押し寄せるのではないかと考えさせられるぐらいに不確かだ。一一月二七日の一日をとっても、多くの新聞の朝刊はポーランドの首都でのゼネストのはじまりを伝えているが、他方でこのストライキは、少し前に収監された二人の労働組合員の釈放に同意するという政府の突然の新たな譲歩の結果、同日の夜には取りやめられることになった。加えて政府は、労働者に対する弾圧を行なった者たちの責任に関して、警察と司法のなかで調査を行なうという方針を受け入れた。〈連帯〉の活動家たちの逮捕がここ最近の抗争の原因なのであるが、こうした逮捕は党のもっとも強硬派の人々が企てた挑発の結果だったのか。それとも政府の行為だったのか。いずれにせよ、政府はストライキの脅威にさらされて公然と譲歩した。しかし、ラジオがこの情報を伝えたとき、われわれが知ったのは、ソビエトの軍事介入の兆しが増えつつあり、またアメリカがこのことを真剣に憂慮し、クレムリンに新たな呼びかけをし、ポーランド人の問題は彼らが自分たちで解決させるようにとソビエトを促したということだ。

こうして数々の出来事が急速に進展するのだが、しかし、実のところ、この進展はグダンスクのストライキがはじまってからとどまるところを知らない。権力と大衆の対決は象徴的なものにとどまっているが、力による決着は力による決着を招く。われわれが先に言及した局面は、それに劣らず重大なさまざまな局面に続くものであり、もしかするといっそう悲劇的な局面をも告げることになるかもしれないが、これによってソビエトに侵攻の合図が送られることはないだろう。しかし、どうすればソビエトの介入という仮説を遠ざけることができるのか。この仮説は単にもっともらしいというだけではない。全体主義システムの論理を考慮すれば、介入はきわめて蓋然性が高いのである。ポーランド共産党は、自らの権威が独立した労働組合の活動によって事実上は異議を申し立てられ、権利上は制限されていることをそう長く座視することはできないだろう。さらに党は、労働組合を服従させその活動を無効化することを望んでいたのであって、党が誘導することのできないような一連の権利要求に組合が導かれてゆくという事態はなおさら認められないだろう。われわれに届いた情報によれば、いまやポーランドは、言葉が鎖を解かれて社会の隅々にまで拡がり、批判と抗議の火はあらゆる都市の中枢で燃え上がり、その火は工場から大学へあるいは工場から病院へ燃え広がっているような状態である。ポーランドは、大衆がますます統治者の約束をどうでもよいものとし、自分たちの指導者の忠告にも背くようになり、脅したり秩序を命じたりすることが、命令を下す者たちにとってもはや何の役にも立たなくなり、正当性の指標が崩れ落ちているような状態である。

民主主義体制においてさえ、革命にいたる場合を除いては、こうした状況を放置しておくことはできないだろう。しかし、民主主義体制は、さまざまな権利要求を受け入れ解消することについては、はるかに備えができている。民主主義の制度の本質は、社会的抗争の空間を整えることにある。また、市民社会の枠内で規定され表明される利害が多様であるということ自体が、既存の権力に対し、もっとも激しい異議申し立ての試みから自らを守る手段を与えることになる。さらに、世論の影響によって政治的な変化の可能性があること、次回の選挙時に多数派が交代する可能性があることは、多くの人に対し、未来を決定するという希望を委ねることになるだろう。フランス社会が、〈六八年五月〉の際、この社会を奪取した途方もない熱狂状態にどうやって決着をつけることができたかは、こうして理解されたのである。当時、政府の譲歩は有効なものだった。なぜなら、この譲歩は信頼できるものであり、誰もグルネル協定[*1]が履行されたことを疑わなかったからだ。政府はその駆け引きの能力によって、革命的な企てを敵視し、自らの利害を守ることに固執し、秩序を考慮する一部の人々の態度をもうまく利用した。軍の忠誠は織り込み済みのものだった。政府は公共の秩序と支配的な利害の保証という役割を軍に温存しておいたからだ。最後に、そしてここにはおそらくどうして体制が存続しえたかをもっともよく説明するものがあるのだが、ストライキの運動の規模がどれほどであろうとも、また権威への異議申し立てがどれほど多様であろうとも、これらは抗争の力学のうちに書き込まれていたのである。この力学は、日常的には狭い枠内および断片化された場所に限定されているにせよ、つねに民主主義に根差すものとして認められているものである。〈六八年五月〉とは、社会が不調和になるのに合わせ、こうした乱調や不透明性にそれなりの価値を与えることを暗黙裡に受け入れるような、社会内のトランス状態を告げる局面である。〈六八年五月〉は、普段は締めつけられ、さらには抑圧もされているが、しかし社会生活からけっして排除されてはいないような反権威的、反ヒエラルキー的、反官僚主義的な発言と自由、平等、アイデンティティへの欲望の突発的な出現を表明していたのである。

ポーランドでは状況はまったく異なる。大衆的な異議申し立てを前に、政府は実質的な譲歩を行なった。政府は新しい労働組合の独立の承認、賃金の引き上げ、検閲の制限、情報の独占の取りやめ、カトリシズムの普及の促進を約束し、そのうえ、自らの変革にも同意した。つまり、権威が新しい人々の手に移るのである。しかし、こうした譲歩は、政府の立場が変わらず、政府が社会生活の根本にありつづけようとし、政府がつねに党を起点に、つまり党それ自体とその指導者を起点に形成され、人々が自らの代表者を決める能力を有していないかぎり、信頼することができないのである。

逆説的なことだが、政府は、合意を探求するという姿勢を示す一方で、社会から切り離された権力のうちにとどまっている。したがって、政府の譲歩は政府に役立つどころか、むしろその信頼を失わせることになった。政府は人民やプロレタリアートと一体化することによって十全の正当性を与えられるとみなされていたはずだが、譲歩することで政府はこの一体性を解体することになったのだ。もし原則として政府が社会を具体化しているのであれば、どうして政府がしつこく信頼を求めてきたことに感謝することができようか。なるほど、長いあいだ、ポーランド人は――少なくとも政府を信頼してきた人々は――、絶えずそこに共産主義が具体化した形象があると信じてきたのだろう。しかし、こうした形象の解体を公に知らせる出来事の射程を無視するならば誤りを犯すことになるだろう。また、共産党の指導者たちの長たらしい自己批判が過去に同じような権力の失墜を示していたと思いなすことも誤りだろう。ギエレク[*2]のような人物が党ないし執行部の誤りを認めたとしても、彼は共産主義権力と人民との合致が終わったとほのめかすことはまったくなかった。彼はそうした経験的な誤りを、組織の欠陥か、権力の場を十分に占有できず、また人民と合致することもできない者たちの弱さに帰すだけであった。彼が絶えず要求していたのは、この場の占有、つまり過去においても未来においても党が権利上決定権を保持するという支配権である。さまざまな混乱が工場や街路で生じたとき、指導者たちは、党は人民の反応を考慮しなければならないと述べることはできたが、これが意味するのはただ、党が自分自身の声を聞くように、自らのうちに人民の声を聞かなければならないということだけである。グダンスクの運動はまた別のかたちで意義深い。そこでは権力と労働者のあいだで分裂が生じ、権力は新しい労働組合の独立要求に対して自らの役の立ち位置が特殊なものであることを隠すことができないということが明らかとなり、権力は、譲歩を迫られた結果、権力を具体化するという象徴的な立場を失ったのである。

加えて、全体主義システムの脆弱性は、危機的状況において、社会の内的分割が権力の領域と市民社会の領域との全般的な分割に従っているということに由来する。ポーランドはたしかに同質社会ではない。他国と同様に、諸々の特殊利害が衝突する社会である。しかし、共通利害、すなわち市民社会の利害は、党および官僚制の支配に対して形成されるものである。こうした条件下では、権力は、脅威にさらされるやいなや、さまざまな社会階層間の対立につけ込む力を十分にもたなくなる。そして同時に、軍隊の支持を得ることもますます難しくなる。というのも、軍隊は公的安全の保護という自らの使命を正当化するものについて疑いはじめ、住民の大部分に既成秩序への合意の徴を認めることができなくなり、さらに自らの機能が警察の機能と区別されないと感じるようになると、自分が国家のうちで有する役割についての表象が揺らいでくるからである。さらに、民主主義とは異なり、全体主義システムはあらゆるかたちの異議申し立てを排除することによってしか構成されないし、維持されない。この意味では、異議申し立ては、それが表現されるのに十分な力を見出すとただちに、新たな正当性の経験をもつと同時に、特定の目標のために湧き起こる。権力の庇護から解放された行動と思考の領野を切り開くような権利が発明されるということだ。それゆえ、ポーランドの労働者は、自分たちに満足を与えてくれるような政策を権力に期待しているだけではない。彼らは限定されていない主体的能力を得ようとしている。つまり、彼らの要求は目的だけをめざしているのではなく、要求することができるということを要求しているのである。要するに、大衆のダイナミズムは、体制の限度内において展開されるのではないということだ。彼らは体制の原理を問おうとしていないように思われるし、たとえば労働者の指導者たちは政治に関わらないことを宣言し、さらにまた共産党の指導的役割を認めるとも宣言している。だが、そうだとしても、そのダイナミズムは、全体主義の閉ざされた空間を一挙に乗り越えたのである。

なるほど、危険意識が体制への異議申し立てにブレーキをかけたと想定することもできよう。しかし、この危険意識は、ストライキにおいて新たな自由をかみしめた人々においてよりも、当局との交渉に加わった指導者たちにおいてより鋭敏だっただろう。ストライキに参加した人々は、集団的な抵抗の力と権力の脆弱性とを見出していた。行動によって成功が収められるにつれて、可能性の領野が拡大し、他方で乗り越えられない限界というイメージが薄れてゆくのである。

〔ポーランド共産党の対処とソビエトの思惑〕

共産党の新執行部は、もし大衆運動が弱まる気配を見せなければ、何ができるだろうか。問題は、一見すると独立的な労働組合の主張に賛同を示しているように見える共産主義者の誠実さを評価することでも、彼らの愛国的な気持ちを推し量ることでもない。もし党の存在が賭けられるとすれば、ソ連こそが唯一救いをもたらしてくれる救世主として現れることになるだろう。穏健派は強硬派に場を譲るか、あるいは双方一緒になるか、あるいは穏健派が強硬派の仕事を自分たちで実行することになるか、いずれかだろう。加えて、いまとなっては、カーニャ*3の戦略がその現実主義的な配慮にしか従っていなかったということも当然のこととして想定できる。カーニャ政権は、労働組合員の買収、威嚇操作、譲歩の試みを絶えず組み合わせた。その当人が治安担当の大臣だったのだ。このことが共産主義体制において何を意味するかご存知だろうか。われわれは、グダンスク協定*4の翌日、あたかも自由主義的共産主義が制定されたかのように、二つの政党、すなわち労働者の代表と政治指導者たちがもたらした勝利を祝う記事を驚きをもって読んだ。カーニャは時間稼ぎを優先させたが、それは党の権威の再建のための闘いに利用しようとしたためだと考えるほうがより正しいように思われる。カーニャがひもの一端をもち、敵対者がもう一端を摑んでいる。カーニャはひもをゆるめては引き、そしてもう一度ゆるめるということを繰り返し、相手が疲弊するのを待つ。こうして最終的には、誰もカーニャが誤っていると言えなくなる。ただし、われわれとしては、カーニャが自陣からかなり遠いところまで導かれるだろうということ、第三者、つまり大国ソビエトの介入のみが党の瓦解を食い止めるだろうということのほうがよりありえそうなことだと考えている。加えて、この第三者が無私無欲ではないということは言うまでもない。全体主義の論理が最初に見定められるのは、ポーランドの枠内においてではなく、ソビエト帝国と名づけなければならないものの枠内においてなのである。ところで、クレムリンの官僚たちは、自らの権力が異議を申し立てられていること、自らが東欧に確立した秩序がポーランドの労働者によって脅威にさらされているのを目の当たりにした。彼らは、カーニャの戦略の結果を待つだろうが、自らが行動を起こすにあたって、その敗北をいちいち待つことはしないだろう。

〔ポーランドの運動において垣間見られる全体主義の論理を乗り越える可能性〕

私は、この手の分析がポーランドの運動への告発を含んでいるのではないかと恐れる人々に与してはいない。実際、どのような行動も空しいと結論づけさせる不可能なものの障壁を指し示す次のような方法がある。それは、不可能なものの表象が可能なものの意味を見失わせてしまうということを理解しないで、傍観者として判断する方法である。体制との闘争のさなかにあるポーランド人たちは、自らの生活の傍観者の位置にいるのではない。彼らは、自分たちがいなければ維持しえないようなシステムのなかでの行為者であることを自覚している。彼らが普通めったにしない危険を冒しているのは、そうでなければ彼らは、服従することで、隷従状態を維持しつづけることになるからである。そして事実、彼らはこうした危険に立ち向かうことで、すでに可能性の限界を押し広げたのである。たとえば、独立的労働組合の存在やストライキの合法化などは、全体主義の論理と両立不可能だとみなされてきたものである。彼らが、少なくとも一時的に、狂わせたのはこの論理である。その行く末がどうなろうと、共産主義権力が大衆の積極的抵抗の前に屈していることと、ソビエトの大国のイメージが集団的なイニシアチブを挫くのに十分ではないことが明らかになったのである。

加えて、ここ三〇年に起きたことを考えていただきたい。東ベルリンの反乱は一九五三年に粉砕され、ハンガリーの反乱は一九五六年に、チェコスロバキアの反乱は一九六八年にそれぞれ粉砕された。どれも失敗、こう言う向きもあろう……。しかし、ポーランドで目下かすかに芽生えつつある運動はこれらの革命を引き継ぎながら、新たな異議申し立ての手段を用いている。共産主義権力はここ四ヵ月のあいだそれにどうケリをつけたらよいかわからないでいる。この運動はある部分では歴史的経験の恩恵に与っているが、この経験は、一九五六年、一九七〇年、一九七六年にそれぞれ抗争を経験したまさにこの国において蓄積されたものでもある。その成熟については、多くの兆しを見ることができる。たとえば、とりわけ初期において、弾圧にさらされる街路でのデモ行為を避けたり、公然と共産主義権力に立ち向かったりすることを控える洞察力にそれが見られる。ソビエト連邦自体でも、体制批判によって反対派がつき動かされ、なるほど散発的で、またたしかに小さなものであるが、しかし全体主義への抵抗を示す主題を外部に拡散するようになったことを付言しておこう。

ポーランドの知識人たちは、弾圧の的になっている労働者たちを積極的に支え、次いでグダンスクの運動を支持したゆえに、チェコスロバキアやハンガリーの迫害された知識人との近さを自覚し、同様にソビエトの反体制派と同じ感受性を共有してもいる。個人的あるいは集団的なイニシアチブ――グループの、あるいは大衆のイニシアチブ――を通じて、全体主義勢力によってあらゆる行動が不可能になるのではないという考えが広められてきた。ある意味では、ポーランドの運動は、一見するとハンガリー動乱よりも根底的でないように見えるとはいえ、先行するあらゆる運動よりも先に進んでいる。というのもそれは、共産主義権力の改革かその破壊かというジレンマ――こうした二つの展望はプラハおよびブダペストで開かれた――から脱して、権力から距離をとって市民社会の自律性を主張するからである。この市民社会は、体制の性質と両立不可能であり、この体制の原則をいわば無視することによって、それに対して内部から異議を唱えるのである。

全体主義の論理にこだわるからといって、われわれは、全体主義が乗り越え不可能であるとか、あちこちでこの体制にもたらされた打撃にもかかわらず無傷のままであるとか言いたいのではまったくない。われわれが受け入れないのは、一方の共産主義権力の要求と、他方の、労働者、知識人、さらにより一般には権力によって支配されたあらゆる階層が表明する民主主義的要求とのあいだに――ソビエト陣営の一国家の枠内であっても――、長期的な妥協があるという仮説である。目下主張されているこのような民主主義的な要求は、権力の新たな源泉へと向けられる。ところが、二重権力状況は考えることができないように思われる。発せられた権利要求が党の支配的地位を侵害することなく満たされるだろうとみなすならば、抗争の奥深さは見誤られることにある。問題は、党の支配的地位が尊重されることにあるのではない。というのも、党の位置を特徴づけるのは支配的地位ではないからである。権力は全体的であるか、さもなければ体制が崩壊するか——ここに問題があるのだ。言いかえれば、われわれが受け入れないのは、社会的抗争と対立が同時に制度化されるような民主主義的共産主義が確立されるという考えである。

逆に、われわれが受け入れるのは、全体主義システムの亀裂である。われわれはこの亀裂を副次的なものとはみなさない。つまり、さまざまな状況の変化だけでその爆発的な影響力を説明できるような、そうした状況の産物だとはみなしていない。なるほど、ポーランドの抵抗運動の結集においてカトリックが果たす役割を指摘することは正しいだろう。カトリックは明白に根絶できないものである。カトリックは、権力が合わせるほかないような社会化のネットワークを再構成し、それによって、東欧のほかの国々には欠けていたさまざまな連帯の結びつきや情報の流通を可能にした。とりわけカトリックは、権力の外部に正当性の中心を保つことによって、ポーランド人が社会のただなかで全体主義の破壊作用に対して自らを守ることを可能にしたのだった。他方で、経済的危機が、その大きさゆえに人々の権利要求をかき立て、寛容の限度を超えるところまで人々を導いたことも疑いない。しかしながら、一通り状況を考慮してみると、われわれが語る亀裂とは、システムの裂け目にそって描き出されるものであるということを認めるべきであろう。こうした現象にこそ、これまで以上にわれわれの注意を集中させなければなるまい。

全体主義の表と裏

全体主義システムについての表象は、その怪物じみた一貫性とその永続性とをわれわれに信じさせようとするほどきわめて広まっている。西側の政府と主な政治的指導者たちは、ソビエト陣営には触れることのできない境界線があるだけでなく、結局は同じことだが、ヘルシンキでの交渉の前には一連の正当な政治的実体をも形成しているということを暗黙に認め、その交渉の際にはほとんどあからさまにそれを認めた。ヘルシンキ合意に調印することは、西側にとって、全体主義という事実を認めつつ、人々は鉄のカーテンの向こう側で自らの法にしたがって生きているという考え、そこに住む人々は自らを服従させる権力と一体をなしているという考えを是認するということであった。それはまた、まるでそこに住む人々が自由を希求していないかのように、まるで民主主義の高まりによって、これらの社会が突き動かされていないかのように、まるで共産主義権力は自らの支配様式が生み出す矛盾を孕んだ帰結にさらされていないかのように、東欧社会をその体制の最終的な地平のうちに閉じ込めることだった。第三バスケット〔ヘルシンキ合意のうち人権および基本的自由に関する取り決め〕の勧告にもかかわらず、合意の効力ははっきりしている。つまり、民主主義の領野と全体主義の領野との区別が公式に設定されたということである。そこには、地政学的な意味と歴史的な意味がある。すなわち全体主義は権利上長期にわたって制定されたということであり、さらに、全体主義は自らの境界内においては乗り越えられないものとされたということだ。世界の将来は、この区別との関連で描き出されることになったのである。

しかしながら、次の点は、重要度では劣るかもしれないが、いっそう意義深いものとみなさなければなるまい。すなわち、全体主義批判は、ソビエト社会主義の恩恵をめぐる数々の幻想から最近ようやく目覚めた少数の人々によって推し進められたものだが、それが多くの場合認めていたのは、あらゆる反対勢力を効果的に粉砕することのできるまったく隙のない圧政システムというイメージであり、しかも、このシステムに対し抗議の声をあげることができたのは、せいぜい英雄的な人々や反体制派くらいだったということである。こうした全体主義批判は、当時、近代国家に固有なあらゆる強制力を凝集する国家の暴力に対する道徳的な抵抗の名のもとに表明され、また、共産主義権力が、迫害される反対勢力に向けるきわめて残酷な決定に対する抗議というかたちで圧力をかけるくらいしか可能性を有していなかった。アフガニスタン侵攻によって開かれた状況とそれにつづく国際的緊張の高まりは、ソビエト体制の本性に対する人々の感性を少しばかり変化させた。しかし最善の場合でも――ソビエト連邦へのフランスの政府の追従を考えてあえてこう言おう――、こうした状況はソビエト体制の全能性への信仰、世界が二つの陣営へ分割されていることへの信仰を増大させただけである。全体主義陣営のほうは、武力の優位とともに、自陣の拡張主義的な目標に資する衛星国の団結によって利を得ることになるだろう。

ところで、軍事的な観点から状況を考えたとき、二つの陣営（ただし、その行動能力がまさしく評価可能になるのは、両陣営の意志とは独立して世界において展開される力の働き全体を考慮に入れるほかはないのだが）がまさに存在するというのが本当だとしても、さらに、全体主義型のシステムと民主主義型のシステムとのあいだに本質的な相違が存在するということが本当だとしても、〈東〉の社会と〈西〉の社会の実態は武力という唯一の基準において規定されているわけではないこと、さらにそれぞれの社会は、潜在的であれ顕在的であれ、システムの論理と矛盾するさまざまな抗争の舞台をなしているということを忘れてはならないだろう。こうした矛盾は、東側においてはそれが日常的に隠されているだけにいっそう顕著なものであり、またそれが人工的に抑え込まれているだけにいっそう恐るべきものである。ところが、体制は抑圧の支配権をも獲得したというイメージを作り上げることは、ある仕方でこうした隠蔽に貢献することになるのである。

読者には、昔のわれわれの分析を参照することについてご容赦いただきたい。しかし、実のところ二五年前にすでに、われわれはこうしたイメージを輝かしい共産主義のイメージと対称的なものだと非難していたのだ。双方において保たれているのは、システムの全能さへの信仰であり、自らをあますところなく現実的なもののうちで表現するというシステムの能力への信仰である。ついでに指摘すれば、共産主義の主張を転覆させているようで、実際にはそれに依存しているこのやり方にはいくつもの変型があるが、その最新のものは、ジノビエフにおいて見出される。それが見出されるのは、ジノビエフが〈一なる人民〉という観念を断片化した人民という観念に置き換え、同一の図式に従って、体制はこの断片化した人民の欲望に応答していると結論づけるときだ。あるいはジノヴィエフが光り輝く未来という考えを終わることのない夜という考えに置き換えるときだ。あたかも悲痛な反復のメカニズムによって、かつて善良な社会の建設のために用いられた論理の欠陥がなおも指し示されているかのようなのだ。

われわれは、全体主義を考察することを試みる際に、全体主義が、自ら推進する計画に従うと理念的に何であるかと、実際的に何であるかとを区別し、その現実的な所産を見ようとつねに専念してきた。かつてわれわれは、ポーランドやハンガリーでの一九五六年の出来事、チェコスロバキアでの一九六八年の出来事、あるいはソルジェニーツィンによるソビエト社会の偉大な分析がもたらした驚くべき証言を有してはいなかった。現在、ここ数十年の歴史は、以下の区別を確証し、それをいっそう明らかにしてくれるように思われる。一方で、全体主義は、あらゆる形態の社会的分割が根本的に隠蔽されるシステムである。国家と市民社会の距離はなく、国家は社会と一体不可分なものとして現れる。国家は社会国家、プロレタリア国家、あるいはそこで活発に働く原理に立ち帰った社会となる。この意味で、国家は社会生活のあらゆる部門に遍在することをめざす。国家にこうした存在のあり方を保証するのは、党である。党は自らの下部組織をいたるところにつくり、さらに、各組織の責任者たちは〈普遍的なもの〉の代理人となり、生産の領域においても文化の領域においても、あらゆる個々の社会の構成員に重ねられる。階級間においてもまた距離はなくなる。より正確に言えば、システム内部から産み出されるように見える分割は存在しなくなる。熱心に主張された階級闘争は、過去に由来する社会階層の存在に帰せられる。より具体的には、旧体制から受け継がれたブルジョワジーや農民階層、外国の帝国主義によって操られた集団等々である。支配的な官僚制は自らを不可視にし、社会主義の同質的な社会体に溶け込むかに見える。さらに、同様の理由から、人民の場と同一化される権力の場、法の場、現実的なものについての最終的認識が表明される発話の場のあいだの距離がなくなる。党‐国家、あるいはむしろその執行機関は、命令とともに、正義の原理と真理の原理とを手中に収めることになるのである。この意味で、イデオロギーの計り知れない変化が生じている。かつてイデオロギーは、ブルジョワ民主主義のさまざまな源泉から養分を得ながら、断片化されたいくつもの領域——政治的、経済的、法的、文化的領域など——で、それぞれの領域にふさわしい用語で表明されてきたが、それはいまや一体をなし、社会的表象のすべてを同一の規範へと回収しようとしているのである。権力の言説は、遍在的になるやいなや、自らの起源を消し去ろうとする。そして、この言説は、社会的なものについての言説——ブルジョワ民主主義にあっては、発話者それぞれの立場を示すことで、社会的なもののなかに含まれた言説——であることをやめる。こうして言説そのものとしての権力が構成される。この権力はその成員たちを自らに服従させ、彼らにおいて形成されるというよりは彼らを通じて広がり、他者や物事についての彼ら自身の経験から彼らを引き離し、非人称の知のなかに刻みこむのである。

　しかし、もしわれわれがこのシステムが実際に完成していると思いなすならば、あるいはこのシステムがかつて、スターリン主義の最盛期であっても、完成するのに成功したと思いなすならば、われわれはまさにこのシステムに巣食っている幻想の犠牲者となるだろう。そのように思いなすならば、社会的分割とはただ隠蔽されているのにほかならないこと、権力は実際にはすべての者の運命を決定する人々によって握られていること、複数の階級が存在しつづけていること、官僚制が新たな支配階層をなしていること、不平等が新たなかたちで支配していること、党がいたるところに現前し、働きかけながら、工場、事務所、研究室など自らの合目的性との関連でつねに規定されつづけている生産部門や文化部門に介入しているにほかならないこと、こうしたことを忘れてしまうことになるだろう。さらには、法、知、現実的なものの象徴的な指標がまさに否定されるということはありえたにせよ廃棄されたのではないこと、イデオロギーの驚異的な拡張は正当性と非正当性の基準も想像的なものと現実的なものとの基準も維持することができなくなるという代価と引き換えになされたものであるということを忘れてしまうことになるだろう。全体主義的な計画が信用させようと努めている幻想から身を引き離すことによってこそ、われわれはしかるべく秩序立てられている体制の多様な矛盾を垣間見ることができるのである。

社会的分割を消去し、社会化のあらゆるプロセスを国家化のプロセスのもとへと飲み込み、象徴的なものを現実的なものへと駆り立てるという全体主義体制の空想的な試みは、分割と他性を示す兆しのすべてを急激に回復させようとする脅威にさらされる。自らの姿を隠蔽してきた権力は、社会全体の上に突き出た圧政機関としてふたたび顔を見せ、あらゆる異議申し立ての共通の標的となってしまうかもしれない。あらゆる環境に浸透しあらゆる活動を制御する党は、あらゆる場で寄生物と見られてしまうかもしれない。上にいる人々と下にいる人々との距離、より一般的に言えば不平等は、むき出しにされて示されてしまうかもしれない。さらに、あらゆるところにはびこるイデオロギーは、それへの信仰の全面的な拒否を引き起こし、このような徹底的なかたちの離反により、イデオロギーが単なる政治的虚偽の地位へと格下げされるかもしれない——言説の権力が崩壊すると、保護スクリーンなしに圧政的な権力のイメージがそのまま写しだされることになるのだ。

ところで、スターリンの死後、ソルジェニーツィンの言葉に従えば、社会主義社会の身体のイメージを支えてきた〈エゴクラット〉の死後、体制の劣化を証言する多くの事実が生み出された。国外からの圧力が国内からの圧力に付け加えられた東欧の国と同様、ソビエト連邦でも、権力と人々とのあいだの分断は深まった。イデオロギーは崩壊した。既存の体制の正当性の低下とともに、官僚的なシニズムや腐敗が急速に広まる一方で、無秩序や非合法性の表象が、社会主義の諸価値への信仰の火を消したのだ。さらに、さまざまな異議申し立ての形態が明らかになった。こうした異議申し立ての形態は必ずしも一つに収斂するものではないが、しかし権力の境界の外部に、社会的なものの想像的閉域の外部に空間——法の空間、宗教の空間、国民的アイデンティティの空間など——を切り開く試みということでは共通しているのである。

圧政が存続していることにショックを受け、こうした変化を即座に考察する者がいる一方、他方でこうした変化から、住民の支持を獲得することのできない体制を全体主義と形容することはもはやできないだろうという結論を引き出す者もいる。彼らの言葉に耳を傾けるならば、こうした体制は警察や軍隊に依拠しているだけであったり、あるいは民族主義的な伝統を鼓舞することができる場合にはそれを活用していたり、あるいは経済的・技術的発展によって生じる傾向や、従属させられてきた社会の解体への傾向を活用しているのだということになる。われわれとしては、全体主義システムをその歴史において理解することがより正しいことだと思われる。さらに、全体主義システムがその形成過程から抱えていた矛盾がどう展開していったのかを指摘すること、そして、すでに以前から推測することができたようにこのシステムが裏面を有しており、これが徐々に表面となってきていることを指摘することだと思われる。

〔ポーランドの出来事が産み出した未知なるもの〕

われわれが思うに、ポーランドの出来事は全体主義のこうした歴史に置きなおされることによってのみ理解可能となる。その行方がどうなるかはわからないが、この出来事は現在の闘争という枠組みそのものを超えて意味を有する。ソビエトの指導者たちがこのことを知っているということに疑いはない。われわれもまた、もし二重権力状況がつづくならば、彼らは軍事介入を決断するよう導かれるだろうとかつて述べたことがある。しかし彼らがためらっていること、そしてここ数ヵ月来のポーランドの労働者の行動に対し脅威的な圧力をかけることができなくなっていること、しかも、ハンガリーやチェコスロバキアという例があるにもかかわらずそうなっていること——このことは、ギエレクの党およびそれにつづくカーニャの党を通じてソビエトの指導者たちに向けられる異議申し立てに関しては、なるほど強いられたものだとはいえやはり寛容と呼ばなければならないだろう——、こうしたことは、場合によって介入がありうるかもしれないということと同じくらい重要だろう。

アフガニスタンの前例が国際世論を前に彼らを困難な状況に置いたのだという声をいたるところで耳にする。アフガニスタン侵攻が惹起した反応の弱さを見ると、そうした議論はあまり説得的ではないように思われる。われわれはアメリカの厳戒態勢の堅固さゆえに彼らが慎重にならざるをえないのだとか、彼らはカーターよりもレーガンに用心しているとか、そういう声も耳にする……。おそらくそうなのかもしれない。しかし肝心なのは、ソビエトの指導者たちが自陣の境界内で秩序を取り戻さなければならないという必要性が、場合によってはありうるかもしれない緊張関係に優先するのかどうかということだ。西側陣営、とりわけヨーロッパの人々が、この緊張関係から、自分たちの経済政策に反する帰結や、自分たちが安全とみなすものに反する帰結を引き出すことになるかどうかは長期的に見るならばやはりありそうにない。

われわれがむしろ進んで考えているのは、ポーランドが前代未聞の状況にソビエトの官僚制を直面させたこと、そして、ソビエトは、繰り返しになるがハンガリーの挑戦より根底的でないとしてもいっそう思いがけない挑戦を受けたということである。なぜならば、この挑戦は、共産主義的権威の土台を掘り崩し、一見すると政治的な形態をとってはいないけれども、そこに住む人々に自らには力があるという意識を取り戻させたからである。グダンスクでは、労働者は、党の指導者たちに、そして彼らを通じてソビエトの指導者たちにおよそ次のように述べた。「あなたがたはあなたがたであって、われわれはあなたがたの権力を望んでいるわけではありません。しかしわれわれは、いまここでわれわれの権利と利益の防衛を自らの手に取り戻すのです」。これこそが、あらゆる共産主義権力にとって未知であったものを創出するものである。この未知なるものの排除に共産主義的権力がうまく成功するには、時間稼ぎよりも武力行使のほうがましなのかどうかは定かではないのだが。

【要約】

本書は、一九五六年のハンガリー動乱およびポーランドの反ソ暴動に端を発する東欧諸国の反全体主義闘争を受けて、全体主義のシステムおよびそれに対抗しうる民主主義のダイナミズムを理解するという目的で書かれた、いくつかの論文をまとめたものである。初版への序文では、戦後のフランスにおける、共産党、社会党、および（新左翼とも呼ばれる）左翼急進主義、第三世界主義といったいわゆる左派とされる諸潮流についてかなりの紙幅を割いて批判的に論じられている。それは、そのいずれにおいても、互いの覇権争いやリアリズム的な盲目により、全体主義システムを理解しうる現状分析や理論構築がまったくできていなかったことを指摘し、それらへの批判を通じて本書の立場をよりはっきりさせるためである。こうした批判的な分析を通じて最終的に現れてくるルフォールの主張は、民主主義が含みもつ両義性を見据えたうえで、全体主義と民主主義の原理的な差異を理論的に明らかにするというものだ。この両義性ゆえに、全体主義国家は民主主義に潜在的に含まれていると同時に、それに照らしてしか把握できない。それゆえにこそ全体主義に対峙するためにはさらなる民主主義の発明が求められるということになる。

初版への序文

〔本書の置かれた情勢と企図〕

ここに収められているのは民主主義と全体主義に関わる論考である。そのうちのいくつかは未公刊だが、すでに雑誌に掲載されたものもある。それらに加えて、二つの古い研究、つまりハンガリー動乱とポーランドの「一〇月」という一九五六年に東欧を揺るがした出来事と同時期の研究を組み入れた。ポーランドがふたたび熱狂状態にある今、そして、週を追うごとに、ソビエト帝国主義の強権発動に懸念を抱くようになった今となっては、反全体主義闘争の二つの大きなエピソードをもう一度明るみに出すことは、時宜に適っているように思われる。私はまた、これらの二五年前の古い分析を全体主義システムの動揺に関する最近の分析と関連づけるようにしようと考えた。これらの分析のそれぞれから、民主主義のダイナミズムをよりよく理解するための動きが示されるからだ。

もしかするとまったく新たな書物を著すべきだったのかもしれない。読者諸氏が、散らばった論文を集め、急いでこしらえた書物を疑ってかかるのはもっともである。けれども、情勢は一時の休息も許さなかった。一方では、アフガニスタン戦争、多方面へと向けられた——とりわけ中東における——ソビエト連邦の攻撃戦略、社会主義の祖国と呼ばれたところにおいて反体制派に対して課される抑圧、その上ポーランドにおいて新たに獲得された自由を死にいたらしめんとする脅威がある。他方では、フランスにおけるわが政府の外交政策の小心さ、ジスカール・デスタン流の柔らかで卑屈なマキァヴェッリ主義、知識人の混乱、彼らが社会党を選択する際の臆病さや無責任さ、共産党指導部のスターリン・プジャード主義的[*1]な挑発の厚かましさ、そして、選挙が近づくと、大統領杯の獲得に役立たないことや、そこに照準を合わせていないことについては何も言ってはならぬという義務をそれぞれ自分に課すというかたちで厳格に統制された騒乱がある。さらに、レーガン主義の推進、好戦的言説の回帰とそれにともなって生じる人権の軽視、貧者に対する富者の野蛮な攻撃や「西洋の真の友人」と言われたラテン・アメリカの独裁者らの復権がある。——本書は、われわれがそもそも提案したかったような著作の呈をなしておらず、方法論的な一貫性を欠いているし、最初から最後まで一直線に向かうわけでもないけれども、われわれは、以上のような出来事によってこそ、めまぐるしく変わる世論から隔たって、思考することへの誘いという価値をもちうるようななにごとかを提示するよう駆り立てられたのである。

それに加えて、もう一度言うと、この選集はいくつかの部品や断片を寄せ集めたものではない。その多くが情勢から生まれたものであるとはいえ、一続きのテクストなのであって、そのうちのどれも即興で書かれたものではない。

読者は、お望みならば、これらのテクストを章とみなすことも、また各自で諸々の論の糸を縫い合わせることも難なくできるだろう。私は、政治的な省察をいくつかの大きな事実（われわれの文化を統御しようと専心する知識人には非常に厄介なものとみなされている事実）の解読と関連づけようとつねに試みているため、論証の形態にはこだわらなかった。私としては、同じ土壌を歩み、同じ方向に進むという気持ちだけで十分だった。もし私に新たな書物を構想するための余裕があったとしても、それもまた体系から逸脱するものだっただろう。私の努力はひたすら、問いの作業をいっそう感知しやすいものにすることに向けられていただろう。この作業こそ、読者とのもっとも確かな絆をなすものである。幾人かの思想家が述べたように——彼らの喩えのなかから私のお気に入りのものをあげるなら——、読者こそ書物をなすのであり、読解のうちでこそ書物はできあがるのだ。

〔現実離れした理論？〕

政治的なものを論じるのには奇妙な構成だ――こうみなす向きもあろう。「あなたは、ご自分が現在という時代のなか、急いで語っていると言っている。ところで、あなたの分析は、良かれ悪しかれ取り繕われているが、二、三の多少なりとも生き生きとした分析を除けば、すべて重々しい。そこにこだわってしまうと、今日的な問題を見失うおそれもあるのではないか。いったいあなたは戦争が脅威であると思っているのか、いないのか。原子力政策を支持するのか、しないのか。ソ連がポーランドを侵攻するかどうかだけでも語っていただけないか。あるいはむしろあなたがミッテランを支持するかどうかを。しかしなんたることか、スターリン主義や全体主義国家について語ったり、身体としての社会というイメージのイデオロギーへの回帰などと語ったり、人権は単に個人の権利なのではなく、民主主義的な社会空間を構成する要素であることが明らかになると論じたりしているが、そういうことは理論の圏内にとどまることであって、大衆はそんなことなどほとんど気にかけないのではないか……」。

驚嘆すべき時代精神だ……。私は、ソルジェニーツィンを受けて全体主義を再検討した書物『余分な人間』を公刊したすぐ後に、『ル・モンド』紙の軽いコラムで、とある傑出したジャーナリストからこの種のコメントを頂戴したことを思い出した。ミシェル・タチュは、私が「ほかの多くの論者」の後で「フランス左派知識人の大部分がソ連に示す寛大な態度」を問いただしていると記しつつ、こう締めくくったのだ。「これらの問い［つまり、スターリンという現象、全体主義、エゴクラットの形象、恐怖の道具と化したイデオロギー］がたえず著者たちを魅了してきた。けれども、さほど理論には捉われていない多くの大衆には、その大義は聞き届けられていないのではないか」。

ちなみに、私はいささか誤って彼の言う「ほかの多くの論者の後で」をうのみにしていたと告白しなければならない。本当はほかの幾人かの論者の後、だ！　いずれにせよ、このコラムが掲載された時点ではもう二五年近くそんな状態だった――その当時、論者たちは、左派知識人への批判という戸口に殺到しておらず、また彼らは、右派でないかぎりは、ソ連に対してイデオロギー的な最恵国条項をあてがうことでは意見を同じくしていた。ミシェル・タチュも当時そのことに驚いていたようには思われない。

だが脇道にそれないようにしなければ！　私にとって真の驚きだったのは、大衆にとって、大義は聞き届けられていたように思われると書かれていたことだ。つまり、理論を懐にもっておくことができたということ、事実そのものがすでに語っており、人々はもう知っているにもかかわらず、論者たちがぺちゃくちゃおしゃべりをしていた、ということだ。（『カナール・アンシェネ』紙の有名な決まり文句を避けて言うなら）楽観主義の壁を通り越すような評価だ。というのも、結局のところ、ソ連における抑圧の光景によって、大衆が全体主義国家の性質やその形成の理由について問いただすようになり、その結果、民主主義の土台について再考するようになるということを大胆にも思い描くことは、当時も可能であったし、そしていまもなお可能だからだ。

〔「大衆」とは誰か〕

いったい、この「大衆」は何に存するのか。まずそこから除外しなければならないように思われるのは、多かれ少なかれ右派の、あるいは多かれ少なかれ無関心の、もちろん多数の者たちだ。表現はさまざまであっても、彼らはつねに社会主義を敵とみなしているし、そこに愛着を覚えたりはしていない。私も、私の批判者にしても、おそらくはこうした者たちを啓蒙しようとしていたわけではないだろう。スターリン主義の恐怖政治《テロル》の犠牲者たちの証言や、ソ連や東欧でいまも猛威を振るう抑圧に対する反体制派の証言も、彼らになにも教えることはなかった。東ベルリン、ブダペスト、プラハで勃発した反乱も同じだ。もちろん、彼らを感動させるような話がいくつかあることはあった。だが彼らにとって、問題となっている大義は、認識される前に、聞き届けられていた《ママ》のだった。

とすると、残るは左派と呼ばれるかなり大きな割合の大衆である。これは世論のほとんど半分をなすだろう。長いこと、そのなかの約二〇パーセントの有権者は共産党に投票してきた。以前はこの割合はもっと高かったが現在はもっと低くなっているとみなされることもあるが、そのことは重要ではない。事実は、共産党はスターリン主義に対して賢明な慎重さを示すことしかしてこなかったということだ。共産党からは分析の素案が提示されたこともない。ソ連にみられる人格の崇拝の害悪や過度の権力の行使に対しては、曖昧で儀礼的な告発がなされるくらいだ。逆に、社会主義体制の現況は「総体的にポジティヴ」と評価され、その信用を貶めようとする者に対しては憤慨した抗議がなされるわけだ。

ここで、大義が聞き届けられているはずのこの大衆には、共産党に投票する者は含まれないと認めよう。とすると、この大衆はどこに行きつくのか。ここで私たちはついに事情に通じた大衆に出くわす。

ここで暫定的に以下の人々は除外しておこう。まずさまざまな分派や伝統のもとにある左翼急進主義〔gauchisme〕、また、フランス民主労働総同盟〔CFDT〕を筆頭にした組合員や、特定の政党の影響のもとで物事を判断するのではない組織化されていない個人が、おびただしい数ではないにせよ無視しえないくらいいる。彼らを除外したうえで関心を抱かざるをえないのは、社会党のなかで活動したり、その周囲を取り巻いていたりする一群である。ところで、その指導層の表現によれば「フランス最大の党」たる社会党が成長することができたのは、共産党との連合のおかげにほかならない。これを完全に解消しても現在の水準の勢力を維持できるかは疑わしいだろう。共産党の支持がなくなれば、社会党は国民議会で数十議席を失い、多くの市町村でも支配力を失うおそれがあるという予測が右派によって表明されているが、とはいえそれは根拠のないものではないだろう。社会党は自分たちが現在誇っている優越的な地位にいたるための手段を選ぶことはできなかったと考えることもできる。また、見てとることができるようにいくつもの肝要な問いが提起されているのだが、社会党のめざす目的が価値を置いているものには、こうした問いに対する盲目や欺瞞があるのではないかと問うこともできるだろう。

〔フランス社会党と共産党〕

ミッテランの党は、成功の道を進むためには、共産党のことを大きな民主主義的組織だと紹介する必要があった。とはいえ社会党は、共産党の組織形態や、権威主義とみなされるその指導者の振る舞いを批判することは可能であった。社会党はこうした批判に、自分たちの存在の、そして自分たちこそが自由へと模範的に結びついていることの正当化を見出していたのだった。だが、その行動の動因は次のことにあった。すなわち、共産党に民主主義的な正当性を与えるのは、その見返りとして動員力という手段を得るためであったということだ。

社会党が共産党の変容について長いあいだ確信をもって語ってきたのを覚えておられるだろうか。当時は、過去を思い起こすのはふさわしいことではなかった。いったい息子は父のあやまちに責任を負っているか、というわけだ。彼らの言い分によれば、すっかり態度を入れ替えたとのことだ。共産党はもうスターリン主義の痕跡をとどめておらず、政策も自由に決定する。クレムリンとの関係も弱まり、強制的ではなく自然なものとなった。社会党と共産党は、連合することで、人民大衆の民主主義的な希求を体現している〔――こう語ってきたのだった〕。

ミッテランがこしらえた戦略の成功の第二の条件は次のとおりだ。ソビエトないし東側諸国の体制の社会主義の評判に対してあまりの疑念を抱かせるようなことは何も言ってはならないとしたのだ。社会党は、反体制派による抗議の声を大いに反響させることができたはずだが、それをしなかっただけではない。ミッテランは、共和国大統領がアマルリクを迎え入れるのを拒否するのはきわめて自然のことだとしただけでない。賞賛すべきことに、彼はハンガリー動乱の二〇周年にブダペストに代表団を送り、代表団はハンガリー労働党の功績をたたえ、根本的な問題について賛同すると述べたのだ。この政策については、本書で分析を行なう予定だが（第三章「スターリンとスターリン主義」）、ここではそこでの判断をもう一度述べなおすにとどめておきたい。

ミッテランの政党は自らの形態を社会主義のリベラルなものだとし、フランスでのその同盟相手である共産党のほうがその権威主義的な形態をなしていると言うが、他方で、同じときに、共産党のほうは、自らを社会主義のリベラルな側であって、ブレジネフのソビエト共産党のほうがそのもう一つの側、つまり権威主義的な側なのだと言うのである。もちろん、社会主義の多種多様な潮流には周知のように激しい対立があってそれぞれの真剣さや巧妙さの程度については議論の余地がある。だが、いっそう重要なのは、これらの党が、スターリン主義の問題、そしてより広くいえば全体主義国家の性質の問題について、大衆に情報を与えたり教えたりするのではなく、この問題を隠蔽し埋没させているということなのだ。

とはいえ、次のことははっきり述べておかねばなるまい。すなわち、少なくともこの大衆のうちの活動的な分派にとって大義が聞き届けられていたというのは、世界は二つの陣営に分かれており、帝国主義に対して社会主義はその内的な分割にもかかわらず一体をなしているという意味においてだ、ということである。

〔社会主義における全体主義についての問いの不在　二つの出来事〕

私の考えでは、全体主義について問うことなしには、現代の政治的生の認識に一歩も足を踏み入れることはできない。民主主義的社会主義の樹立にむけて行動すると言いながらもこの問いから目を背ける者は、虚言へといたるか愚行に身を投じるかしなければならないだろう。このような確信が共有されるという希望を与えてくれる最近の出来事が二つある。二つ目の出来事のほうが比較にならないほど重要なのだが、残念なことに、現在にいたるまで、これらの二つはわれわれの不運がどれほど広がっているかを明らかにすることにしか役立ってはいないのだ。一つ目は、左派連合を失敗させた共産党の政策が、その宣言からしても行動からしても、妥協を見せない革命的な態度を徐々にめざしているということである。二つ目は、ソ連の政策である。アフガニスタン侵攻とともに、ソビエト連邦はそれまで暗黙のうちに認められてきた自国の領土の境界線を大胆にも踏み超えた。このことは西ヨーロッパのエネルギー資源を脅かすものであるが、最近ではさらに――とはいえこのことはかねてからの企ての繰り返しにすぎないのだが

――、威嚇手段を用いてポーランドでの民主化の動きを阻もうとし、警告が十分でない場合に制圧も辞さないとしているのである。

入れたのか。

〔フランス社会党の共産党に対する態度〕

まずはフランスの出来事から検討しよう。社会党は、同盟相手が離脱していると言いながらそれをどのように受け入れたのか。

彼らの仮説によれば、共産党は、左派連合の二番手に甘んじるという危険を前にして、成功の恩恵を断念することを選んだとされる。だがすぐさまこう答えたくもなる。選挙戦での投票者数から推定すると、離別が告げられるずっと前から力関係ははっきりしていたのではないか。共産党の組織力たるや、社会党は張りあうことのできないほどのものであって、勝利した場合には、生産機構や国家機構の各セクター――中心的なセクターとはみなされないにせよ、発展の手段をかなり与えてくれるようなセクター――に入り込むチャンスが得られるのではなかったか。当時私はすでに挙げた論考のなかでこう記した。われわれはもう一九世紀にいるのではないのであって、飾り物の大臣職などはもうないと。共産党を防衛省や内務省や外務省から遠ざけておいたとしても、教育省、文化省、厚生省などにおいては、責任あるポストを譲らなければならなかっただろうし、それは、彼らが主導権を握るにあたって大きな一歩となるものであったのだ。

もっとも説得的な説明は（ちなみに私はその創案者ではない）、共産党が、フランスやさらにはヨーロッパを「不安定化」させうるような一切の試みを避けるというソ連に合わせた戦略をとったために、ジスカール・デスタン〔大統領・中道右派のフランス民主連合〕という良きパートナーを見出したというものだろう。だが、社会党はなぜこの説明を退けたのか。こうした判断を下すためには、共産党がソビエトの主張に対して媚を売っていることの証明となる出来事を待つ必要などなかった。また、ジスカールがクレムリンにとっての「良き選択」をこしらえたという先月の

『プラウダ』紙〔ソ連共産党の機関紙〕の記事を待つ必要もなかった。とはいえ、驚くのは無用である。ミッテランにとって、大事な民主主義的同盟相手が民衆の力に示されている大義にかくも縁遠い要因に従っている、と語ろうと決意することなど――あるいは、知るよしもないが、そのようなことを考えるということさえ――どうしたらできたであろうか。もし彼がそのように公言していたとしたら、それは、共産党がぎりぎりまで共同綱領の一翼を担っていたならば、ミッテランの政策もまた秘められた目的に照らして決められていただろうということを同時に認めることになっていただろう。それは、厄介な省察への扉を開くものであっただろう。

しかし私はさしあたって、社会党で支配的だった注釈を示唆するだけにとどめたい。シュヴェヌマン[*2]は――彼の支持なしにはミッテランはその地位を保持するにはいたらなかったろう――、あらゆるあやまちがマルシェの党〔共産党〕にあるとは考えなかった。共産党のほうも社会党の言っていることの曖昧さを心配するのは当然だとみなしたのであった。

実のところ、社会党の言説やその過去の戦略に囚われているさまざまな潮流にいる者の目にまずもって現れたのは、次のような結論だけであった。すなわち、「われらの共産党の同志諸君」が戻ってきて状況を正しく判定するのを待ち、彼らが自分のあやまちを嘆き、自分たちがいるべき場所はつねに人民大衆の先頭で「われわれの隣だ」と諭す、というのがその結論である。

周知のようにマルシェは、それに答える代わりに、ミッテランを標的にして方法的な爆撃を企てた。すでにもう一年前になるが、「ミッテランはフランス政治の極右にいる」といって巨大な爆弾を投げつけるにいたったのだった。

ここでこそ記憶をよみがえらせるべきではなかろうか。レーニンの時期以来、共産党は、社会民主主義者や社会主義者を第一の敵として攻撃していたのではなかったか。なかでもヒトラー以前のドイツの歴史は、何も教えてくれなかったのだろうか。

社会党は、侮辱されても物怖じせず、〔共産党の〕スターリン的な方法への邪な回帰を非難しはじめたが、とはいえ統一政策へのしかるべき回帰を期待するのをやめたりはしなかった。

だが、これに対してさらに次のように答えたくなる者もいるだろう。「あなたがたはスターリン主義を風疹患者のように語る。このマルシェはたしかに赤ら顔だ。だが、実際、彼は侮蔑に走る前からそうだったのではないか。あなたがたはスターリン主義という野卑な言葉を弄んでいるが、いつ、どこでその分析を行なったのか。スターリン主義の不幸な方法論は権力システムに刷り込まれているのであって、この権力システムはまさしく全体主義的だと呼ぶべき社会システムと区別されないということを、あなたがたのところの活動家たちは理解する備えがあったのか。あるいはあなたがた自身もそのことを理解できたのか。スターリン支配の終焉は、官僚制それ自体にとっても――そのあれこれの部分が影響を被ったため――耐えがたくなった恐怖《テロル》の支配の終焉なのではあるが、とはいえその政治的・社会的組織化の原理は変わっていないということ、そこでは権利や独立した世論という概念が排除されていること、たとえ身体に対し（少なくとも以前のように大々的には）拷問をかけなくなったとしても、あいかわらず虚言や改竄によって精神を衰弱させ、従属に慣れさせようとしているということ――あなたがたはこうしたことを理解する術を彼らに与えているのか。あなたがたは、指導者たちの方法論について、あたかも革命の良き手段と悪い手段とを選別するのは彼らの主導によるかのように、あたかも彼ら自身が党の鋳型のなかでこしらえられたものではないかのように語っている。あなたがたは、マルシェに対して「スターリン主義の古びた妖怪」などと何度も語っているが、そのときあなたがたは愚の骨頂にいたっているのだ。そんな司祭的な言い回しには、共産党の活動家たちの屈強な軽蔑がぶつけられるだろう……」

さらに、嘲笑の極みであるが、社会党は、左派連合が決裂して以降、半分安心して、とはいえ半分心配しながら、あやまちはパートナーの側にあったと信じ込んでいる。半分安心してというのは、彼らの怒号や攻撃こそ離別の原因が彼らにあることの証拠だということになるからであり、半分心配しながらというのは、関係修復の機会が遠ざかってしまったように見えるからである。いずれにせよ、そうすることで彼らは、共産党が孤立し、日に日にその孤立を増していると確信するにいたるのである。

〔フランス共産党の戦略〕

マルシェはアフガニスタン侵攻に賛成し、こう述べた。「なんだって？　留保すらつけないのか！　と言う者もいる。なんてだらしないことか！」そうして彼はミッテランに対するののしり文句を重ねる。「行きすぎだとか、世論は反感を抱いているなどとも言われる。これもまただらしない！」彼は『革命（*Révolution*）』と題された新たな雑誌を公刊し、こう述べた。「プロレタリア独裁を華々しく捨て去った後に、そんなことは可能なのか？　フランスは革命の時代を生きているのではない。挑発しても無駄だ。そんなことをしても選挙人の一部を遠ざけるだけだ！」

ついに、共産主義は態度を硬化させ、新たな土俵を選び、思いがけない攻撃に出るようになった。それがヴィトリー事件やモンティニー事件[*3]といった移民の侵入に対する自治体の防衛キャンペーンであり、安全を名目とした麻薬取り締りキャンペーンである。これに対し、「それはやりすぎだろう。密告の手管や、外国人嫌悪やレイシズムへと横滑りするのを見たまえ」と言う者もいた。現在では、盲目的な憤慨も聞こえる。そこで見落とされているのは、マルシェとその取り巻きが、明白に外国人嫌悪で人種差別的なことについては巧みに一切口をつぐみ、そうすることで少数の世論の琴線に触れているということだ。彼らのことは信用しておこう、彼らは自分の選挙人のことを熟知しているのだから。加えて、欺かれてはならない兆候が一つある。共産党は、左右から非難されようとも、安全、麻薬の廃絶、移民問題などに対する関心をわれ先にとつねに叫びつづける為政者たちの声明を先取りしているということだ。いずれにしても、大方の人々は、共産党が悲劇的なあやまちを犯し、自ら孤立化したと信じようとしている。何度も繰り返される言い回しだ。だが、そんなことをするよりは、解放以降そのプロパガンダがどのようなものだったか、党に忠実だった多くの人々の心持ちがどのようなものだったかを気にしたほうがましではないだろうか。

ここ最近の共産党の戦略に意味深い変調があったということは私も否定しない。それでもやはり、共産党は長いあいだ秩序の党であり、すでにしてショーヴィニズムが目立っていたのであった。せめて、フランスに共産党の閣僚がいた時代のことや、彼らがどのように工場で規律を浸透させたのか、また彼らの国粋主義的な言葉づかいを思い出していただきたい！　あるいは、そのような時代がはるか遠くなってしまっているのであれば、アルジェリアでの最初の蜂起やそれに続く戦争に対して共産党がいかなる政策をとったのか、あるいはまた一九六八年およびそれにつづく日々において彼らがどのように振る舞ったかを思い起こしていただきたい。

共産党は、ふさわしからぬ手段によって若い世代の選挙人の好意を獲得しようとしているとみなされているが、こうした若者の様子をうかがってみようとしてもむだだろう。マルシェは、ペイルフィット氏[*4]と同じように、われわれの社会の下部に潜む恐れや遺恨、羨望などをかぎ分ける術をもっているのだ。そこでは多くの人に出会う。マルシェが言葉をかけるのは、とりわけ憤怒をもった人々に対してだ。そうした人々は、いっそう大勢いるだろう。

だから私は、共産党が悪口で功績を挙げたり、あるいはその特別行動部隊が宮廷で功績を挙げたりすることが、なぜその支持者を落胆させることになるのかはわからない。社会党は、共産党のあやまちを挙げたてるよりも、ミッテランが敵に対して言葉を発するときに正鵠を射ているかどうか自問したほうがよかったかもしれない。その言葉をジャーナリストが増幅させるけれども、それを聞いている人々の半数は何のことだか理解できていないのだ。

とはいえ、共産党が選挙人の一部をおびえさせ、そして、専門家の言うように、〔支持率が〕二〇パーセントの枠を下回ると想定してみよう。そこからどのような結論が引き出されるだろうか。彼らは、こうした犠牲を払ってまで左派の敗北を選びとる覚悟をしていたのではなかったか。彼らにとって、選挙に勝つことは、けっして主たる関心ではなかった。冷戦期に示されたように、身を引きつつ次の機会を待つことも彼らは恐れはしない。私としては、断言できるわけではないが、彼らが次の大統領選で後退したとしても、それでもその次に力強く戻ってくることができるのではないかと思っている。というのも、いまだ予期せぬ変化が不在のところでは、ジスカール・ペイルフィット体制のもとでの民主主義の精神の麻痺とゆっくりとした呼吸困難によって、彼らは自分たち自身の変容からさまざまな影響を被るのを免れているからである。

社会党の支持者たち、さらにより広くは左派の観察者たちは、また別の論を立てる。共産党のあやまちはその内的な危機の大きさに応じておしはかるべきだというのである。それはたしかだ。活動家らは反逆し、「ブルジョワ」雑誌に書くようになっている。彼らは、左派連合に加えられた一撃も、ソビエトのアフガニスタン侵攻に対する賛同も、ポーランドでの出来事に対する『ユマニテ』紙の当惑も認めない。彼らは今では移民に対してなされた施策にも憤慨している。

だが、共産党の歴史がいくつもの反逆でちりばめられていることを指摘しておかねばならない。それらは全体としては小さな損害にすぎないものだったのだ。ある昔からの党員によれば、長いあいだ党の入り口はざるのようなものだった。党員証を更新せずに消えてゆく者がいれば——とはいえ辞職するのは稀だ——、新参者がそれにとって代わるという具合だ。だが、いっそう重要なのは、左派がかくも重きを置く反逆者たちの運命について尋ねてみることだろう。

ところで、マルシェに対してではなく党に対して確固たる対立者となった者、つまり、突然蒙を啓かれ、疑いから解放され、ソ連に樹立された社会システムを差配する論理を意識した少数の者は、もはやロシアにおける社会主義の悪徳を語るのでなく、全体主義の観念に考えがおよび、自分たちがかつていた組織にそのいくつかの要素を認めるにいたるのだが、彼らからすると、どれほど多くのほかの者たちが、依然として党の軌道上をぐるぐると回っていたことか！〔党の軌道上を回っている〕そうした者たちは、党からは排除されず、党にとどまる。そこから排除されていても、つねに自らを共産主義者だと自称する。目に見える教会に対し、自分たちの目に見えない教会を対置するのだ。新しいものを見たくはないのか、というわけだ……だが、真実のほんの一筋でも湧きあがってくるとすれば、こうした新しいものからではなかろう。

共産党内の反対派は、もちろん、社会党へと友愛の手を差し伸べることもできるだろうし、マルシェによって不幸な党が陥ることになった泥沼状態に対し憤ることもできるだろうが、彼らはいつも同じ甕のなかでほれぼれと飛び回っているのだ。

〔共産党内の反対派〕

一つ例を挙げよう。私は昨年の九月にイヴァン・ルヴァイからインタヴューを受け、『ユマニテ』紙の元ワルシャワ特派員の話を聞いた。この特派員は、共産党指導層に、ポーランドの労働者の困窮と不平、ギエレクの党の怠慢、さらに党幹部の腐敗について注意を喚起したのだがむだであったと不満を漏らしていた。これらの情報は報道されなかった。彼は叱責を受け、そのうえ、彼はワルシャワにとどまることができず、パリに呼びもどされた。最後にルヴァイはこういう良い質問を発した。「それで、あなたはいまも党にいるのですか?」

彼は驚いたそぶりすら見せなかった。もちろん、離党などしていないからだ! もう一つの例は、つい最近のものだ。カトリーヌ・クレマンが『マタン・ドゥ・パリ』紙に公にした訴えは反響を呼んだ。彼女は、自分の党が「ファシズムへの道」にあると書くことすら恐れていない……。党は「周縁の者たち、移民たち、麻薬中毒者たち、まだまだいるが、彼らを追い払う」ことに夢中になっている、と彼女は述べる。これ以上の書き方はあろうか。いや、それでも十分ではないらしい。「私たちは奴隷だ。私たちの共産主義者のアンガージュマンとはいかなる点でも逆向きとなった醜悪な政治の奴隷だ」と嘆くのだ。なんとまあ。そして彼女はこう結論づけている。「私は死せる魂のままであろう。少なくとも自分は真に共産主義者であることを確信してはいるのだが」。死せる魂かどうかは彼女自身の問題だが、どう考えても非常におしゃべりな精神だ。というのも、われわれはここで滑稽な主題のうちにいるわけだが、とはいえこの主題は、真剣な観察者を陽気にさせてくれるようには見えないのである。そしてカトリーヌ・クレマンが出立したくないのに不承不承追い立てられる姿に、人々は心動かされるのだ……。

最後に三つ目の例を挙げよう。数日後、共産党内の反対派らから声明文が出された。そこには数十名の署名が集まっている。私としては、自分の目を疑ってしまった。そこに署名している闘志たちの多くは、かなり前から離脱していると思っていたからだ。そんなことはどうでもいい。彼らは会合には忠実であって、（アカデミー会員や勲章を受けたブルジョワのように）自分たちのかつての称号を列挙しているのだ――元連合委員長、元中央委員会委員、元何々省委員、元何々省担当官、元編集長、元何々副編集長、元何々長といった具合だ。そのうちの四名は、党への所属が五〇年に及ぶことを高らかに掲げていた（それより下は、重みをもつようには見えない）。それにしてもこの豪胆な異議申し立てをした人たちはどんな思い切ったことを述べているのか。「党は、一握りの指導者グループには占奪されえない」と言うのだ。彼らは党に幸せな民主主義の時期があったと信じているのか、あるいはそう信じさせようとしているのか。彼らは勇敢にもこう述べている。「フランスの労働組合運動は独立した伝統を有しており、共産主義者はこれを大切なものとして尊重しなければならない」。だが彼らはこの伝統をいつ育んできたというのか。フランス労働総同盟（CGT）の政策はいつ共産党の政策と分離したのか。読者は、ポーランドでの抗争についての毅然たる判断や『ユマニテ』紙の沈黙についての指弾を少なくとも期待するかもしれない。だがそれもむだだろう。マルシェを困らせる言葉は一言も発せられていないからだ。毎週毎週『プラウダ』によって企てられ、つづけられる威嚇キャンペーンを非難する言葉も、ポーランド人たちの自由を擁護する権利やポーランド独立の権利を肯定する言葉も一言も発せられることはない。せいぜいのところ、現在の世界での「独創的な社会主義の経験の機会」について数段落で触れられ、「ポーランド人民は、いまだ脆く危機に瀕したこの探求の道にいる」と言われるにすぎない。このマニフェストはまさしく傑作であって、スータン〔カトリックの聖職者の衣服〕の襞にきわめて薄っぺらい抗議文を包み込むのに適したものである。というのも、結局のところ、「人民」のうちの誰が新たな道を進むというのか。誰が彼らを妨害することに専心するのか。どの点で、その探求は「脆く」、また誰によって「危機に瀕している」というのか。結局、この反対派たちは指導層と同じ言語で語っている。かの有名な木製言語〔建前、決まり文句のこと〕である。そもそもアフガニスタンに対するその沈黙についてはどう考えるのか。この二行はあまりに大胆すぎるといってそれらを削除してしまった鋏の影が感じられる。哀れな欠落だ。こうして、〔異議申し立てをした〕彼らが書いているまさにそのときに、ソビエト軍のほうは現代的な戦争の手段をすべて手中に納め人民の抵抗を根絶やしにしようとし、その一方で、かつては米帝国主義に襲われた小国ベトナムの熱狂的な擁護者となった人々は押し黙るのである。

それゆえ、大胆さの極みがあるとすれば、こういうものではないか。「もしフランスの共産主義の運動が帝国主義闘争および平和のための闘争の組織化に寄与しようとするのなら、ソビエト国家の政治への従属はどのようなものであれ拒絶しなければならない」。マルシェが言っているのもこのことと変わらないのだ！　かねてからの言葉づかいによって、反帝国主義および平和の擁護という旗印のもとで、クレムリンの官僚制の罪が覆い隠されるのだ。

彼らが共産党系のいくつかの自治体でなされた移民の掃討に困惑しているということは私もよく理解している。彼らはインターナショナリストの名誉を傷つけられているわけだ。おそらくはまた、公序良俗のための密告というのも彼らのお気には召すまい。だが、傷ついたからといって彼らの口から真実の叫びが放たれることはない。底辺の活動家の具合を悪くしはしまいかとの恐れからとりつくろわれた巧妙な話題だけが発せられるのみである。

とはいえ、彼らは中年共産主義者なのであって、青二才なわけではない。一九三〇年代から〔酸いも甘いも〕すべてを飲み込んできた。スターリン主義のあらゆる悪事、一九五三年の東ベルリンでのドイツ労働者に対する鎮圧、一九五六年のハンガリー動乱の鎮圧、「独自の社会主義の経験」たる一九六八年のチェコの運動の鎮圧、そして最後に、つねにここに立ち戻るべきであるが、アフガニスタン侵攻である。そして彼らは、党がまさにここで移民たちに攻撃を加えるまで傍観した挙句、ようやくマニフェストをこしらえたのである。この虚偽と残忍さの日々にわたり、この移民たちは、カトリーヌ・クレマンがかくも雄弁に叫んだあの隷属に対する警告として役立ったのだろうか。クレマンがぐらつくのを見て、彼ら自身も揺らいでいるのか。

もちろん、私の寛大さがいかばかりかご覧いただきたいのだが、こうした自発的な卑劣さにまつわる過去のすべての逸話を忘れ去ることには同意しよう。だがせめて、彼らが今恩寵に与ってくれたらよいのだが！　一つの事実を告発するというより、一つの報告書でも摑んでくれたらよいのだが！　彼らがここで、つまりヴィトリーやモンティニーで、全体主義的な政治を統べる社会的な予防策の理念の兆しを見てとり、ソビエト連邦において権力はつねに少数民族を迫害し、「逸脱者」や「寄生者」を追い払い、密告を鼓舞し、健全な共同体の規範を定めているのだと果敢にも述べてくれたらいいのだが！　そして、この種の政治の萌芽が彼らの目に現れるだけで、フランスにおける共産主義の形象がいかなるものかが明らかになるのに十分であればよいのだが！

だが、覚醒する形跡は見られず、彼ら反対派が引き出す教訓のうちでもっとも気高いものも「一握りの指導者グループによる党の占奪」へと還元されてしまうために、私としてはこう結論せざるをえない。すなわち、左派は共産党の危機に乗じるのを誤ったのであり、組織がいささか悪くなったとしても、イデオロギーのほうはそれほど悪くはなっているわけではないと。

そうはいっても、指導者たちに、彼らを支持する大衆の意識を我がものとする力があるとするのは幻想だ。もちろん、指導者たちの役割は無視できない。マルシェは共産党の政策に彼自身のスタイルを刻み込んだし、私としても、それを消し去ることでなんらかの帰結がもたらされるだろうということは否定しない。だが、彼のことを、党の統治を驚異的に横領しにやってきた山師のように紹介するのはなんと愚かしいことだろう！　作用しているのはつねに同じ観念、すなわち陰謀権力、異他権力という観念である。この観念が、人民ないし大政党の大衆の深淵のうちでうごめく下劣な情念をすべて闇へと放り出すのに役立っているのである。

最後に、『ユマニテ』紙の最近の大会については覚えておられるだろうか。党員ではない観察者の意見からしても、その成功は過去数年のものを凌駕するものだった。六〇万人を数えたのだ。党の栄光を歌わせるためにあれだけのスタンドを立てておくのにどれだけの努力、どれだけの無名の献身があったことだろう！　活動家も、大衆のシンパもみなそこにいたのだった。私に対してはこういう反論もあった。「あなたは彼らの組織術をご存じないのですよ」。三〇年もそのことについて語ってきたのに、あたかも私がそのことを知らないかのようにだ！　とはいえ、機械を動かすには、すでに多くの人が必要だし、それを増幅させるにはいっそう多くの人が必要だろう。またさらに私はこうも言われた。「『ユマニテ』の大会は民間伝承《フォークロア》のようなものですよ」と。だが、アフガニスタン侵攻の後で、唯一『ユマニテ』のみが毒を含んだスポイト液だけで濾し出しているポーランドの情報にみなが耳を傾け、他方でマルシェが社会党に対するプロパガンダを爆発させ、左派連合への最後の期待を踏みにじっているときに、共産党の民間伝承に愛着を覚えるとはなんと奇妙なものだろう！　さらにこの祝祭は政治を欠いてもいなかった。カブールの代表委員はその同胞たる来賓の質問に答えていたし、ワルシャワの代表委員も同様であった。マルシェが自らの大統領選キャンペーンを開始していたのだ。

〔社会党の対応〕

実際、社会党の指導層は、選挙の数週間前に、共産党が強いてきた断絶について自らの態度を決めていたようだ。共産党が左派政権に参加するという仮説はついに退けられたのだ。そのことは喜ぶべきことだろう。だが、決定は遅れたし、決定それ自体もかくも根拠を欠いたものにならざるをえなかったのだ！　みな知っていたか、あるいは感づいていたことだ。ミッテランがその選択をなしたわけではない、彼は最後の最後にかつての盟友がなした決定から帰結を引き出さなければならなかったのだ。繰り返そう。共産党の戦略の論拠を作り上げるのは必要なことであったし、実のところそれは強制的なものであった。「同胞」たちが左派に戻るのを期待したり期待させたりするのは、虚偽とは言わないまでも、あやまち、過失であり幻想であったのだ。

社会党は、マルシェの党が示した敵意を証言する事実をすべて列挙する。だが、こうした事実が意味することについて、彼らはつねに黙したままだ。かつてピエール・モーロワ[*5]は、ラジオ放送のなかで、美しく雄弁な身振りでもって、内閣に密告する閣僚がいるとは信じられないと語っていた。これなどは分析の代わりにもなりはしない……。「カルト・シュル・ターブル」の三月一七日のテレビ放送でのフランソワ・ミッテランの論点はといえば、きわめて短いものだった。彼は次のように事態を見ていた。「今日そうであるように、共産党の指導者は、自分たちから左派連合と断絶し、そこから遠ざかっているだけに、また熱烈に、一貫して、そしてしばしば中傷的に反社会党的な態度ないしキャンペーンのうちに閉じこもっているだけに［…］、そして、アフガニスタンの件のような重大な件に関する外交的な態度については横並びであるだけに、調和のとれた政策が政府を進めるためには共産党の閣僚がいるべきだと考えることは理に適ってもいないし、正当なことであるとも思えない。それゆえ、答えるべきは共産党指導部のほうなのである」。

この発言には励まされるが、とはいえ単純な事実確認から要請されるものにすぎない。ここで「……であるだけに」と言われているのはすべて、もはや変化への期待を示す指標ではない。こうした変化はずいぶん前から不可避のものとみなされてきた（「われらの同胞」たる者たちが、長いあいだ人民の渇望に耳を貸さずにいる、などということがどうしておこりえようか）。それらは「共産党の指導層は表面的にも根底的にも変わらなければならない」という厳命のために用いられているのだ。このことは進歩であるが、とはいえ、家族のあいだでの口げんかとでも言いうるものの枠内にある。あるいはむしろ、弁護士ミッテランのところには教育学者もいるのだから、お説教の枠内にあるといったほうがいいかもしれない。つまり、忍耐から脅しへと移行したというわけだ。態度を改めよ、さもなくば賞金の分け前には与れないぞ——道に迷い悪しき行動をとるようになった対話相手に彼はこう要求するのだ。教育学者であろうとするのなら、せめて教えることはできるはずなのだが……。

政治の舞台に変化の期待を掲げる唯一の政党のリーダーが、態度について非難するのを耳にすると、なにやら悲しい気分やおかしな気分にさせられるし、いずれにせよ落胆させられることはまちがいない。ミッテランが共産党の有権者を必要としていることは私も忘れてはいない。この必要性は政権を担うという野心のためのものではないということさえ私は認めている。ミッテランは、自分はフランスを統合する候補者であると言って、そこから五百ないし六百万人を排除することは拒否すると宣言しているのである。その主張は認めよう。ここでの彼の統合という企ては、それ自体としては正当でも信頼のおけるものでもないが、そのことは措いておこう。統合に向けた社会党の綱領は幸いにもまだ作られてはいないが、これは、もっとも勢力をもった資本主義者集団の範囲を大きくはみだす利益や意見に対立するものであろう。さらに、常なる敵対者であるド・ゴールに対し、ミッテランがどう言及しているかについても措いておこう。ド・ゴールの国家元首としての功績は看過できないとはいえ、脱植民地化に限られ、われわれが彼に負っている憲法も民主主義に対する致死的な危険を含んでおり、そのためにわれわれは一四年にわたってジスカール主義のリスクに曝されてきたのだった。

いずれにせよ、問題は共産党の有権者と指導層とが固く結束しているのかどうかということである。もし結束しているならば、ミッテランはこの有権者をつなぎとめるためにはあまり過剰に語っていたのだろうし、あるいはむしろ、彼がなんと言おうと、彼の言葉は誤ったものであっただろう。もし結束していないならば、有権者をその無気力から引き出すことのできるようなことはなにも語ってはいないことになるだろう。

こう仮定してみよう。彼は長いあいだ、ソビエト連邦において十全に力を発揮している全体主義システムの論理を解き明かそうと専心してきたのだと。さまざまな矛盾にもかかわらず帝国主義陣営のほうばかりを向いている社会主義陣営に対する信仰には一切譲歩しなかったと。民主主義を、つねに経済主義の諸指標に合わせて構想されている社会主義の補完物とするのではなく、民主主義のダイナミズムにその活力、その創発性、既成秩序を転覆する力をとりもどしたのだと。そして最後に、彼はあらゆる機会をとらえて、フランス共産党の組織モデルや代表システムと、東側で権力を握る官僚制政党のシステムとの類似性を明るみに出そうとしてきたのだと。こうしたイニシアチブをとっていたならば、彼は一陣の真理を通わせ、右派の反共産主義への譲歩にはけっしてならないような言葉でもって、自らが必要とする有権者の一部の気を引くことができたのだろう。

私はリアリズムを欠いていたのだろうか。だが、リアリズムというのはうまい口実になる。これは選択を余儀なくさせるものというより、事後的に正当化するものだからだ。先と同じテレビの放送でミッテランは、政府の対外政策を批判して、自分であればブレジネフとの議論をこっそりと行なうことはなかっただろうと宣言していた。このことは信じないことなどできまい。だが同時に、ここ数年、社会党は、「共産党の同志」との対話をこっそりと行なってきたということをどうしたら忘れられようか。リアリズムによってか？　社会党は、群衆を魅惑するには、その頭を獲得しなければならない、つまりその頭を差配しなければならないとみなしていたのだった。いまとなってはこの頭が「熱烈に、一貫して、そしてしばしば中傷的に反社会党的な」キャンペーンを繰り広げているだけに、彼らはこの群衆が離脱することに希望を託し、頭と断絶せざるをえなくなっているわけだ。まさしくリアリズムの想像力はいささか短絡的なものだったのではないか！

とはいえ、以上のような指摘もまたもしかすると短絡的かもしれない。社会党の悲劇は、先に示唆したように、いっそう深いものでもありうる。彼らに判断が欠けているのだとすれば、それは彼らがその資源を有していないからではないか。ここでもまた彼らは全体主義システムに盲目なのではないか。国家装置の奪取は彼らを魅了するが、この奪取によって官僚制的な昇進へと道が開かれてゆくこともまた彼らを魅了するだろう。そしてそのただなかで、かつてのジャコバンの伝統と新たなテクノクラートの伝統とが旧弊なマルクス主義の鋳型のなかで組み合わされるのである。

活動家たちはモデルなき社会主義を構築しようという理念に陶然となるが、中国からキューバまで多種多様なかたちをとって世界中に広まった既存の社会主義のモデルがどこから来たのかを気にかけることもしない。彼らは、新たな社会的形成の出自にも、その拡張にも鈍感であるため、スターリン主義や毛沢東主義の悪事を、国際政治の不幸な情勢や、民主主義の文化が育つための土壌の不毛さに帰すのである。

社会党が全体主義の萌芽を有していると言うのではもちろんないが、とはいえ国家のダイナミズムにあまりにもつなぎとめられているために、その萌芽を見抜く自由を獲得できないのだ。その形象が実現されているのに、その意味を捉えることがなければ、どうしてその発生について気にかけることができるだろうか。この盲目には啞然とさせられる。というのも、全体主義国家の到来の兆しとなってきたのは、つねに社会民主主義の窒息だからである。少なくともここ六〇年のあいだ、辛抱強いスフィンクスは語りかけてきた、繰り返し語りかけてきた。それでもやはり、社会党は、謎を耳にすることすらなかったのだ。

〔左翼急進主義による「全体主義」批判〕

社会党のことはもう措いておこう。少なくとも、その左に、時代の意味を把握するような運動がいくつかあるということは想像できるだろう。だが私は、そこで出くわすのは個人だけなのではないかと恐れている。もちろんそれはどうでもいいことではない。そういう個人は想像以上に多くいるだろう。とはいえ、彼らは分散し、しばしば沈黙してしまっている。

逆に、政治の舞台の周辺でのことだという点を差し引いても、聞こえてくる声はまったく希望をもたらすものではない。「全体主義」という語を四方八方に撒き散らそうとする者もいるが、彼らはこれをあるときには権威主義的、あるときには抑圧的、あるときには専横的、あるときには専制的と呼んでおり、そうすると、この「全体主義」という語は、国家や政治そのものや大小の権力、あらゆる政党に対する怒号から噴出された泡のように漂うことになるのである。彼らの意見によれば、このような非一貫性こそ、自分たち左翼急進主義者たちの「真剣さ」を確証することになる。つまり、彼らは、この語を口にするのを嫌悪しているということだ。彼らは言う。だって、それは通俗的な言葉じゃないか、と。彼らがむしろ好んで語るのは、国家資本主義や国家社会主義、官僚制や赤いブルジョワ主義のことである。彼らは言うべきことを言っているのだが、つねに既成の概念規範に従ってなのだ。ときおりマルクス主義から離れてしまっていることがあっても、彼らは科学をつねに身にまとっている――「生産様式」と「階級闘争」しか知らない科学だが。

彼らがソビエト体制をいかに批判しようとも、彼らの第一の懸念は、「ブルジョワ民主主義」と共有しかねない批判には与しないことに存する。彼らに対し、ある概念の発明を画する時期というものがつねにあるのではないか、そのものが存在する以前に科学が概念をいかに形成するかはわからないのではないか、「全体主義的」ということも、市井の世間話からではなく、まずはファシズムの語彙から生じ、次いでナチズムによって用いられたのではないか、と異論を唱えてみても無駄だろう。というのも、どうして彼らは、イデオロギー的な言説から生まれた言葉が何か現実のものを指すことがあると認めることができるだろう。彼らにとって、ファシズムは、歴史的な情勢に脅かされた大資本の利益に変装を与えるものにすぎず、全体主義国家という観念は、神秘化の中枢を形成するものなのだ。

だから、ファシズムのモデルとスターリン主義のモデルとがさまざまな差異にもかかわらず分かちもつ共通点について問うよう彼らを促しても無駄である。党‐国家の機能、イデオロギーの機能、身体としての社会の一体性のための敵の絶滅、至高なる〈統帥《ドゥーチェ》〉、〈総統《フューラー》〉、〈導き手〉の機能などは、彼らにとっては、一つの生産システムの周辺にある諸特徴にしか見えないのだ。新たな国家ないし新たな社会——この二つは分かちがたい——の形象は、ロシアでは、まだ新たな経済基盤が確立する以前から素描されていたのではないか。自らを権力、法、真理の唯一の保持者としてきたボルシェヴィキ政党のダイナミズムが見定められていなければ、また「ブルジョワ」民主主義の破壊ばかりでなく革命のあいだに開花したあらゆるかたちの民主主義の破壊もまた看過されてしまえば、歴史を読むと言いつつも、それをつねに理論的な虚構と取り違えることになるのではないか——彼らにこう問うてみてもこれもまた無駄だろう。暴力というこの老助産婦は、しかるべき場所に格下げされるべきだと彼らは言うのだ。

しかしその場所とは何か。ドイツのナチズム、イタリアのファシズム、ロシアのスターリン主義およびポスト・スターリン主義は、自分たちの助産婦と契を結んでいたのではなかったか。こうした問いに対し、答えが与えられる代わりに、あちらこちらでの恐怖《テロル》は目下の国家の性質についてはなにも教えるところがないという声が聞こえてくる。そしてこれに、西洋のブルジョワこそがこの恐怖《テロル》を過度に誇張し、自分たち自身の罪を忘れさせようとしているのだと付け足す者も今となっては多くいる。あるいはまた、ヒトラーやスターリンの力が過剰に評価されているのだと。

全体主義の否認を下支えするこうした左翼急進主義の論点はどれも、科学の諸特徴でもって化粧をほどこした感情たる「ブルジョワ民主主義」への憎悪に想を得たものであるように思われる。見かけの下に隠されたものを露わにし、素朴さを批判すること以上に重要なものはなにもないのである。疑いをかけることは「真理」に資するものへと高められることになる。ある者にとっては、この疑いはナチスの収容所におけるガス室の存在や、絶滅させられたユダヤ人の人数、ヒトラーのものとされる殺害の計画に対しても及ぶ。明くる日にはこの疑いがスターリンの恐怖《テロル》による犠牲者の数にも、スターリンのものとされる残虐さにも向けられることとなろう。ニュルンベルクでなされた証言にもすでに疑いがかけられたし、ソルジェニーツィンの証言も疑われることになるだろう。強制収容所に茫然自失となったわれわれは、それを理論の支配下へともう一度つなぎとめるために、資本主義産業の枠内に置きなおし、刑務所産業へと転換したのだ。

ところで、この疑い、素朴さに対する批判はどこから生まれるのか。それは、われわれが生きている体制に正当性を与えなおすことに対する耐えがたい恐れからである。人々は、事実として、ロシアに住むよりもフランスのほうが、東ドイツに住むよりも西ドイツのほうがよりましだと言おうとするであろう。だが、とりわけこの事実は理論的な判断を支えないのではないか。必要とあらば人々は、全体主義と民主主義とのあいだに本性上の差異があるという耐えがたい観念を抑圧するために禁句を持ち出してくるであろう。つまり、民主主義とは「潜行的な全体主義」である、というわけだ。〔逆に〕もしこの差異を見てとると、諸々の社会の発展の原理を把握していることを確証する主権的な視点を失うことになるかもしれない。あるいは少なくとも、多種多様なかたちをとった近代社会の形態を、それとは根底的に別な現実がなしている背景から浮き彫りにするという力を奪われることになるかもしれない。それは、現象と人々が呼んでいるものの解読という試練を、思想に対しもう一度課すことかもしれないのだ。

しかし、個人についても観念についても一つの正しさがあり、この正しさは諸々の気立ての高邁さとは関わりない。全体主義国家とは、専横が跋扈する国家なのではなく、その原理からして、権利を否認し、思想の自由を否認する国家である。ところで、左翼急進主義者のなかには、国家体制のうちに抑圧の事実、階級の搾取の事実を見てとるだけにとどめる者や（いかに彼らの対立が活発であり、官僚制の歴史の再構成について博識であれ）、とはいえこうした否認の意味を自分たちも否認する者、同じ動機から、ブルジョワ民主主義が――そこにおける権利の冒瀆や支配的イデオロギーの狡知がどのようなものであれ――権利の肯定を含んでいるということを見ようとしない者などがいるが、彼らは、自分たちの観念を天秤台に乗せたまま放ったらかしにしているのである。こうして彼らは知らず知らずのうちに、全体主義のイデオロギーと結託することになる。「ブルジョワ民主主義」に対する憎悪によって、彼らには民主主義の実相が見えなくなっているのだ。古いものと新しいもの、倒錯した社会と良き社会とを絶対的に分割するものとしての〈革命〉という幻想が、彼らの目から民主主義革命の成果を覆い隠してきたのだ。これまで長いあいだ、この民主主義革命は幾多の暴力的ないし非暴力的な逸話を通じ進んできたが、それはつねに諸々の力のあいだの抗争の舞台でありつづけている。その力とは、一方では、この抗争の効果をそぎ落とし、あるいはその効果を支配的な利益に資するよう搾取する力であり、他方では、社会の厚み全体にわたって、そしてとりわけ産業労働の専制的な組織化が保たれているところにおいて、この抗争を拡げ、普及させるような力のことである。

〔民主主義の実相〕

すでに私がほかのところで書いたように、民主主義をブルジョワジーの発明だとするのは錯誤である。フランスにおけるブルジョワジーのもっとも活発な代表者は、一九世紀を通じて幾千もの仕方でもってそのダイナミズムを抑止しようとしてきた。彼らにしてみれば普通選挙の設立というのは数の狂気であり、そこに彼らは社会主義に劣らず大きな災禍を見てきたわけである。彼らにとって、結社の権利、ストライキの権利の拡張などは長いあいだスキャンダラスなものと映ってきた。彼らは教育を受ける権利も限定しようとしてきたし、概して、「知識、優越性、富」の円環を人民から遠ざけたところで閉じておこうとしてきた。

われわれが知っている民主主義とは、明らかに統御不可能となった諸々の要請のために、粗野なかたちで設立されたものである。そして、階級の眼鏡が目に張りついている人でも、マルクス主義の小径から抜け出すことができたとすれば（実際、人はしばしばもはやその道に沿って歩いてはいないふりをするのだが、同じ方向に向かっていたりするものである）、民主主義は、権利の探求のための戦いであったこと――その権利はいまや明らかに民主主義の構成要素となっている当のものだ――、そしてまた、権利という観念は、共産主義が有しているイメージよりもはるかに活性的で実効的なものであったことを認めざるをえないだろう。

もしかすると、民主主義革命の強力な行為主体である労働運動の少なくともその一部は、その組織化の必要性のために生じる官僚制の泥沼にはまってしまったのかもしれない。それでもやはり、社会のあらゆる水準を横切る抗争が――ややもすると民主主義自体を窮地に陥れかねないような特殊的な利害の対立を超えて――、民主主義の推進力をなす支配と隷従との全般的な対立をつねに浮かび上がらせるものであることにかわりはない。この対立にはもちろんまだ名前が付けられていないが、しかしどうやってそれを名づけることができよう。少なくとも、ここで暗黙のうちに認められていることは、この抗争が存在するということであり、次いで、いっそう深くは、社会的分割が存在しているということである。その定義を有さなくても、その発明と格闘しつづけている社会ならば、謎はそれでもなお感じとることができるのである。

この民主主義革命は、齢数世紀にさしかかり、自らの運命を目前にしているが、実際のところ、富と権力とを保持した者たちの断固たる陰険な抵抗をつねに生み出し、またまさにここでよりいっそう引き起こしている。こうした抵抗は、新たなものへの恐れ、保護主義的な規範の追求、画一的なものへの魅惑、個々人の私的空間内への後退などの点において大いに共闘している。こうした限りのない、そしてつねに作業中のままの革命に対しては、その歴史的な規模を勘案するならばまさしく全体主義的反革命と名づけるべきものがあるのみである。

この企ては、新たな人間の創造という旗印のもとに現れ、分割なき社会の樹立という神話を利用し、そして実際に、社会的関係を硬直化させ、抗争の士気をそぎ、自律や創発性の兆しを見せるものをすべて追いやり、個々人と諸集団を従属させようとしてきたが、せいぜいのところ、社会性をなす諸々の紐帯を腐食させ、強制力による巨大な網の目を構築する以上のことはなしえてこなかったのだ。

私に対し、それでも現代社会のあらゆる企ては資本主義的な生産の法則によって統御されてきたのではないかと言う向きもあろう。まったくもってそうだ。こうした法則はすべてをなしうるめでたいものであり、その権力は〈摂理〉のそれと同じくらい不明瞭なものなのである。

〔第三世界主義の諸問題〕

左派の極限に、数としては奇妙なことに減少しているように思われるが、第三世界主義の騒がしい活動家らがいるのも忘れないようにしよう。彼らはこう言う。「全体主義や民主主義だって？　あなたがたは東西の論争のために意識が鈍っている。そんなものはつねに金持ちたちの問題だ。むしろ本当の世界に目を向けたまえ。そこには革命の精神が息づいている――貧しい者、飢えた者、帝国主義の餌食となり搾取された者のなかでもとりわけ末端にいる者たちの世界だ。この世界は、従属か独立か、自然資源の詐取か人民のための国家の創設かという二項対立のほかに対立はないのだ」。

ここでも、政治的な事柄を前にしてなんたる盲目があることか！　帝国主義が、目下のところ間接的な手段を用いて多くの国を支配しているということは絶えず主張する必要がある。それらの国のブルジョワジーが官僚制とまじりあって富を握り、両者に海外の利権が関係することで、彼らが貧しい群衆を犠牲にしてこの富を我がものにすることができるのだ。こうした利権を保護し、人民の抵抗を窒息させるのは、その政府、多くの場合独裁的な政府である。民主主義革命はそこまで浸透しなかった。あるいは、展開しはじめようとするたびごとに、その流れが粗暴にも打倒させられてきたのだった。

これは、フランスに生きる左派知識人が民主主義を嘲弄する口実になるだろうか。独裁体制に対する戦いを正当に擁護するのを怠り、それがよその全体主義国家に資するものであることを知っているときですら、ゲリラのためのゲリラの弁明を行なう口実になるのだろうか。

第三世界と呼ばれているものが提起する諸問題に対し、答えの鍵を握る者はいない。アジア、アフリカ、ラテン・アメリカの貧窮が穿つ死の深淵を垣間見るにつけ、われわれは眩暈に襲われる。だが確かなことは、それぞれの状況がどれほど異なっているとしても、また当該の国々の従属の度合いがどのようなものであるとしても、その各々には内的な政治空間があり、彼らの運命の一部分はそこで賭けられているということだ。この空間のなかで、少数のものたちは徐々に気づきはじめている。いくつもの兆しを反転させて、独裁の理念を自分たちのものとしようとしている運動や、自ら民主主義を軽視する運動、諸々の意見の抗争を許容しない運動、いったん自らが権力につくと党‐国家の外部にはいかなる人民の側の独立した動きも、政治的な組織の形成も認めないような運動からは、どのような解決策も出てこないということだ。こうした少数の者たちは、個々人の権利、労働者が自分たちの要求を行なうことができるような結社の権利、自分たちの組織について自己決定できるような地方の自治体の権利が保障されなければ、一つの支配システムが別のシステムに変わることになるだけだと確信している。だが、暴力と対抗暴力とのあいだで挟み撃ちにあっている彼ら、あるいはその恐れのある彼らは、さらに加えて、彼らがこうしてそこに挟み込まれているのを見て喜んでいるパリの左翼急進主義者らの愚論を甘受しなければならないのだ。

〔ソビエトに対するフランスの反応〕

全体主義の分析に気をもんで何になるのか。わが批評者は五年以上も前から、大多数の大衆にとって「大義は聞き届けられた」とみなしていた。彼は誤っていた。とはいえ、少なくともそのときから想像できたのは、ソビエト連邦が軍隊のもたらす喧騒以上のものを響かせていたということだ。その政治は、選挙戦という状況のなかで議論を巻き起こしはじめたばかりである。諸々の事実のうちいくつかは近ごろ明らかにされており、それを指摘することにもなってしまうが、いささか振り返っておくのも無駄ではなかろう。アフガニスタン侵攻は「政治階級」（しかるべき賢慮でもって、もはやエリートとは呼ばれていない）によって平穏に受け入れられた。右側でも左側でも、誰が一番平然としているかの競争であった。マルシェだけがわめきちらし、何も起きてないと述べ立てた。われらが多数派の主たる関心は、アメリカがこの事案を大げさにしようとしていると嘆くことにあった。つまり、「フランス民主主義」のゲームに見合った尺度にまでこの問題を小さく見せる必要があったということである。とりわけ、政治の実践に慣れたわれらの老練な船乗りにとって、カーターが東側から来た突風にすっかり面食らい冷静さを失うというのは、なんたる光景だったことか！　報道を信じるなら、エドガール・フォール[*6]は彼を愚か者とみなし、〔ミシェル・〕ポニャトフスキ[*7]は、間抜けとみなしたということである。

われらの指導者たちは、政治家の術策とそれに見合った外交的な術策とがうまく機能しない状況を想像することができず、また自分たちの論理とは異なった論理に従う行為者がいることも想像することができなかった。このケースや、これに続くケースにおいては、ジスカールはフランスの右派の知性《インテリジェンス》と特性の真の尺度を示した――左翼急進主義はこの右派のことをブルジョワ民主主義にあまりにも結びついているとみなしており、そのためそれに全体主義批判のお墨つきを与えようとは思ってもいないのだが。

私としては、思い起こしていただきたいのは、ソビエトの侵攻は一二月二四日だったが、フランス共和国の大統領がこれを告発したのは一月九日になってからにすぎないということだ。彼の最初のお手柄がこれである。ロシアはカブールに入ると、アフガニスタンの首相の呼びかけに答えることになっていたにもかかわらず、命令によってこの首相をすでに暗殺させていたのだが、そのときにジスカールのほうは、ソビエト政府の動機と目的を丁重に問い合わせていたのだ。もちろん、不可避の判断を述べるために初動が遅れたことの理由については議論の余地があろう。その取り巻きたちは、今となってはミッテランに対し憤って抗議しているが、そのなかであえてこのことの説明をしようとした者はいなかった。ダイヤモンド事件[*8]のときのように、汚された美徳についてわめきたてることが打ち消しの代わりとなるのだ。もしかすると、ジスカールの沈黙には、驚きを引き起こすこと以外の目的はなかったのかもしれない……自らを予見不可能なものとする能力を権威へと結びつけること、これが彼がド・ゴールから学んだ教訓のうちの一つだからだ。

だが、この状況においては、この仮説は軽薄だと思われる。私が見るに、もっともらしい仮説はただ次のもののみであろう。すなわち、ジスカールは、時間を稼ぎながら、ロシアがもっとも早く勝利を収める機会を狙っていたという仮説がそれである。実際、アフガニスタンにおけるあらゆる抵抗の士気をそぐには恐れだけで十分だと考えるならば、フランスがしなければならなかったことは、嘆くそばから、すでに生じてしまった事実を認めることくらいということになるだろう。フランスはその態度に満足し、また謝意を示す相手となった敵と交渉関係を結ぶため、最初の留保を活用したということだ。ジスカールはすでに、自分の利益に敏感なブレジネフの特権的な対話相手となるための策を講じていたのであり、実際その後そうなったのである。

ここで、これはまさしくミッテランが十分に言及しなかったことだが、ジスカールが最初に介入したときのその発言の慎み深さについて思い起こす必要はあるだろうか。彼はそこで、ロシア人にそれ以上超えてはならない境界があることを認めさせたと述べたのだった。それはつまり、ロシア人はこの境界をまだ超えていないと伝えることであった。

戦争がつづくにつれ、ソビエトの指導層には、どのような条件で、またどのくらいの期限までに軍隊を引き揚げさせるつもりなのか、という問いが提起された。この問いは笑いを誘うほどのものだったのではなかろうか。だが、長いことフランスでは誰も笑っていないし、にもかかわらず憤慨してもいない。そして、政治階級は、外務大臣やその他の大統領の代弁者が、大統領の意図についてコメントするのをきわめて真剣に聞いているのだ。彼らの言うところによれば、報復に向けてどのような脅しを行なったとしても、ロシアの自尊心を目覚めさせることのほかに効果はなかろうし、戦争に陥るよう仕向けることにもなりかねない。したがって、真になすべきは、彼らが軽率にはまり込んでしまった袋小路から抜け出るのを手助けすることだというのだ！　落ち着いて辛抱強く、繊細なわれらの指導者らは、「国際社会からの非難」によってクレムリンが自らのあやまちについて説得されるなどということを疑ってもみないようである。彼らはクレムリンが自らのあやまちを償う手助けをしたがっていたわけだ。彼らは、政治家としての古くからの経験によって、ソビエトの官僚制が、状況が好都合だと判断すれば、武力だけをあてにして、世界における力の均衡を乱すことすら恐れず、また何百もの国々の抗議にもきわめて控えめにしか配慮しないということを想像することすら自らに禁じてしまっていたのだ。以上が少なくとももっとも寛容な、つまりわずかの皮肉も含んでいない解釈である……。

こうした解釈に従うべきか。ジスカールは、フランスの舞台ではかくも成功した自らの才能を国際社会の舞台でひけらかすのに専心していたのだと言う者もいるだろう。彼は世界を前にして、フランスでは有権者らを唖然とさせてきた専門家《エキスパート》というイメージは本当のものだと告げようとしているのだ。彼はフランスでは自らが諸々の政党を超絶したところにいると説得することもできた。インドでは、ごたごたを超えたところに姿を表そうとしている。彼はガンジー夫人とともに、――ソビエトによる攻撃には言及することなく――国内問題への外国からの干渉を非難し、二つの超強国のどちらの肩ももたないとする決議を企んでいる。その余勢をかって彼は中東を外遊し、パレスチナ解放機構の大義に対するフランスの支持を躍起になって告げた。これは一石二鳥だったというべきか。というのも、彼はアラブ諸国におもねると同時に、フランスの左派の一部をも魅了しようと思ったからだ。だが、その主たる目的は、アフガンの火を封じ込め、それを一地方の抗争という規模に縮め、アメリカを当惑させ、そしてアラブの支持を後ろ盾にし、火中の栗を拾いつつ、漁夫の利を得るような地位――さらには世界規模でのバレエダンスのような交渉でのダンス講師の地位――を占めるという点にあったように思われる。そのつづきは、ミッテランの最近の宣言のおかげでいっそう記憶にとどめられることになった。つまり、ワルシャワ訪問である。次いで、ヴェネツィア会議〔一九八〇年六月二二日第六回先進国首脳会議〕の前夜、彼にだけブレジネフのメッセージが告げられたが、彼はこれを驚くべき仕方で公表した。彼はこのメッセージを信じているとし、これによって自らの努力と希望、つまりソビエトは軍の一部をアフガニスタンから撤退させることで善意を示すだろうという希望が裏づけられたとほのめかしたのだった。

先の一月二八日にテレビで放映されたジスカールのポーランドでの対談での発言のほうは、まさしく吟味する価値がある。われわれはたしかに彼がポーランドは「友」であると述べたのを聞いている。そしてもちろん、「ポーランドの国内問題への外国からの干渉はすべて深刻な帰結をもたらすだろう」と言っていたことも。これでは何も関与したことにならないのだが！　彼は観察者の口調を選び、こう付け加えた。「現在のところ、そのことについてはみなよく知っており、意識している」。まさにそうだ、あなたも私も知っている。だが、われらのあの男は観察者ではなく、国家元首である。それゆえ彼の発言はまったく異なる響きをもつことになる。とりわけ次のような響きである。「当然のことながら、ポーランドは、自国の問題の解決について、自らの置かれている地理的および戦略的な状況を考慮に入れねばならない」。このねばならないはすでに耐えがたい両義性を有している。

〔ジャーナリストの〕アラン・デュアメルが彼に対し、ポーランドの国民がいっそう自由な体制を渇望していることはソビエトの人々によって持続的に受け入れられうると思うかと問うた。デュアメルの見解は次のようなものだった。「私は、ソビエトの人々の立場に身を置くべきではありません。答えるのは彼らです。あなたは先ほどこう言いました。地理的および戦略的な前提を考慮に入れねばならないと。一緒に地図を見てみることはできましょう。ポーランドは、長い国境を有したソビエト、チェコスロバキア、東ドイツのあいだに位置しています。つまり、ポーランドはソビエトのブロックの内側にあるわけで、このソビエトのブロックでの情報伝達はポーランドを経由するわけです。こうした地理的および戦略的な前提を無視する者がソビエト連邦によって受け入れられるチャンスはまったくないでしょう」。結局、ジスカールは、自分が告げていることとは逆に、ソビエトの人々の立場から答えているのだ……この発言にはコメントが付けられることがなかった（ジャック・アマルリック*9は――彼の名誉のために言っておくと――、『ル・モンド』紙で短く、しかし確かに驚きを表明していたが）。

この発言は、客観的な分析の外観をとって述べられているが、とはいえ率直に言っておぞましいものである。ごく最近、ミッテランによる批判やフランスの尊厳に対する侮辱に憤慨したジスカール主義者のかわいこちゃんたちの大げさな振る舞いやわめき声に思いをはせるとき、対談の翌日にその言語の卑劣さを非難するものが誰もいなかったことは残念なことである。国家元首――しかも民主主義的かつ自由主義的であろうとする国家の元首――であるジスカール・デスタンは、アラン・デュアメルにポーランドについて尋ねられたとき、次のように答えるほかはなかったはずなのだ。「ソビエトがポーランドの国民の自由への渇望を受け入れるか否かなど私に聞くまでもありません。その国で起きていることは彼らの問題ではないのです。ポーランドは彼らに属しているのではないのです。ポーランドの安全を脅かす力などありません。西ヨーロッパでは、そのような意図をもった勢力はありませんし、もちろんその手段をもった勢力もありません。力関係では、四対一の割合で、はっきりと彼らに加勢します。ポーランドの体制の自由化を受け入れるか受け入れないかを決めるために、地理的ないし戦略的な考察はまったく必要とされることはないでしょう。そしてもし、不幸なことに、法を無視しソビエト軍がポーランドを侵攻しようものなら、ヘルシンキ合意は破棄されるでしょうし、フランスと東欧とのあいだの経済関係および文化関係は中断されるでしょう」。

このような返答は、ジスカール・デスタンの脳裏にもよぎらなかったし、彼を支持する事業者たちの利益にも欲望にも呼応していない。教訓を引き出しておこう。あまりにも明らかなことだが、フランスのブルジョワジーの大部分にとって、民主主義的な信念はなんら重みを有してはおらず、彼らは戦前のファシズム全体主義に対して有していたのと同じくらいの迎合を今日のソビエト全体主義に対して維持しているのである。

〔軍事的言説と民主主義的政治〕

私が判断を下しているのは実際に語られたことについてだけであって、ジスカールには秘められた外交というものがあるのだが、それについては私はなにも語ることはできないではないか、結局フランスはその軍事費に多くの予算をつけているではないかと反論する向きもあろう。不可視の外交政策については、定義上、私はなにも判定を下すことはできない。少なくとも結論として言いうるのは、ここで指摘された論点については、その帰結も同じくらい不可視にとどまるだろうということだ。だが、問いは別のところにある。アフガニスタンの戦争あるいはポーランドで展開している抗争に含まれている政治的な意義は、国民の前に明らかにされなければならず、そしてそれこそが政府の役割だということである。政府がそれを回避すれば、諸々の出来事はわれわれが目撃しているさまざまな権力間の突発的な闘争として受け入れられることになる。いっそうひどいのは、アフガニスタンで起きていることが、ソビエト連邦、アフガン政府および人々がためらいもせずに「反逆者」と呼んでいる者にしか関わらないように見え、ポーランドで起きていることも、ポーランド人とロシア人にしか関わらないように見えることである。そしてフランスがなんらかの対外政策をつづけても、それを目立たせるものはポーランドの政府にしか関わらず、人々はのんびりとその展開を追うだけなのである。もっともひどいのは次のことだ。民主主義社会は、民主主義の表象を失い、同時に、全体主義の本質とその拡張の論理に盲目になると、自分自身に盲目な、自分自身とは異質なものとなり、結局のところ無防備な社会となるということである。

驚くべき光景だ。権力は、ソビエト連邦が火をつけたさまざまな抗争や、それがヨーロッパにもたらす脅威の射程を過小評価するためには何でもなしつつ、それと同時に、フランスは原子力の強国となったことを鼻にかけ、抑止のための絶対的な兵器を利用できるようになったと自称するのだ。だがこの逆説は、万人に関わる事柄としての防衛政策を想像することに対する、同じ無力、同じ嫌悪を隠している。すなわち、資本主義の諸条件、不平等、社会を引き裂く多様な抗争は、そもそも抵抗運動のモラルに、あるいはあえて言うならば市民主義〔civisme〕に着想を与えるものとなっていないことは認めなければならないということだ。この市民主義という語は、ブルジョワジーのレトリックによって信用を失ったが、とはいえ民主主義が拡大してゆく時代にあっては、真の意義を有していたのだった。いずれにしても、軍事‐原子力の言説と交渉‐任務放棄の言説は、民主主義の精神を活性化させることはせず、互いに強く結びついて同じ帰結を産み出す。すなわち、世界的な問題に対する世論の無関心である。大多数の人々は同様にこう結論づける。戦争がくれば、原子力爆弾の一撃ですべてが決せられるのだから、なんらかの立場をとる必要などもはやない。自分たちに関わるほどの大事が起きなければ、心動かされる必要もない、と……。

人は好んで、それぞれの人民はそれぞれに見合った政府をもつと繰り返し述べる。だがそれは半分しか正しくはない。蒙を啓く手段があるにもかかわらず世論が暗闇のうちにとどめおかれるような場合、この世論が自分自身のうちに正しい判断の源泉を見出すことを期待しても無駄であろう。

アフガンの紛争は地域的なものだ、ソビエト連邦は彼らの利益を守っているのだ、ソビエト連邦がポーランドの無秩序を受け入れるとすれば自分たちの伝達手段が危機に瀕していることを確認せざるをえなくなるだろうなどと言いあう人がいる。こうして東欧はソビエトの領土であるという考えに慣らされるわけだ。彼らにとって、アフガンの反乱者たちが自分自身のいくばくかの自由を守っていると考えるためには、また、プラハやワルシャワやブダペストはパリやローマやロンドンと同じ文明的場に位置しており、この東側の世界では、西側の世界よりもいっそう強くいっそう創造的な民主主義の精神がふたたび生まれているということを発見するためには、かなりの努力が必要となろう。

彼らはまたこう言いあっている。ソビエト連邦は並外れた権力であって、それに照らすと西側の連合軍はほとんど重きをなさず、彼らに残された唯一のチャンスは核の傘のもとで守られることくらいのものであり、だとすると力のイメージに法のイメージを対置させることができるようになるためには英雄主義に訴えねばならないだろうと。

それでは、この並外れた権力が、それに劣らず並外れた矛盾に悩まされていることをどう説明するのか。官僚制国家は汚職に犯され、ソビエト連邦においてすらイデオロギーは弱体化しているではないか。ロシアのナショナリズムが、先の大戦のあいだそうであったように敵に対する抵抗を下支えすることが可能であるにせよ、抑圧と困窮が支配するような社会において、それが勝ち誇った共産主義への信仰を育むような性質のものだとはどうあっても信じられないのではないか！

さらにまた、この共産主義が東欧においてどれほどの憎悪を引き起こしているか示すこともできるだろう。東欧諸国の体制の脆弱性たるや、もしロシアという恐怖によって人々を怯えたままにしておかなかったならば、三ヵ月ともたないほどなのだ！　もし対抗する抑止兵器がなければ、ロシアという巨像は、西ヨーロッパにも突然とびかかり、それを数週間のうちに飲み込み消化するだろうという表象を信用するのはやめにしたらどうか！

専門家《エキスパート》——今日この類の者はおびただしく増殖している——が、機甲部隊、発射装置、ミサイル、弾頭等が各々の陣営で合計どれくらいあるかを勘定するとき、「あなたと私」はこの件においてはまったく重要ではないと判断するのは民衆の良識というものだろう。それゆえ、一つの国が飲み込まれることはないとか、人々が人々に対して働きかけることで一つの国が征服されるとか、こうした征服は人間をまた別の人間が管理するということによってしか維持されないとか、クレムリンの官僚制も西ヨーロッパへと侵攻すればどれほどのリスクにさらされるかわからないほど狂ってはいるまいとか、フランスはフランス人の好意や共謀なしにはソビエト連邦に直接的にも間接的にも従属することはあるまいとか、いったい誰がそうしたことを思い起こさせるだろう。

核戦争というシナリオは私にとってはフィクションのように思われる。それに対し、現実的な危険は、ソビエトがヨーロッパのエネルギー資源を徐々に掌握していること、威嚇のために西洋諸国がますます従属していること、民主主義社会が内部から解体していること、その社会が世界のあらゆる解放運動に対立するようになっていることにある。ところで、このような危険に対し返答を与えるのは原子力兵器ではなく、自由を拡大し、不平等を減らすことを通じて、民主主義的な革命とは何かについての理解と、全体主義的な反革命とは何かについての理解とを組み合わせることのできるような政治なのだ。それは、伝統を正当化し、希望を掲げつつ、同時に、現在は軛につながれた人々のための未来を要求する大胆さを備えているような政治である。

このような政治がなければ、またその条件を欠くならば、権利《ドロワ》という観念も減退する。この観念はわれわれの制度の枠内でも粉砕され、ペイルフィット精神[*10]がいたるところに浸透している。世界情勢が問題のときには、このような観念は嘲弄を招くこともあるだろう。ジスカール主義は、これに国家理性を対置する必要すらない。日和見主義で事足りるからだ。

〔「フランス民主主義」の現状〕

最後に指摘すれば、『アクチュエル』紙が先の一月に公刊したソフレス社[*11]のアンケートとそれが招いたいくつかの注釈以上に「フランス民主主義」の指標としてましなものはあるだろうか。それによれば、被質問者のうちの六三パーセントが「アメリカ合衆国とソビエト連邦のあいだの甚大な危機の際に［…］わが国が抗争に巻き込まれないようにソビエト連邦に求めるべき」と答えている。また同じく六三パーセントが「ソビエト軍がフランス領内に侵入してきた場合［…］フランス共和国大統領はすぐさまソビエト連邦と和平のための交渉をはじめるべき」と答えている。お気づきのように、これらの人々は危機に脅かされているわけではない。彼らは、まったく安心して決断しているのだ。彼らは、少なくとも偽りの美徳を引き受けたがっているだろうと思われるかもしれないが、そんなことはない。彼らはあるがままの姿を示そうとしているからだ。彼らには説教するよりも、功績を残しておいてあげなければ！

こうして、妥協や責任放棄といった言い回しに対し、われらの多数派のなかから実際に抗議の声が聞こえてくる。これは最近になってからのことである。とはいえ、〔ジャック・〕シラクが長いこと繰り返し述べてきたように、共和国連合（RPR）は、いくつかのニュアンスを別とすれば、自分たちの堅固な政党にジスカールが突如改心しても説得力をもつようにと、ジスカールの対外政策に関する行動と発言に賛成してきたのだった。だが、そこには訝しむ余地はない。シラクにとって啓示となったのはレーガンの成功なのである。

ところで、私が「戦争の言説」がもつ機能について多少なりとも語ったことでもって、アメリカの新たな政策を評価するには十分のように思われる。一点述べておくならば、この言説が、一方で、内的には、もっとも好戦的である資本主義および全般的に言えば保守主義の利害と関わり、他方で、外的には、軍事独裁ないしなかば軍事的な独裁を当てにするような戦略と関わっていることがここで明瞭に見てとられるだろう。こうした政策には、民主主義的な着想の痕跡をとどめているものは何もない。シラクの批判はまさにジスカール主義に向かっているが、とはいえそれももっとも狭小な枠内においてのことなのである。

ソビエト連邦に対する社会党の政策という問題はいっそう注目に値する。すでに述べたように、ミッテランには世論を喚起するような言葉があった。彼は、ヴェネツィアにブレジネフの良き報せを運び、軍隊の最初の撤退というその愚劣なごまかしが信頼できるものだとした「小さな電報配達人」の見事な肖像をこしらえた。彼はまったくあけすけにソビエトの侵攻は「法を犯す強盗行為」だと言ったのだ。彼の口調は、その話題に劣らず重要である。加えて、ポーランドの労働運動に対して社会党が向ける共感を疑ってかかるべきではない。しかし、少なくとも言いうることは、今こそ社会党は新たな言語を見出すべきなのだが、そのイニシアチブはいまだほとんど見られないということだ。一年ほど前（八〇年一月）の社会党の全国大会におけるアフガンの件についての議論の際に嘆かわしい光景があったのは事実だ。党内の共産党シンパは、ソビエト連邦とアメリカは事の成り行き次第で一方が攻撃側になり他方が防御側になったという明白な事実を否定し、シュヴェヌマンの発言を介して、新たな冷戦があればその責任は双方にあるとした。ミッテランのほうは、三つの仮説を作りあげ、そのどれをとってもこの出来事の射程は最小のものとなるとした。第一は、ソビエト連邦は「その既得権を保護するために介入した」というもの、第二は、ソビエト連邦はその領内のイスラム教徒人口にシーア派が普及するのを防ぐことを望んだというもの、第三は、その作戦は、「弱さの指標、つまりソビエト権力のあやまちの証拠」であるというものである。

われわれにとって最良のものを供してくれたのは、もっとも事情に通じ、もっとも創意に富んでいると思われていたミシェル・ロカールである。「ソビエトは、自分たちの［内的な］困難の源は単に国の若さおよび幹部の経験不足にあると考えている。そこから彼らは、彼らなりの社会主義の徳が、全世界の目に説得力をもつようになるためには、もしかすると半世紀ほどかもしれないが、それほど多くの時間、しかも戦争のない時間［ママ］が必要だと結論づけている。そのあいだは、自分たちの圏域を軍事的に守護し、防衛権を拡大しなければならないのだ」（一九八〇年一月一五日『ル・モンド』紙批評欄）。

要するにロカールは、世界革命を待望しつつ、自らの安全を確保するのにつねに気をもんだ包囲された砦としての社会主義という使い古されたフィクションをもう一度用いていたのだ。

ソビエトの帝国主義、全体主義システムの拡張の論理について語ったものは誰もいない。要するに、このような語句は、社会主義の語彙から追放されているように思われるのだ。強盗行為という語句は、政治的観点からはさほど聡明なものではないにせよ、進歩の兆しを示しているが、それでもやはりそれが遅く、かなりゆっくりとした進歩であることにかわりはない。たとえば、ポーランドの出来事を前にした社会党の臆病さに驚かないことなどどうしてできようか。

ル・ロワ＝ラデュリは、「権力と党の怠慢」（「ポーランドについての六時間」という会議を告げる先の二月二三日の『マタン・ド・パリ』の座談会のタイトル）での的確な分析のなかで、社会党への同情を表しつつ、彼らがその活動家を動員して、フランスおよび世界の世論に訴えかけるためのデモを組織することを考えなかったことについて残念だと述べている。彼はまさに正しかった……ジスカールの横柄さとソビエト政治に対するその腹黒いへつらいの影響下で、無知と恐れとが混じりあったフランス社会にあって、社会党は、政治的な組織として、唯一役割を担うことができるはずなのだが、その役割を前にして尻込みするとき、特有の責任を負っているのだ。

結局のところ私は、大きな組織として、ほかの組織があくまで社会主義的だと呼んでいる国家を全体主義的だと呼ぶこと、ポーランド人らの闘争に対しても大規模な連帯を表明すること、西側と東側の共産主義組織の諸特徴を結びつけること、官僚制批判を民主主義の再定式化と組み合わせること、こうしたことを恐れもせずなしえた組織を一つしか知らない。この点では、この組織に敬意を表さなければならない。フランス民主労働総同盟である。

〔本書の企図――全体主義と民主主義〕

本書は、先にも告げたように、さまざまなテクストからなるが、全体は一つの議論に貫かれている。すなわち、全体主義国家は、民主主義に照らしてしか、そして民主主義の両義性にもとづいてしか把握できないということだ。全体主義国家は逐一民主主義の反証となるだろうが、しかしそれは、民主主義が潜在的に含みもっているさまざまな表象を現実化するものなのだ。民主主義は、全体主義国家に敵対的な力を見出すが、その力は民主主義が自分自身のうちに有しているものでもあるということだ。全体主義と戦うことは、民主主義革命の精神をよみがえらせ、それをふたたび創出〔発明〕することでしか可能ではない。それは既得のものを保守することにあるのではない。保守とは、実際のところ、つねに後退であることが明らかになるだろう。今日の民主主義の発明とは、東側からやってくるありとあらゆる異議申し立て、ありとあらゆる反抗のことであり、これこそがそれに意味を与えなおす。これらによって、われわれは、民主主義が本質上ブルジョワ的なものではないことをもう一度教わることになる。そして同時に、こうした反抗は、ある種の国家の脆さ、挫折、そして矛盾についても教えてくれる。そうした国家は、最終的には――もしかするとかなり先かもしれないが――革命的な衝撃のもとで決壊するということである。いたるところで――もしかするとポーランドでは明日もまた――自由を窒息させている恐るべき手段を認識することは、地平線のところでつねに行く手を妨害しているリヴァイアサンのイメージから解放されるのと同じくらい重要なことである。

まったく、こうした考えを分節化し、そこからたった一つの思想を作りあげるということはあまりにも困難なのではないか。だが私にとってはそこにははじまりがあるだけだ。その後にあるのは、来る日も来る日も、解釈し、判断し、——もしその力が残っているのなら——行動するというリスクである。

一九八一年三月

原注

第一章

（1）『リーブル』誌第七号（*Libre*, no. 7, Payot, 1980）。

（2）つづく引用は以下の仏訳にもとづく。Karl Marx, *La question juive*, Aubier, Montaigne, 1971.〔城塚登訳『ユダヤ人問題によせて』岩波文庫、一九七四年〕

第二章

（1）この論文は以下に掲載されたものである。『スカンジナビア大陸』誌（*Kontinent Skandinavia*, p. 3-4, 1980）。これは、トーレ・ストゥッベルド〔Tore Stubberud〕主宰、ドライヤー社〔Dreyer〕刊行の反全体主義の雑誌である。

（2）Marc Ferro, *La Révolution de 1917*, Aubier-Montaigne, 1976.〔マルク・フェロ『一九一七年の革命』〕および、*Des Soviets au communisme bureaucratique*, coll. « Archives », Gallimard-Julliard, 1980.〔『ソヴィエトから官僚主義的共産主義へ』〕

第三章

（1）「スターリンとスターリン主義」というテーマで、一九八〇年一月にジュネーヴ大学文学部と国際高等研究所が開催した会議での発表。

（2）F. Furet, *Penser la Révolution française*, Gallimard, 1978.〔大津真作訳『フランス革命を考える』岩波書店、一九八九年〕

（3）L. Trotski, *Staline*, Grasset, 1948, p. XIII-XIV.〔シャルル・マラミュス編、武藤一羊・佐野健治訳『スターリン』合同出版、一九六七年、第一巻、五－七頁〕

（4）*Staline*, ouv. cité, p. 584.〔邦訳、六七〇頁。訳文を一部変更〕

第四章

（1）このテクストは一九七八年一一月の初旬に出版される予定であった雑誌『リーブル』のために用意されたものであった。ただ、われわれは編集者にこのテクストを掲載しないように要請した。左派連合の分裂の何週間か前に書かれているだけに、掲載されていれば、この出来事の影響下にある読者の期待に背くことになっただろう（後に明らかになるように、われわれは連合からの共産党の突然の脱退を妥当なものと判断するのではあるが）。とはいえ、こうした状況から離れても、われわれの分析には妥当性がなお見出される。われわれは、民主主義的権力の性質にあてられた議論に変更を加えた最後の部分を除き、最小限の形式的な修正しか行なわなかったことを明記しておきたい。

第五章

（1）一九七九年二月に『カイエ・コンフロンタシオン』誌が開催した催しの際に、精神分析家の聴衆の前で発表した講演のテクスト（*Confrontation*, no. 2, automne 1979）。

第六章

（1）本考は、一九七七年六月二〇日の『リベラシオン』紙に掲載された。

第七章

（1）Cf.『エスプリ』誌一九七六年九月号（*Esprit*, no 9, septembre 76）。これは、『エスプリ』誌と、東欧から移住した友人たちのグループが共同で企画した討論の場で発表されたものである。

第八章

（1）『社会主義か野蛮か』二〇号（*Socialisme ou Barbarie*, n° 20, décembre 56-février 57）および『官僚制批判の諸要素』初版（*Éléments d'une critique de la bureaucratie*, Droz, 1971）のテクストを転載。

第九章

（1）『リーブル』誌第一号（*Libre*, n° 1., ed. Payot, 1977）。

（2）Cl. Roy, *Somme toute*, Gallimard, 1976, p. 110.〔クロード・ロワ『要するに』〕著者は一九五六年の夏にデルフでサルトルと出会い、モスクワから帰国したときの彼のインタビューと宣言が引き起こした驚きについてこう述べた。「いずれにせよ、あなたが戻ったときに、批判の自由はソヴィエト連邦において十分に保障されていたというのはちょっと誇張ではないですか」。サルトルはこう応えた。「もちろんそれは正しくない。しかしもしソヴィエトがそうなるのだと信じるのであれば、彼らを助けなければならない」。

（3）本書第八章「ハンガリーの蜂起」を参照。

（4）Balázs Nagy, « La formation du Conseil central ouvrier de Budapest en 1956 », *Études sur la Révolution hongroise*, Institut Imre Nagy de Sciences politiques, Bruxelles, 1961.〔バラージュ・ナジ「一九五六年のブダペストの労働者中央評議会の形成」、『ハンガリー革命研究』所収〕

（5）Id., p. 51.

（6）Id., p. 73.

（7）Miklos Molnar, *Victoire d'une défaite, Budapest, 1956*, Fayard, 1968.

第一〇章

（1）『社会主義か野蛮か』二一号（*Socialisme ou Barbarie*, n° 21, mars-mai 1957）。この論文は『官僚制批判の諸要素』初版（*Éléments d'une critique de la bureaucratie*, Droz, 1971）に再録された。

（2）R・アンテルム、D・マスコロ、E・モラン、そして私は、ポーランドの共産主義知識人に私的に招かれたのだった。私たちはワルシャワに、一月一九日土曜日、つまり選挙の前夜に到着した。私たちの旅は、約二週間つづいた。

第一一章

（1）『エスプリ』誌一九八一年一月号（*Esprit*, janvier 1981）。

訳注

まえがき〔第二版〕

＊1　ヘルシンキ合意〔accords d'Helsinki〕

一九七三年にアルバニアを除く全ヨーロッパ諸国、ソヴィエト連邦、カナダ、アメリカ合衆国が参加したヨーロッパ安全保障協力会議がヘルシンキで開催。最終的に調印された文書がヘルシンキ合意。ヨーロッパの安全保障、経済と科学技術分野での協力、人権尊重の原則を確認。この第三の原則が東側の反体制派を後押しした。

＊2　ヌーヴォー・フィロゾフ〔nouveaux philosophes〕

一九七〇年代に全体主義批判を展開した論者たちの総称。『料理女と人喰い――国家、マルクス主義、強制収容所についての省察』（一九七五）の著者アンドレ・グリュックスマン、この著作を賞賛した書評を『ヌーヴェル・オプセルヴァトゥール』誌に発表したベルナール＝アンリ・レヴィが代表的な論者。ナチズムとコミュニズムを同一視する彼らの議論には異論が多く、またテレビ・メディアの発言によって影響力を行使する手法にも、しばしば批判が寄せられる。

＊3　第二〇回党大会〔XXe Congrès〕

一九五六年二月にモスクワで開催されたソヴィエト共産党第二〇回大会。第一書記フルシチョフが前任者スターリンの「個人崇拝」を批判、スターリン時代の粛清と弾圧を暴露。全世界に衝撃を与える。各国の共産党も動揺し、フランスを含む西側では議会制民主主義を取り入れた独自の共産主義の試みが始まる。東側のポーランドでは改革派のゴムウカが政権につき（「一〇月の春」）、ハンガリーでは反ソ蜂起がソ連軍の介入を招いた（ハンガリー事件）。

第一章

＊1　ジョルジュ・マルシェ〔Georges Marchais〕（一九二〇〜一九九七）

一九七二年から九四年の長期にわたってフランス共産党書記長。マルシェの指導のもと、フランス共産党はソヴィエト共産党からの独立を掲げ、プロレタリア独裁を放棄。ユーロ・コミュニズムの道を選択、選挙における社会党との連携を図る左派連合を推進。

＊2　権力の脱身体化〔désincorporation〕
民主主義社会の成立によって、王の身体が体現する権力が解体する事態を指す。民主主義社会が成立する以前は、王の身体は王が統治する政治体を象徴的に意味する。臣民は王の「四肢＝成員〔membre〕」としてみなされるのと同様に、王の権力に「併合される＝一体化される〔incorporé〕」。王の首が切られたフランス革命によって、それまで王が占めていた権力の象徴的な場は「空虚」になり、社会の身体のイメージが解体された。詳しくは第五章「身体のイメージと全体主義」を参照。

＊3　脱錯綜化〔désintrication〕
「緊密に絡まった物事の状態」を意味する intrication に否定の接頭辞 dés が付いた語で、「糸がもつれて絡まり合ったような状態を解きほぐす」の意。それまで混同されていた権力と法の各領域が明確に切り離されることを示す。

＊4　リップ社〔Lip〕
ブザンソンに本社を置く時計メーカー。一九七三年から七六年にかけて労働者が組織した工場の自主管理闘争は、七〇年代のフランスを代表する労働運動。

＊5　ラルザック〔Larzac〕
南仏アヴェロン県とエロー県にまたがる高原地帯。この地にあるＮＡＴＯの軍事基地の拡大計画が一九七一年に発表されるが、農民が反対し、一〇年にわたる闘争の末に計画を放棄させた。闘争の先頭に立ったのが、後に反グローバリゼーション運動の代表的人物として知られるようになったジョゼ・ボヴェ。

＊6　エティエンヌ・ド・ラ・ボエシ〔Étienne de La Boétie〕（一五三〇～一五六三）
一六歳か一八歳のときに書いたとされる『自発的隷従論』（西谷修監修、山上浩嗣訳、筑摩書房、二〇一三年）で知られる政治理論家。一六五四年にボルドー高等法院の評定官に着任、宗教争乱の収拾に奔走。モンテーニュと終生の友情で結ばれ、『自発的隷従論』は死後モンテーニュに託されて、後世に伝わることになった。

第二章

＊1　ジャック・バンヴィル〔Jacques Bainville〕（一八七九～一九三六）
シャルル・モーラスに影響を受け、アクシオン・フランセーズに参加した王党派のジャーナリスト、歴史家。機関紙『アクシオン・フランセーズ』の政治欄を担当、大戦間期にドイツ政治、仏独関係について多数の著作を発表。

＊2　ユーロ・コミュニズム〔eurocommunisme〕
イタリア、スペイン、フランスを中心として一九七〇年代に現れた共産主義の一潮流。ソ連型の共産主義と距離をとり、複数政党制など民主主義的原理の一部導入を試みた。エンリコ・ベルリングエル、サンティアゴ・カリーリョ、ジョルジュ・マルシェは、それぞれ冒頭の三ヵ国の共産党書記長として、この潮流を推進。しかし、七〇年代末から次第に退潮。

＊3　マルク・フェロ〔Marc Ferro〕（一九二四〜）
現代史およびソ連史を専門とする歴史家。元社会科学高等研究院教授。ジャック・ル・ゴフやエマニュエル・ル・ロワ・ラデュリと並ぶアナール派の重鎮で、『アナール』誌の編集顧問の一人。『監視下の歴史――歴史学と歴史意識』（井上幸治監訳、新評論、一九八七年）。

第三章

＊1　ロイ・メドベージェフ〔Roi Medvedev〕（一九二五〜）
ソヴィエトの在野の歴史学者、評論家。反スターリン主義の立場から著作を発表。双子の兄で生物学者ジョレス・メドベージェフとの共著多数。『共産主義とは何か』（全二巻、石堂清倫訳、三一書房、一九七三〜七四年）。

＊2　自らの器官の各々や四肢の各々の動きを統御する資質をもった身体
「器官」と「四肢」の原語はorganeとmembre。著者は中世における王の自然的身体が解体され、非人格的な政治的身体が形成される点に、近代の民主主義の特徴を認める。

第四章

＊1　地方議会選挙での左派連合の躍進
ワルデック・ロシェの後を継いで、一九七二年にフランス共産党書記長の座についたジョルジュ・マルシェは、ユーロ・コミュニズム（第二章訳注2参照）路線を採り、政権奪取を狙った。七一年エピネーの結党大会で誕生したミッテラン率いる新生フランス社会党もまた、勢力拡大のために共産党を必要としており、戦略が一致した両党は「左派共同政府綱領」を締結。両党は七六年春の地方議会選挙で候補者を統一して協力、議席を伸ばした。

＊2　ヴァレリー・ジスカール・デスタン〔Valéry Giscard d'Estaing〕（一九二六〜）

第二〇代フランス大統領（在位一九七四～一九八一年）。六二年にミシェル・ドブレ内閣の蔵相として入閣、六六年までその地位にあったが、その後は閣外でド・ゴール派と一線を画し、中道の立場にあった。大統領就任後は、ジャック・シラクに代えてレイモン・バールを首相に任命して緊縮政策を採り、オイルショック後の経済低迷に対応しようとした。インフレと失業に改善が見られず、スキャンダル（初版への序文訳注9参照）も重なって、支持率が低迷。

＊3　国民議会選挙の結果

一九七八年三月の総選挙。ルフォールが予想していたように、左派連合はこの選挙で勝利を収めることができず、解消される。

＊4　左翼急進主義〔gauchisme〕

極左的な傾向をもつ考え方や運動を批判するために用いられる語。左翼行動主義とも言う。古くは社会民主主義勢力との交渉を一切拒否する態度を批判したレーニンの『共産主義における左翼小児病』（一九二〇）に遡るが、六八年五月の際にはフランス共産党が五月革命の参加者を非難するために用いた。著者はこの語で社会党と共産党より左の立場にある個人や運動を指す。

＊5　ブーシュ・デュ・ローヌ〔Bouches-du-Rhône〕とノール〔Nord〕の二大連合

ブーシュ・デュ・ローヌは、地中海に注ぐローヌ川の河口に位置する県で、プロヴァンス＝アルプ＝コート・ダジュール地域圏に属す。ノール県はフランス最北部のノール＝パ・ド・カレー地域圏に属する。両県の二大連合の指導者たちとは、それぞれガストン・ドフェールとピエール・モーロワのことであり、二人の支持を得たことで、ミッテランは社会党を掌握することができた。

＊6　ギー・モレ〔Guy Mollet〕（一九〇五～一九七五年）

第四共和政下の一九五六年から五七年まで首相を務めた政治家。フランス社会党の前身である労働インターナショナル・フランス支部の党員で、五六年の総選挙では中道左派勢力の再編に加わり、ルネ・コティ大統領から首相に任命された。有給休暇の延長、労働者の年金を保障するための全国的な連帯基金の設立など、社会政策を実施した一方で、アルジェリア問題については有効な手立てを打てなかった。

＊7　アンドレイ・アマルリク〔Andreï Amalrik〕（一九三八～一九八〇）

ソヴィエトの反体制派の歴史家、作家。ジョージ・オーウェル『１９８４』に着想を得て、一九七〇年にソヴィエトの崩壊を予言した評論『ソ連は１９８４年まで生きのびるか？』（原子林二郎訳、時事通信社、一九七〇年）を発表。二度の収監ののち、七六年にオランダに亡命。八〇年、スペインで予定されていた人権擁護を訴えるための集会へと向かう道中で事故死。

＊8　オルロフ・グループ〔groupe Orlov〕
ヘルシンキ合意（「まえがき〔第二版〕」訳注1参照）を後ろ楯として、ソヴィエトでの人権侵害を監視し、西側諸国にその事実を公表する活動をしていた物理学者ユーリ・オルロフを中心とするグループ。

＊9　「見えない」イデオロギー〔idéologie « invisible »〕
ルフォールの著作『歴史の諸形象』（一九七八）に登場する概念。現実を隠蔽する観念という古典的なブルジョワ・イデオロギー概念とは異なり、見えないイデオロギーはむしろ現実の社会が抱える問題の存在をそのまま認め、これを社会が技術を用いて改善することが可能だという主張を流布させる。言説としてのイデオロギーは社会そのものと判別がつかなくなり、見えなくなるとされる。

第五章

＊1　「スターリンなき全体主義」
同論文は『社会主義か野蛮か』誌第一九号に初出、『官僚制批判の諸要素』（一九七九）に再録。

＊2　コルネリュウス・カストリアディス〔Cornelius Castoriadis〕（一九二二～一九九七）
ギリシャ出身の哲学者。一九四五年にフランスに亡命、ソルボンヌで哲学の博士号を取得。四八年から七〇年までOECDに官僚として勤務する一方で、ルフォールとともに四八年に「社会主義か野蛮か」グループを設立、早くからソヴィエトの官僚制を批判。七〇年にフランスに帰化、八〇年からは社会科学高等研究院で教鞭をとった。『想念が社会を創る——社会的想念と制度』（江口幹訳、法政大学出版局、一九九四年）。

＊3　アレクサンドル・ジノビエフ〔Alexandre Zinoviev〕（一九二二～二〇〇六）
論理学を専門とする元モスクワ大学教授で、ソヴィエト体制下に生きる人間「ホモ・ソビエティクス」の本質を捉えた小説、評論、諷刺画を発表。ソルジェニーツィンと並んで、西側知識人に大きな影響を与える。『余計者の告白』（全二巻、西谷修・中沢信一訳、河出書房新社、一九九一年）。

＊4　エルンスト・カントーロヴィチ〔Ernst H. Kantorowicz〕（一八九五～一九六三）
中世史家。『民主主義の発明』の思想的源泉をなす論者。ヨーロッパ中世の王権表象を研究し、王個人の死の後も非人格的な政治的身体が存続することを解明。近代国家の基盤をこの身体の成立に求めた。『王の二つの身体——中世政治神学研究』（全二巻、

小林公訳、ちくま学芸文庫、二〇〇三年)。

第六章

＊1　アナトリー・マルチェンコ〔Anatoli Martchenko〕(一九三八〜一九八六)
ソヴィエトの作家。スターリン亡き後も収容所が存続するソヴィエトの実態を告発。一九八六年に獄死。死後の八八年、南アフリカ共和国のネルソン・マンデラとともに、欧州議会が創設した「思想の自由のためのサハロフ賞」初の受賞者。

＊2　ウラジミール・ブコウスキー〔Vladimir Boukovski〕(一九四二〜)
ソヴィエトの作家、科学者。反体制活動を理由として、強制労働収容所、精神病院にたびたび収監。ソヴィエトでの懲罰的精神医療の実態を西側に伝えた。七六年以降はイギリス在住。二〇〇八年のロシア大統領選に出馬を計画するなど、政治家として活動。

＊3　ロシア・ソヴィエト連邦社会主義共和国刑法第五八条
一九二七年の刑法改正によって、第五八条に反革命罪が定められた。「反革命」の定義自体が曖昧であり、反体制派を弾圧するための格好の手段となる。ソヴィエト刑法の特質を表す条項であり、その後の改正刑法でも同様の条項が存続。

＊4　ジャン・エレンシュタイン〔Jean Elleinstein〕(一九二七〜二〇〇二)
共産主義の歴史を専門とする歴史家。ジャン・エランスタンと表記される場合もある。ソヴィエト共産党による正史を批判。政治的には社会党との左派連合を支持し、フランス共産党のユーロ・コミュニズム路線を後押しした。ソヴィエトのアフガニスタン侵攻を機に一九七九年に共産党を離党。

＊5　アンドレ・グリュックスマン〔André Glucksmann〕(一九三七〜二〇一五)
フランスの哲学者。五月革命に参加し、毛沢東主義者として活動。その後、マルクス主義と決別して、全体主義を批判するヌーヴォー・フィロゾフの代表的論者となる。七九年の統一ベトナムを逃れたボートピープルの受け入れをはじめとして多くの人権運動を主導し、九〇年代の湾岸戦争や旧ユーゴ紛争では軍事介入を支持。『思想の首領たち』(西永良成訳、中央公論社、一九八〇年)。

第七章

＊1　フランソワ・フュレ〔François Furet〕（一九二七〜一九九七）

フランス革命史家。一九七七年から八四年に社会科学高等研究院院長。フランス革命を歴史の必然的発展と捉える共和派や、マルクス主義の正統派歴史学を批判し、革命における政治的言説の役割を重視した。「修正主義」と呼ばれることになる革命研究の新たな潮流をつくった。主著に『フランス革命を考える』（大津真作訳、岩波書店、二〇〇〇年）、『幻想の過去――二〇世紀の全体主義』（楠瀬正浩訳、二〇〇八年、バジリコ）。

＊2　マルク・リシール〔Marc Richir〕（一九四三〜二〇一五）

ベルギー出身の現象学者。ベルギーのリエージュ大学で物理学を学んだのち、ブリュッセル自由大学で哲学博士号を取得。一九七〇年代のルフォールの協力者の一人であり、『テクスチュール』誌をはじめとして、数多くの雑誌の刊行に関わる。『身体――内面性についての試論』（和田渡・加國尚志・川瀬雅也訳、ナカニシヤ出版、二〇〇一年）。ルフォールがここで言及するのは、『エスプリ』誌の一九七五年九月特集号「革命と全体主義」に収められた論文「革命のアポリア」。

＊3　アコシュ・プスカシュ〔Akos Puskas〕

ハンガリーの建築家。ハンガリー事件後、フランスに亡命。『エスプリ』誌に多数の論文を寄稿。『エスプリ』誌の一九七六年九月特集号「革命と全体主義」に論文「人民の経験」が掲載される。

第八章

＊1　ハンガリーの蜂起

「ハンガリーの蜂起」と訳したのは、フランス語の一般的な呼び名である Insurrection hongroise である。（「ハンガリー革命」または「ハンガリー事件」と呼ばれることもある）。insurrection の語には、日本語で定着している「ハンガリー動乱」の呼称が前提とする本来あるべき秩序が乱れるといった否定的な意味は含まれない。このような違いを考慮し、また著者の立場を尊重するという観点から、「ハンガリーの蜂起」と訳出した。

＊2　一〇月二三日のポーランド人への連帯デモ

ハンガリーの蜂起の発端となったポーランドへの連帯を表明する自然発生的なデモ。一九五六年六月二八日にポーランド西部の工業都市ポズナンで反政府運動が発生（ポズナン暴動）して以降、ポーランドではこれを鎮圧した共産党体制にたいする批判が先鋭化する。またソ連軍のポーランド介入が現実味を帯び、事態が緊迫していた。

＊3　エルネー・ゲレー〔Ernő Gerő〕（一八九八～一九九〇）
ハンガリーの政治家。一九三〇年代にコミンテルン委員として、フランスおよび内戦中のスペインで活動。戦後は共産党政権の要職を歴任。一九五六年七月一七日から一〇月二五日にかけて第一書記。

＊4　イムレ・ナジ〔Imre Nagy〕（一八九六～一九五八）
ハンガリーの政治家、農業経済の専門家。農業集団化の緩和、重工業優先路線の見直し、強制収容所の廃止などを唱え、民衆の人気が高かった。一九五三年から五五年、ハンガリー事件に際して五六年一〇月二四日から一一月四日の二度にわたって首相。ソ連軍の介入により民衆蜂起が鎮圧された後に逮捕され、五八年処刑。八九年に名誉回復。

＊5　ラースロー・ライク〔László Rajk〕（一九〇九～一九四九）
ハンガリーの政治家。第二次世界大戦後に内相と外相を務めた共産党の実力者。「小スターリン」と呼ばれた共産党書記長マーチャーシュ・ラーコシの陰謀によってスパイ容疑をかけられて処刑。一九五五年に名誉回復、五六年一〇月六日の国葬がハンガリー事件の序曲となった。

＊6　ヤーノシュ・カーダール〔János Kádár〕（一九一二～一九八九）
ハンガリーの政治家。戦前に共産党入党、第二次世界大戦中は反ファシズム闘争を組織。戦後に共産党の中心的人物となる。ハンガリー事件の当初はナジ政権に参加するが、一一月初めにソ連の圧力を受けて政権を離れ、蜂起の鎮圧後に帰国して実権を掌握。八八年までハンガリー社会主義労働者党の第一書記。

＊7　ベーラ・コヴァーチ〔Béla Kovács〕（一九〇八～一九五九）
ハンガリーの政治家。ゾルターン・ティルディと並ぶ小地主党の代表者。一九四五年から四六年に共産党との連立政権の農相。ハンガリー事件のさなかの一〇月三〇日から一一月四日にナジ政権に参加。

＊8　ゾルターン・ティルディ〔Zoltán Tildy〕（一八八九～一九六一）
ハンガリーの政治家。カルヴァン派牧師で、小地主党の代表者。一九四五年から四六年に首相、四六年から四八年に共和国大統領。五六年のハンガリー事件時にナジ内閣の国務省に就任。ソ連介入後逮捕されるも、高齢を理由に五九年に釈放。

＊9　二人のファルカシュ
ミハーイ・ファルカシュ〔Mihály Farkas〕と息子のウラジミール・ファルカシュ〔Vladimir Farkas〕を指すか。ミハーイは一

九四八年から五三年に防衛相を務め、ラーコシの右腕として反対派の粛正に関与。ウラジミールは秘密警察の高官で、残虐な人物として恐れられた。しかし、両者がハンガリー事件の際に処刑されたという事実はなく、著者の思い違いと考えられる。

＊10 ミクローシュ・ホルティ〔Miklós Horthy〕(一八六八～一九五七)
ハンガリーの政治家、オーストリア＝ハンガリー帝国最後の海軍総督。一九二〇年から四四年までハンガリー王国摂政。第二次世界大戦には枢軸国側で参戦、戦争末期に親ナチス的な極右政党の矢十字党に政権を譲渡。共産党政権が成立した戦後はハンガリーに帰国せず、ポルトガルに移住。

＊11 ヨージェフ・ミンツェンティ〔József Mindszenty〕(一八九二～一九七五)
ハンガリーのカトリック教会大司教。第二次大戦中は親ナチスの矢十字党に抵抗して逮捕、戦後解放されて四五年に大司教となる。共産党によるカトリック教会の弾圧に反対、四九年に終身刑判決。ハンガリー事件のさなか五六年一〇月三一日に釈放。ソ連軍の侵攻で一一月四日にブダペストのアメリカ大使館に避難、七一年まで滞在。七四年ローマ教皇とハンガリー政府の和解を批判、大司教の地位から引退を強制される。

＊12 モーリス・トレーズ〔Maurice Thorez〕(一九〇〇～一九六四)
一九三〇年から六四年にフランス共産党書記長。三二年に国会議員に初当選、三四年の人民戦線結成に尽力。第二次世界大戦中はソヴィエトに亡命。戦後は四五年のド・ゴール政権に国務相として入閣、翌年から四七年にジョルジュ・ビドー政権などのもとで副首相。主著に自伝『人民の子』(北原道彦訳、大月書店、一九七八年)。

＊13 アドルフ・ティエール〔Adolphe Thiers〕(一七九七～一八七七)
フランスの政治家、歴史家。普仏戦争末期の一九七一年に臨時政府首相となり、多額の賠償金とアルザス・ロレーヌ地方割譲を含む講和条約を締結。ビスマルクの援助を受けてパリ・コミューンを鎮圧。同年の八月に第三共和政の初代大統領に選出。著作に『フランス革命史』。

第九章

＊1 ロジェ・ガロディ〔Roger Garaudy〕(一九一三～二〇一二)
フランスの哲学者。戦後のフランス共産党を代表する理論家であったが、一九六八年のソヴィエトによるチェコスロバキア介入を批判して除名。八〇年代にムスリムに改宗して反シオニズムへと傾き、九〇年代にはホロコーストの存在を否定。

＊2　アレクサンデル・ドゥプチェク〔Alexander Dubček〕（一九二一～一九九二）
チェコスロバキアの政治家。一九六八年チェコスロバキア共産党第一書記に選出。「人間の顔をした社会主義」のスローガンを掲げて自由化を主導、「プラハの春」を象徴する人物となる。ソ連の軍事介入を受け、六九年に第一書記を辞任。八九年の「ビロード革命」で政界に復帰、連邦議会議長を務めた。

＊3　フランツ・ファノン〔Frantz Fanon〕（一九二五～一九六一）
西インド諸島の仏領マルチニック島出身の精神科医で、アルジェリア独立運動に参加した革命家。一九六一年の『地に呪われたる者』（鈴木道彦・浦野衣子訳、みすず書房、一九九六年）にはサルトルが序文を寄せ、植民地主義の告発の書として広く読まれた。近年はポストコロニアル研究の分野で再び脚光を浴びている。『黒い皮膚・白い仮面』（海老坂武・加藤晴久訳、みすず書房、一九九八年）。

＊4　ヴワディスワフ・ゴムウカ〔Władysław Gomułka〕（一九〇五～一九八二）
ポーランドの政治家。一九四三年に共産党書記長に就任するが、「民族主義的傾向」を理由に四八年に解任。五六年のポズナン暴動後に第一書記に選出、経済改革と自主外交路線を打ち出すも、次第に柔軟性を失う。七〇年にバルト海沿岸地方の蜂起によって失脚。

＊5　グスターフ・フサーク〔Gustáv Husák〕（一九一三～一九九一）
チェコスロバキアの政治家。ソ連の軍事介入後、ドゥプチェクに代わって六九年四月に共産党第一書記就任。七五年から大統領を兼務。「正常化」の名のもとソヴィエトとの関係を強化、改革派を追放して権力基盤を固めた。八九年の民主化運動の高まりをうけて大統領を辞任。

＊6　シャンドール・バリ〔Sándor Bali〕（一九二三～一九八二）
ブダペストの労働者評議会で指導的役割を果たした工員。ソ連軍の介入後、カーダール政府によって逮捕。

＊7　「ポリーの一四箇条」〔Quatorze points de Poly〕
一〇月二二日から二三日にかけてブダペストの学生が中心となって作成した要求。一四項目からなる文書には、ハンガリーとソ連相互の内政不干渉、政治犯の釈放なども含まれている。

第一〇章

＊1　ポズナンの反乱〔révolte de Poznań〕

一九五六年六月二八日、共産党支配下のポーランドで起きた最初の民衆暴動。通称ポズナン暴動。ポーランド中西部のポズナン市の工場で起こった待遇改善を求めるストライキが街頭デモに拡大。治安部隊が発砲、公式発表で死者五三人、負傷者約三〇〇人。暴動の原因となった当局に批判が集まり、指導部は更迭、ゴムウカが第一書記に選出。

＊2　東ベルリンのデモ

一九五三年六月一六日に東ベルリンで起きた民衆暴動。労働ノルマの引き上げに反対して東ベルリンで始まった建設労働者のストライキは、翌一七日に東ドイツ全土の暴動に拡大。戒厳令が布かれ、ソ連軍戦車が出動、多数の死傷者を出した。社会主義圏の民衆蜂起をソ連軍が鎮圧するという五六年のハンガリー、ポーランド、六八年のチェコスロバキアで繰り返される事態の先例となった。

＊3　一〇月のあの日々

一九六五年六月のポズナン暴動に続く「〈一〇月の春〉」と呼ばれる時期を指す。ポーランド共産党指導部からスターリン派が追放され、ゴムウカが復権。党が打ち出した民主化路線をめぐって全国的に議論が活発となり、ワルシャワに多くの労働者評議会が誕生。言論・結社の自由が一時的に成立。

＊4　ユゼフ・ツィランキェヴィチ〔Józef Cyrankiewicz〕（一九一一〜一九八九）

ポーランドの政治家。第二次世界大戦中はレジスタンス運動に参加。戦後、ポーランド社会党内の左派として共産党との協力を進め、社会党を事実上解体して四八年の両党の合同に寄与。共産党一党支配下の四七年から五二年、五四年から七〇年の二度にわたって首相。

＊5　シャイヨー宮〔Palais de Chaillot〕

パリ一六区のトロカデロ広場に面した新古典主義様式の建造物。セーヌ川をはさんでエッフェル塔に相対し、左右に半円状の翼廊を配す。一九三七年のパリ万国博覧会の会場として建造。現在は複数の博物館と劇場が設置されている。

＊6　パンテレイモン・ポノマレンコ〔Panteleimon Ponomarenko〕（一九〇二〜一九八四）

ソ連の政治家、軍人。一九五五年からワルシャワ駐在ポーランド大使。

＊7　指導官〔gauleiter〕

ナチス政権下ドイツの大管区指導官を指すドイツ語。

＊8　「ハンガリー人は終わった」〔Hongrois Kaput〕
Kaput はドイツ語由来のポーランド語。「ドイツは終わりだ。ヒトラーは終わりだ〔Deutschland Kaput. Hitler Kaput〕」は、ナチス・ドイツと戦ったソ連赤軍のスローガン。

＊9　『トリブナ・ルドゥ』〔Trybuna Ludu〕、『ノヴァ・クルトゥラ』〔Nowa Kultura〕、『ポ・プロストゥ』〔Po Prostu〕
一九五六年当時、共産党にたいする批判的な知識人たちの論壇となったポーランドの新聞・雑誌。『トリブナ・ルドゥ（人民論壇）』は共産党の公式の日刊紙。『ノヴァ・クルトゥラ（新文化）』は作家同盟の機関紙。『ポ・プロストゥ（直言）』は党の青年組織発行の週刊誌。

＊10　ナトーリン派〔clan natolinien〕
ポーランド共産党中央委員会のスターリン派。ナトーリン派の呼称は、集会場所であったワルシャワ郊外の党幹部保養所（一八世紀の貴族の邸宅）の名に由来。

＊11　『プラウダ』〔Pravda〕
ソヴィエト共産党の機関紙。紙名は「真理」の意。一九一二年五月五日創刊。ロシア革命後、共産党とともに急速に成長。八三年には発行部数約一〇二〇万部に達し、世界最大の新聞の一つとなったが、ペレストロイカ以降は部数が減少。九一年にエリツィン大統領から発行停止処分。ソ連崩壊後は複数の新聞社に分裂。

＊12　『トフルチョシチ』〔Tworczocs〕
月刊文芸誌。「トフルチョシチ」は「創造」の意で、ポーランド語では Twórczość と綴る。

＊13　ゼノン・ノヴァク〔Zenon Nowak〕（一九〇五〜一九八〇）
ポーランドの政治家。ナトーリン派。ポズナン暴動後、共産党の中央委員会から外される。改革派の追放というゴムウカの転換にともない、五九年に再び要職に復帰。

＊14　エドヴァルト・オハプ〔Edward Ochab〕（一九〇六〜一九八九）
ポーランドの政治家。モスクワで急死したボレスワフ・ビエルートの後を継ぎ、一九五六年三月から一〇月まで共産党第一書記。スターリン主義の立場を次第に軟化、改良派となった指導者層の一人。六四年から六八年に国家評議会議長。

＊15　フルシチョフ訪問

一九五六年一〇月一九日、フルシチョフ、モロトフ、ミコヤン、カガノヴィチらソ連首脳がポーランドを急遽訪問。ポーランド共産党がモスクワとの事前協議なしにゴムウカの復権を決定したために状況が緊迫。交渉の末、社会主義陣営の統一を脅かさないという条件と引き換えに、ソ連側はゴムウカの選出を了承。ワルシャワへのソ連軍の進撃は中止。

＊16　ステファン・スタシェフスキ〔Stefan Staszewski〕（一九〇六～一九八九）
ポーランドの政治家。一九五六年当時、ワルシャワ地区の党書記を務めていたが、デモを組織して民衆の支持を集め、ゴムウカ第一書記選出の立役者となる。

＊17　ヴワディスワフ・マトフィン〔Władysław Matwin〕（一九一六～二〇一二）
ポーランドの政治家。共産党内の改革派の一人。

第一一章

＊1　グルネル協定〔accords de Grenelle〕
一九六八年の五月革命の事態収束のために、政府の仲介により労使間で結ばれた協定。最低賃金の引き上げ、労働時間の短縮などについて合意。名称は協定が結ばれた労働省の所在地パリ七区のグルネル通りに由来。

＊2　エドヴァルト・ギエレク〔Edward Gierek〕（一九一三～二〇〇一）
ポーランドの政治家。ゴムウカの後を継ぎ、一九七〇年一二月二〇日から八〇年九月六日にかけてポーランド統一労働者党の第一書記。外貨借り入れによる経済の立て直しをはかるが、政権後期に経済政策が行き詰まり、七六年と八〇年に労働者の大規模なストライキを招いて失脚。

＊3　スタニスワフ・カーニャ〔Stanisław Kania〕（一九二七～）
ポーランドの政治家。一九八〇年九月、ギエレクの失脚にともないポーランド統一労働者党第一書記就任。グダンスク協定を尊重して「連帯」との対話を継続するが、ソ連の軍事介入の脅威と国内の運動の高まりのあいだで板挟みとなり、八一年一〇月に第一書記を解任され、ヴォイチェフ・ヤルゼルスキ将軍が後任となる。

＊4　グダンスク協定〔accords de Gdansk〕
一九八〇年八月末にギエレク政権と労働者のあいだで結ばれた協定。この協定によって、バルト海に臨む造船業の町グダンスクで七月から始まったストライキは、共産党政権から独立した労働組合の結成を勝ち取る。当時電気工だったレフ・ワレサを中心

とする自主労働組合「連帯」は全国に拡大、加入者一〇〇〇万人に到達。

初版への序文

＊1　スターリン－プジャード主義〔stalino-poujadiste〕
プジャード主義は、第四共和制末期にピエール・プジャード（一九二〇〜二〇〇三）が率い、戦後の近代化の波に取り残された職人や小売店主を中心に支持を集めた反議会主義・反エリート主義運動。スターリン－プジャード主義とは、ソヴィエト共産党の指導に従いながら、フランス国内では反議会主義を掲げて社会党を攻撃し、民衆層の支持をとりつけようとする共産党の態度を揶揄した言葉。

＊2　ジャン＝ピエール・シュヴェヌマン〔Jean-Pierre Chevènement〕（一九三九〜）
フランス社会党の創立者の一人。党内左派の代表者であり、一九八〇年代のミッテラン政権下で大臣職を歴任するが、九一年の湾岸戦争に反対して防衛大臣を辞任。九三年に社会党を離党、新党市民運動を結成。共和国市民運動と党名を改めた同党の名誉総裁。ジャン・ピエール・シュヴェヌマン、三浦信孝、樋口陽一『〈共和国〉はグローバル化を超えられるか』（平凡社、二〇〇九年）。

＊3　ヴィトリー事件〔affaire de Vitry〕・モンティニー事件〔affaire de Montigny〕
ヴィトリー事件は、一九八〇年一二月二四日、ヴァル＝ド＝マルヌ県のヴィトリー＝シュル＝セーヌ市で、不法移民検挙を理由として、市がマリ人労働者が居住する単身者用集合住宅に公共事業用のブルドーザーを用いて押し入った事件。モンティニー事件は、ヴァル＝ドワーズ県のモンティニー＝レ＝コルメイユ市が推進する麻薬撲滅キャンペーンで、郊外住宅に住むモロッコ系住民を「麻薬密売人」と名指しした八一年一月の事件。いずれもパリ近郊の共産党市政が関わった事件で、共産党の移民に対する人種差別問題を浮かび上がらせた。

＊4　アラン・ペイルフィット〔Alain Peyrefitte〕（一九二五〜一九九九）
外交官およびド・ゴール派の政治家、エッセイスト。ジスカール・デスタン政権末期の一九八一年二月二日、法務大臣を務めていたペイルフィットは、犯罪に対する公的安全の強化を名目として、いわゆる「安全と自由の法律（Loi Sécurité et Liberté）」を制定。左派からは犯罪に対する不安の高まりに乗じた立法であり、自由を侵害するとして批判され、実際にその一部はミッテラン政権時代に廃止された。『中国が目ざめるとき世界は震撼する』（全二巻、杉辺利英訳、白水社、一九七四年）。

＊5　ピエール・モーロワ〔Pierre Mauroy〕（一九二八〜二〇一三）
ミッテラン政権下の一九八一年五月二一日から八四年七月一七日まで首相。社会党は八一年六月の国民議会選挙で絶対多数を獲得。この勝利ののちに組閣された第二次モーロワ内閣は四人の共産党閣僚を迎える。八三年に財政緊縮政策を採用、ミッテラン政権成立当初の社会主義路線から方針を転換。

＊6　エドガール・フォール〔Edgar Faure〕（一九〇八〜一九八八）
第四共和政および第五共和政下で蔵相、外相、法相、農相などの大臣職を歴任。一九五二年と五五年から五六年にかけて首相。

＊7　ミシェル・ポニャトフスキ〔Michel Poniatowski〕（一九二二〜二〇〇二）
ポーランドの名家ポニャトフスキ家に出自をもつ政治家。ジスカール・デスタン政権下の一九七四年から七七年に内相、ポンピドー政権下の七三年から七四年に厚生労働相。

＊8　ダイヤモンド事件〔affaire des diamants〕
中央アフリカ共和国の大統領ジャン＝ベデル・ボカサが一九七六年から七九年にかけて、当時財務大臣の地位にあったジスカール・デスタンに大量のダイヤモンドを賄賂として贈ったというスキャンダル。一九八一年の大統領選でこの点を社会党に突かれ、ジスカール・デスタン敗北の一因となる。

＊9　ジャック・アマルリック〔Jacques Amalric〕（一九三八〜）
『ル・モンド』および『リベラシオン』で編集長を務めたジャーナリスト。

＊10　ペイルフィット精神〔esprit Peyrefitte〕
ペイルフィット法相が制定した「安全と自由の法律」に対しては、社会不安に対処するという法的根拠のあいまいさゆえに、拡大解釈の危険が指摘されていた。著者はこの法律が個人の権利の内実を掘り崩すことになると考え、こうした権利を軽視する態度を「ペイルフィット精神」と名づけている（初版への序文訳注5参照）。

＊11　ソフレス社〔Société française d'enquêtes par sondages: SOFRES〕
ピエール・ヴェイル（一九三六〜）が一九六三年に設立した世論調査会社。合併を経て、現在は世界的なマーケティング企業TNSソフレス社として存続。

解説　クロード・ルフォールの古さと新しさ

渡名喜庸哲

ここに訳出したのは、一冊の古い本である。

古いというのは、単にすでに最初の公刊から三〇年以上もの歳月が過ぎたからという意味だけではない。本書全体からすぐに読みとれるように、具体的に言及されるのは、まだソ連が世界に対して覇権の一つを握り、東欧の民主化のさまざまな運動を抑圧していた時代の出来事だ。冷戦崩壊以降、こうした枠組み自体がもはや妥当ではなくなったはずの今日から振り返ると、隔世の感がある。

このように古く、しかもけっして読みやすいとは言えない文体で書かれている本をあえて訳出したのは、ルフォールのもつ、硬く、ゆっくりとした衝撃を伝えるような理論的な分析が、今日という時代にも確かに届くほどの射程を有していると思われるからだ。後述のように、本書は、その後の現代フランスの政治哲学の一つの潮流を創始することになると言っても言いすぎではないのだが、そうした影響関係のことだけを言いたいのではない。今日のように、一方の「全体主義」という言葉が、しかるべき学問的な検討を施されず、抑圧的に見える体制であればどんな体制にもあてがうことができるような使い勝手の良い形容詞や批判のための悪口に格下げされてしまい、他方の「民主主義」という言葉が、あたかも多数決や数合わせの票取りゲームと同義であるかのように語られ、現実に働いている意思決定プロセス（ルフォールならば「権力」と「資本」と「知」が融合したプロセスと言うだろう）を隠蔽するための方便にもなりかねない時代にあって、「民主主義」および「全体主義」についての今なお色あせない根源的な考察がルフォールにはあるはずだ。

一見すると、ソ連型あるいはフランス型「共産主義」を痛烈に批判することで「民主主義」を擁護しようとするルフォールの手つきは、「自由主義」さらには「保守主義」による共産主義批判に見えるかもしれない。とりわけ本書では、従来の「共産主義」における全体主義に対する盲目を批判するかたちで、ルフォールなりの全体主義批判を提示しようとしているため、ルフォールが標的としているものが見えにくくなることもある。しかし、本書を単なる「反共」の書と読むのは完全な誤読である。マルクスに学びつつ、いわゆる「マルクス主義」とは一線を画するルフォールは、資本主義社会の生産様式や支配様式に対する批判を踏まえたうえで、そこからの「解放」を旗印に創設されたはずの共産主義を自称する社会にあってすら、なぜ同様の——場合によってはいっそう組織化された——支配様式が見出されるのか、そして「左派」を自称してきた知識人たちはなぜこのことを現実的にも理論的にも考えてこなかったのか、という問いを一貫して追っているからだ。いずれにしても、ルフォールが問題にしているのは、「共産主義」対「自由主義」という構図そのものがもはや効力を有さない「ポスト共産主義」（iv頁）の社会だということは忘れないようにしよう。もしかすると「全体主義」は「共産主義」亡き後も別のかたちで生き残っているかもしれないのだ。もし「全体主義」と「民主主義」の両者が互いが互いを前提とするような不可分のようなものなのだとすれば、「全体主義」の姿を「限界」まで追跡することなくしては「民主主義」そのものの意義についても理解できないだろう。「全体主義」とはそもそも何か、今日われわれがさしあたり「民主主義」だと思っているこの社会は本当にそう呼ぶのにふさわしいのか——そもそも「民主主義」って何だ、そうした問いを提起しつづけようとする者には、ルフォールの硬く鈍い衝撃は確かに伝わるにちがいない。

クロード・ルフォールの著作と経歴

クロード・ルフォールの著作には、邦訳のないものも含めて以下がある。

- *La Brèche*, avec Edgar Morin et Jean-Marc Coudray, Paris, Fayard, 1968/2008〔『学生コミューン』西川一郎訳、合同出版、一九六九年〕
- *Éléments d'une critique de la bureaucratique*, Genève, Droz, 1971/Paris, Gallimard, 1979〔『官僚制批判の諸要素』未邦訳〕
- *Le Travail de l'œuvre Machiavel*, Paris, Gallimard, 1972〔『マキァヴェッリ作品研究』未邦訳〕
- *Un homme en trop. Essai sur « L'Archipel du Goulag »*, Paris, Seuil, 1975〔『余分な人間――『収容所群島』をめぐる考察』宇京頼三訳、未来社、一九九一年〕
- *Sur une colonne absente. Écrits autour de Merleau-Ponty*, Paris, Gallimard, 1978.〔『不在の柱の上で――メルロ＝ポンティをめぐって』未邦訳〕
- *Les Formes de l'histoire*, Paris, Gallimard, 1978〔『歴史の諸形象』未邦訳〕
- *L'invention démocratique. Les limites de la domination totalitaire*, Paris, Fayard, 1981/1994.〔本書〕
- *Essais sur le politique* (XIXe-XXe *siècle*), Paris, Seuil, 1986.〔『政治的なものについての試論（一九世紀―二〇世紀）』未邦訳〕
- *Écrire à l'épreuve du politique*, Paris, Calmann-Lévy, 1992/Paris, Pocket, 1995〔『エクリール――政治的なるものに耐えて』宇京頼三訳、法政大学出版局、一九九五年〕
- *La Complication - retour sur le communisme*, Paris, Fayard, 1999.〔『錯綜――共産主義への回帰』未邦訳〕
- *Le Temps présent. Écrits 1945-2005*, Paris, Belin, 2007.〔『現在――一九四五年―二〇〇五年』未邦訳〕

このほか、多くの論文を執筆している[1]。また、序文家としての姿もあり、なかでもマキァヴェッリの『リヴィウス論』仏訳（Flammarion, 1985）、エドガール・キネの『革命』（Belin, 1987）、ダンテの『帝政論』仏訳（Belin, 1993）や、モーリス・メルロ＝ポンティの『見えるものと見えないもの』をはじめとする多くの著作に序文を寄せている。

＊

クロード・ルフォールは、一九二四年にパリに生まれた。一九四一年にパリのカルノ高校に入学すると、そこで哲学を教えていた哲学者のメルロ＝ポンティに出会う。メルロ＝ポンティの影響でマルクスに目覚めたルフォールだが、徐々にトロツキー主義に接近する。とはいえ、マルクス主義の「正統」な教説に含まれる決定論的、還元主義的な考えに対してはすでにこの時期から拒否感を覚え、ソ連や共産党には違和感を抱く。戦後、ユネスコでの勤務を経て、一九四九年に哲学教授資格試験に合格する。戦後すぐにトロツキー主義と決別したルフォールは、コルネリュウス・カストリアディスらとともに「社会主義か野蛮か」のグループを設立し[2]、同名の雑誌ですでに東側諸国の官僚主義的支配様式に対して厳しい批判を投げかけている。五〇年代に書かれた論文のうち主要なものは、その後『官僚制批判の諸要素』および『歴史の諸形象』に収められている。資本主義的支配からの「解放」を主張していたはずの共産主義にもいっそうの「支配」と「抑圧」の機構が働いているという点でカストリアディスと意見を同じくするが、彼を中心とする「社会主義か野蛮か」の主流派が「自治」ないし「自律」を志向した一つの革命政党としての活動の方向性を探るのに対し、ルフォールはいかなる「組織化」も硬直化し抑圧装置への転換の可能性を秘めているのではないかという懸念をどうしても隠しきれず、一九五八年に袂を分かつ。マルクス主義的な問題系をルフォール自身がどのように潜り抜けたかについては、本書第五章での回顧を参照されたい。

その間、ルフォールは二つの重要な論争をしている。人類学者マルセル・モースの論集『人類学と社会学』（一九五〇年）にクロード・レヴィ＝ストロースが序文を寄せるが、これに対しルフォールは、五一年に『レ・タン・モデルヌ』に発表した論文「交換と人間間の闘争」において、レヴィ＝ストロースの構造主義的な解釈に（とりわけ「象徴」の地位をめぐって）反論を寄せている。(3) その一方で、ルフォールは実存主義に与することもしない。サルトルの五二年の論考「共産主義者と平和」に対して、同じ『レ・タン・モデルヌ』誌一九五三年八九号にて「マルクス主義とサルトル」を発表し、サルトルが労働者階級と共産党とを同一視しているとし批判を辞さず、そのために『レ・タン・モデルヌ』からも離れることとなる。(4)

「社会主義か野蛮か」からの離別は、ルフォールにとって、政治活動よりも、大学における研究者・教育者として執筆を通じた政治哲学の理論化へと舵を切る転機となった。一九六五年から七一年はカーン大学で社会学を講じる。そこでの弟子筋にはアラン・カイエ、マルセル・ゴーシェ、ジャン＝ピエール・ルゴフらがいる。

いわゆる〈六八年五月〉に際しては、旧友エドガール・モランおよびカストリアディスとともにすぐさま反応し、現在進行形の出来事についての分析を試みた共著『六八年五月――裂け目』（邦題は『学生コミューン』）を同年に著している（同書のジャン＝マルク・クードレイはカストリアディスの偽名である）。革命の主体を学生運動にも認めるのかそれとも労働階級にこそ認めるべきかといった議論をよそに、ルフォールは、学生反乱に、単に大学内の問題に限られない、大学に具現化された近代産業社会全体への問いなおしを見てとっている。東欧の民主化について論じる本書にも通底する視座だろう。

一九七一年には、マキァヴェッリについての博士論文をレイモン・アロンに提出し、国家博士号を取得。その後、フランス国立科学研究センター（CNRS）研究員を経て、社会科学高等研究院（EHESS）で教鞭をとる。社会科学高等研究院では、エドガール・モランとともに「社会学・人類学・政治学領域横断研究所」（現在のエドガール・モラン研究所）を指揮し、後にピエール・ロザンヴァロンとともに、「レイモン・アロン政治学研究所」を立ち上げることになる。一九八九年に同研究院を退職後も、精力的に執筆を続けた。

七〇年代以降のルフォールの課題は、一九五〇年代からの官僚制批判の仕事にもとづき、後述するようなソルジェニーツィンの『収容所群島』公刊をはじめとする同時代的な出来事を背景にして（『余分な人間』を参照）、さらにマキァヴェッリに加え、ハンナ・アレントらの政治哲学の成果を取り入れて、「全体主義」概念を精緻化し、翻って、それと対になるかたちで「民主主義」概念を導出することだと言ってよいだろう。本書『民主主義の発明』はそうした一連の作業の成果にほかならない。

ところで、あらゆる組織への安住を拒んだルフォールにとって、その時々の友人らとともに発刊し、熱のこもった論考を集めた数号を公刊してはまた別の形態の雑誌へと移行し、また新たな友人ら——とくに若い研究者ら——と新たな雑誌を立ち上げるという断続的な学術雑誌を通じた議論の場こそ、その主たる活動の舞台であった。先に触れた『社会主義か野蛮か』や『レ・タン・モデルヌ』以降も、六八年には、現在は現象学者として知られるマルク・リシール（本書第七章参照）らブリュッセル自由大学の学生が中心となって創刊された雑誌『テクスチュール』に、マルセル・ゴーシェとともに参加し、同誌の編集にも携わる。さらに、七七年からはゴーシェに加え、「ユートピア」概念についての社会思想史で後に著名となるミゲル・アバンスールらと『リーブル』誌を創刊する（本書第一章、九章の初出はこの雑誌である）。この雑誌は八〇年まで継続するが、付言しておけば、『リーブル』誌の面々が、『国家に抗する社会』の人類学者ピエール・クラストルとともに試みたのがエティエンヌ・ド・ラ・ボエシの再読である。現在もフランスで手に入る『自発的隷従論』のパイヨ社の文庫版には、当時書かれたゴーシェとアバンスール連名の序文やクラストルのラ・ボエシ論に加え、ルフォールの「〈一者〉の名」が収められている。本書の随所にも見られる〈一なる人民〉に対抗する思想の糸口がラ・ボエシに求められているのだ(5)。その後、八〇年代には、アバンスール、ピエール・パシェ、ニコル・ロローらと新たな雑誌『過去／現在（Passé/Présent）』を創刊し、「個人」や「テロル」などをテーマに特集を組んでいる。

八〇年代には、民主主義論、革命論に加え、ハンナ・アレントについての論考などを加えた論集『政治的なものについての試論（一九世紀—二〇世紀）』を著している。これは本書と並んでルフォール政治哲学の理論的考察がまとまっている著作と言える。とりわけ本書の重要な理論的背景でありつつ示唆されるだけにとどまっている中世的神学的政治観の現代における残存を問題にする重要論文「神学―政治的なものの永続性？」は特筆に値する。

同時期のルフォールの活動としてもう一つ注目すべきは、以上のような理論的な営為にとどまらず、一九八八年のいわゆるラシュディ事件を受けて、フランスにおけるサルマン・ラシュディ擁護委員会の中心的な役を担ったことだ。このラシュディ論は、一九九二年公刊の『エクリール』に収められ日本語でも読める。同書はさらにジョージ・オーウェル論や、他方でマキァヴェッリ、サド、トクヴィル、ギゾーらに関する論考も収められ、ルフォールの思想的影響関係や同時代的関心を広くうかがい知ることができるようになっている。

一九九九年公刊の『錯綜』は副題に「共産主義への回帰」を謳ってはいるものの、もちろんこれまでの辛辣な共産主義批判を経た晩年の変節を告げるものではなく、冷戦崩壊以降に改めて共産主義の問題を再検討するという目論見のもと、関連する論考がまとめられている。二〇〇七年の『現在――一九四五年―二〇〇五年』は、これまで単行本に収められていない論文を中心に集めたアンソロジーである。

最晩年のルフォールは膵臓癌を患っていた。パリ左岸七区のバック街にある五階の自宅から、エレベータが備わっていないにもかかわらず毎日上り下りをして、リュクサンブール公園に赴いて友人らとの会話を楽しむのが日課であったらしい。かねてからの親友エドガール・モランが足繁く見舞う甲斐もなく、二〇一〇年一〇月三日に生涯を閉じる。ペール・ラシェーズ墓地での葬儀の際、モランはルフォールの「死を前にしたストア派のような高貴さ」を証言し、彼を「いかなる進歩主義的な幻想にも譲歩しない」、「全体主義の思想家、そしてそれゆえの、民主主義の思想家」を偲んだのだった(6)。

クロード・ルフォールをどう位置づけるか

宇野重規は現代フランスの政治哲学の諸潮流を概観する著書『政治哲学へ』のなかで、そこには三つの源流があるとしている。第一は、レイモン・アロンに代表される右派ないし反マルクス主義的な流れである。第二は、アルチュセール以降のマルクス主義的思想におけるイデオロギー装置批判や主体論だ。そして、第三が、コルネリュウス・カストリアディスおよびクロード・ルフォールらの、マルクス主義を出発点にしつつもマルクス主義批判を経て全体主義批判にいたる潮流だとされる。宇野の整理によれば、その後のフランス政治哲学はさらに、アルチュセールの流れに属するエティエンヌ・バリバールらとこれに、ジャン＝リュック・ナンシーやイタリアのアントニオ・ネグリらを含めたグループ、「六八年の思想」を批判するソルボンヌ系のアラン・ルノーやリュック・フェリーらのグループ、さらにアロンおよびルフォールの影響を受けた社会科学高等研究院（EHESS）を中心にしたグループの三つに大別されるという[7]。

このように、ルフォールは、八〇年代以降に「復権」が叫ばれる「フランス政治哲学」の一つの源流をなすにいたっているのだが、これまで日本ではルフォールについてほとんど言及されてこなかった。盟友カストリアディスについては、その主著の邦訳を主導した江口幹氏による評伝があるが[8]、ルフォールについての研究論文はわずかである[9]。ルフォールが敬遠されていたのには、その晦渋な文章ゆえということもあるだろうが、いわゆる正統派マルクス主義思想はもちろん、実存主義にも、構造主義にも果敢に論争を挑み、流行の「学派」への帰属をつねに拒否してきたという独自の立ち位置のためということもあるだろう。

今、八〇年代以降の「フランス政治哲学」の「復権」と述べたが、このことは本書の背景理解にとっても大きな意義をもつため、もう少し詳しく見ておこう。振り返ってみると本書の初版が出版された一九八一年は、フランスの思想界にとっては、かなり大きな変動の渦中にあった。すでに五〇年代からすでに、スターリン批判やポーランドの暴動（本書第一〇章）およびハンガリー蜂起（本書第八、九章）といった兆候はすで現れていた。しかし、プラハの春（六八年）、ソ連によるアフガニスタン侵攻（七九年）といった出来事、さらにソ連における強制収容所の実態を描いたソルジェニーツィンの『収容所群島』——五〇年代末から執筆された同書が公刊されたのは、七三年のフランス語訳がはじめてだ――によって、ソ連および共産党を拠り所の一つとしていた政治および思想の枠組みが崩れはじめていったのである。そのはっきりとした兆しは、本書第一一章で論じられるポーランドの民主化に現れるだろう。もちろん、フランス政治の表舞台では、七〇年代からすでに、フランス共産党が「ユーロ・コミュニズム」のかけ声とともにソ連から距離をとりはじめ、フランス社会党と「共同綱領」を結び「左派連合」を実現させた（本書第四章参照）。この「左派連合」はいろいろな紆余曲折を経て結局八一年のミッテラン社会党政権を実現させたのだったが、ともあれそれがさまざまな矛盾や亀裂を隠しきれていなかったことは、当のミッテラン政権が社会主義的な企業国有化路線から「現代化」を旗印にした自由主義路線へと大転換を見せることに如実に現れる。思想の面では、アルチュセールのマルクス主義を主軸の一つとしていた構造主義的な枠組みが解体され、さまざまな思想潮流が生み出されてゆく。概して、〈六八年五月〉以降、〈党〉を中心とした労働者階級に基づく革命理論に重きを置いていた思想から、〈左翼急進主義〉と呼ばれる極左組織や、第三世界主義、フェミニズム、エコロジー思想等々が花開いてゆくことになる。そのなかで、本書で批判的に述べられるアンドレ・グリュックスマン、ベルナール＝アンリ・レヴィら「ヌーヴォー・フィロゾフ」と呼ばれる若手の知識人らによる、メディア向けの「全体主義批判」も現れてきてはいた。しかし、八〇年代以降、いっそう広範な思想の変動がフランスを襲っていたのだった。これまで「政治」の名のもとに軽視されていた「宗教」や「倫理」が復権してゆくのはこの時期からなのである。たとえば、エマニュエル・レヴィナスが一般に認知されるようになったのはこの時期からであるし、ユダヤ思想ばかりでなく、キリスト教の側でも「フランス現象学の神学的転回」が語られるようにもなる。そして、「政治哲学」が肯定的な意味で論じられるのも逆説的なことにこの時期のことである。それまで「政治哲学」といえば、生産関係を度外視したブルジョワ理論であるとみなされがちであったためだ。マルクス主義や構造主義の退潮により、ハンナ・アレント、レオ・シュトラウスを中心とした英語圏の政治哲学に本格的な注目が集まることになるのである。

そうした時期にあって、共産主義はもちろん実存主義にも構造主義にも、さらには自由主義にも共和主義にも自らを同定せず、まさに「手すりなき思考」を実践していたルフォールは、一九八三年の論文「民主主義という問題」においてて「政治哲学の再興」を唱え[10]、フランスにおける政治哲学の復興に一役を買うことになったのだった[11]。ルフォールに影響を与えた思想家は多々いる。マルクスを根本とし、博士論文の主題であるマキァヴェッリや、ラ・ボエシ、ミシュレ、トクヴィルといった過去の思想家、さらにメルロ＝ポンティに加え、レオ・シュトラウス、ハンナ・アレント、レイモン・アロン、エルンスト・カントーロヴィチといった同時代の思想家らの名を挙げることができるだろう。けれども、ルフォールの「政治哲学」はありがちな「政治哲学史」ないし「政治思想史」には帰着しない。制度としての「政治（la politique）」と、その背後でその具体的な現れ方を根源的に規定している「政治的なもの（le politique）」を区別して、後者のあり方を哲学的な視座から明らかにするという師メルロ＝ポンティ譲りの「政治的なものの現象学」とも言うべき姿勢をもとに、右側にも左側にも、西側にも東側にも通底している現代の政治社会の根本的な構造を——とりわけ官僚制と全体主義という視角から——批判的にえぐり出すこと、しかし同時に、「民主主義」を自明視も過大評価も嘲笑もせず、その可能性を理論的に定式化すること、いわばこうした「批判的社会哲学」こそルフォールが試みていたものだと言えるだろう。

そのスタンスゆえ、ルフォールはいかなる流派も構成しなかったのだが、その影響は幅広い。

先に引いた宇野が述べるように、ルフォール自身が所属していた社会科学高等研究院レイモン・アロン研究所の政治哲学者への影響はもちろん第一に挙げるべきだろう。とりわけカーン大学時代の教え子であるマルセル・ゴーシェによる、「近代」の誕生を「政治的なもの」と「宗教的なもの」との関係で捉える最初の主著『世界の脱魔術化』や三巻本の大作『民主主義の到来』は、近代「民主主義」の誕生を「神学政治的なもの」との関係で捉えるルフォールの視座を拡大、深化させたものと捉えることもできる[12]。また、同じ社会科学高等研究院のピエール・マナンやフィリップ・レノーらによる、とりわけトクヴィルを中心としたフランスの自由主義的な政治哲学の再評価や、ピエール・ロザンヴァロンの「代表制」概念を中心とした「政治的なものの概念史」の試みも大きく言えば同じ潮流にあると言うこともできるかもしれない。

ただし、ルフォールの影響は社会科学高等研究院にはとどまらない。先にも述べたように思想史や思想家研究にとどまらず、政治、経済、文化、歴史、宗教等々のさまざまな社会科学の領域を横断する批判的社会哲学という視座こそルフォールの特徴であったとすれば、ゴーシェ同様カーン大学でルフォールに学んだアラン・カイエとジャン＝ピエール・ルゴフの社会学的傾向を有した政治哲学の試みを挙げなければならない。とりわけ、ルフォールからの影響を自認するカイエは、モースの「贈与」概念を基軸としつつ、政治、社会、経済、宗教等々の社会科学全体を見通す領域横断的な視座のもとで、研究グループ「MAUSS（社会科学における反功利主義運動）」を立ち上げ、同名の雑誌を舞台に多方面の活動をしている。とりわけ現代の経済主義や議会制民主主義に通底するものとして「功利主義的理性」を批判的に読みとるカイエの姿勢はまさしくルフォール譲りのものとも言えるだろう。(13) また、ルゴフのほうは、〈六八年五月〉の思想の批判的総括から出発し、ルフォールが論じている時代よりも後のミッテランの「現代化」から今日にいたるフランスの政治的・思想的変動を分析対象とする。ルフォールおよびアレントの全体主義批判を理論的な典拠とし、マネジメント的思想が企業や教育に浸透する「穏やかな野蛮」や、「ポスト全体主義」時代における「全体主義」それ自体の変容した姿を描きだすルゴフの仕事もまた、ルフォールを引き継ぐものと言えるだろう。(14)

以上のような直接の影響関係とは別に、八〇年代以降のフランスの「政治的なもの」をめぐる思想的考察とルフォールとの共鳴も注目に値する。すでに同時代から、とりわけ権力論や「近代」の捉え方をめぐってフーコーとの関係が論じられていたし、あるいはルフォールのいう根源的な「分裂」ないし「抗争」と、リオタールにおける「争異(le différand)」概念との近さについて注目されることもあった――そういえば、リオタールもまたかつて「社会主義か野蛮か」のメンバーであった。あるいは、精神分析との関係もなくはない。本書第五章は、精神分析家のルネ・マジョールを中心とした雑誌『コンフロンタシオン』の研究会に招かれた際に発表されたものである。あるいは、ルフォールにおける「象徴的なもの」という考えの源流として、メルロ＝ポンティだけでなくラカンを見出し、ルフォールがラカンの言う「象徴的なもの」と「現実的なもの」を政治思想へと応用したと捉え、さらにそこから近年のラディカル・デモクラシーへといたる理路を見るような解釈も提示されている。[15] 精神分析家でもあったカストリアディスの「想像的なもの」との関係も興味深いところである。ちなみに、「細胞国家」を主題とする『コンフロンタシオン』誌の同じ号には、ジャン゠リュック・ナンシーとフィリップ・ラクー゠ラバルトの「政治的パニック」も掲載されている。[16] なお、ナンシーとラクー゠ラバルトについては、上述の論文「民主主義という問題」は、そもそもはこの二人が主催する八一年から八二年にかけての「政治的なものの退引」を主題とした研究会での発表がもとになっている。[17]

さらに、後に見るように、ルフォールの政治哲学の根本には「政治的なもの」の場を、「人民」や「群衆」といったなんらかの「主体」ないし「実体」によって占められることのない「誰のものでもない場」、「空虚の場」として捉え、そこにおける社会／権力の分割、あるいは現実的なもの／象徴的なものの根源的な抗争を通じて「社会」なるものが具現化されるという考えがある。この点で、現代のフランス思想に共通する「ポスト基礎付け主義」の流れにルフォールを位置付け、ナンシー、アラン・バディウ、エルネスト・ラクラウらと関連づけることもできるかもしれない。[18] ただし、民主主義の「主体」の「場」をどのように捉えるかという点では、たとえばエティエンヌ・バリバール、ジャック・ランシエール、バディウといったフランスのポスト・マルクス主義的な思想家らとは近さばかりでなく距離も際立つことになるだろう。たとえば、ランシエールは主著『不和』のなかで、このルフォールにおけるこの未規定的な場としての「人民」ないし「デモス」をどう考えるのかという点を争点としたのだった。[19] 他方では、「民主主義の実相」に「形象化」や「作品化」（つまり、制度化）に回収されない、「無限」な「プラクシス」を見てとるナンシーの考えは、むしろルフォールとの近さを見せるだろう。[20]

ルフォールに関する研究は、フランス語圏はもとより[21]、英語圏でもかなりの程度の翻訳紹介や読解が進んでいる。第一人者としては、ルフォールの著作の英訳に付された解説等でその思想の普及に尽力したディック・ハワードがいる。また、バーナード・フリンの『クロード・ルフォールの哲学』はフランス語に訳されるほどの優れた入門書と言える。[22] ニュー・スクール・フォー・ソーシャル・リサーチはルフォールの死後すぐに追悼シンポジウムを開催し、その功績を讃えている。[23] フランスでは、二〇一二年三月に社会科学高等研究院で、二〇一六年六月にはかつてルフォールが教えたカーン近郊の現代出版資料研究所（IMEC）でルフォールを記念するシンポジウムが開催されている。

『民主主義の発明』について

本書には、もともとは独立したかたちでさまざまな媒体で公表された一一の章が二部に分けて収められている（初出は原注を参照）。それゆえ順番に読む必要はないが、とはいえ「初版への序文」末尾で言われているように、全体は「一つの議論に貫かれている」。それはすなわち、「全体主義国家は、民主主義に照らしてしか、そして民主主義の両義性にもとづいてしか把握できない」という議論だ。そこでは「今日の民主主義の発明とは、東側からやってくるありとあらゆる異議申し立て、ありとあらゆる反抗」だとされ、それこそが「民主主義」にたえず「新たな意味を与えなおす」とされている（三六九頁）。第一部と第二部の表題をそれぞれもじれば、前者が「全体主義を理解するために」全体主義概念の理論的な検討がなされる理論編であり、後者は、ハンガリーやポーランドでの反ソビエト的・反全体主義的蜂起をこうした「民主主義の発明」の「新たな兆し」として示すものであると言えるだろう。

各章の内容については、それぞれ冒頭で訳者による要約を付しておいたので詳しくはそちらをご覧いただきたい。ごく簡単に全体の流れだけ確認しておくと、第一章と第二章がもっとも理論的な章で、前者では「人権」概念を軸に近代の民主主義革命についての考察がなされ、後者ではまさしく「全体主義の論理」が正面から論じられている。第三章はスターリンその人とスターリン主義との関係、第四章は七〇年代のフランス共産党・社会党の左派連合、第五章では、ルフォール自身がかつてマルクス主義の問題をどう潜り抜けたかという具体的なテーマを取り扱っているが、各章の後半において、全体主義の概念それ自体の理論化が試みられており、相互に共鳴した議論が展開されている。

第二部では、第六章において（主にソビエトにおける）反体制派の問題、第七章において「革命」をどう捉えるかという問題が簡潔に論じられた後、第七章から第九章にかけては一九五六年のハンガリー蜂起（動乱）、第一〇章では同じ年のポーランドのいわゆるポズナン暴動という、スターリン批判以降の反ソビエトの民衆蜂起が取り上げられている。第一一章は、同じポーランドで八〇年代から「連帯」を中心に展開した民主化運動に焦点があてられている。

以下では、「全体主義国家は、民主主義に照らしてしか、そして民主主義の両義性にもとづいてしか把握できない」というルフォールの基本テーゼがどのような内容をもっているのか、その概略を確認しておこう。

ルフォールはさまざまな表現で全体主義を特徴づけようとしているが、もっとも鍵となるのは〈一なる人民（Peuple-Un）〉という考えだろう。この考えは、第一に、ルフォールが論敵としている従来の共産主義思想との関係でも、第二に、ルフォールのもう一つの鍵概念である「分割」の撤廃という点でも重要である。

まず、随所でなされるルフォールによる従来の共産主義批判の要点は、共産党からトロツキー主義者、左翼急進主義者等々にいたるまで、事実的にも理論的にも全体主義という現象を捉えられていないという点にある。彼らは確かにファシズムやナチズムには批判を向けたが、戦うべきは資本主義システムのみにあるとして、ソ連に対し全体主義を見るような批判は資本主義に利するだけと忌避されてきたわけだ。しかし、ルフォールによれば、彼らの全体主義への盲目は事実のレベルにとどまるのではなく、その理論に裏打ちされたものでもある。彼らは、国家を「人民」の意志と権力に従属する一機関としてとらえ、究極的には、〈党〉のもとで国家が社会と一体化することを目指していた。まさにこの発想こそが問題なのであり、共産主義思想は、国家と社会という異なる次元の区別を撤廃したがゆえ、「権力」の特異性に気づくことができず、官僚制についても全体主義についてもその特質を明らかにすることができなかったというのである。

しかも、ルフォールによれば、まさにこの点こそ全体主義の特徴を表すものにほかならない。それは、国家、市民社会の分割が撤廃され、一つの「身体」をなすかのように、党、人民＝プロレタリアートへと融合するという考えである。第五章の章題がいみじくも語っているように、「身体の一体性」こそが問題なのだ（一四三頁）。このことをもっとも鮮やかに説明するのは、第二章および第三章で引用されているスターリンについてのトロツキーの言葉だ（五二頁、九九頁）。そこでは、「朕は国家なり」と語るルイ一四世に「われは社会なり」と言うスターリンが対置されているのだが、ルイ一四世の時代は、いかに絶対王政であったにせよ、「社会」の部分がその外部に残されていたのに対し、スターリンの全体主義においては、〈党〉を媒介にして、国家も社会も人民もすべてが一つの「身体」ないし「組織」をなすようにして、〈一者〉に還元される。それに対して異議を唱える「反体制派」は、この「社会」の外部に放逐すべき〈他者〉、この「身体」の健全なる一体性を脅かす「寄生者」と名指される。〈一なる人民〉たる全体主義においては内部に分割や抗争があってはならないからである。

なお、こうしたさまざまな分割が撤廃された〈一なる人民〉という考えは、単に抽象的な次元で問題とされているわけではない。全体主義における国家と市民社会の分割の撤廃とは、具体的には、政治権力が、生産、教育、科学研究、司法、文化など本来独立していたはずの市民社会の各領域へと侵入するという事態をともなっている。これらの領域は、非全体主義社会においてはそれぞれ独立した価値を有し、それなりに自律的な判断を下すことが可能であった。しかし、全体主義においては、政治的次元、経済的次元、法的次元、文化的次元、美的次元、科学的次元、教育的次元等々の分割までもが撤廃され（ルフォールが随所で述べる〈権力〉、〈法〉、〈知〉というのはこれらのうちでもっとも主要な三つの審級を指している）、法的に何が禁止され何が認められているのか、学問的に何が真であるのか、教育機関で何が教えられるべきか、文化的に何が善いと判断されるのか等々が〈一なる人民〉の論理に基づいて決められてしまう――それぞれの領域にもはや独立した判断を下す審級がなくなってしまうということだ。ルフォールはこうした融合を実質的に差配する官僚組織の働きばかりでなく、そこに私企業的論理が浸透し、官僚組織が金融界や産業界からの圧力に従属するという構造ももちろん視野に収めているということも付言しておこう。〈権力〉、〈法〉、〈知〉にはもちろん〈資本〉も加わるのである。

このように、ルフォールは全体主義における「表象」や「象徴」の作用を重視しつつ、同時にソビエト的な支配様式の「現実」を看過することなく、そこから理論的な概念化を試みていると言えるだろう。彼はまさしく「象徴」の次元と「現実」の次元とを峻別したうえで、その両者を行き来するかたちで全体主義と民主主義とを論じようとしているのである。この点を強調する必要があるのは、最終章で言われているように、全体主義イデオロギーが「現実」に社会の全体を支配しているとみなすことは、それを悪魔化してしまいその「全能さ」を無邪気に想定することの端的な裏返しにすぎないからだ。ルフォールにとって、全体主義による「象徴的」な理解が必要であるのと同時に、それにもかかわらず「現実」においてはさまざまな「分裂」や「抗争」が存在しているがゆえに、その「亀裂」(二二一頁、三一九頁)を見なければならない。そして、この「亀裂」を見定め、そこに民主主義の「発明」の「兆し」を読みとる作業が、ハンガリーやポーランドの大衆蜂起を論じる第二部の主題なのである。

こうした現実的な「亀裂」に基づき、ルフォールはどう民主主義を概念的に捉えようとするのか。ルフォールにおいて、民主主義社会は、ある程度までは、これまで見てきた全体主義社会の裏返しとも言える。それは、単に国家と社会、社会内の支配層と被支配層ばかりでなく、〈権力〉、〈法〉、〈知〉等々のそれぞれの次元も分離していなければならない社会である。すなわち、民主主義社会にあって、人民に〈権力〉の源泉があるとしても、それは外在的な〈法〉に制約されなければならないし、〈知〉も独立した場を有していなければならないとされる。なによりも、ここでは「人民(peuple)」それ自体が〈一なる人民〉に対抗し、一体化を拒み、内部に亀裂や抗争をもちこむということもできるだろう。ルフォールが折に触れて「異議申し立て」や「権利要求」に触れるのはそれゆえである。それぞれの「人民」は、自らの「権利」に基づいて、あるいは「現実」としてはいまだ認められていないとしても要求する「権利」を有しているものをめがけて、「人民」それ自体が握っているとされる〈権力〉に異議を申し立てることができるというわけだ。してみれば、「人民」はつねに十全な一体化を達することはなく、言うなれば、「人民の同一性はたえず問いに付される」(一五〇頁)。民主主義的社会が「内なる他性の試練を経る」と言われるのはそれゆえである

（一二九頁）。民主主義にあっては、社会と社会それ自体の分離からこそ、新たな「社会」が絶えず生み出されるのである。

ちなみに、前述のようにその「兆し」がハンガリーやポーランドの民衆蜂起に求められていたのだが、とはいえそれはそうした例外的な事態にのみ求められるのではない。ルフォールが、「普通選挙」の象徴的意味をまさにこの地点に探っているのは興味深い。すなわち、普通選挙とは、人民の意志の発現であり新たな社会組織の定礎であると同時に、一体的なものと想定された「人民」が個別の「数えられる単位に変換され」、社会の「解体」が模倣される契機だというのだ（一二二―一二三頁）。「数が一体性を解体し、同一性を無化する」とすら言われている（一四九頁）。ここにあるのは、普通選挙を通じた異議申し立てという現実主義的な指摘ではない。そうではなく、普通選挙を通じてまさしく「社会」という場が決して一体化しえない抗争の場として露わになるというその象徴的な作用が問題なのである。ルフォールが用いてはいないイメージをあえて援用するのなら、ホッブズの『リヴァイアサン』の扉絵に描かれた怪獣リヴァイアサンの身体を構成している普段は見えない無数の群衆が、個々の多数の群衆として可視化される契機だということができるかもしれない[24]。

さて、そうだとすると、民主主義の社会においてもっと重要なのは、この「人民」に存するとされる「権力」とはいかなる場をもつのか、という問いであろう。それは、「人民」が自らを問いただしつつ新たな「社会」を生み出していく場なのであるから、「誰のものでもない」（五七頁）。民主主義における権力は「空虚な場（lieu vide）」、「定義上占有することができない象徴的な場」なのである（九一頁）。ちなみに、ルフォールは、「権力」を、人民が自律ないし自主管理のために忌避すべきものとも、同じ目的のために奪取すべきものとも捉えてはいない。ルフォールにとって「権力」とは、随所で言われているように、社会空間を秩序付け、それにかたちを与え、「形象化」ないし「制度化」する次元である。「権力」がどのようなあり方をしているかによって、その社会の「形象」が変わってくるというわけだ。

以上のように、〈一なる人民〉における〈権力〉、〈法〉、〈知〉の融合としての「全体主義」に対し、「空虚な場」における多数の人民の内的抗争としての「民主主義」が対置されるわけだが、とはいえこれは、単なる二項対立に帰着するのではない。つまり、単に「全体主義」に対抗するための「抗争」的民主主義の実践への誘いがルフォールの最終的な目標なわけではないし、二〇世紀の政治経験についての社会学的な観察に基づいた記述を試みているわけでもない。そこには、「権力」の場をめぐる、政治思想史な理解があることを最後に指摘しておこう。

問題は、第一章が扱っているように、近代民主主義の到来をどのように理解するか、という点にある。ルフォールはこれを中世封建制からの解放として捉えるのでも、あるいはプロレタリアの政治的主体化の前段階としてのブルジョワ革命と見るのでもない。そうではなく、中世の神学政治的な政治体からのある種の延長上で近代民主主義の到来を捉え、そのうえで両者の差異を見ることによって、さらにそこからの全体主義への変質を捉えようとしているのである。第五章で詳述されるように、この議論は、エルンスト・カントーロヴィチの「王の二つの身体」論に基づいている[25]。近代以前までは、主権者としての王は、一方で自分自身の具体的な身体でありつつ、もう一方で、象徴的次元においては、キリストの「神秘体」(*corpus mysticum*)に連なる超越的な秩序を反映した政治的な身体を有していた。この「王」が具象化されていた外在的・超越的な秩序こそが、一つの国家の一体性を支えていたわけである。これに対し、ルフォールは近代民主主義革命の意義が、王の身体が破壊される、あるいは、これまで超越的な秩序と世俗的な秩序をつないでいた「王」の「頭」が切り落とされることで、それまで一つの「身体」をなしていた国家が「脱身体化(désincorporation)」した点に見る(二四頁、一四九頁)。この外在的・超越的な秩序——簡単にいえば〈神〉の秩序——こそ、あらゆるものに価値賦与する源泉であり、〈権力〉、〈法〉、〈知〉といったさまざまな審級を結びつけていたが、この結びつきが解放され、それぞれの審級が独立してゆく過程が「脱錯綜化(désintrication)」である(二五頁)。近代民主主義革命におけるこうした脱身体化・脱錯綜化こそ、先に見た「権力」の「空虚な場」を生じさせたのであるが、同時にそれは、〈権力〉の源泉ないし根拠をこれまでのように外在的・超越的な秩序に求めることはできないことを意味している。「近代民主主義社会とは権力、法、知が根本的な未規定性にさらされた社会」なのである。

したがって、民主主義は自らのうちに「両義性」ないし「矛盾」を本質的に抱えている。この「権力」の場は、もはや外在的な源泉を有さず、「誰のものでもない」、「空虚」な場なのであるから、新たな源泉は「人民」自らのうちに求めなければならない。しかしながら、その「空虚」な場に、現実的な実体と想定された大文字の〈人民〉が埋込まれ、それこそが「権力」の主体だとみなされるやいなや、その社会は〈一なる人民〉へと移行しはじめるのである（そのためのもっとも簡便な方法は、内なる他者を大文字の〈他者〉化して、それを外部の「敵」ないし「寄生者」として排除することだろう）。この点にこそ「全体主義は民主主義から生まれる」のはなぜかを理解する鍵があると同時に、その移行を妨げるための異議申し立て、権利要求といった内的抗争の実践の意味が読みとられなければならない。民主主義は、自分自身に自らの正当性を求め続けなければならないと同時に、〈一なる身体〉として凝固し、全体主義へと転化するのを妨げるために、つねに内的抗争を通じて自分自身を多数化させ、自らを「ふたたび創出＝発明（ré-inventer）する」必要があるのだ（三六九頁）。

＊

以上のように、いささか古めかしい対象を扱い、込み入った論理に立脚しているようにも見えるが、本書を貫いているのは、全体主義という試みがいかなるものか、その現実的および象徴的作用を徹底的に問い詰め、そしてそのことによってこそ民主主義なるものの輪郭を明らかにしようとする企図であったと言えるだろう。先にも述べたように、初版刊行時から三〇年以上もたっているため、本書が扱っている対象も、前提としている知的枠組も、現在からすると古さを感じることは否めない。しかし、わずか三〇年とも言いうる。それは、忘却するには十分な長さであるが、忘れられたものが蘇るには適当な年月かもしれない。そのあいだ、われわれの目の前にあったのは、はたして「民主主義」であったのか。もし「民主主義」がまだ「発明」されていないのならば、「全体主義」はかたちを変えて蘇ってくるのではないか。こうした問いを考えるためにいささか視点を過去にずらすことは、現在を、そして未来を考えることためにもけっして無益ではないだろう。

（1）日本語に訳された主な論文として以下がある。「民主主義という問題」（本郷均訳、『現代思想』二三巻一二号、一九九五年）（『政治的なものについての試論（一九世紀—二〇世紀）』所収）、「人権と政治」（松浦寿夫訳『現代思想』一七巻一二号、一九八九年、一八巻四号、一九九〇年）（本書所収）、「デモクラシーの社会学のために」（竹本研史訳、『アナール一九二九—二〇一〇』第三巻、藤原書店、二〇一三年）。

（2）そのうちカストリアディスの論文を集めたものはすでに邦訳がある。『社会主義か野蛮か』（江口幹訳、法政大学出版局、一九九〇年）。

（3）C. Lefort, « L'échange et la lutte des hommes », *Les Temps modernes*, n° 64, 1951.（『歴史の諸形象』所収）

（4）一連の論争は、以下の邦訳で読むことができる。サルトル、ルフォール『マルクス主義論争』白井健三郎訳、ダヴィッド社、一九五五年。

（5）E. de la Boétie, *Le discours de la servitude volontaire*, Paris, Payot, 1976.

（6）E. Morin, « Claude Lefort (1924-2010). Avec Lefort », *Hermès, La revue*, no. 59, 2011.

（7）宇野重規『政治哲学へ——現代フランスとの対話』東京大学出版会、二〇〇四年、四八頁以降。

（8）江口幹『疎外から自治へ——評伝カストリアディス』筑摩書房、一九八八年。

（9）日本語で読めるルフォールについての文献は多くないが、とりわけエンツォ・トラヴェルソの好著『全体主義』（平凡社新書、二〇一〇年）の関連する箇所はきわめて有益である。また、佐々木允臣氏が法学（とりわけ人権論）の分野から一貫してルフォールを論じているのは特筆に値する。なかでも佐々木允臣『自律的社会と人権』文理閣、一九九八年を参照。そのほか、松葉祥一「民主主義の両義性——クロード・ルフォールと「政治哲学」の可能性」（『現代思想』二三巻一二号、一九九五年）および宇野重規「メルロ＝ポンティ／ルフォール　身体論から政治哲学へ」（『現代思想』三六巻一六号、二〇〇八年）も参照。

（10）「民主主義という問題」、邦訳前掲論文、四〇頁。

（11）フランスの学術誌『政治と社会』の二〇〇三年の「フランスにおける政治哲学の回帰」を主題とした特集号で、編者らはルフォールから論を始めている。G. Labelle et D. Tanguay（eds），« Le retour de la philosophie politique en France », *Politique et sociétés* vol. 22, no. 3, 2003.

（12）M. Gauchet, *Le Désenchantement du monde. Une histoire politique de la religion*, Gallimard, Paris, 1985 ; *L'avènement de la démocratie*, Gallimard, t. 1, t. 2, 2007, t. 3, 2010. 以下も参照。マルセル・ゴーシェ『民主主義と宗教』伊達聖伸・藤田尚志訳、トランスビュー、二〇一〇年。

（13）アラン・カイエ『功利的理性批判——民主主義・贈与・共同体』（藤岡俊博訳、以文社、二〇一一年）を参照。

（14）ジャン＝ピエール・ルゴフの著作『ポスト全体主義の民主主義』（渡名喜庸哲・中村督訳、青灯社、二〇一一年）を参照。また、近年は南仏の一つの村からの定点観測により、二〇世紀のフランスの社会全体の変容を描いている。『プロヴァンスの村の終焉』（伊藤直訳、青灯社、二〇一五年）を参照。

（15）W. Breckman, *Adventures of the symbolic : post-Marxism and radical democracy*, Columbia University Press, 2013.

（16）ジャン＝リュック・ナンシー、フィリップ・ラクー＝ラバルト「政治的パニック」柿並良佑訳、『思想』、岩波書店、一〇六五号、二〇一三年。

（17）P. Lacoue-Labarthe, J.-L. Nancy（dir.），*Le retrait du politique*, Galilée, 1983.

（18）O. Marchart, *Political Difference in Nancy, Lefort, Badiou and Laclau*, Edinburgh University Press, 2007.

（19）ジャック・ランシエール『不和あるいは了解なき了解——政治の哲学は可能か』松葉祥一ほか訳、インスクリプト、二〇〇五年、一六七頁。

（20）ジャン＝リュック・ナンシー「民主主義の実相」、『フクシマの後で』渡名喜庸哲訳、以文社、二〇一二年。

（21）とりわけ以下が重要である。C. Habib et C. Mouchard, *La démocratie à l'œuvre. Autour de Claude Lefort*, Éditions Esprit, 1993 ; H. Poltier, *Passion du politique. La pensée de Claude Lefort*, Genève, Labors et Fides, 1998 ; N. Poirier（éd.），*Cornelius Castoriadis et Claude Lefort: l'expérience démocratique*, Le Bord de l'eau, 2015.

（22）B. Flynn, *The Philosophy of Claude Lefort*, Northwestern University Press, 2005.

（23）その記録はまず政治哲学系の学術誌に掲載され（*Constellations*, vol. 19, no. 1, 2012）、さらに以下の増補版で公刊された。M. Plot（ed.），*Claude Lefort. Thinker of the Political*, Palgrave Macmillan, 2013.

(24) この点については、とりわけジョルジョ・アガンベン『スタシス——政治的パラダイムとしての内戦』(高桑和巳訳、青土社、二〇一六年)を参照されたい。

(25) エルンスト・カントーロヴィチ『王の二つの身体』小林公訳、ちくま学芸文庫、二〇〇三年。

あとがき

本書は、フランスの哲学者クロード・ルフォールの主著 *L'invention démocratique. Les limites de la domination totalitaire*, Paris, Fayard, 1981/1994 の全訳である。冒頭で著者が述べるように、本書の各章はそれぞれいくつかの雑誌に寄稿されたものであり、それが一九八一年に一冊の本としてまとめられた。その後、一九九四年に再版され、「まえがき」が追加されたほか、本文にも若干の修正が施された。本訳書はこの第二版を底本としている（ただし、原書では「まえがき」の次に置かれている「初版への序文」は、本訳書では末尾に置いた）。

各章は、まず次のような分担で下訳を作成した。「まえがき」、第一章、「初版への序文」を渡名喜、第二章、第七章、第一〇章を赤羽、第三章、第五章、第八章を太田、第四章、第六章、第九章、第一一章を平田が担当した。その後、それぞれの訳文を訳者間で検討しできるかぎりの改善や調整をはかった。なお、第八章のハンガリー語については西角純志先生（専修大学）、第一〇章のポーランド語については西中村浩先生（東京大学）にそれぞれご教示をいただいた。記して感謝を申し上げる。

ルフォールの文章は、お世辞にも上手であるとはいえず、一文が長かったり、一段落が長かったりと、意味の取りにくいところが多々ある。言及されている出来事や思想について説明をしてくれる親切さにも欠けている。訳者がやたらに介入することによって原書そのものの風格を損ねるわけにもいかないのだが、とはいえ読者の理解に資するように、訳注を付すことに加え、最低限次の三つの試みを行なった。まず、各章冒頭に、訳者による要約をおいた。

次に、各章では、訳者の判断で、内容的にある程度まとまっている部分を区切り、〔一〕で小見出しを付した（〔一〕のない小見出しは著者によるものである）。さらに、一段落が長い場合には、適宜改行を入れた。通常の改行は訳者による改行、半行以上空けられた改行は著者による改行である。

本書のきっかけとなったのは、二〇一三年の二月に、訳者の数名が留学していたパリのバスティーユ広場にほど近いカフェに四名で集った際に、フランス政治哲学で何かまだ訳されていない古典的な著作を訳そうと盛り上がったことを機縁にしている。convivial（字義通りには「共生的」な、ということだが「気さくな宴」の意味もある）という表現がふさわしいこのカフェから少し先に行ったところには、『シャルリ・エブド』編集部があるが、そこで二年後に無差別攻撃が行なわれることになるとは当時知る由もなかった。〈われわれ〉を構成する〈身体〉としての社会に対し、それに対する異分子たる「他者」が、かつてのように新たな「権利」の主張とともに異議申し立てや権利要求を行なうのではなく、武力によってあらゆる「自由」への展望を塞いでしまう事態に対し、ルフォールならどう応えただろうか。さらに、それに対し〈われわれ〉の側がいっそう「他者」を名指しし、以前よりもいっそう汚れを払った〈一なるわれわれ〉を目指す気配があることに対してはどうだろうか。

その最初の会合からだいぶ時間が経ってしまった。その間、とりわけ二〇一五年の夏には、訳者らは申し合わせるのでもなく国会前に集っていた。いかなる組織に動員されるのでもなくあの場に自ら集って異議申し立てをしていた人々には、確かにルフォールのいう「民主主義」の創出＝発明の気配は感じとられていたのではないか。重要なことは、組織化することよりもむしろ、なんども新たにはじめることであることも。他方で、「民主主義」が多数決による数合わせへと還元され、経済界の要請に従属し官僚組織と一体化した為政者が自らの権力を正当化する際の方便になり、（たとえば「産学官連携」といった旗印のもとで）〈権力〉、〈法〉、〈知〉と〈資本〉がまさしく融合してゆく今日のわれわれの社会にあって、かつてルフォールが行なったような分析を現代において試みることは今後ますます必要となるのではないか。

勁草書房の関戸詳子氏には、出版状況の厳しいなか、このような地味な書作の意義を認めてくださり、出版を後押ししていただいた。本書が多少なりとも読みやすいものになっているとすれば、ひとえに関戸氏のおかげである。記して感謝を申し上げます。

二〇一六年一二月　訳者

は 行

ま 行

ら 行

索 引

著者

Claude Lefort（クロード・ルフォール）

1924 年生．政治哲学者．メルロ=ポンティに師事し哲学および政治運動に関わる．コルネリウス・カストリアディスと出会い「社会主義か野蛮か」を立ちあげる．カーン大学教授，フランス社会科学高等研究院教授などを歴任．マキァヴェッリ，トクヴィル，アレント，メルロ=ポンティらに影響を受け，官僚制，全体主義，収容所体制といった 20 世紀の政治経験についての考察を展開．2010 年没．主著に，『官僚制批判の諸要素』（1971 年，未邦訳），『マキャヴェッリ作品研究』（1972 年，未邦訳），『政治的なものについての試論』（1986 年，未邦訳），『余分な人間――『収容所群島』をめぐる考察』（宇京頼三訳，未来社，1991 年），『エクリール――政治的なるものに耐えて』（宇京頼三訳，法政大学出版局，1995 年）などがある．

訳者

渡名喜 庸哲（となき・ようてつ）

1980 年生．慶應義塾大学商学部准教授．フランス哲学，社会思想史．主要業績に『カタストロフからの哲学――ジャン・ピエール・デュピュイをめぐって』（以文社，2015 年，共編），『エマニュエル・レヴィナス著作集』（第 1 巻，法政大学出版局，2014 年，共訳），ジャン＝リュック・ナンシー『フクシマの後で――破局，技術，民主主義』（以文社，2012 年），ジャン＝ピエール・ルゴフ『ポスト民主主義時代の全体主義』（青灯社，2011 年，共訳）などがある．

太田 悠介（おおた・ゆうすけ）

1980 年生．日本学術振興会特別研究員（PD）．上智大学ほか非常勤講師．思想史．主要業績に「矛盾と暴力――エティエンヌ・バリバールの政治哲学序説」（『社会思想史研究』第 37 号，2013 年），ジェラール・ノワリエル『フランスという坩堝《るつぼ》――19 世紀から 20 世紀の移民史』（法政大学出版局，2015 年，共訳）などがある．

平田 周（ひらた・しゅう）

1981 年生．日本学術振興会特別研究員（PD），獨協大学非常勤講師．思想史．主要業績に「人間主義論争再訪――アルチュセールとルフェーヴルの理論と実践における人間の位置」（『相関社会科学』第 21 号，2012 年），「ニコス・プーランザスとアンリ・ルフェーヴル――1970 年代フランスの国家論の回顧と展望」（『社会思想史研究』第 37 号，2013 年），« L'espace sans étendue et le présent en profondeur : essai sur la pensée de Paul Virilio à la lumière de Maurice Merleau-Ponty »（H. Matsui et al（éd.）*Construction et définition du corps*, Les Éditions du Net, 2015）などがある．

赤羽 悠（あかば・ゆう）

1984 年生．フランス社会科学高等研究院修士課程（政治研究）修了．東京大学大学院総合文化研究科およびフランス社会科学高等研究院博士課程在籍中．社会思想史．主要業績に『共和国か宗教か，それとも』（白水社，2015 年，共著），「平等の時代のヒエラルキー――タルド『模倣の法則』における「デモクラシー社会」論」（『年報地域文化研究』第 16 号，2012 年）などがある．

民主主義の発明
全体主義の限界

2017年1月25日　第1版第1刷発行

著　者　クロード・ルフォール
訳　者　渡《と》名《な》喜《き》庸哲《ようてつ》・太《おお》田《た》悠介《ゆうすけ》
平《ひら》田《た》 周《しゅう》・赤《あか》羽《ば》 悠《ゆう》
発行者　井　村　寿　人

発行所　株式会社　勁《けい》　草《そう》　書　房

112-0005 東京都文京区水道2-1-1　振替 00150-2-175253
（編集）電話 03-3815-5277／FAX 03-3814-6968
（営業）電話 03-3814-6861／FAX 03-3814-6854
三秀舎・松岳社

ISBN978-4-326-30254-3　　Printed in Japan